Louis Spohr

Selbstbiografie

Spohr, Louis
Selbstbiografie
ISBN: 978-3-86267-451-0

Auflage: 1
Erscheinungsjahr: 2011
Erscheinungsort: Bremen, Deutschland
Coverbild: Ausschnitt aus dem Gemälde von Johann August Nahl dem Jüngeren "Porträt des Komponisten Ludwig (Louis) Spohr".

Europäischer Literaturverlag GmbH, Fahrenheitstr. 1, 28359 Bremen (www.elvverlag.de).

Selbstbiografie

www.elv-verlag.de

Louis Spohr's

Selbstbiographie.

Caſſel und Göttingen:

Georg H. Wigand.

1860.

Vorrede.

Wenn wir versuchen, in diesem Vorworte, welches die schmucklose Selbstbiographie des allgemein verehrten Meisters bei dem größeren Publikum einführen soll, in einigen Hauptzügen einen kurzen Ueberblick über das Wesen eines so bedeutenden Mannes, eine der edelsten Naturen zu geben, so möchte dies von Manchem kaum für nöthig erachtet werden, da sein Charakter in weitem Kreise bekannt ist und sich in den eigenen Schilderungen, welche dieses Buch bringt, genügend und besser als es die Worte eines Anderen vermögen, kund giebt; — ja, es könnte das, was hier mitgetheilt werden soll, Einzelnen vielleicht im Lichte eines befangenen Urtheiles erscheinen, als eine in Biographien, die ihren Helden über Alles stellen, häufig vorkommende Beschönigung oder übermäßige Erhebung alles dessen, was S p o h r war und was in seinem Leben und Wirken hervortrat. Diese Besorgniß darf uns jedoch nicht abhalten, die Beobachtungen, welche wir aus unmittelbarer Nähe zu machen Gelegenheit hatten, darzulegen und die hierdurch gewonnene Ueberzeugung auszusprechen. Wir gestehen es offen, wir sind in Folge eines

langen vertrauten Umganges so durchdrungen von Bewun=
derung und Ehrfurcht für diese seltene Vereinigung eines
eben so großen Künstlers als edlen Menschen, daß wir gerne
schon im Voraus — wenigstens für die, welche ihm im
Leben nicht nahe genug gestanden haben, um seine ganze
Eigenthümlichkeit zu erkennen oder zu durchdringen, —
einige Züge seines Wesens und Charakters zusammenstellen
möchten, welche zur Ergänzung und näheren Beleuchtung
des harmonischen Lebensbildes beitragen mögen, welches er
selbst in so anspruchloser Weise hier allmählig vor uns auf=
rollt, und in denen manche Einzelnheiten ihre Erklärung
finden dürften.

Schon nach dem, was allgemein bekannt und anerkannt
ist, wird man leicht zugeben, daß die Künstlergeschichte nicht
eben reich an Persönlichkeiten ist, welche der unseres S p o h r
zur Seite gesetzt werden können, welche sich, so wie er, in
allen Verhältnissen eines langen Lebens frei und rein erhalten
haben von den Verführungen, denen solche in die Oeffent=
lichkeit tretende große Männer ausgesetzt sind. Wohl ist es
schön, grade in der gegenwärtigen Zeit ein Fürst auf dem
Gebiete der Musik zu sein, wo eine richtigere und voll=
kommnere Erkenntniß des Einflusses, den diese auf die allge=
meine Bildung, auf Sittlichkeit und Seelenerhebung hat, ihr
eine so hohe Stelle anweisen, wo diese edle Kunst besonders
gepflegt und geliebt wird und deshalb die Meister derselben
vor anderen Kunstkoryphäen Vieles voraus haben; — doch
unzertrennlich von diesen Vortheilen sind auch die Klippen,
an denen wir die sittliche Haltung so mancher musikalischen
Berühmtheit und Genialität heut zu Tage wie zu allen Zeiten
haben scheitern sehen. Aber alle Verführungen eines auf=
regenden, der Oeffentlichkeit anheim gefallenen Lebens, zu
dem die Meister der Tonkunst von vorne herein verurtheilt
sind, sie prallten ab an dem so zu sagen exclusiven Charakter

unseres **Spohr**, der nur seiner „Idea", wie **Raphael** sagt, seiner Kunst lebte, die er von ganzer Seele liebte und heilig hielt, für die er mit allen Kräften wirkte. Hierin lag ihm der Zweck, die Aufgabe seines Lebens, der Beruf, den er fast sechszig Jahre hindurch mit einem Ernst und einer Treue erfüllte, welche ihn vor vielen nahe liegenden Abwegen sicherten.

Nie sind einem Künstler wohl mehr Huldigungen jeder Art dargebracht, als ihm, und wie bescheiden, wie anspruchlos ist er dabei geblieben. Ja, wir waren oft Zeuge, daß starke Ausbrüche des Beifalls über seine Leistungen ihn eher drückten und belästigten als erfreuten. Wenn er sich bei seinem Spiele selbst genügt hatte, war er schon allein hierdurch zufrieden; hörte er jedoch von einem begeisterten Musikfreunde, oder etwa einer musikalischen Größe, die er für urtheilsfähig hielt, ein anerkennendes oder lobendes Wort aussprechen, dann lächelte er wohl und es flog ein Zug von Behagen über sein edles Gesicht, oder er knüpfte allenfalls auch einen Scherz daran. Dagegen sagte es ihm wenig zu, wenn er nach seinem meisterhaften Spiel in Concerten, so wie nach Aufführung seiner Werke, oder bei Festlichkeiten, die man ihm zu Ehren im Theater veranstaltete, z. B. bei seinem Jubiläum, stürmisch hervorgerufen wurde, wonach Andere so oft begierig streben. Er äußerte dann wohl, „es sei ihm, als wenn er auf das Schaffot geführt würde."

Auch nach anderer Richtung hin gab sich seine einfache, bescheidene Weise kund. Ich habe ihm oft namhafte und unnamhafte Fremde, die mich darum baten, zugeführt und zwar zu jeder Tageszeit, die nicht in Cassel gewesen sein wollten, ohne Spohr gehört zu haben; und immer ging er auf das Ersuchen ohne Umstände ein und spielte mit seiner Frau einige seiner schönen Salonstücke und dgl., als wenn es nicht anders sein könnte. Ein Preciösthun, wie man es oft bei Künstlern findet, war ihm ganz fremd; er war immer bereit durch Musik zu erfreuen. So war er auch jeden Abend bis zum spätesten Alter gern erbötig, Quartett zu spielen, sofern nur die zur Mitwirkung nöthigen Musiker herbeizuschaffen waren, wodurch den Casseler Musikfreunden während einer langen Reihe von Jahren die größten Kunstgenüsse geworden sind; denn in dieser Weise, wie es hier geschah, so eingehend in den Sinn der Compositionen, wird man gewiß nicht leicht wieder Quartetten von Haydn, Mozart, Beethoven und Spohr vortragen hören!

Als ein ferneres Zeugniß für sein einfaches Wesen, und seinen Sinn für Zurückgezogenheit können wir anführen — um aus vielen Zügen einen hervorzuheben — daß er die im Anfange gemiethete schöne Wohnung in der Bellevue zu Cassel bald verließ, um sie mit einer friedlichen Ländlichkeit, mit einer kleinen Gartenwohnung zu vertauschen, während seine Einkünfte wohl ausgereicht hätten, sich seinen Verhältnissen gemäß auf größerem Fuß einzurichten. Daselbst lebte er und ·schaffte er während sechsundbreißig Jahren in einem Parterrezimmer von etwa vierzehn Fuß Länge und Breite; ein etwas größeres diente zum Quartettspiel. Später ließ er einen kleinen Musiksaal anbauen, nicht des Luxus wegen, sondern zur Ehre der Kunst, damit die Musik sich besser darin ausnehme. Die bescheidene Einrichtung seiner Arbeitsstube, ohne Sopha, behielt er bis an sein Ende bei, weil er von einem dolce far niente nichts wußte. Jede Mußestunde brachte er in seinem Gärtchen, zwischen seinen Blumen zu, die er sehr liebte und mitunter sorgsam pflegte.

Noch ein Beweis, wie wenig er nach äußeren Ehren strebte, liegt wohl darin, daß er — ebensowenig wie seine Musik um den Beifall der Menge buhlte — niemals einem Fürsten oder Großen irgend eine seiner Compositionen zuge-

eignet hat (er müßte denn ganz unabweislich dazu aufge=
fordert sein, was wohl einige Male geschehen ist), wohl aber
öfter seinen Freunden und Collegen. Ebenso waren auch die
Orden, mit denen er überhäuft wurde, ihm sehr lästig, weil
er sie doch bei feierlichen Gelegenheiten Ehren halber tragen
mußte. So kam es einst, daß er auf dem Wege nach dem
Theater, wo er zur Feier des Kurfürstlichen Geburtstages
die Festoper zu dirigiren hatte, bei einer Wärme von etwa
zwanzig Graden in einen Wintermantel eingehüllt, betroffen
wurde. Ein Begegnender fragt ihn theilnehmend, „ob er
denn krank sei?" „O, nein", entgegnet er, seinen Mantel
zurückschlagend und die Brust voll Orden zeigend, „ich schäme
mich nur, so über die Straße zu gehen."

Diesen Zügen einer fast kindlichen Bescheidenheit könnten
wir hier noch viele von seiner eben so seltenen Uneigen=
nützigkeit anreihen, wir überlassen es indessen der Lebensbe=
schreibung selbst, den Beweis hierfür im Allgemeinen zu
liefern, und erinnern nur daran, was schon in seinen Ne=
krologen häufig angeführt wurde, wie er auf das für jedes
Jahr ihm zugesicherte Benefiz=Concert verzichtete und dafür
vom Kurfürsten die Erlaubniß erbat, in jedem Winter sechs
Concerte für einen von ihm zu gründenden Unterstützungs=
fond für arme Musiker und deren Nachkommen, unter Mit=
wirkung des Orchesters und des Opernpersonales, zu geben.
Eben so aufopfernd war er, wenn Schüler, die in großer
Zahl hier eintrafen, talentvoll aber dabei mittellos waren.
Dann verabschiedete er gerne die weniger versprechenden, wenn
auch zahlenden Schüler, um jenen seine Zeit und Kräfte zuzu=
wenden, durch deren Förderung er zugleich zum Besten der
Kunst zu wirken hoffte.

Wenn man Spohr öfter im Leben wortkarg fand —
worüber ich häufig habe klagen hören — so war der Grund
dazu nicht Unfreundlichkeit, Stolz oder Theilnahmlosigkeit

gegen Andere; sondern es lag dies an seinem fortwährenden Schaffen, bei dem ihm die durch Anreden verursachten Störungen zuweilen unangenehm und lästig waren *). Wo er ging und stand war er meist mit musikalischen Ideen, die ihm eben zuflossen oder die er im Geiste ausarbeitete, beschäftigt; als ich ihn einst, da er den siebenziger Jahren nahe war, fragte, warum er nicht vorzöge, einen Wagen zu nehmen, um den weiten Weg bis zur Schwimmanstalt zurückzulegen, antwortete er mir, daß er beim Hinab= und Heraufsteigen in der Regel nicht viel vom Wege merke, weil er fortwährend componire. Ja, gewöhnliche Menschen wissen nicht, welche Qual sie einem Manne bereiten, der vom Himmel dazu bestimmt ist, zur Erhebung der Seelen schöpferisch zu wirken, wenn sie zur Unzeit mit ihm von alltäglichen Dingen reden, wenn er sich mit leeren Formen der Höflichkeit und Etiquette befassen soll! — Man mußte das Glück haben, Spohr grade in einem unbeschäftigten Augenblicke zu finden, wo sein Geist nach einer vollendeten Arbeit einen Moment ruhete, wenn man sich seiner gesprächigen Laune erfreuen wollte; oder man mußte ihn hören, wenn er von einer Reise zurückkam, wie er mit der liebenswürdigsten Beredtsamkeit von allem Erlebten die lebhafteste und genaueste Rechenschaft gab. Die Gewandtheit der Rede, die Schärfe des Ausdruckes, die Lieblichkeit der Vortragsweise bei solchen Gelegenheiten, so auch wenn er aus seinem Leben erzählte, war, wie mancher Glückliche erfahren hat, ganz bezaubernd und wer ihn je so mittheilend gesehen, der würde nicht begreifen

---

*) So erzählt man sich auch, daß der sonst so gesellige Mozart einst beim Billardspiel nicht geantwortet und immer vor sich hingebrummt hat; als er darüber zur Rede gesetzt wird, sagte er, daß er grade die Melodie für Papageno ausgebildet, die dieser mit dem Schlosse vor dem Munde vorzutragen habe.

können, wie man demselben Manne den Vorwurf der Wort=
kargheit machen konnte, wenn diese nicht eben ihre Erklärung
gefunden hätte.

Neben seiner Bescheidenheit und Uneigennützigkeit war
die Freiheitsliebe (im besten Sinne des Wortes) ein hervor=
stechender Charakterzug dieses bedeutenden Mannes. Wie
allen hohen edlen Seelen war ihm die Unredlichkeit, das Ab=
weichen vom Gesetzmäßigen — an welchem er auch in seiner
Kunst so streng festhielt — in den Tod zuwider. Seine
bekannte Hinneigung zur sogenannten liberalen Seite, die
ihm wohl von oben her zum Vorwurfe gemacht ist, war
eine natürliche Folge davon. So haßte er unverholen die
Willkühr, den Druck, die Verfolgung und suchte ihnen um
der guten Sache willen überall nach Kräften entgegen zu
treten, ja er sprach sich wenigstens, wenn er nicht dagegen
ankämpfen konnte, ohne Scheu und im Innersten entrüstet
darüber aus. Im Gegensatze hierzu ordnete er sich selbst
willig Allen unter, zu denen er im Verhältniß der Pietät
stand, wie seinen Eltern, Lehrern, Obern ꝛc. Sein an=
dauernd gutes Verhältniß mit Freunden, Collegen *) und
Schülern ist vielfach besprochen, er kannte keinen Neid, sondern
nur die aufrichtigste Freude über die Erfolge und Leistungen
Anderer; er hatte daher eigentlich keinen Feind, was wohl
im Leben eines Mannes, der so lange gewirkt hat und mit
Tausenden in die verschiedenartigste Berührung gekommen
ist, sich nicht oft wiederholen mag.

---

*) In Folge hiervon findet sich unter seinen Papieren ein reicher
Schatz an musikalischen Gedenkblättern, welche in mannigfacher Hinsicht
Werth und Interesse haben. Sie bestehen aus noch ungedruckten Anti=
phonien, Canons, Liedern, Menuetten, Präludien, Capricien, Duettino's,
Terzetten, Nachtgesängen, Märschen, Chören ꝛc., z. B. von Beethoven,
Cherubini, Mozart (dem Sohne), Meyerbeer, Carl M. v.
Weber, Hummel, Zelter, A. Hoffmann, Hauptmann, Ries,
Romberg, Morlacchi, Clementi, Danzi, Moscheles, Rode ꝛc.

Die Harmlosigkeit, ja man darf sagen, die Kindlichkeit seines Wesens, verbunden mit der Unfähigkeit nachzutragen, welche ihm bis in's hohe Alter blieb, hat sich wohl nie auffälliger erwiesen, als da er im November 1857 plötzlich gegen seinen Wunsch pensionirt wurde und zwar mit einer geringeren Summe als der, auf welche er hätte Anspruch machen können. Er ließ sich dies nicht allein ohne Widerspruch gefallen, indem er meinte, da er von nun an nichts mehr zu leisten habe, so sei es ja eigentlich schon Geld genug, und dann könne er sich wohl diesen Abzug gefallen lassen mit Rücksicht auf die nun endlich erlangte volle Freiheit reisen zu dürfen, wann und wohin er wolle; eine Freude, die ihm früher so oft durch verweigerten Urlaub verkümmert worden war; — sondern er ging sogar auf den Wunsch der Theaterbehörde ein, noch nach seiner Verabschiedung, als Schluß seiner Wirksamkeit eine seiner Opern (zum großen Gewinne der Theaterkasse) nochmals zu dirigiren. Er zeigte also keinen Groll über die unwillkommene und ihn verkürzende Verabschiedung, selbst nicht als sein Abschiednehmen in recht auffallender Weise auf dem Theaterzettel angezeigt wurde.

Haben wir nun in dem bisher Gesagten nur einige allgemeine Anschauungen von dem liebenswürdigen Charakter unseres verewigten Meisters zu geben versucht, die in seinem hier folgenden Leben ihre Bestätigung finden werden, so sei es uns zum Schlusse vergönnt, noch auf einige einzelne Momente dieses Lebens hinzuweisen, die vielleicht in den Augen mancher Leser einer Erläuterung zu bedürfen scheinen.

Spohr war, wie alle edlen Naturen, streng sittlich und von einer fast mädchenhaften Züchtigkeit. Von dieser Ueberzeugung werden wir grade am lebhaftesten durchdrungen bei dem Lesen der naiven Bekenntnisse einiger in früheren Jahren vorgekommenen Liebesgeschichten. Einem warm fühlenden, poetischen und für alles Schöne begeisterten jungen Manne, der so häufig in den Compositionen Anderer die Liebe schildern hört und selbst dieses menschlichste aller Gefühle musikalisch auszudrücken hat, kann man es nicht übel deuten, wenn er schönen Frauengestalten, die sich ihm wegen seiner anziehenden Persönlichkeit naheten, nicht gram war. Bei seinem Charakter, bei seiner strengen Sittlichkeit hielt er sich dabei aber immer in den Grenzen des Erlaubten, wenn auch durch seine Annäherung, oder vielmehr durch sein nicht Zurückstoßen, hie und da Hoffnungen einer Verbindung auf Lebenszeit erregt sein mögen, die aber zu seinem Glücke und zum Heile der Kunst sich nicht realisirten, bis er die wahre ihm ebenbürtige Gefährtin für's Leben gefunden hatte!

Spohr zeigt sich überall muthvoll, entschlossen, tapfer, mit einem Worte echt männlich; nur einmal mag er einer Gesellschaft in einem anderen Lichte erschienen sein, als er an einer Wirthstafel von einer Ohnmacht befallen wird, weil er sich am Zeigefinger der linken Hand beim Brodschneiden ein Stück der Fingerspitze abgeschnitten hat. Seiner Umgebung, die in dem Augenblick an die Größe der wahrscheinlichen Folgen dieser Verletzung, die Spohr mit einem Male in ihrer ganzen Totalität erfaßte und deren erschütterndes Gewicht ihn zu Boden schlug, nicht entfernt denken konnte, mochte der Contrast zwischen dem überkräftig aussehenden Manne und dieser Anwandlung von Schwäche nicht wenig auffallen. Wir können uns dagegen in diese vernichtende Gedankenreihe, die Spohr auf ein Mal überkommen mußte, wohl hineindenken und fühlen, wie ihm die furchtbare Aussicht nahe trat, seiner Kunst, dem Geigenspiel, welches er auf den Gipfel der Vollkommenheit gebracht, dem er den größten Theil seiner Jahre gewidmet, wodurch er sich und die Seinen zu ernähren hatte, nun vielleicht für sein ganzes Leben entsagen zu müssen. Dieser Eindruck war ein zu überwältigender!

Einiges ähnliche Andere, welches eine Erklärung verlangt, soll an seiner Stelle durch Anmerkungen in das richtige Licht gestellt werden.

Die Aufzeichnungen seiner Erlebnisse, die uns Spohr in den hier folgenden Blättern hinterlassen hat, reichen bis zum Anfange seines Casseler Aufenthaltes, also bis zum Jahre 1822 und sind in den Jahren 1847 bis zu Anfang des Jahres 1858 niedergeschrieben. Leider ist da unser Autobiograph mit einem Male verstummt, und es muß für die spätere Zeit eine aus vielen vorhandenen Quellen geschöpfte, mehr historische Darstellung seines bewegten Lebens an die Stelle der unmittelbaren eigenen Mittheilung treten; auch diese wird es sich jedoch zur Aufgabe machen, neben den äußeren Erlebnissen auch sein reiches inneres Leben, seine musikalischen Ansichten und Urtheile, wie sie aus seiner umfassenden, höchst interessanten Correspondenz zu entnehmen sind, vor dem Auge seiner Freunde und Verehrer zur Anschauung zu bringen.

Das letzte Jahr unseres Meisters war ein höchst trauriges für ihn und die Seinigen, indem er aus der geistigen und körperlichen Lethargie, in welche ihn Altersschwäche, vor Allem aber die Folgen eines Armbruches (am zweiten Weihnachtstage 1857) versetzt hatten, sich nur für Augenblicke erheben konnte. Grade die leibliche Stärke, wie die Geisteskraft, womit ihn der Himmel so reichlich ausgestattet und vor Anderen bevorzugt hatte, wurde in dieser Zeit für ihn die Quelle eines doppelten Leidens; denn einmal erschwerte es ihm sein äußeres Dasein, daß die altersschwach gewordenen Füße den fast sieben Fuß hohen Körper von verhältnißmäßigem stattlichen Umfange nicht mehr tragen wollten, — und zweitens mußte ein Mann wie er, der früher an alle Leibesübungen gewöhnt war mit denen ein körperlich starker Mensch dem Uebermaaß seiner Kräfte Rechnung trägt, an Schwimmen, Fußtouren,

Schlittschuhlaufen ꝛc., der außerdem sechs bis acht Stunden täglich durch Geigenspiel, Componiren, Dirigiren, Unterricht=geben, Correspondenzen der ausgedehntesten Art, als Vorsitzender bei so vielen Preisvertheilungen für musikalische Werke ꝛc. ꝛc. ausfüllte, der also während eines so langen Lebens an eine seltene körperliche und geistige Thätigkeit sich gewöhnt hatte, — dieser mußte, als er mit einem Male dies Alles einzu=stellen gezwungen war, sich höchst unglücklich fühlen und es ist kein Wunder, daß in dieser Zeit, so treue Liebe und Freundschaft ihn auch in engen Kreisen umgab, der Wunsch nach Erlösung aus diesem unthätigen und darum für ihn freudlosen Leben, mehr und mehr sich in ihm festsetzte. So ist er denn auch, als die Stunde kam, die ihn zu einem höheren Dasein abrief, mit dem Ausdrucke der größten Zu=friedenheit in seinen schönen edlen Zügen sanft entschlafen, und sein Andenken wird segnend fortwirken im Großen und Kleinen, sowohl durch die Werke, die er geschaffen hat, als durch das Beispiel seiner persönlichen Tugenden, für welche dieses Buch Zeugniß ablegt.

Cassel, im Januar 1860.

W.

Mein Vater, Karl Heinrich Spohr, Doctor der Arznei=
kunde, später Medicinalrath, war der Sohn eines Predigers zu
Woltershausen im Hildesheimischen. Er hatte sich am 26. November
1782 mit Ernestine Henke, Tochter des Predigers an der Aegy=
dienkirche zu Braunschweig, verheirathet und die erste Zeit bei den
Schwiegereltern im Pfarrhause gewohnt.*) Ich war das älteste
Kind dieser Ehe und wurde am 5. April 1784 geboren; zwei Jahre
nachher ward mein Vater als Physicus nach Seesen versetzt.
Meine frühesten Erinnerungen reichen bis zu jenem Umzuge hin=
auf, indem mir stets der Eindruck gegenwärtig geblieben ist, den
das Weinen meiner Mutter, als sie nach dem Abschied von ihren
Eltern in dem einfachen und etwas ländlichen Hause zu Seesen
ankam, auf mich machte; auch erinnere ich mich noch des Geruchs
frisch geweißter Wände, der mich daselbst unangenehm berührte,
wie mir denn stets eine ungewöhnliche Empfänglichkeit und Fein=
heit der Sinne eigen geblieben ist.

In Seesen wurden mir vier Brüder und eine Schwester geboren.

Die Eltern waren musikalisch; der Vater blies Flöte, die
Mutter, Schülerin des Kapellmeisters Schwaneberger in
Braunschweig, spielte sehr fertig das Clavier und sang die italie=
nischen Bravourarien der damaligen Zeit. Da sie sehr oft des
Abends musicirten, so wurde der Sinn und die Liebe zur Ton=

*) Das Gebäude ist noch vorhanden und bildet unter Nr. 7 die Ecke des
Aegydienkirchhofs in der Mönchsstraße. Man hat es seit längeren Jahren dem
Militärmusikinstitute eingeräumt, nachdem das Kirchspiel in westphälischer Zeit
aufgehoben worden war.

kunst schon früh bei mir geweckt. Zuerst begann ich, mit einer klaren Sopranstimme begabt, zu singen, und im vierten oder fünften Lebensjahre schon, durfte ich in Duetten mit der Mutter an den Abendmusiken Theil nehmen. Um diese Zeit war es, daß mir der Vater, meinem dringend geäußerten Wunsche nachgebend, auf einem Jahrmarkte eine Geige kaufte, auf der ich nun unaufhörlich spielte. Zuerst versuchte ich, die früher gesungenen Melodieen herauszubringen und war überglücklich, wenn die Mutter dazu accompagnirte.

Bald darauf bekam ich Unterricht beim Rektor Riemen= schneider, und noch ist mir erinnerlich, daß ich nach der ersten Stunde, in der ich den G-dur=Accord auf allen vier Saiten der Geige hatte greifen lernen, im Entzücken über den Wohlklang desselben zur Mutter in die Küche eilte und ihr so unaufhörlich den Accord vorharpeggirte, daß sie mich hinausjagen mußte. Als ich nun die Griffe der Geige nach Noten erlernt hatte, durfte ich auch als Geiger des Abends mitmusiciren, und besonders waren es drei Trios von Kalkbrenner für Piano, Flöte und Violine, die eingeübt und dann vor den Freunden des Hauses vorgetragen wurden.

Etwa um das Jahr 1790 oder 91 kam ein französischer Emi= grant, Namens Dufour, nach Seesen, der, obgleich nur Di= lettant, doch ein sehr fertiger Geiger und Violoncellist war. Er ließ sich dort nieder, erhielt Freitische bei den wohlhabenderen Einwohnern und ernährte sich durch Sprachunterricht. An den Tagen, wo er zu meinen Eltern kam, wurde nach Tisch jedes Mal musicirt, und mir ist erinnerlich geblieben, daß ich bis zu Thränen gerührt war, als ich ihn zum ersten Male spielen hörte. Nun ließ ich den Eltern keine Ruhe, bis ich bei ihm Unterricht erhielt.

Dufour, erstaunt über meine schnellen Fortschritte, war der Erste, welcher die Eltern zu bereden suchte, mich ganz der Musik zu widmen. Der Vater, der mich früher für das Studium der Medicin bestimmt hatte, ging bei seiner Vor=

liebe für die Musik bald darauf ein, hatte aber einen harten Kampf deshalb mit meinem Großvater, der sich unter einem Musiker nur einen Bierfiedler, der zum Tanze spielt, denken konnte. Später wurde mir die Genugthuung, nach meiner so frühen Anstellung als Kammermusikus in Braunschweig, dem alten Großvater, der mich sehr lieb hatte, eine bessere Meinung von der erwählten Künstlerlaufbahn beibringen zu können.

Während des Unterrichts bei Herrn Dufour machte ich auch meine ersten Compositionsversuche, bevor ich noch irgend einen Unterricht in der Harmonie erhalten hatte. Es waren Duette für zwei Violinen, die ich mit meinem Lehrer in den Abendmusikpartien vortrug und damit die Eltern im höchsten Grade überraschte. Noch erinnere ich mich des stolzen Gefühls, nun auch als Componist vor den Freunden des Hauses auftreten zu können. Als Honorar erhielt ich von den Eltern einen Prachtanzug, bestehend in einer rothen Jacke mit Stahlknöpfen und einem gelben Beinkleid nebst Schnürstiefeln mit Quasten, warum ich schon lange, wiewohl vergebens, sollicitirt hatte. Die Duetten, die der Vater sorgfältig aufgehoben hat, sind zwar incorrekt und kindisch, haben aber doch eine Form und einen fließenden Gesang.

Dieser erste glänzende Erfolg in der Composition hatte mich so begeistert, daß ich von nun an fast alle Stunden, die mir die Schule frei ließ, ähnlichen Versuchen widmete; ja ich wagte mich sogar an eine kleine Oper, deren Text ich aus dem Weiße'schen Kinderfreund nahm. Charakteristisch möchte es sein, daß ich bei dem Titel begann und diesen vor allen Dingen mit Tusche erst recht schön ausmalte; dann folgte die Ouvertüre, dann ein Chor, dann noch eine Arie, bei der aber die Arbeit in's Stocken gerieth. Da ich noch nie einer Opernaufführung beigewohnt hatte, so entnahm ich die Form zu diesen Musikstücken den Opern von Hiller „die Jagd“ und „Lottchen am Hofe,“ welche die Mutter im Clavierauszuge besaß und oft mit mir und dem Vater gesungen hatte. Ich fühlte jedoch bald, daß es mir für ein solches Unternehmen noch an Wissen und Geschick fehle und wandte mich zu anderen Versuchen. Dabei hatte ich aber einen harten Strauß mit dem Vater, der fest darauf bestand, jede begonnene Arbeit müsse erst vollendet sein, bevor eine andere angefangen werden dürfe, und nur, weil der Vater sich überzeugte, daß ich so bedeutenden Arbeiten noch nicht gewachsen sei, durfte dies Mal eine Ausnahme gemacht werden; später nie wieder. Dieser Strenge habe ich meine Ausdauer in der Arbeit zu danken und bin der väterlichen Lehre stets eingedenk gewesen.

Da der Vater liebte, die Arbeiten seines Knaben zu beaufsichtigen, so gestattete er mir, mich in seiner Studirstube zu etabliren und ließ sich durch das Singen, Brummen und Pfeifen des kleinen Componisten nicht stören. Hatte dieser dann etwas Falsches aufgeschrieben, was oft genug geschah, und war genöthigt, es auszustreichen, so hörte dies der Vater sogleich und sagte halb ärgerlich: „Nun macht der dumme Junge wieder Fenster!" So nannte er die Querstriche durch die Notenlinien beim Ausstreichen. Dies war mir empfindlich, und ist wohl die Veranlassung, daß ich mich zeitig gewöhnte, eine reinliche Partitur, in der nichts ausgestrichen sein durfte, zu schreiben.

Als es nun auf Dufour's Zureden beschlossen war, daß ich mich ganz der Musik widmen sollte, drang dieser darauf, daß ich nach Braunschweig gesandt werde, um weiteren, namentlich theoretischen Unterricht in der Musik zu erhalten. Dies konnte jedoch nicht geschehen, bevor ich confirmirt war. Nach einem streng befolgten Gesetz durfte die Confirmation im Herzogthum Braunschweig nicht vor dem vierzehnten Jahre stattfinden; um nun keine Zeit zu verlieren, wurde ich im zwölften Jahre zum Großvater in das Hildesheimische geschickt, wo es der Entscheidung der Prediger überlassen war, wie bald die Kinder zur Confirmation zugelassen werden sollten. Hier erhielt ich während eines Winterhalbjahres von dem gelehrten Großvater nicht nur in der Religion, sondern auch in manchen anderen Dingen Unterricht; nur für Musikstunden war nicht gesorgt, da weder der Großvater, noch die Oheime etwas davon verstanden. So mußte ich denn zwei Mal in der Woche mit meiner Geige nach der Stadt Alfeld wandern und mit dem dortigen Cantor musiciren. Wie beschwerlich auch diese Wege bei der häufig unfreundlichen Winter=Witterung waren, so freute ich mich doch stets darauf, hauptsächlich wohl deshalb, weil ich mich dem Lehrer überlegen fühlte und diesen durch mein fertiges Notenlesen in Verlegenheit setzte, ja nicht selten den heimlichen Triumph hatte, ihn stecken bleiben zu sehen.

Auf der Hälfte des Wegs nach Alfeld lag eine einsame Mühle. Dort war ich bei einem starken Regenguß einmal eingetreten und hatte die Gunst der Müllerin so sehr gewonnen, daß ich von da an stets vorsprechen mußte, mit Kaffee, Kuchen und Obst gelabt wurde, und ihr dann zum Dank etwas auf der Violine vorphantasirte. Noch ist mir erinnerlich, daß ich sie einst mit Variationen von Wranitzky über das Thema „Du bist liederlich," worin alle die Kunststückchen vorkamen, womit Paganini später die Welt entzückte, so außer sich setzte, daß sie mich an dem Tage gar nicht wieder von sich lassen wollte.

Nach der Rückkehr von Woltershausen wurde ich nun bald nach Braunschweig geschickt und in dem Hause des reichen Honigkuchenbäckers Michaelis, wo der Vater früher Arzt gewesen war und einst die Frau von der Wassersucht kurirt hatte, wie ein Kind des Hauses aufgenommen und von allen Bewohnern desselben mit Liebe behandelt.

Mit Eifer begann ich meine musikalischen und anderen Studien. Den Violinunterricht gab mir der Kammermusikus Kunisch, ein gründlicher und freundlicher Lehrer, dem ich viel verdanke. Nicht so freundlich war der Lehrer in der Harmonie und im Contrapunkt, ein alter Organist Namens Hartung, und noch weiß ich, wie dieser mich einst bös anfuhr, als ich ihm bald nach Beginn des Unterrichts eine Composition zur Ansicht vorlegte. „Damit hat es noch lange Zeit; erst muß man was lernen!" meinte er. Nach einigen Monaten munterte er mich jedoch selbst auf, nun Versuche in der Composition zu machen, corrigirte dann aber so unbarmherzig und strich so viele nach meiner Meinung herrliche Gedanken, daß ich alle Lust verlor, ihm wieder etwas vorzulegen. Nicht lange nachher hörte wegen Kränklichkeit des alten Mannes der Unterricht auf und ist der einzige geblieben, den ich je in der Theorie gehabt habe. Ich war nun genöthigt, Belehrung in theoretischen Werken zu suchen; hauptsächlich half mir aber das Lesen guter Partituren, die ich durch Vermittlung meines Lehrers Kunisch aus der Theaterbibliothek geliehen bekam. So gelang es mir bald, corrett in der Harmonie schreiben zu lernen, und ich wagte es nun zum ersten Mal, in Braunschweig mit einer Violincomposition öffentlich aufzutreten. Es geschah dies im Schulconcert der Katharinen-Schule, die ich als Secundaner besuchte. Diese Concerte waren zur Uebung des Schulchors von dem Präfekten desselben errichtet, wurden aber durch die Theilnahme mehrerer Mitglieder der Hofkapelle, der Stadtmusiker und geschickter Dilettanten so bedeutend, daß man immer größere Werke aufführen konnte, wie Cantaten, Symphonien und Instrumental-Concerte. Von nun an wurde Alles genau eingeübt, und die Aufführungen, die in dem ziemlich großen Prima-Saale stattfanden, erlangten bald so viel Ruf, daß man ein kleines Eintrittsgeld zur Bestreitung der Kosten erheben durfte. In einem dieser Concerte trat ich also zum ersten Mal in meiner Vaterstadt auf und erwarb so viel Beifall, daß ich nun auch zur Mitwirkung in den Abonnementsconcerten des Deutschen Hauses aufgefordert wurde und das dafür übliche Honorar empfing. Diese erste Einnahme, die ich mir als Künstler erwarb, machte mich sehr glücklich, und noch erinnere ich mich des stolzen Gefühls, mit welchem ich es den Eltern meldete. Nun spielte ich auch in den Abonnementsconcerten öfters Solo und in der Regel eigene Compositionen. Auch in dem Theaterorchester durfte ich zu meiner Uebung mitwirken und lernte dadurch viel gute Musik kennen.

In dieser Zeit, wo ich noch meine klare, hohe Sopranstimme hatte, gewährte es mir auch viel Freude, mich dem Schulchor bei seinen Wanderungen durch die Stadt anzuschließen. Der Präfektus, der später als Bassist berühmt gewordene Theatersänger Strohmeyer, übertrug mir sehr gern die Sopran-Soli, da ich sie fehlerfrei a vista sang.

Mein Lehrer Kunisch, der mir väterlich wohlwollte, drang nun darauf, daß ich bei dem besten Geiger der Braunschweiger Kapelle, dem Concertmeister Maucourt, Unterricht nähme. Der Vater willigte gern ein, obgleich es ihm sehr sauer wurde, das für diesen Unterricht höhere Honorar anzuschaffen, um so mehr, da ich das Michaelis'sche Haus hatte verlassen müssen, weil man mir kein besonderes Zimmer einzuräumen vermochte, und ich mit den Kindern des Hauses in derselben Stube unmöglich ruhig spielen und componiren konnte. Eine weitere Folge dieses Wohnungswechsels war, daß mir der Vater bei seinen früheren Bekannten Freitische ausmachen mußte, was seinem ehrgeizigen Sohne sehr empfindlich war. Doch wurde ich von allen diesen Leuten freundlich behandelt, und so verlor sich das Drückende meiner Lage bald. Ich bewohnte nun mit einem anderen Secundaner ein Zimmer im Hause des Cantor Bürger, konnte aber dort ungestört üben und componiren, da mir der Hauswirth, der sich für mein Musiktreiben interessirte, sein Musikzimmer mit dem Pianoforte zur Verfügung gestellt hatte.

Durch den Unterricht des Herrn Maucourt wurde ich immer mehr zu einem für meine Jahre ausgezeichneten Solospieler ausgebildet, und nach etwa einem Jahre, als es dem Vater bei'm Heranwachsen der übrigen Kinder nicht mehr möglich war, die Kosten für den theuern Aufenthalt in Braunschweig zu erschwingen, hielt er mich für weit genug fortgeschritten, um nun als reisender Künstler mein Glück in der Welt versuchen zu können. Er beschloß daher, mich zuerst nach Hamburg zu schicken, wohin er mir Empfehlungen an frühere Bekannte mitgeben konnte.

Gewohnt, dem Vater in Allem zu gehorchen und gern ge=
neigt, mich bereits für ein großes Licht zu halten, hatte ich dagegen
nichts einzuwenden. Erscheint es nun höchst abenteuerlich, einen
Knaben von vierzehn Jahren, sich selbst überlassen, auf gut Glück
in die Welt zu schicken, so findet dies seine Erklärung in dem
Charakter und den Schicksalen des Vaters. Dieser, im höchsten
Grade kühn und unternehmend, hatte sich im sechszehnten Jahre
auch schon emancipirt. Um einer Schulstrafe zu entgehen, war
er von der Schule zu Hildesheim entflohen, hatte sich auf höchst
kümmerliche Weise in Hamburg, Anfangs als Sprachlehrer, später
durch Unterrichtertheilen an der Büsching'schen Handelsschule,
ernährt, dann mehrere Universitäten besucht, sich immer ohne alle
Unterstützung von Haus, bei großen Entbehrungen durch Un=
ternehmungsgeist und angestrengte Thätigkeit durchgeschlagen, und
endlich nach einer höchst abenteuerlich verlebten Jugend zum prak=
tischen Arzte in Braunschweig emporgeschwungen. Er fand es nun
sehr natürlich, daß sich der Sohn auf gleiche Weise versuchen
müsse, obgleich die Mutter bedenklich den Kopf schüttelte. Dürftig
mit Reisegeld, aber mit vielen guten Lehren versehen, wurde ich
auf der Post nach Hamburg spedirt. Noch ganz voll von dem
lebhaften Eindruck, den die wogende Handelsstadt und die zum
ersten Mal gesehenen Seeschiffe auf mich gemacht hatten, ging
ich wohlgemuth und voller Hoffnungen zum Professor Büsching,
an den mich der Vater adressirt hatte. Aber wie bald sollten
diese vernichtet werden! Der Professor, nachdem er den Brief
mit immer wachsendem Erstaunen gelesen hatte, rief aus: „Ihr
Vater ist doch immer noch der Alte! Welche Tollheit, einen
Knaben so auf gut Glück in die Welt zu senden!" Dann setzte
er mir auseinander, daß, um ein Concert in Hamburg zu Stande
zu bringen, man bereits einen berühmten Namen oder wenigstens
die Mittel besitzen müsse, die bedeutenden Concertunkosten tragen
zu können; daß aber im Sommer, wo alle reichen Leute auf
ihren Landsitzen wohnten, ein solches Unternehmen vollends ganz

unausführbar sei. Durch diese Erklärung wie vernichtet, wußte ich keine Sylbe zu erwidern und konnte kaum die Thränen zurückhalten. Ich empfahl mich stumm und rannte, ohne an die Abgabe der anderen Empfehlungsbriefe zu denken, voller Verzweiflung nach Hause. Hier meine Lage überdenkend, erschreckte mich die Gewißheit, daß meine Baarschaft kaum noch für ein paar Tage ausreichen werde, dermaßen, daß ich mich in Gedanken schon in den Klauen der Seelenverkäufer sah, von denen mir der Vater ein warnendes Bild entworfen hatte. Ich entschloß mich daher kurz, packte meine Geige und meine Sachen wieder in den Koffer, schickte diesen, mit einer Adresse nach Braunschweig versehen, auf die Post, bezahlte meine Rechnung und wanderte mit dem kleinen Rest meiner Baarschaft in der Tasche, der allenfalls für die Zehrung ausreichen konnte, zu Fuß nach Braunschweig zurück.

Einige Meilen von der Stadt kam mit ruhigerer Ueberlegung zwar bald die Reue dieser Uebereilung, doch nun zu spät; sonst wäre ich wohl umgekehrt. Ich sagte mir, daß es thöricht gewesen sei, nicht wenigstens erst die übrigen Briefe abzugeben. Sie konnten mir ja vielleicht die Bekanntschaft eines Musikkenners verschaffen, der mein Talent zu würdigen und doch noch Rath zu einem Concert zu schaffen gewußt hätte. Dazu kam der beschämende Gedanke, daß der Vater, der selbst so unternehmend gewesen, mich kindisch, muthlos, unüberlegt schelten würde. So in tiefster Seele betrübt, wanderte ich weiter und sann unaufhörlich darüber nach, wie ich mir die Beschämung ersparen könnte, so ganz unverrichteter Sache in das elterliche Haus zurückzukehren.

Endlich kam mir der Einfall, mich an den Herzog von Braunschweig zu wenden und diesen um die Mittel zu weiterer Ausbildung anzugehen. Ich wußte, daß der Herzog früher selbst Violine gespielt hatte und hoffte daher, daß dieser mein Talent erkennen werde. Hat er dich nur erst eines deiner Concerte spielen hören, dachte ich, so ist dein Glück gemacht. Mit neu belebtem Muth schritt ich nun weiter und legte in heiterster Stimmung den Rest des Weges zurück.

Kaum in Braunschweig angelangt, entwarf ich eine Bittschrift an den Herzog, worin ich ihm meine ganze Lage darlegte und schließlich um Unterstützung zu weiterer Ausbildung oder um eine Anstellung in der Kapelle bat. Da mir bekannt war, daß der Herzog jeden Morgen im Schloßgarten spazieren zu gehen pflegte, so suchte ich ihn, mit meinem Gesuch in der Tasche, dort auf und war so glücklich, daß er mir das Papier abnahm. Nachdem er es flüchtig überlesen und über Eltern und bisherige Lehrer Fragen gestellt hatte, die ich furchtlos beantwortete, erkundigte er sich auch, wer die Bittschrift entworfen habe. „Nun, wer anders als ich? Dazu brauche ich keinen Andern!" antwortete ich, fast beleidigt über den Zweifel an meiner Geschicklichkeit. Der Herzog lächelte und sagte: „Nun, komm morgen um elf Uhr auf's Schloß; dann wollen wir weiter über Dein Gesuch reden." Wer war glücklicher, als ich! Präcis elf Uhr stand ich vor dem Kammer= diener und verlangte, bei'm Herzog angemeldet zu werden. „Wer ist Er?" fuhr mich dieser ziemlich unfreundlich an. „Ich bin kein Er. Der Herzog hat mich hierher bestellt und Er hat mich anzumelden", antwortete ich ganz entrüstet. Der Kammer= diener ging, mich zu melden, und bevor sich meine Aufregung ge= legt hatte, wurde ich eingeführt. Mein erstes Wort zum Herzog war daher auch: „Durchlaucht, Ihr Kammerdiener nennt mich Er; das muß ich mir ernstlich verbitten!" Der Herzog lachte laut und sagte: „Nun, beruhige Dich nur, er wird's nicht wieder thun!" Nachdem er mich dann noch über Manches befragt hatte, worüber ich die unbefangensten Antworten ertheilte, sagte er: „Ich habe mich bei Deinem bisherigen Lehrer Maucourt nach Deinen Fähigkeiten erkundigt und bin nun begierig, Dich eine Deiner Compositionen spielen zu hören; dies kann im nächsten Concert bei der Herzogin geschehen. Ich werde es dem Kapellmeister Schwaneberger sagen lassen."

Ueberglücklich verließ ich das Schloß, eilte nach Hause und bereitete mich auf das Sorgfältigste zum Concerte vor.

Diese Hofconcerte bei der Herzogin fanden in jeder Woche ein Mal Statt und waren der Hofkapelle im höchsten Grade zuwider, da nach damaliger Sitte während der Musik Karten gespielt wurde. Um dabei nicht gestört zu werden, hatte die Herzogin befohlen, daß das Orchester immer piano spiele. Der Kapellmeister ließ daher Trompeten und Pauken weg und hielt streng darauf, daß nie ein forte zur Kraft kam. Da dies in Symphonien, so leise auch die Kapelle spielte, nicht immer ganz zu vermeiden war, so ließ die Herzogin auch noch einen dicken Teppich dem Orchester unterbreiten, um den Schall zu dämpfen. Nun hörte man das „ich spiele, ich passe" u. s. w. allerdings lauter, als die Musik.

An dem Abend, wo ich dort zum ersten Mal spielte, waren aber Spieltische und Teppich verschwunden; die Kapelle, unterrichtet, daß der Herzog anwesend sein werde, hatte sich gehörig vorbereitet, und die Musik ging vortrefflich. Da ich damals noch ohne alle Befangenheit auftrat und wohl wußte, daß von dem heutigen Erfolg mein ganzes künftiges Geschick abhängig sei, spielte ich mit wahrer Begeisterung und mußte wohl die Erwartungen des Herzogs übertroffen haben, denn dieser rief mir schon während des Spiels wiederholt bravo zu. Nach Beendigung desselben kam er zu mir, klopfte mich auf die Schulter und sagte: „Das Talent ist da; ich werde für Dich sorgen. Komm morgen zu mir." Ueberselig eilte ich nach Hause, meldete sogleich den Eltern mein Glück und konnte lange vor Freude und Aufregung nicht einschlafen.

Am anderen Morgen sagte der Herzog zu mir: „Es ist eine Stelle in der Kapelle erledigt, die werde ich Dir geben. Sei fleißig und führe Dich gut auf. Bist Du nach einigen Jahren tüchtig fortgeschritten, so werde ich Dich auch zu irgend einem großen Meister senden; denn hier fehlt es Dir an einem großen

Vorbilde." Diese letzte Aeußerung setzte mich in Erstaunen; denn ich hatte bis jetzt das Spiel meines Lehrers Maucourt für das Höchste gehalten, was zu erreichen sei.

So wurde ich mit Beginn meines fünfzehnten Lebensjahres als Kammermusikus angestellt. Das Rescript, welches später ausgefertigt wurde, ist vom 2. August 1799 datirt. Obgleich der Gehalt nur 100 Thlr. betrug, so reichte er doch bei großer Sparsamkeit und mit Hülfe kleiner Nebenverdienste aus, und ich bedurfte von nun an keiner weiteren Unterstützung von Haus. Ja, ich war so glücklich, den Eltern die Erziehung der anderen Kinder dadurch erleichtern zu können, daß ich meinen acht Jahre jüngern Bruder Ferdinand, der Neigung und Talent für Musik zeigte, zu mir nahm und ihn zum Künstler bildete.

Von nun an war der junge Kammermusikus in großer Thätigkeit. Seine Berufsgeschäfte bestanden in dem Mitwirken bei den Hofconcerten und im Hoftheater, für welches seit kurzem eine französische Sänger= und Schauspielergesellschaft angenommen war. Ich lernte daher die französisch=dramatische Musik früher kennen, als die deutsche, was auf meine Geschmacksrichtung und damaligen Compositionen nicht ohne Einfluß blieb. Endlich, als für die Zeit der beiden Messen auch eine deutsche Operngesellschaft aus Magdeburg verschrieben wurde, ging mir die Herrlichkeit der Mozart'schen Opernmusik auf, und nun war für meine ganze Lebenszeit Mozart mein Idol und Vorbild. Ich erinnere mich noch deutlich der Wonneschauer und des träumerischen Entzückens, mit welchem ich zum ersten Male „Zauberflöte" und „Don Juan" hörte, und wie ich nun nicht ruhte, bis ich die Partituren geliehen bekam und dann halbe Nächte darüber brütete.

Aber auch bei allen andern Musikpartien der Stadt fehlte ich nicht; namentlich gehörte ich allen Quartettzirkeln an. In einem derselben, der von zwei Sängern der französischen Oper, die Violine spielten, errichtet war, lernte ich auch die ersten Quartetten von Beethoven kennen und schwärmte von nun an

nicht weniger für sie, als bisher für die Haydn'schen nnd Mo=
zart'schen.

Bei solchem steten Musiktreiben konnte es nicht fehlen,
daß mein Spiel und Geschmack sich immer mehr ausbildeten.
Günstig wirkte auch die Anwesenheit zweier fremden Geiger, die
in dieser Zeit Braunschweig besuchten. Es waren dies Seidler
und der Knabe Pixis. Ersterer imponirte mir durch seinen
schönen Ton und sein sauberes Spiel, Letzterer durch eine für seine
Jahre außerordentliche Fertigkeit.

Mit den Brüdern Pixis musicirte ich sehr häufig in Pri=
vatgesellschaften und spielte auch in deren zweitem Concert mit
dem Geiger öffentlich ein Doppelconcert von Pleyel. Nach
solchen Aufmunterungen wurde dann immer mit doppeltem Eifer
studirt.

Der Herzog, der mich nicht aus den Augen verlor, hatte mir
erlaubt, ihn jedes Mal zu benachrichtigen, wenn ich eine neue
Composition im Hofconcert vortrüge, und erschien auch einige
Mal zum großen Verdruß der Herzogin, die dadurch in ihrer
L'Hombrepartie gestört wurde. Eines Tages, als der Herzog
nicht anwesend war, und daher auch Niemand auf die Musik
achtete, das Verbot eines jeden forte vor Anfang der Musik erneuert
und der verhängnißvolle Teppich wieder ausgebreitet war, probirte
ich ein neues Concert von mir; denn eine Probe nur konnte man
diese Vorträge nennen, da nie eine solche vorher Statt fand, aus=
genommen an den Tagen, wo man wußte, daß der Herzog er=
scheinen würde. Erfüllt von meinem Werk, welches ich zum
ersten Mal mit Orchester hörte, vergaß ich ganz des Verbots und
spielte mit aller Kraft und allem Feuer der Begeisterung, so daß
ich selbst das Orchester mit fortriß. Plötzlich wurde ich mitten im
Solo von einem Lakai am Arm gefaßt, der mir zuflüsterte: "Die
Frau Herzogin läßt Ihnen sagen, Sie sollen nicht so mörderlich
darauf losstreichen!" Wüthend über diese Störung spielte ich wo

möglich nur noch stärker, mußte mir aber auch nachher einen
Verweis vom Hofmarschall gefallen lassen.

Der Herzog, dem ich am anderen Tage mein Leid klagte, lachte
herzlich, erinnerte sich aber auch bei dieser Gelegenheit seines früheren
Versprechens und forderte mich sogleich auf, mir unter den berühmten Geigern der damaligen Zeit einen Lehrer zu wählen.
Ohne Bedenken wurde Viotti von mir genannt und diese Wahl
vom Herzog gebilligt. Es ward auch gleich an diesen, der sich damals in London aufhielt, geschrieben. Leider! antwortete er aber
ablehnend: „er sei Weinhändler geworden, beschäftige sich nur noch
selten mit Musik und könne daher keinen Schüler annehmen.“

Nach Viotti war damals Ferdinand Eck in Paris der berühmteste Geiger. An diesen wurde sich daher zunächst gewandt.
Aber auch er wollte keinen Schüler annehmen. Er hatte kurz vorher
eine reiche Gräfin aus München, wo er Mitglied der Hofkapelle
war, entführt, sich mit ihr in der Schweiz verheirathet und führte
nun ein vornehmes Leben theils in Paris, theils auf einem von dem
Vermögen der Gräfin erworbenen Gute bei Nancy. Er schlug
aber seinen jüngeren Bruder und Schüler, Franz Eck, als Lehrer
vor. Da dieser eben Deutschland bereisete und in Berlin mit
großem Beifall aufgetreten war, so wurde an ihn geschrieben und
er für den Fall, daß er den Antrag annähme, nach Braunschweig
eingeladen. Eck kam, spielte bei Hofe und gefiel dem Herzog
sehr. Da er auf einer Kunstreise nach Petersburg begriffen war,
so wurde ich ihm auf ein Jahr als Schüler mitgegeben und ausgemacht, daß ich die Hälfte der Reisekosten zu tragen habe und
Eck nach Beendigung des Unterrichts ein angemessenes Honorar
vom Herzog empfangen werde. Von dieser Reise ist ein Tagebuch
vorhanden, aus welchem einige Auszüge vielleicht von Interesse
sind. Es beginnt wenige Tage vor der Abreise am 24. April 1802,
für einen achtzehnjährigen Jüngling noch sehr kindlich, folgendermaßen:

„Der Abschied."

„Unter die traurigsten Stunden des Lebens gehören die des Abschieds von gütigen Eltern und geprüften Freunden. Sie erheitert nicht einmal die Aussicht auf eine angenehme und nützliche Reise; nur die Zeit und Hoffnung auf baldiges Wiedersehen können so schmerzliche Wunden heilen. Diese sind es, von denen auch ich Erleichterung bei'm Antritt meiner musikalischen Reise erwarte. So lebt denn wohl, Eltern, Freunde! Die Erinnerung an die fröhlichen Stunden, deren Schöpfer Ihr waret, wird mich stets begleiten!"

Die Reise ging zuerst nach Hamburg, wo Eck Concerte zu geben beabsichtigte. Mit einer gewissen Genugthuung und Selbstzufriedenheit sah ich die Stadt wieder, aus der ich einige Jahre früher so voller Verzweiflung entflohen war.

Nachdem Eck seine Empfehlungsbriefe abgegeben hatte, begann auch der Unterricht. Es findet sich darüber Folgendes im Tagebuch aufgezeichnet:

„Heute früh, den 30. April, fing Herr Eck den Unterricht bei mir an. Aber ach! wie sehr wurde ich gedemüthigt. Ich, der ich einer der ersten Virtuosen Deutschlands zu sein geglaubt hatte, konnte ihm nicht einen einzigen Takt zu Danke spielen, sondern mußte jeden wenigstens zehn Mal wiederholen, um nur endlich einigermaßen seine Zufriedenheit zu erlangen. Vorzüglich mißfiel ihm mein Strich, welchen umzuändern, ich nun auch selbst für sehr nöthig halte. Es wird mir freilich anfangs sehr schwer vorkommen; doch hoffe ich endlich, von dem großen Nutzen dieser Umänderung überzeugt, damit zu Stande zu kommen."

Das Tagebuch berichtet nun über Alles, was die Reisenden sahen und hörten. So anziehend dies auch für mich sein mußte, so versäumte ich darüber doch nicht meine Musikstudien. Der Vormittag, der damals in Hamburg bis drei Uhr dauerte, war ganz dem Einüben Dessen gewidmet, was Eck mir aufgab. Es dauerte auch nicht lange, so äußerte sich dieser günstig über meine Fortschritte. Schon unter dem 10. Mai heißt es:

„Herr Eck fängt an, zufriedener mit meinem Spiel zu sein und war gestern so gütig, mir zu versichern, daß ich das Concert, welches ich bei ihm einstudirt habe, nun ganz ohne Fehler spielen könne."

Die Pausen zwischen den Uebungen füllte ich mit Malen aus. Von frühester Jugend an hatte ich mich im Zeichnen und Malen mit Wasserfarben geübt und es, ohne je guten Unterricht gehabt zu haben, zu ziemlicher Fertigkeit darin gebracht. Ja ich hatte eine Zeit lang geschwankt, welche der beiden Künste, Musik oder Malerei, ich als Lebensberuf erwählen wolle. Jetzt machte ich einen ersten Versuch mit Portraitiren. Das Tagebuch sagt unter'm 12. Mai:

„Am Sonntag fing ich ein Miniaturbild an, welches ich heute Vormittag beendigt habe. Ich versuchte, mich selbst zu malen und kann damit sehr wohl zufrieden sein. Dieses und mein Geigen= spiel haben mich so beschäftigt, daß ich in diesen vier Tagen bei= nahe gar nicht aus dem Haus gekommen bin. Ich schickte dieses Bild meinen Eltern und begann dann Herrn Eck zu malen, der geduldig genug war, mir zu sitzen."

Es möchte nun an der Zeit sein, zu erwähnen, daß der junge Künstler von frühester Jugend an sehr empfänglich für weibliche Schönheit war und schon als Knabe sich in jede schöne Frau ver= liebte. Es ist daher nicht zu verwundern, daß das Tagebuch des nunmehr achtzehnjährigen Jünglings auf vielen Blättern Ergüsse seiner Herzensregungen enthält. Komisch jedoch ist dabei der Ernst, mit welchem diese flüchtigen Neigungen besprochen werden.

In Hamburg war es besonders eine Demoiselle Lütgens, die Tochter eines Musiklehrers, die mein Herz gewann. Nach einem Besuche bei dem Vater schrieb ich darüber Folgendes:

„Seine älteste Tochter, ein Mädchen von dreizehn Jahren, ein

Medizinalrat Dr. Karl Spohr, Louis Spohrs Vater

Ernestine Spohr, geb. Henke, Louis Spohrs Mutter

Louis Spohr, Selbstbildnis im Privatbesitz

sehr schönes, unschuldiges Geschöpf, gefiel mir vorzüglich wegen ihres artigen und sittsamen Betragens. Sie ist sehr schön, hat von Natur gelocktes Haar, feurige braune Augen und einen blen= dend weißen Hals. Ihr Vater, dessen Steckenpferd die Harmonie und der Generalbaß sind, unterhielt mich, weil er bei mir die meiste Geduld fand, seinen Sermon anzuhören, beständig von Auflösung und Verbindung der Accorde, unterdessen ich viel lieber mit seiner liebenswürdigen Tochter von Verbindung der Herzen und Lippen gesprochen hätte."

Um mich ihr öfter nähern zu können, bat ich um die Er= laubniß, sie malen zu dürfen, was gern gewährt wurde. Doch ehe noch die Sitzungen begannen, ward ich durch Herrn Eck, den ich sonderbar genug zum Vertrauten meiner Liebe gemacht hatte, darauf aufmerksam gemacht, daß sie eine Kokette und meiner Zuneigung unwürdig sei. Ich vermochte Anfangs nicht zu glauben, daß ein Mädchen von dreizehn Jahren schon kokett sein könne. Allein nach der ersten Sitzung war auch ich derselben Ansicht und machte darüber folgende Bemerkung:

„Henriette bat mich, sie in dem Kleid zu malen, das sie trage und versicherte, es ausgewählt zu haben, weil ihre anderen Kleider nicht weit genug ausgeschnitten seien und den Hals zu sehr bedeckten. Ich erstaunte über ihre Eitelkeit, und der Anblick dieses reizenden Halses, der mich bei anderer Gelegenheit entzückt haben würde, machte mich nun traurig, da ich überzeugt wurde, daß sie schon von der Eitelkeit und Schamlosigkeit der Hamburgerinnen angesteckt sei. Sie sprach, während ich malte, mit ihrer Cousine, einem häßlichen, aber eitelen Mädchen, von nichts als dem Putze, den sie zu dem mor= genden Balle anzulegen gedächte... Ganz mißvergnügt kam ich nach Haus und wünschte, daß wir nun bald abreisen möchten, weil mir Hamburg immer mehr mißfällt. Mein geselliges Herz, das sich so gern jedem Menschen anschließen möchte, findet hier Niemanden. ... Ich glaubte in diesem Mädchen Etwas für mein Herz gefun= den zu haben, aber ich sehe mich von neuem betrogen. ... Ich

hatte mir vorgenommen, eine Copie von ihrem Bilde für mich zu
machen; allein ich bin noch zu sehr auf sie erbittert, um dieses zu
können. Auch habe ich nun keine Lust, auf den Ball zu gehen."

Zwei Tage später heißt es jedoch: „Heute Vormittag arbeitete
ich fleißig an dem Bilde der Demoiselle Lütgens und fing auch
die Copie davon für mich an. Nach Tisch ging ich zu ihr. ... Hen=
riette empfing mich mit Vorwürfen, daß ich nicht auf den Ball ge=
kommen sei. ... Sie war heute so sittsam gekleidet und sprach so
vernünftig, daß ich mich mehr mit ihr unterhielt, als malte, wes=
halb ich auch nicht ganz fertig wurde. Es ist wirklich ewig schade,
daß dieses Mädchen mit so großem Talente und gesundem Ver=
stande in so schlechter Gesellschaft lebt, und dadurch zu den Thor=
heiten Hamburgs verführt wird."

Mit der Uebergabe des Bildes und der bald darauf folgenden
Abreise von Hamburg endete dieser kleine Roman, in dem es
nie zu Erklärungen gekommen war.

Ueber meine damalige Kunstbildung und meine Kunstansichten
giebt das Tagebuch fast auf jeder Seite in der Beurtheilung dessen,
was ich in Hamburg hörte, vielfache Belege. Freilich sind diese
Urtheile mit der naiven Zuversichtlichkeit, die der Jugend eigen
ist, abgefaßt und würden gewiß mancher Berichtigung bedürfen,
wenn diese nach so langer Zeit noch möglich wäre. Die Urtheile
über Opern und deren Darstellung können füglich übergangen
werden, da diese Werke größtentheils vom Repertoire verschwunden
und die Sänger längst verschollen sind.

Ueber einige andere Leistungen, sowie über die meines Lehrers,
mögen aber die betreffenden Stellen hier folgen:

„Den 5. Mai. Wir waren heute Mittag bei Herrn Kiek=
höver zum Essen eingeladen und trafen dort Herrn Dussek und
einige andere Musiker. Mir war dies sehr erwünscht, da ich mich
längst gesehnt hatte, Herrn Dussek spielen zu hören. Herr und
Madame Kiekhöver sind sehr artige Leute, und in ihrem Hause
ist Pracht mit Geschmack verbunden. Die Unterhaltung bei

Tische war fast immer französisch; ich konnte daher, da ich noch
nicht sehr im Französischen geübt bin, nur geringen Antheil
daran nehmen. Desto größeren nahm ich aber an der Musik, die
nachher gemacht wurde. Herr Eck begann mit einem Quartett
eigener Composition und entzückte damit alle Zuhörer. Darauf
spielte Herr Dussek Claviersonaten seiner Composition, die aber
nicht sonderlich zu gefallen schienen. Nun folgte ein zweites Quar=
tett des Herrn Eck, welches Herrn Dussek so hinriß, daß er
ihn zärtlich umarmte. Zum Beschluß spielte Herr Dussek ein
neues Quintett, welches er erst in Hamburg componirte und
das man bis in den Himmel erhob. So ganz wollte es mir aber
nicht gefallen; denn ohnerachtet der vielen Modulationen wurde
es am Ende ein wenig langweilig, und das Uebelste war, daß es
weder Form noch Rhythmus hatte, und man das Ende eben so
gut zum Anfang hätte machen können."

Bei einer Musikpartie auf dem Landsitze des Herrn Thornton
lernte ich Demoiselle Grund, die damals am meisten gefeierte
Sängerin Hamburgs, kennen. Das Tagebuch spricht von ihr mit
großer Begeisterung. Unter anderem heißt es:

„Anfangs war die Unterhaltung sehr windig; denn die Herren
Kaufleute sprachen von nichts als den widrigen Winden, die ihren
Schiffen den Eingang in die Elbe verwehren. Nach und nach wurde
sie aber interessanter, besonders als sich Dem. Grund mit in das
Gespräch mischte. Schon da bewunderte ich ihre richtige und gebildete
Sprache und ihr einnehmendes, zuvorkommendes Betragen. Als sie
aber bei Tische bald mit Diesem französisch, dann mit Jenem englisch
sprach, und mir einer der Herren erzählte, daß sie vier Sprachen
richtig spreche und schreibe, da fing ich an, sie zu beneiden und
mich zu schämen, daß ich als Mann diesem Mädchen hierin so weit
nachstehe. Auch in der Musik hat sie es sehr weit gebracht und
entzückte uns noch gestern Abend durch ihren Gesang so sehr, daß
Herr Eck sie aufforderte, in seinem Concerte zu singen, was
sie auch versprach. Mein Tischnachbar erzählte mir, ihr Vater

ernähre seine Familie mit Musikunterricht und verwende sehr viel
auf die Erziehung seiner Kinder. Diese, seine älteste Tochter, er=
leichtere ihm dieses Geschäft dadurch sehr, daß sie nicht allein ihre
Geschwister in der Musik und in Sprachen unterrichte, sondern
auch durch häufiges Informiren in den ersten Häusern Hamburgs
eine ansehnliche Summe Geldes verdiene. Ich hätte gern so=
gleich ihre Bekanntschaft gemacht, allein sie war so mit jungen
Herren umlagert, daß ich nicht an sie kommen konnte."

Von dem öffentlichen Concerte des Herrn Eck im Logensaal
auf der Drehbahn, am 18. Mai, sagt das Tagebuch:

„Herr Eck hatte große Ursache mit dem Orchester zufrieden zu
sein, da seine Concerte vortrefflich accompagnirt wurden, nicht so gut
die Arien der Demoiselle Grund, die für die Blas=Instrumente
etwas schwer waren. An der Spitze dieses gut eingeübten Or=
chesters steht der durch seine lieblichen Compositionen bekannte
Massonneau. Man sieht es diesem Manne nicht an, wie talent=
voll er ist; denn sein Anstand beim Spiel und sein Bogenstrich
sind so schlecht, daß man ihn für den größten Stümper halten
möchte —, und doch dirigirt er gar nicht übel."

Unser Aufenthalt in Hamburg dehnte sich bis zum 6. Juni
aus. Herr Dussek, dem die Anordnung des Concertes bei einem
Feste, welches die in Hamburg wohnenden Engländer zu Ehren
ihres Königs für den 4. Juni veranstalteten, aufgetragen war,
engagirte Herrn Eck zum Vortrag eines Violinconcertes. Erst bei
der Probe, die am 3. Juni Abends neun Uhr stattfand, entdeckte
Herr Eck, daß das Concert im Freien gegeben werden sollte, wovon
früher nie die Rede gewesen war. Man hatte eine Bude von
Leinwand aufgeschlagen und in dieser das Orchester, wohl hundert
Personen stark, terrassenförmig aufgestellt. Zuerst probirte Herr
Dussek eine von ihm für dieses Fest componirte Cantate, die
auf mich eine außerordentliche Wirkung machte, da sie nicht allein
gut geschrieben und vortrefflich einstudirt war, sondern auch durch
die Mitwirkung einer großen Orgel, die man im Hintergrunde

des Orchesters aufgestellt hatte, und „durch die Execution in stiller Nacht etwas so Feierliches bekam, daß man ganz hingerissen ward."

Nach der Cantate sollte nun Herr Eck sein Concert probiren. Dieser hatte jedoch, besorgt, daß die feuchte Nachtluft ungünstig auf seine Saiten einwirken und seine Geige, nach so kräftig besetzter Vokalmusik und zwischen den Leinwandwänden eingeengt, schlecht klingen werde, den Entschluß gefaßt, gar nicht zu spielen. Er erklärte dieses und machte zugleich Herrn Dusset heftige Vorwürfe, ihm nicht gleich gesagt zu haben, daß das Concert im Freien stattfinden sollte. Es entspann sich darüber ein scharfer Wortwechsel, der zur Folge hatte, daß Eck mit mir sogleich das Lokal verließ und wir auch dem Feste selbst nicht beiwohnten.

Die Reise ging nun zunächst nach Ludwigslust, wo Eck bei Hofe gehört zu werden hoffte. Dies wurde jedoch abgelehnt und auch nach Strelitz kam er zu ungelegener Zeit, weil der Hof abwesend war. Da dieser aber bald zurückerwartet wurde und das freundliche Städtchen mit seinem reizenden Schloßgarten und dem daran gränzenden See zu längerem Aufenthalte einlud, und Eck voraussah, mitten im Sommer auch in Stettin, Danzig und Königsberg keine guten Geschäfte machen zu können, so entschloß er sich, die Rückkehr des Hofes abzuwarten. Wir suchten daher eine Privatwohnung und richteten uns für einige Zeit häuslich ein.

Dies war für meine Studien die günstigste Periode der ganzen Reise. Eck, der ohne Beschäftigung war, widmete sich nun dem Unterrichte seines Schülers mit großem Eifer und lehrte ihn alle Geheimnisse seiner Virtuosität. Ich meinerseits, von jugendlichem Ehrgeiz getrieben, war unermüdlich. Ich stand sehr früh auf und übte mein Instrument so lange, bis mich Ermattung aufzuhören zwang. Doch nach kurzer Rast begann ich von neuem und brachte es auf solche Weise an manchem Tage bis zu zehn Stunden Uebung, die Zeit mit eingerechnet, in welcher Eck mich unterrichtete. Man hatte mir von Braunschweig geschrieben, daß die mir

Mißgünstigen laut geäußert hätten, ich würde mich wohl eben so wenig auszeichnen, wie alle anderen jungen Leute, die der Herzog bisher bei ihren Studien unterstützt habe. Diese Vermuthung zu Schanden zu machen, war ich das Aeußerste aufzubieten entschlossen, und wenn daher auch zuweilen der Eifer ermatten wollte, der Gedanke an mein erstes Auftreten in Braunschweig nach meiner Rückkehr belebte mich gleich wieder zu neuer Anstrengung. So gelang es mir, binnen kurzer Zeit eine solche Gewandtheit und Sicherheit in der Technik meines Instrumentes zu erwerben, daß mir von der damals bekannten Concertmusik nichts mehr zu schwer war. Bei solchen Anstrengungen wurde ich durch kräftige Gesund= heit und durch einen herkulischen Körperbau unterstützt.

Zwischendurch wurde componirt, gemalt, geschrieben und ge= lesen und der spätere Nachmittag dann zu Ausflügen in die Um= gegend benutzt. Ein Lieblingsvergnügen der Reisenden war es, quer über den See zu schiffen und in einer jenseits gelegenen Meierei das Abendbrod einzunehmen. Ich, der ich schon damals ein geübter Schwimmer war, entkleidete mich oft auf diesen Fahrten und schwamm eine Strecke neben dem Kahne her. Mein Ver= hältniß zu Eck, welches mehr das zweier Kameraden zueinander als das zwischen Lehrer und Schüler war, gestattete solche Frei= heiten.

In jener Zeit vollendete ich ein schon in Hamburg ange= fangenes Violinconcert, welches später als Op. 1 bei Breitkopf & Härtel in Leipzig erschienen ist, und schrieb die drei Violinduetten, Op. 3 welche bei Kühnel in Leipzig herauskamen. Beim Einüben dieser Duetten mit Eck wurde es mir zuerst klar, daß mein Lehrer, wie so viele Geiger der französischen Schule, doch kein durchgebildeter Künstler war; denn so vollendet er auch seine Concertsachen und einige andere, ihm von seinem Bruder eingeübte Compositionen vortrug, so wenig verstand er es, in den Geist fremder Sachen einzudringen. Es hätte bei diesen Duetten füglich ein Rollen= tausch stattfinden und vom Schüler dem Lehrer angedeutet werden tönnen, wie sie vorzutragen seien. Auch merkte ich bei einem Compositionsversuch, den Eck machte, daß dieser unmöglich der Componist der Violinconcerte und Quartetten sein könne, die er bisher für eigene Arbeiten ausgegeben hatte. Später erschienen auch die Concerte unter dem Namen des älteren Eck und die Quartetten unter dem des Kapellmeisters Danzi in Stuttgart.

So waren in Erwartung des Hofes vier Wochen höchst einförmig, aber fruchtbringend für mich verflossen, als Eck sich unwohl fühlte und einen Arzt zu Rathe ziehen mußte. Die Unterredungen mit diesem waren sehr geheim, und ich konnte lange nicht ergründen, was meinem Lehrer fehle, bis der Arzt es für nöthig fand, den jungen unerfahrenen Menschen zu warnen und von einer Krankheit, welche Eck sich in Paris zugezogen hatte und die jetzt wieder zum Ausbruch kam, in Kenntniß zu setzen. Noch immer erinnere ich mich des Abscheues, mit dem ich damals zum ersten Male in meinem Leben von dieser Krankheit und ihren gräßlichen Folgen reden hörte, und wohl mag es diesem unauslöschlichen Eindruck mit zuzuschreiben sein, daß ich nie einer ähnlichen Gefahr ausgesetzt gewesen bin.

Da der Kranke während der ersten vier Wochen das Zimmer nicht verlassen durfte, so machte ich von nun an die Abendspaziergänge allein. Auf diesen entspann sich wieder eine Herzensangelegenheit, die im Tagebuch sehr ausführlich und mit großem Ernst erzählt ist. Es heißt am 8. Juli:

„Heute Nachmittag trieb mich die Langeweile in eine Leihbibliothek, wo ich mir den bekannten Roman von Lafontaine „Quinctius Heymerom von Flaming" auswählte. Ich ging damit zur Stadt hinaus und suchte mir ein einsames und schattiges Plätzchen am Ufer des Sees, wo ich mich lagerte und zu lesen anfing. Ich vertiefte mich sehr in die Lektüre trauerte mit Lissow um seine Jakobine und verglich sie mit einer lebenden, mir bekannten Dame. Plötzlich hörte ich nahe Tritte, blickte auf, und vor mir standen zwei Mädchen, das eine mit blauen

Augen und blonden Locken, schön wie ein Engel, und das andere
schwarz von Haar und Augen, minder schön, aber doch nicht häßlich.
Ich sprang auf, grüßte sie ehrerbietig und sah ihnen lange nach.
Myrrha, Herrn Eck's Hund, den ich mitgenommen hatte, war
ihnen gefolgt und schmeichelte der Blondgelockten unaufhörlich, so
daß er mein Rufen nicht hörte. Ich folgte daher, um den Hund
zu holen und wo möglich der Mädchen Bekanntschaft zu machen.
Die Blonde kam mir entgegen, bat um Verzeihung, daß sie den
Hund zurückgehalten habe und verlangte das Versprechen, ihn für
seinen Ungehorsam nicht bestrafen zu wollen. Mit ihrer süßen
Silberstimme hätte sie mir wohl noch größere Versprechen ab=
dringen können; ich gab daher das verlangte mit Vergnügen.
Die Unterredung war nun begonnen; ich setzte sie fort und be=
gleitete die Mädchen auf ihrem Spaziergange. Die Blonde lernte
ich als ein sehr gebildetes und artiges Frauenzimmer kennen. Die
Schwarze sprach zu wenig, um über ihre Bildung urtheilen zu
können. Wir kamen zuletzt an eine Wiese, die von unserem Wege
durch einen breiten, zwar sehr seichten, aber für Frauenzimmer doch
zu nassen Graben getrennt war. Da sie Lust bezeigten, die
Wiese zu betreten, so erbot ich mich, sie hinüber zu tragen. Sie
wollten anfangs nicht einwilligen, doch ließen sie sich endlich dazu
bewegen. Ich nahm die Blonde zuerst, und unbegreifliches Ver=
gnügen ergriff mich, als ich das schöne Mädchen so auf meinen
Armen trug. Als ich mit ihr an der gefährlichsten Stelle des
Grabens war, fiel mir eine ihrer blonden Locken in's Gesicht.
Dies machte mich so verwirrt, daß ich mit meiner schönen Last
beinahe in den Graben gefallen wäre. Ich brachte sie jedoch
glücklich hinüber. Sie dankte so verbindlich und sah mir mit
ihren großen blauen Augen so in's Gesicht, daß ich fast ver=
gessen hätte, die Andere nachzuholen. Wir spazierten nun auf der
Wiese hin und trafen zu meinem Bedauern am Ende derselben
einen Steg, der uns über den Graben zurückführte. Dieser nei=
dische Steg raubte mir das Vergnügen, die süße Bürde noch ein=

mal zu tragen. Ich begleitete die Mädchen bis an die Stadt und trennte mich dann sehr ungern von ihnen. — Ich werde mich sogleich nach Namen und Stand derselben erkundigen."

Schon am folgenden Tage traf ich meine Schöne von neuem. Das Tagebuch erzählt dies auf naiv=komische Weise:

„Heute Nachmittag machte ich, Gott weiß aus welchem Antriebe, denselben Spaziergang wie gestern und lagerte mich wieder just da, wo ich so angenehm von den Mädchen gestört wurde. Ich begann zu lesen; aber, obgleich ich bei einer interessanten Stelle war, so wußte ich dennoch, nachdem ich einige Seiten durchlaufen hatte, nicht das Geringste vom Inhalte. Ich gestand mir nun ein, daß ich nicht um zu lesen, sondern in der Hoffnung, meine neue Bekanntschaft wieder an= zutreffen, hierher gegangen sei. Ich steckte das Buch ein und sah mit sehnsuchtsvollen Blicken nach dem Orte hin, wo ich sie gestern zuerst gesehen hatte. Aber nach zweistündigem vergeblichen Warten stand ich verdrießlich auf und ging zur Stadt zurück. Dicht vor derselben, wo sich zwei Wege vereinigen, stieß ich auf von der Weide heimkeh= rende Kühe, die den Weg versperrten und mich zum Warten nöthigten. Ich hatte aber da noch nicht lange gestanden, als ich von weitem ein weißgekleidetes Frauenzimmer kommen sah, welches ganz die schöne Gestalt und den edlen Gang der so sehnlich Er= warteten hatte. Als sie näher kam, überzeugte ich mich immer mehr, daß sie es sein müsse und ging ihr daher entgegen. Ich hatte mich nicht getäuscht, — sie war es! Sie grüßte mich mit ihrer holden Freundlichkeit, erkundigte sich nach meinem Be= finden und erzählte mir, daß ihre Freundin sich gestern Abend erkältet hätte und nun das Bett hüten müsse. Ich sprach ihr mein Bedauern und die Befürchtung aus, daß ich die Ursache der Krankheit ihrer Freundin sein werde, da ich die Damen zu lange auf ihrem Spaziergange aufgehalten habe. Sie versicherte mich aber des Gegentheils und schob alle Schuld auf ihre Freundin selbst, die sich zu leicht kleide."

„Während dessen hatte sich die Heerde verlaufen und wir

trennten uns. In diesem zweiten Gespräch habe ich wieder so
viel feine Bildung und so zarte weibliche Delikatesse an ihr be=
merkt, daß ich auf eine äußerst gute Erziehung schließen darf. —
Noch immer weiß ich nicht, wer sie ist; doch bemerke ich aus ihren
Reden, daß sie bürgerlichen Standes sein muß."

Diese Begegnungen wiederholten sich nun ohne Verabredung fast
jeden Abend, und ich fühlte mich sehr unglücklich, wenn ich die Freundin
einmal nicht aufgefunden hatte. Ich wurde immer vertrauter mit
ihr, erzählte von meinen Eltern, von meinem Beschützer, der mir
die Mittel verschaffe, meinen berühmten Lehrer auf dessen Reise
begleiten zu können, sprach von meinen Arbeiten und Planen für
die Zukunft und fand mich durch ihre freundliche Theilnahme immer
mehr zu ihr hingezogen. Ich sah in ihr den Inbegriff aller weib=
lichen Vollkommenheiten und glaubte Die gefunden zu haben, die
mein Lebensglück begründen könne. Mehr als ein Mal war ich im
Begriffe, wenn wir im Hölzchen am See Hand in Hand auf und
ab gingen, ihr meine Liebe zu gestehen; doch eine Schüchternheit,
die ich nicht zu überwinden vermochte, verhinderte mich stets daran.
Sie war in Bezug auf ihre Verhältnisse sehr zurückhaltend, und
ich wußte daher noch immer nicht, wer sie wohl wäre. Am
24. Juli heißt es jedoch:

„Endlich weiß ich den Namen meiner Schönen; aber die Er=
kundigung darnach ist mir theuer zu stehen gekommen! Herr Eck,
der nun beinahe ganz wieder hergestellt ist und schon einige kleine
Spaziergänge gemacht hat, ließ einen Friseur kommen. Bei
diesem zog ich Erkundigungen ein. Er sagte mir, sie heiße ***,
und sei die Tochter eines Kammerdieners des vorigen, vor einigen
Jahren gestorbenen Herzogs. Ihre Mutter, bei der sie wohne,
lebe von einer kleinen Pension. Auf meine Frage, wie diese ihr
so feine und geschmackvolle Kleidung geben könne, antwortete er,
es möchten wohl Geschenke des Herrn von *** sein, der sie gerne
leiden möge und häufig besuche. Vor Schrecken hätte ich bei dieser
Nachricht beinahe meine Geige aus den Händen fallen lassen und

hatte kaum noch den Muth, zu fragen, ob man etwa von
ihrer Tugend zweideutig spreche? Er versicherte mich jedoch des
Gegentheils und meinte, der Herr von ***, der erst seit zwei
Monaten majorenn geworden sei, habe die Absicht, sie zu heirathen.
Er sei jetzt auf Reisen und werde in einigen Wochen zurückkehren.
Ich lernte diesen Herrn v. *** schon vor seiner Abreise im Speisehause kennen und muß gestehen, daß er mir der gesittetste der anwesenden jungen Edelleute zu sein schien. Um so weniger begreife
ich aber, daß er ihr Geschenke macht und sie solche annimmt;
denn sie kann sich doch wohl keine Hoffnung auf seine Hand
machen. Wie dürfte sie sonst als kluges Mädchen in seiner Abwesenheit mit einem jungen Menschen einsame Spaziergänge
machen und Abends vor der Hausthüre sitzen? Die Sache ist mir
ein Räthsel und ich bin zweifelhaft, ob ich heute Abend zu ihr
gehe oder nicht."

Der Charakter des Mädchens blieb mir indessen nicht lange mehr
ein Räthsel; denn kaum war Eck, der nun die Abendspaziergänge
wieder mitmachte, in ihre Bekanntschaft eingeführt, so nahm sie
dessen Bewerbungen noch viel freundlicher und zuvorkommender auf,
als die meinigen. Eck, galant und freigebig, veranstaltete ihr zu Ehren
Ausflüge in die Umgegend, nach Rheinsberg, Hohenzirz und anderen
Punkten. Dafür lohnte sie ihm mit der zuvorkommendsten Freundlichkeit und hatte nur noch Augen für ihn. Ich fühlte mich tief
gekränkt; das Tagebuch enthält leidenschaftliche Ausbrüche von
Eifersucht. Zum Glück blieb es bei solchen schriftlichen und das
gute Vernehmen mit dem Lehrer wurde nicht gestört. Die Ver-
achtung, die ich nun für das Mädchen fühlte, half mir meine
Leidenschaft bezwingen und ich wandte mich mit erneuetem Eifer
meinen Studien zu. Im Tagebuch heißt es:

"Die Progressen, die ich im Spielen mache, merke ich nicht
besser, als wenn ich von Zeit zu Zeit Altes hervorsuche und mich
dann erinnere, wie ich es früher vorgetragen. So nahm ich heute
das Concert vor, welches ich in Hamburg einstudirte und fand, daß

mir die Paſſagen, die ich damals nicht ohne Anſtoß ſpielen konnte, nun mit der größten Leichtigkeit gelingen.“

Auch ließ es der Lehrer nicht an Aufmunterung fehlen. Als ich nämlich am 16. Auguſt mein neues Concert geſpielt hatte, ſagte Herr Eck zu meiner großen Freude: „Wenn Sie alle Vierteljahre ſolche Progreſſen machen, als im vergangenen, ſo kommen Sie als ein ganzer Virtuos nach Braunſchweig zurück!“

Zwei Tage ſpäter, am 18. Auguſt, war ich faſt den ganzen Tag zu Hauſe und komponirte ein neues Adagio zu meinem Con-certe; denn obgleich ich deren ſchon drei gemacht hatte, ſo ſchien mir doch keins ſo recht zu den übrigen Sätzen zu paſſen.

Als bezeichnend für meinen jugendlichen Künſtlerſtolz mag noch Folgendes hier Platz finden:

„Man erzählte mir von einem Volksfeſte, welches am 27. Auguſt, dem Geburtstage des Erbprinzen, in Hohenzirze veranſtaltet werden ſoll. Es ſind dazu die Bauern der um-liegenden Dörfer zu Tanz und Abendeſſen eingeladen. Auch auf dem Schloſſe wird man tanzen. Auf meine Frage, woher man denn die vielen Muſiker nehmen werde, erfuhr ich, daß die Janit-ſcharenmuſik den Bauern, und die Kapelle — man denke ſich mein Erſtaunen! — dem Hofe zum Tanze aufſpielen werde. Ich wollte es anfangs nicht glauben, bis es mir wiederholt betheuert wurde. Aber, fragte ich, wie iſt es möglich, daß der Herzog von den Mit-gliedern ſeiner Hofkapelle ſo etwas verlangen kann und daß dieſe ſo wenig Ehrgefühl und Künſtlerſtolz beſitzen, um ſich deſſen nicht zu weigern? Der Herzog, antwortete man mir, fühlt nicht, daß es unſchicklich für ſeine Kapelle iſt, zum Tanze zu ſpielen und der größte Theil der Mitglieder darf nicht wagen, ſich ſeinen Befehlen zu widerſetzen, da ſie, wenn man ſie hier abdankt, ſchwerlich bei einer anderen Kapelle ein Unterkommen finden werden, weil ſie arme Stümper ſind.“

Da mir der Aufenthalt in Strelitz nach dem unglücklichen Ausgange meiner Herzensangelegenheit unerträglich geworden war so sehnte ich mich sehr nach der Abreise. Diese verzögerte sich aber, weil der Arzt Herrn Eck noch immer nicht als völlig genesen entlassen konnte, bis Ende September. Das Unbehagliche in meiner Lage wurde noch dadurch gesteigert, daß die Freundin meiner Ungetreuen, welche ich bei der ersten Begegnung „die Schwarze" genannt, mir unverkennbar ihre Neigung zuwandte, die ich aber, obgleich das Mädchen recht hübsch war, nicht erwiedern konnte. So viel sich thun ließ, zog ich mich von der Gesellschaft zurück; doch konnte ich, aus Rücksicht für den Lehrer, von den Lustpartien und Ausflügen, die dieser häufig veranstaltete, nicht ganz wegbleiben, und auf diesen war es denn nicht zu vermeiden, der Gefährte der Schwarzen zu sein. Es finden sich im Tagebuch naive Klagen über die Verlegenheiten, die mir ihr zärtliches Anschmiegen bereitete und mehr als einmal wünschte ich den Augenblick der Abreise herbei, welcher mich von solchen Versuchungen befreien würde.

Am 27. September endlich war der Zeitpunkt da, wo wir unseren Schönen Lebewohl sagen sollten. Sophie, (so hieß die Schwarze), hatte schon seit drei Tagen eine außerordentliche Trauer affectirt oder vielleicht auch wirklich empfunden. Heute sprach sie kein Wort, seufzte nur zuweilen und warf sich mir, wenn die Anderen im Zimmer uns nicht beachteten, ungestüm an den Hals. Etwa um acht Uhr Abends verließen Herr Eck und Demoiselle * das Zimmer. Nun erst erfolgte der eigentliche Ausbruch ihrer Zärtlichkeit; denn nachdem sie auch ihre Geschwister fortgeschickt hatte, ließ sie mich kaum mehr aus ihren Armen. Bis zehn Uhr mußte ich aushalten; dann nahm ich Abschied. Das arme Mädchen vergoß so viel Thränen, daß ich mich meiner trockenen Augen schämte und um nicht ganz gefühllos zu scheinen, sie herzlich küßte. Sophie begleitete mich bis an die Hausthür und drückte mir noch ein Papier in die Hand mit der Bitte, es ihr zum Andenken aufzuheben. Ich eilte nach Hause, öffnete es und fand einen Brief und einen goldenen, mit Haaren durchflochtenen Ring. Der Brief lautete wie folgt:

„Sie, edler Freund, verzeihen einem Mädchen, deren Zu=
bringlichkeit Ihnen gewiß schon auffallend gewesen sein muß.
Ich wußte, daß ich zuweilen mehr that, wie sich für mein Ge=
schlecht schickt. Aber Gott weiß es, daß ich in Ihrer Gesell=
schaft, die mir so sehr werth war, nie über mich herrschen
konnte. Auch jetzt dränge ich Ihnen noch ein kleines Andenken
auf, das zwar sehr gering ist, aber mit dem aufrichtigsten Herzen
gegeben wird. Mein einziger Wunsch und Bitte ist, daß Sie
selbiges tragen und sich dabei meiner erinnern wollen. — Könnte
Ihnen doch dieses Papier sagen, wie sehr ich es schätze, Ihre Be=
kanntschaft gemacht zu haben und wie unendlich ich es bedaure,
daß Sie sich so weit von uns entfernen! Ich muß schließen und
in der festen Hoffnung, Sie, bester Freund, einst wieder zu sehen,
freue ich mich schon jetzt auf den Tag, der Sie uns wiedergeben
wird. Leben Sie wohl, so wohl und glücklich, wie es wünscht
Ihre Freundin S o p h i e ***.“

Diese unverdiente zärtliche Zuneigung blieb wohl nicht ohne
dankbare Anerkennung; denn es wird im Tagebuche der Vorsatz
ausgesprochen, den Brief von Stettin aus recht freundlich zu
beantworten. Allein von der Ausführung dieses Vorhabens findet
sich doch nichts bemerkt.

Wir reis'ten über Stettin nach Danzig, wo wir am 2. Oktober
ankamen. Da Eck eine Menge Empfehlungsbriefe abzugeben und
ein Concert zu veranstalten hatte, so gerieth der Unterricht, welcher
bisher sehr regelmäßig stattgefunden hatte, ein wenig in's Stocken.
Indessen meinte ich, „daß es mich schon fördere, Herrn Eck nur
üben zu hören“.

Wir wurden häufig zu Mittag und Abend eingeladen, unter
anderem nach dem Landgute eines Herrn S a u e r m a n n, wo man
von einem Hügel hinter dem Hause die Ostsee und einen großen
Theil der Stadt übersehen konnte. Der Anblick der See und der
vielen darauf befindlichen Schiffe machte einen unbeschreiblichen
Eindruck auf mich. Da der Tag etwas trübe war, so schienen

letztere in den Wolken zu hängen und sich mit diesen langsam fortzubewegen. Ich konnte mich nur mit Mühe von dem prächtigen Anblick losreißen.

Bei einem anderen Essen, im Garten des Herrn Simpson, wurde mir die Ehre zu Theil, bei der Frau vom Hause zu sitzen. Sie veranlaßte mich, ihr Vieles aus meiner Jugendzeit zu erzählen, namentlich wie ich anfangs für das Studium der Medicin bestimmt gewesen, dann aber durch leidenschaftliche Hinneigung zur Musik bewogen worden sei, mich ganz der Kunst zu widmen. Sie hörte mir mit wohlwollender Theilnahme zu, kränkte mich aber zum Schluß durch die hingeworfene Frage, ob ich nicht doch besser gethan haben würde, dem Berufe des Vaters zu folgen. Ganz durchdrungen von der Würde meiner Künstlerlaufbahn antwortete ich entrüstet: „So hoch der Geist über dem Körper steht, so hoch steht auch Der, welcher sich der Veredlung des Geistes widmet, über Dem, der nur den vergänglichen Körper pflegt."

Fast jedesmal, wenn eine Oper gegeben wurde, besuchte ich das Theater und versäumte nicht, eine Kritik des Werkes und der Ausführung niederzuschreiben, wobei Sänger, Chor und Orchester immer scharf mitgenommen wurden.

Zu meiner großen Freude ward auch „Ariadne auf Naxos" gegeben, das berühmte Melodrama von Brade, das ich noch nicht kannte. Es beleidigte aber meinen Geschmack, daß in dem darauf folgenden Lustspiele, „die Bauern und Advokaten", Theseus als Advokat und Ariadne als naives Bauernmädchen wieder zum Vorschein kamen. „Die Musik entzückte mich, obgleich sie sehr schlecht ausgeführt wurde. Wie konnte es aber auch anders sein, da die Partitur erst am Morgen von Königsberg angekommen und Mittags die erste und einzige Probe war?! Madame Bochmann, welche die Ariadne gab, deklamirte zwar sehr gut, war aber für diese Rolle zu häßlich." Ein junger Engländer, der neben mir saß, meinte, es sei dem Theseus nicht übel zu nehmen, daß er eine solche Ariadne verlasse. Dabei erzählte er mir folgende Anekdote: „Auf einem Liebhabertheater in England gab man ebenfalls die Ariadne. Eine schon etwas bejahrte und nichts weniger als schöne Dame spielte die Rolle der Ariadne so vortrefflich, daß die Gesellschaft nach beendetem Stücke in die größten Lobsprüche ausbrach. Bescheiden lehnte sie diese ab und sagte: „Um die Ariadne befriedigend darstellen zu können, muß man auch jung und schön sein." Ein junger Stutzer, der ihr gern etwas Schönes sagen wollte, rief aus: „O Madame, Sie beweisen das Gegentheil!"

Ein Concert des Herrn Eck am 16. Oktober im Schauspielhause fiel sehr glänzend aus. Da ich die Concertsachen, die mein Lehrer vortrug, sehr genau kannte, so übernahm ich die Leitung derselben an der ersten Violine. Die Musiker, die bald erkannten, wie sicher der junge Dirigent war, folgten mir willig und es wurde dadurch dem Solospieler der Vortrag sehr erleichtert, was dieser auch dankbar anerkannte. Außer den drei Vorträgen des Herrn Eck gab das Concert noch eine Symphonie von Haydn, eine Ouvertüre von Mozart, ein Pianoforte-Concert von Danzi, gespielt von Herrn Reichel und zwei Arien von Cimarosa und Mozart, gesungen von Demoiselle Wotruba und Herrn Ciliax. „Der Beifall nach den Vorträgen des Herrn Eck war ein sehr enthusiastischer und wollte gar nicht enden. Ich hörte ihn aber auch noch nie so gut öffentlich spielen."

Am 20. Oktober reis'ten wir weiter nach Königsberg und verweilten daselbst bis zum 18. November. Eck gab zwei Concerte, die sehr besucht waren. Durch Empfehlungsbriefe in viele der ersten Häuser eingeführt, wurden wir häufig sowohl zu Gastereien, als auch zu Musikpartien eingeladen. Beim General-Chirurgus Gerlach musicirte ich häufig mit Demoiselle Gerlach, einer durch und durch musikalisch gebildeten Dilettantin und vortrefflichen Clavierspielerin, die auch meine neuen Lieder sang. Ob diese irgend einen Kunstwerth hatten, ist nicht mehr zu ermitteln, da sie verloren gegangen sind. Mit zwei Herren Friedländer spielte ich einigemale Quartetten. Diese Quartettpartien

Louis Spohr, Jugendbildnis

Dorette Spohr geb. Scheidler

waren es aber nicht allein, was mich in deren Haus zog; De=
moiselle Rebekka Oppenheim, die jüngere Schwester der Ma=
dame Friedländer, hatte mein leicht entzündliches Herz wieder
in helle Flammen gesetzt. „Sie war Jüdin und die Gesellschaft
in diesem Hause bestand fast nur aus Juden; aber es waren
sämmtlich artige und gebildete Leute. Am Tage, wo ich Abschied
nahm, traf ich Madame Friedländer und Demoiselle Rebekka
allein. Letztere sprudelte über von Witz und Laune, und wir
hörten nicht auf zu lachen und zu scherzen, so wenig sich dies
auch zu dem Anlaß meines Besuches paßte. Es ist ein Glück",
sagt schließlich das Tagebuch, „daß wir morgen reisen; denn die
Rebekka ist ein gefährliches Mädchen! Wer seine Freiheit und
seine Ruhe liebt, muß sie je eher je lieber fliehen."

Noch ehe Herr Eck sein erstes Concert gab, traf die Familie
Pixis auf der Rückreise von Petersburg in Königsberg ein. Ich
erneuerte sogleich die Bekanntschaft mit ihnen. Der älteste Bruder
war inzwischen sehr groß geworden und seine Diskantstimme hatte
sich in eine tiefe Baßstimme verwandelt. Er trug sich aber immer
noch „à l'enfant mit einem Kragenhemde und ohne Halstuch".
Sie waren sehr unzufrieden mit ihrer Reise nach Rußland und
der Vater behauptete, in Petersburg tausend Rubel zugesetzt zu
haben, obgleich er zweihundert Empfehlungsschreiben gehabt hatte.

Wir trafen uns in einer Musikpartie beim Grafen Caln=
heim, wo zuerst der Jüngste Variationen auf dem Pianoforte
mit großer Fertigkeit und vielem Geschmack vortrug. Dann spielte
der Aelteste ein Quartett von Krommer. Aber weder die Com=
position noch sein Spiel wollten mir gefallen. „Sein Ton", sagt
eine Tagebuchsbemerkung, „ist kraftlos, und der Vortrag ohne Aus=
druck. Dabei hatte er eine so schlechte Bogenführung, daß er,
wenn er diese nicht ändert, nie ein vollkommener Virtuos werden
kann. Er faßt den Bogen eine Handbreit vom Frosche und hebt
den rechten Arm viel zu hoch. So fehlt ihm alle Kraft im Striche
und die Nuancen von piano und forte fallen bei seinem Spiele

ganz fort." Nach ihm spielte Herr Eck ebenfalls ein Quartett von Krommer. „Aber Himmel! was war das für ein Unterschied! Die Abwechselung von Stärke und Schwäche in seinen Tönen, die Deutlichkeit der Passagen, die geschmackvollen Verzierungen, womit er selbst die unbedeutendsten Kompositionen zu heben weiß, verliehen seinem Spiel einen unwiderstehlichen Reiz. Er erhielt aber auch den ungetheiltesten Beifall. Pixis spielte noch ein Quartett von Tietz, dem berühmten verrückten Geiger zu Petersburg, machte aber eben so wenig Glück damit. Zuletzt bat er Herrn Eck, mit ihm ein Duett von Viotti zu spielen, damit er doch sagen könne, er habe mit allen großen Geigern der Zeit gespielt; denn Viotti, Rode, Kreutzer, Jwanovichi, Tietz, Durand und andere hätten ihm bereits diese Ehre erzeigt. In diese Bitte stimmte die ganze Gesellschaft mit ein, und Herr Eck mußte nachgeben. Dieses Duett spielte Pixis noch am besten, obgleich er nicht e i n e Passage so gut herausbrachte wie Herr Eck, der doch gar nicht darauf vorbereitet war."

Auch im Concerte, das die Brüder gaben, erntete der Aeltere keinen Beifall; „die Passagen waren matt und ohne Ausdruck, ja er griff sogar sehr falsch und kratzte zuweilen, daß den Zuhörern die Ohren weh thaten. ... Meiner Meinung nach spielte er vor drei Jahren, als ich ihn in Braunschweig zum erstenmal hörte, die leichten Concerte von Jwanovichi und anderen besser, als die schweren, womit er sich heute producirte." Ja, ich zweifelte sogar, ob je ein großer Geiger aus ihm werden könne, „wenn er nicht bald einen guten Lehrer bekomme, der ihm vor allem einen guten Strich beibringe."

Auf diese sicher viel zu harten Urtheile wird wohl mein Lehrer eingewirkt haben, der ein sehr strenger Richter war. Pixis hatte sich, als ich ihn zehn Jahre später in Wien wieder traf, zu einem ausgezeichneten Virtuosen herangebildet und bewährte sich auch als Professor am Conservatorium in Prag als tüchtiger Lehrer des Violinspiels.

In Königsberg ward auch wieder gemalt. Ich lernte einen Miniaturmaler, Namens Seidel, kennen, der mir einigen Unterricht gab und dabei selbst saß. Das Bild wurde sehr ähnlich. Auch vom Componiren ist im Tagebuch die Rede. Aus einer Bemerkung über die Ausfeilung eines Concerts geht hervor, daß ich damals noch nicht verstand, in einem Guß zu arbeiten, was mir später so gut gelang, daß die Entwürfe nur selten kleine Abänderungen erlitten, das einmal in Partitur Geschriebene aber nie mehr geändert wurde.

Zur Reise nach Memel „wählten wir den Weg am Strande, weil er zwölf Meilen näher ist als der durch's Land. Auch läßt er sich im Winter, wo der Sand fest gefroren ist, besser wie jener fahren. Drei Meilen von Königsberg kommt man dicht an die See und bleibt bis Memel daran. Wir fuhren die ganze Nacht durch und litten sehr von der kalten und schneidenden Seeluft. Zwischen der vierten und fünften Station hatten wir das Unglück, daß uns ein Rad ablief. Nun mußten wir gar den Wagen verlassen, ihn mit vereinten Kräften wieder aufrichten und das Rad mit Stricken nothdürftig befestigen. Dies alles hatte wohl eine halbe Stunde gedauert und ich fürchtete, die Finger erfroren zu haben, was sich jedoch zum Glück als ungegründet erwies. Um neun Uhr kamen wir vor Memel an, mußten aber drei volle Stunden warten bis wir über den Hafen gesetzt wurden, weil die Fährleute erst aus allen Theilen der Stadt zusammen zu holen waren. Vier Meilen weiter erreicht man die Grenze.“

In Mitau langten wir in verstärkter Reisegesellschaft an; denn Myrrha war, ohne daß wir es bemerkt hatten, mit neun Jungen niedergekommen, sechs lebenden und drei todten. „Bis auf zwei wurden sie der armen Mutter aber genommen.“

Wir fanden in den Häusern, an welche Herr Eck adressirt war, die gastfreundlichste Aufnahme. Man lud uns Mittags und Abends, zu Musikpartien und zu Bällen ein und bot alles auf, uns den Aufenthalt angenehm zu machen. Bei einem Collegien-

Assessor von Berner ließ ich mich zum erstenmal neben meinem Lehrer und in dessen Gegenwart hören. Herr Eck wurde nämlich, nachdem er einige Quartetten mit großem Beifall gespielt hatte, aufgefordert, einer jungen Klavierspielerin von sechszehn Jahren, Demoiselle Brandt, die eine bewunderungswürdige Fertigkeit besaß, eine Sonate von Beethoven zu begleiten, entschuldigte sich aber mit zu großer Müdigkeit. Da ich wohl wußte, daß es Eck nicht wagen durfte, etwas Unbekanntes a vista zu spielen, so erbot ich mich statt seiner dazu. Zwar war auch mir die Sonate unbekannt, ich vertraute aber meiner Fertigkeit im Lesen. Es glückte, und der junge Künstler, dem man wahrscheinlich nicht viel zugetraut hatte, wurde mit Lobsprüchen überhäuft.

Man forderte mich in den späteren Musikpartien nun jedesmal auf, auch etwas zu spielen, und ich erinnere mich, daß mir Herr von Berner bei der Abreise mit väterlichem Wohlwollen sagte: „Mein junger Freund, Sie sind auf gutem Wege, fahren Sie nur so fort! Herr Eck steht als Virtuos wohl noch über Ihnen, Sie sind aber ein viel besserer Musiker, als er."

Im Hause des Gouverneurs hörte ich einen damals in Rußland sehr berühmten Geiger Namens Sogeneff, einen Leibeigenen des Fürsten Subow. „Er spielte Variationen eigener Composition, die ungeheuer schwer waren. Die Composition gefiel mir recht gut, sein Spiel aber war, obgleich fertig, doch sehr rauh und dem Ohr widrig. Herr Eck spielte gleich nach ihm und man konnte daher den Unterschied zwischen Beider Spiel recht deutlich hören. Des Russen Spiel war wild und ohne Abwechselung zwischen Stärke und Schwäche; des Herrn Eck Spiel aber gesetzt, kraftvoll und doch immer wohlklingend."

Auch russische Militärsänger hörten wir dort. „Es waren sechs gemeine Soldaten, von denen einige Diskant sangen. Sie schrieen fürchterlich, so daß man sich hätte die Ohren zuhalten mögen. Die Gesänge werden ihnen von einem Unteroffizier mit dem Prügel einstudirt. Bei einigen begleiteten sie sich mit einer

Art von Schalmei, die einen solchen penetranten Ton hatte, daß ich fürchtete, die Damen würden in Ohnmacht fallen. Die Melodien der Lieder waren nicht übel, wurden aber mit lauter falschen Harmonien begleitet."

In einer Klubgesellschaft im Hause, wo wir wohnten, wurde ich zu einer Spielpartie „mit drei Excellenzen eingeladen, mußte diese hohe Ehre aber theuer bezahlen; denn ich verlor über drei Thaler in wenigen Stunden."

Die Abreise nach Riga verzögerte sich bis zum 2. Dezember, weil Herr Eck von neuem unwohl wurde. Die Abende verbrachte ich abwechselnd in den Häusern der Herren von Berner und von Korf und musicirte fleißig mit Demoiselle Brandt. Der ganze Sonatenvorrath mit Violinbegleitung wurde durchgespielt und ich lernte viele mir noch unbekannte Meisterwerke von Mozart und Beethoven kennen. Nach Tische wurde dann noch ein Stündchen geplaudert oder Fr. v. Korf spielte mit mir Schach, was ich von Kindheit an leidenschaftlich liebte.

Herr v. Berner, der mich besonders liebgewonnen hatte, lud mich ein, auf der Rückreise von Petersburg einige Monate bei ihm auf dem Lande zuzubringen, und dann um Johannis, wo sich der ganze kurländische Adel in Mitau versammele, einige Concerte zu geben. Mit großer Genugthuung hörte ich, daß man mich für weit genug fortgeschritten halte, um öffentlich als Virtuos auftreten zu können. Freudig gab ich meine Zusage.

Befremdend ist es, daß im Tagebuche der Kinder des Herrn v. Berner gar nicht erwähnt wird; denn eine Tochter, die später Schülerin Rode's wurde und sich als Violinspielerin auszeichnete, muß doch damals schon ziemlich erwachsen gewesen sein.

Endlich schlug die Stunde des Abschieds und ich trennte mich mit gerührtem und dankbarem Herzen von den Familien, die mich so wohlwollend bei sich aufgenommen hatten.

In Riga fand ich einen Brief aus Braunschweig, der mir viele Freude machte. Ich hatte den Herzog um die Erlaubniß gebeten, ihm mein neues Concert, als erstes der gestochenen Werke, widmen zu dürfen, und der Brief, vom Hofmarschall v. Münchhausen, brachte die Gewährung dieser Bitte. Voller Ungeduld, mein Werk erscheinen zu sehen, bat ich Herrn Eck, an Breitkopf und Härtel in Leipzig, mit denen er in Verbindung stand, zu schreiben, und ihnen den Verlag des Concertes anzutragen. Die Antwort erfolgte bald, war aber für mich sehr entmuthigend. Zum Trost für junge Componisten, die für ihre Erstlingswerke keinen Verleger finden können, mögen die Bedingungen, unter welchen die genannte Handlung den Verlag zu übernehmen sich bereit erklärte, hier Platz finden. Ich selbst hatte auf jedes Honorar verzichtet und mir nur einige Freiexemplare ausbedungen. Die Handlung verlangte aber, ich solle ihr hundert Exemplare zum halben Ladenpreise abkaufen! — Anfangs sträubte sich mein jugendlicher Künstlerstolz gegen solche, wie es mir schien, schimpfliche Bedingungen. Doch der Wunsch, die Herausgabe des Concertes so beeilt zu sehen, daß ich es, bei der Rückkehr nach Braunschweig, dem Herzoge im Stiche überreichen könne und die Hoffnung, daß dieser mir ein Geschenk machen werde, halfen mir diese Empfindlichkeit niederzukämpfen und die Bedingungen einzugehen. Das Concert wurde auch zur bestimmten Zeit fertig und lag, als ich zurückkehrte, bereits bei einem Kaufmanne in Braunschweig; der Ballen wurde mir jedoch nicht eher verabfolgt, bis die Summe für den Ankauf der hundert Exemplare entrichtet war.

In Riga bekam Eck Händel mit der Concertgesellschaft der dortigen Dilettanten. Diese, im Besitz des Concertsaales, verlangte von ihm, wie von allen fremden Künstlern, daß er zuerst in ihrem Concerte auftreten solle, wofür sie ihm dann ihr Lokal und ihr Orchester zum eigenen Concerte bewilligen würde. Herr Eck weigerte sich, diese Bedingungen einzugehen und wollte lieber ganz auf ein Concert verzichten. Dies machte die Gesellschaft nachgiebiger; sie erklärte sich nun zufrieden, wenn er auch erst nach seinem Concert bei ihnen spiele. Er sagte dies unter der

Bedingung zu, daß es vor der Hand verschwiegen bleibe. Man hatte ihm nämlich gesagt, daß die Abonnenten der Dilettanten=Concerte, wenn sie sicher wären, den fremden Künstler in diesen zu hören, nicht Lust hätten, ein Extraconcert zu bezahlen. Es war aber doch nicht verschwiegen worden und die Folge war, daß das Concert des Herrn Eck leer blieb. Hierüber sehr aufgebracht verlangte er nun für sein Auftreten im Dilettanten=Concerte ein Honorar von fünfzig Dukaten als Entschädigung für den Verlust, den ihr Ausplaudern ihm verursachte. Die Herren Direktoren, ihr Unrecht einigermaßen fühlend, verstanden sich nach langem Unter=handeln endlich zu einem Honorar von dreißig Dukaten. Herr Eck beharrte aber auf seiner Forderung. Nun drohten die Herren, ihn durch die Polizei zum Auftreten zwingen zu lassen. Auch wurde er wirklich vor den Polizeidirektor beschieden; es gelang aber, diesen für seine Sache zu gewinnen, und die Herren Di=lettanten wurden mit ihrer Klage abgewiesen. Nun endlich, am Tage des Concertes, nachdem die Concertzettel, auf welchen Herrn Eck's Name paradirte, bereits an den Straßenecken klebten, be=quemten sie sich, das verlangte Honorar zu bewilligen, wurden aber nicht wenig durch die Erklärung des Herrn Eck überrascht, daß er, nachdem sie ihn vor die Polizei geladen, nun gar nicht, selbst nicht für das Doppelte des geforderten Honorars, spielen würde. Alles Drohen und Toben half nichts; sie mußten ihr Concert ohne ihn geben. „Ich war dort", heißt es im Tagebuch, „und weidete mich an der Gährung, die unter den Dilettanten herrschte. Man sprach nur von Herrn Eck und seiner Weigerung, aber Niemand ließ ein Wort zu seinen Gunsten hören; man war durch die getäuschte Erwartung zu sehr aufgebracht. Das Concert fiel schlecht aus. Ein Flötenvirtuos aus Stockholm, der sich mit einem veralteten Concerte von Devienne an Herrn Eck's Stelle hören ließ, gefiel ebensowenig, als ein Dilettant aus Petersburg, der ein Klavierconcert von Mozart sehr schülerhaft spielte."

Eck hatte übrigens die Gunst des Polizeidirektors dadurch

gewonnen, daß er sich erbot, ein Concert zum Besten des Nikolai-
Armenstifts zu geben. Der Theaterdirektor Meirer gab unentgeltlich das Haus und die Herren Arnold und Ohmann, so
wie die Damen Werther und Bauser schmückten es durch
ihren Gesang. Die Musikgesellschaft bot alles auf, es zu hinter-
treiben; aber vergebens. „Gleich bei seinem Erscheinen wurde
Herr Eck mit dem lebhaftesten Beifall empfangen und nach seinem
Spiel steigerte sich dieser noch mehr. Die Einnahme belief sich,
nach Abzug der Kosten, auf mehr als hundert Dukaten, die der
Kassirer des Armenstiftes in Empfang nahm; aber auch Herrn
Eck wurden hundert Dukaten, als ein Geschenk des anwesenden
Adels, überreicht und am anderen Morgen folgten diesen noch
fünfzig Dukaten von einigen reichen Kaufleuten, die dem Adel an
Großmuth nicht nachstehen wollten."

Unter den vielen Einladungen erwähnt das Tagebuch auch
einer zum reichen Zuckerbäcker Klein, der „seinen Kindern nicht
weniger als drei Hofmeister" hielt, — einen Deutschen, einen Franzosen und einen Russen.

Am 17. Dezember reis'ten wir von Riga ab. In Narwa ließ
uns der Gouverneur, ein großer Musikfreund, der aus der Pa-
deroschna, die wir am Thor zum Visiren abgeben mußten, ersehen
hatte, welch ein berühmter Künstler durchpassire, sogleich für den
Abend zu sich einladen. „Unsere Entschuldigung, daß wir in
Reisekleidern nicht erscheinen könnten, wurde zurückgewiesen. Der
Gouverneur schickte seinen Staatswagen und halb mit Gewalt
wurden wir zu ihm gebracht. Die Verlegenheit, uns in unserm
Aufzuge plötzlich in einer glänzenden Gesellschaft zu befinden,
verlor sich nach dem freundlichen Empfang und der zuvorkommenden
Artigkeit der Anwesenden sehr bald, und wir verlebten einen vergnügten Abend. Um ein Uhr, als die Gesellschaft auseinander
ging, fanden wir unsern Wagen mit den Postpferden schon vor
der Thüre und setzten sogleich unsere Reise fort."

Aber von Narwa bis St. Petersburg traf uns ein Unfall

nach dem anderen. „Zwei Stationen diesseits ließen wir uns be=
reden, wegen des hohen Schnees Schlittenkufen unter die Räder
zu nehmen. Aber kaum waren wir eine halbe Stunde damit ge=
fahren, als schon die Stricke, womit sie befestigt waren, rissen und
wir nicht weiter konnten. Der Postillon mußte aus einem nahe gele=
genen Dorfe einige Bauern zu Hülfe rufen, welche die Kufen wieder
befestigten. Nach vollendeter Arbeit gaben sie uns durch Zeichen
zu verstehen, daß wir ihnen fünf Rubel zu bezahlen hätten. Sehr
aufgebracht über diese unverschämte Forderung, weigerten wir uns,
so viel zu geben; doch da sie Miene machten, die Stricke, mit
denen sie die Räder befestigt hatten, von neuem mit ihren Aexten
durchzuhauen, und da wir sahen, daß mit Gewalt gegen die vielen
wilden Kerle, die nach und nach unseren Wagen umringten, nichts
auszurichten sei, so mußten wir uns zur Zahlung bequemen."

„Nach einem Aufenthalt von länger als einer Stunde konnten
wir endlich weiterfahren; aber es dauerte nicht lange, so blieben
wir nun förmlich im Schnee stecken, und nur mit Hülfe vieler
herbeigerufener Leute kamen wir wieder los. Wir sahen nun, daß
die Kufen bei dem hohen Schnee mehr hinderten, als nützten und
ließen sie daher abbinden. Nachdem dies geschehen und bezahlt
war, ging es wieder weiter; aber noch siebenmal blieben wir
stecken, so daß wir zu dieser Station von drei Meilen nicht we=
niger als sechzehn Stunden gebraucht hatten. So wie wir Pe=
tersburg näher kamen, fanden wir auch die Wege gebahnter und
wurden auch schneller gefahren. Endlich am Mittwoch den 22.
Abends neun Uhr, langten wir an, nachdem wir sechs Tage und
fünf Nächte unterwegs gewesen waren. Die letzte Strecke von
Narwa bis Petersburg ist furchtbar einförmig und ermüdend.
Diese schnurgerade Straße, durch den Fichtenwald gehauen, mit
den bunten Werstzeigern, von denen einer wie der andere aussieht,
kann auch den Geduldigsten zur Verzweiflung bringen! Nur
selten lichtet sich der endlose Wald, um einigem Anbau und einem
ärmlichen Dorfe Platz zu machen. Die Häuser oder vielmehr

Hütten dieser Dörfer haben meistentheils nur ein Zimmer mit einem Fenster in der Größe eines Quadratschuhs. In diesem Zimmer wohnen Menschen und Vieh ganz einträchtig beisammen. Die Wände bestehen aus ungezimmerten, aufeinander gelegten Balken, deren Fugen mit Moos verstopft sind. Sehr warm mag es in diesen Löchern wohl nicht sein; daraus scheinen sich die Bewohner aber auch nicht viel zu machen; denn ich sah Kinder und Erwachsene bei strenger Kälte im bloßen Hembe und barfuß im Schnee herumlaufen. Je ärmlicher und dürftiger die Gegenstände auf der Reise erschienen, um so überraschender ist dann das prächtige Petersburg mit seinen Palästen. ... Wir stiegen im Hôtel de Londres ab und nahmen uns sogleich einen Lohnbedienten, ohne den man hier auch nicht einen Tag sein kann; denn sowie dem Fremden sein Zimmer angewiesen ist, bekümmert sich kein Mensch mehr um ihn."

In Petersburg war ich anfangs ganz mir selbst überlassen. Diese Zeit wäre daher für mich die geeignetste gewesen, mich in der prächtigen Stadt umzusehen. Dies ließ aber die große Kälte, die bereits über zwanzig Grad gestiegen war, nicht zu. Ich arbeitete daher in der gewohnten Weise fleißig fort, ja mit vermehrtem Eifer, da die Zeit des Unterrichtes bei Herrn Eck schon über die Hälfte verflossen war. — Durch ein Mitglied der Kaiserlichen Kapelle, Herrn Rabe, waren wir in den Bürgerklub eingeführt und lernten dort fast alle in Petersburg anwesenden ausgezeichneten Künstler und Schöngeister kennen. Das Tagebuch nennt unter Anderen Clementi, seinen Schüler Field, den Violinisten Hartmann, ersten Geiger der Hofkapelle, Remi, ebenfalls Mitglied der Hofkapelle, Leveque, Sohn des Concertmeisters in Hannover und Musikdirektor einer Kapelle von Leibeigenen beim Senator Teplow, Bärwald aus Stockholm, den Hornisten Bornaus u. A. m.

Clementi, „ein Mann in den besten Jahren, von äußerst froher Laune und einnehmendem Wesen", unterhielt sich gern mit mir („französisch, was ich bei der vielen Uebung in Petersburg bald ziemlich geläufig sprach") und lud mich nach Tische oft ein, mit ihm Billard zu spielen. Abends begleitete ich ihn einigemale in seine große Pianoforte=Niederlage, wo F i e l d oft stundenlang spielen mußte, um die Instrumente den Käufern im vortheilhaftesten Lichte vor= zuführen. Das Tagebuch spricht mit großer Befriedigung von der vollendeten Technik und dem „schwärmerisch = melancholischen Vor= trage" des jungen Künstlers. Noch bewahre ich in der Erinnerung ein Bild von dem blassen, hochaufgeschossenen Jüngling, den ich später nie wieder sah. Wenn F i e l d, der aus seinen Kleidern herausgewachsen war, sich vor dem Piano niedersetzte, die langen Arme nach der Tastatur ausstreckte, so daß sich die Aermel fast bis zum Ellenbogen zurückzogen, dann bekam die ganze Figur etwas höchst Englisch = linkisches; sobald aber sein seelenvolles Spiel begann, wurde alles vergessen und man war nur Ohr. Leider konnte ich dem jungen Manne, der außer seiner Mutter= sprache keine andere sprach, meine Rührung und Dankbarkeit nur durch einen stummen Händedruck zu erkennen geben.

Man erzählte sich schon damals manche Anekdote von dem auffallenden Geize des reichen C l e m e n t i, der in späteren Jahren, wo ich in London wieder mit ihm zusammentraf, noch bedeutend zugenommen hatte. So hieß es allgemein, F i e l d werde von seinem Lehrer sehr kurz gehalten und müsse das Glück, dessen Unterricht zu genießen, durch viele Entbehrungen erkaufen. Von der ächt italienischen Sparsamkeit C l e m e n t i's erlebte ich selbst ein Pröbchen, denn eines Tages fand ich Lehrer und Schüler mit zurückgestreiften Hemdärmeln am Waschkübel beschäftigt, ihre Strümpfe und sonstige Wäsche zu reinigen. Sie ließen sich nicht stören, und C l e m e n t i rieth mir, es ebenso zu machen, da die Wäsche in Petersburg nicht nur sehr theuer sei, sondern auch bei der dort üblichen Waschmethode sehr leide.

Von allen Bekanntschaften, die ich im Bürgerklub machte, war mir keine lieber, als die meines jungen Freundes R e m i.

Das Tagebuch nennt ihn gleich nach der erſten Bekanntſchaft
»einen artigen, allerliebſten jungen Franzoſen.« Gleicher Enthu=
ſiasmus für Kunſt, gleiche Studien und gleiche Neigung knüpfte
unſere Verbindung immer enger. Wir trafen uns an jedem Tage,
wo ich mit meinem Lehrer nicht zu Gaſt geladen war, beim
Mittagstiſch im Bürgerklub, und gab es am Abend keine Oper
oder kein Concert, wo Remi beſchäftigt war, ſo ſpielten wir bis
ſpät in die Nacht Duetten, von welchen Remi eine große Samm=
lung beſaß. Solcher Abende, an welchen das Theater geſchloſſen
blieb, gab es in jenem kalten Winter ſehr viele; denn nach einem
Ukas des menſchenfreundlichen Kaiſers Alexander waren alle
öffentlichen Vergnügungen verboten, ſo oft die Kälte über ſieben=
zehn Grad ſtieg, damit die Kutſcher und Diener nicht der Gefahr
des Erfrierens ausgeſetzt ſeien. Und in jenem Winter blieb die
Kälte oft vierzehn Tage lang über ſiebenzehn Grad. Das war
dann für die Fremden eine traurige, ſtille Zeit. Am übelſten
waren aber die fremden Künſtler daran, die nicht dazu kommen
konnten, ihre Concerte zu geben. Sank die Kälte unter ſieben=
zehn Grad, dann gab es Ankündigungen in Menge; aber oft
mußten ſie am folgenden Tage ſchon widerrufen werden. Auch
das öffentliche Concert des Herrn Eck verzögerte ſich, nachdem
es bereits mehreremal angekündigt war, bis zum 6. März alten
Styls. Unterdeſſen ſpielte er aber zweimal bei Hof in den Pri=
vatconcerten der Kaiſerin und gefiel namentlich das zweitemal ſo
ſehr, daß die Kaiſerin ihn als Soloſpieler der Hofkapelle mit
einem Gehalt von 3500 Rubel engagiren ließ.

Je ſeltener in den kalten Monaten Januar und Februar
Opern und Concert=Aufführungen zu Stande kamen, um ſo
eifriger beſuchte ich ſie, um die einheimiſchen und fremden Talente
näher kennen zu lernen. Auch Tietz, den berühmten irrſinnigen
Violinſpieler, ſah und hörte ich. Wir fanden einen Mann von
etwa vierzig Jahren, von blühender Geſichtsfarbe und angenehmen
Aeußeren. Man ſah ihm die Geiſtesverirrung durchaus nicht an.

Um so mehr waren wir überrascht, als er an Jeden von uns die Frage richtete: „Mein allergnädigster Monarch, wie befindest Du Dich?" Er erzählte uns dann ein Langes und Breites, worin sehr wenig Menschenverstand war, beklagte sich bitter über einen boshaften Zauberer, der, eifersüchtig auf sein Violinspiel, ihm den Mittelfinger der linken Hand so behext habe, daß er nicht mehr geigen könne, sprach aber doch zuletzt die Hoffnung aus, daß es ihm noch gelingen werde, den Zauber zu besiegen u. s. f. Beim Abschiede fiel er vor Herrn Eck auf die Kniee, küßte ihm, ehe dieser es verhindern konnte, die Hand und sagte: „Mein allergnädigster Monarch, fußfällig muß ich Dich und Deine Kunst verehren!"

Vier Monate später, zu Anfang Mai 1803, war auf einmal ganz Petersburg voll von der Neuigkeit, daß Tietz, den die Russen in ihrem blinden Patriotismus für den ersten Geiger aller Zeiten hielten und der wegen seiner Narrheit seit sechs Monaten nicht mehr gespielt hatte, plötzlich wieder angefangen habe. Herr Leveque erzählte mir die näheren Umstände. Tietz war zu einer Musikpartie beim Senator Teplow eingeladen, hatte aber trotz aller Bitten nicht spielen wollen, so daß Herr Teplow voller Verdruß das Orchester fortschickte und ausrief: „So will ich auch nie wieder Musik hören!" Dies machte so tiefen Eindruck auf Tietz, daß er sagte: „Allergnädigster Monarch, laß Dein Orchester wiederkommen, so will ich eine Symphonie mitspielen." Dies geschah, und als er erst im Zuge war, spielte er auch Quartetten bis zwei Uhr Nachts. Am anderen Morgen versammelten sich die Musikfreunde in seinem Hause, und er spielte wieder. Dies gab mir Hoffnung, ihn ebenfalls zu hören, und ich eilte deshalb am 2. Mai (20. April) zu ihm. Es waren wieder viel Musikfreunde dort versammelt, die ihn mit Bitten bestürmten, zu spielen; diesmal aber vergebens. Er war nicht zu bewegen, und ich hörte später, es sei Jemand in der Gesellschaft gewesen, den er nicht habe leiden können.

Am 18. Mai nahm ich mein neues Duett und meine Violine und ging wieder zu Herrn Tietz, den ich jetzt allein traf. Es kostete nicht viel Ueberredung, ihn zum Spielen des Duetts zu bewegen; doch wollte er nicht die erste Stimme übernehmen. Wir hatten kaum geendet, als Herr Hirschfeld, Hornist der Kaiserlichen Kapelle, und noch andere mir unbekannte Leute kamen. Herr Tietz bat mich also, das Duett zu wiederholen, und es schien nicht nur ihm, sondern auch den Anderen sehr zu gefallen. Nun legte Herr Tietz ein Quartett von Haydn auf und verlangte, ich solle die erste Violine übernehmen. Er selbst setzte sich zum Violoncell. Da mir das Quartett bekannt war, so weigerte ich mich nicht. Es wurde recht gut executirt, und Herr Tietz so wie die übrigen Anwesenden überhäuften mich mit Lobsprüchen. Tietz spielte die zweite Stimme meines Duetts, die nicht leicht ist, ohne allen Anstoß und recht sauber, und trug auch die Gesangstellen mit Geschmack und Gefühl vor. Weniger wollten mir seine Passagen gefallen, die er nach alter Weise mit springendem Bogen spielte.

Am 23. Mai trafen wir Tietz in dem wöchentlichen Abend=Concert des Senator Teplow, wo auch eine Clavierspielerin, Madame Meier, auftrat und ein Clavier=Concert eigener Composition, welches nicht schlecht war, vortrug. Dann folgten Eck und ich mit einer Concertante seines Bruders, die wir seit vierzehn Tagen sehr genau zusammen eingeübt hatten. Anfangs war ich furchtsam und spielte das erste Solo nicht so gut wie zu Hause; doch bald ging's besser, besonders im letzten Satze.

„Nun legte Herr Tietz ein Concert eigener Composition auf, dessen erstes Allegro und Rondo er zweimal spielte, vermuthlich weil ihm sein Spiel beim erstenmale nicht genügte. Da er seit seiner Narrheit nie mehr übte, so ist es begreiflich, daß es ihm an technischer Sicherheit fehlte. Auch gelangen ihm die schweren Stellen beim zweitenmal auffallend besser. In allen drei Sätzen brachte er nach alter Weise Cadenzen an, und zwar improvisirte, die an sich sehr hübsch, beim zweitenmal aber ganz verschieden lauteten."

„Ist nun auch Tietz," schließt die Tagebuchs=Bemerkung, „kein großer Geiger, noch weniger der größte aller Zeiten, wie seine Verehrer behaupten, so ist er doch unbezweifelt ein musikalisches Genie, wie auch seine Compositionen hinlänglich beweisen."

Der vorzüglichste der damals in Petersburg anwesenden Geiger war ohne Zweifel Fränzl, der Sohn. Er kam eben aus Moskau zurück, wo er zu sechs Concerten für dreitausend Rubel engagirt war. Seine Stellung bei'm Spiel fiel mir unangenehm auf. Das Tagebuch sagt:

„Er hält die Violine noch nach alter Methode auf der rechten Seite des Saitenhalters und muß daher mit gebücktem Kopfe spielen.... Dazu kommt, daß er den rechten Arm sehr hoch hebt und die üble Angewohnheit hat, bei ausdrucksvollen Stellen die Augenbrauen in die Höhe zu ziehen. Ist dies nun auch für die meisten der Zuhörer nicht störend, so fällt es einem Geiger doch sehr unangenehm auf. ... Sein Spiel ist rein und sauber. Im Adagio macht er viele Läufe, Triller und andere Verzierungen mit einer seltenen Deutlichkeit und Delikatesse. Sobald er aber stark spielt, wird sein Ton rauh und unangenehm, weil er den Bogen zu langsam und zu dicht am Stege führt, und ihn zu sehr auf die Seite drückt. Die Passagen macht er deutlich und rein, aber immer in der Mitte des Bogens, folglich ohne Abwechslung von Stärke und Schwäche."

Noch einen Geiger von Ruf, Herrn Bärwald, später Concertmeister in Stockholm, hörte ich damals. Als er mit dem Concert von Viotti (A-dur) auftrat, wurde er schon beklatscht, noch ehe er einen Strich gethan hatte.

„Dieses, so wie sein hübscher Anstand und seine gute Bogenführung spannten meine Erwartungen sehr hoch, und ich erwartete daher mit großer Ungeduld das Ende des Tutti. Aber wie fand ich mich getäuscht, als ich nun das Solo hörte! Zwar war sein

Spiel rein und ziemlich fertig, dabei aber so schläfrig und mo=
noton, die Passagen so matt und schleppend, daß ich lieber noch
des Pixis falsches, aber doch feuriges Spiel gehört haben würde.
Ein eingelegtes Adagio von seines Vaters Composition spielte
er besser und söhnte mich dadurch wieder etwas aus. Nach ihm
spielte ein Herr Palzow, ein wegen seiner theoretischen Kennt=
nisse sehr berühmter Mann, ein Klavierconcert eigener Composition
auf einem Pianoforte mit einem Flötenzuge, den er zugleich mit
dem Hammerwerk gebrauchte. So gut und gelehrt aber das
Concert auch gearbeitet sein mochte, so wollte es doch weder mir,
noch einem der anderen Zuhörer gefallen, weil es gar zu lang
und monoton war. Auch machten die Töne der Saiten mit denen
der Flöten zusammen einen sehr schlechten Effekt.“

Auch über den damals berühmten Geiger und Componisten
Fodor schrieb ich ein Urtheil nieder. Ich hörte ihn im Concert
des „adeligen oder musikalischen Klubs“, wo es aber sehr
unmusikalisch herging; denn die vornehme Welt fand sich dort ein,
„nicht um zuzuhören, sondern um zu plaudern und im Saal um=
herzuspazieren“. Zuerst wurde eine schöne Symphonie von Rom=
berg (C-dur) vortrefflich ausgeführt. Dann sang Herr Pasco,
erster Tenorist des italienischen Theaters, eine Arie so lieblich,
zart und geschmackvoll, daß es wirklich etwas ruhiger im Saale
wurde. Nun folgte Herr Fodor mit einem Concerte eigener
Composition, das mir aber schlechter schien, als die mir bekannten.
Auch sein Spiel wollte mir nicht behagen. Er spielte zwar rein
und ziemlich fertig, aber ohne Wärme und Geschmack. Auch ließ
er bei den Passagen den Bogen fortwährend springen, was bald
unerträglich wird. Madame Canavassi, erste Sängerin der
italienischen Oper, die mir früher in der Oper nicht gefallen
wollte, sang diesmal so schön, daß ich eingestehen mußte, ihr Un=
recht gethan zu haben.

Während der Fastenzeit, in der die griechische Kirche keine
Theatervorstellungen duldet, gab die Hoftheater=Intendanz wö=

chentlich zwei große Concerte im Steiner=Theater, in welchen sämmtliche Virtuosen der Kaiserlichen Kapelle, zu denen Herr Eck nun auch gezählt wurde, auftraten. Die vorzüglichsten, die ich dort zu hören Gelegenheit fand, waren die Geiger Hart= mann, Jerchow und Remi, der Violoncellist Delphino, der Hautboist Scherwenka, und der Waldhornist Hirschfeld.

Das Orchester bestand beim ersten Concerte aus sechsund= dreißig Violinen, zwanzig Bässen und doppelt besetzter Harmonie. Außer dieser waren zur Unterstützung der Chöre noch vierzig Hor= nisten der Kaiserlichen Kapelle da, von denen ein Jeder nur einen Ton zu blasen hatte. Sie dienten als Orgel und gaben dem Chorgesange, dessen Töne ihnen zugetheilt waren, große Festigkeit und Kraft. In einigen kleinen Soli's waren sie von hinreißen= der Wirkung. Vorn vor dem Orchester standen die Hofsänger, Männer und Knaben, etwa fünfzig an der Zahl, alle in rother, mit Gold besetzter Uniform. Nach dem ersten Theil des Orato= riums von Sarti spielte Remi ein Violinconcert von Alday mit vielem Beifall. „Nach dem Concerte, als wir nach Haus fuhren, verlangte er mein Urtheil über sein Spiel zu hören. Da nun unter Freunden stets Wahrheit herrschen muß, so verhehlte ich ihm nicht, daß ich an seinem Spiele, so rein und sauber es auch gewesen sei, doch noch Schattirung von Stärke und Schwäche, Ausdruck im Gesange und hinlängliche Kraft in den Passagen vermißt habe. Er dankte mir für meine Aufrichtigkeit und äußerte, er sei heute besonders befangen gewesen, weil er an Herrn Eck's Stelle habe auftreten müssen, der früher für dies Concert ange= kündigt gewesen sei." — Nach dem zweiten Theile des Oratoriums spielte Herr Delphino ein Violinconcert. Da man viel Rühmens von seinem Spiele machte, so erwartete ich mehr, als er leistete. „Er spielte ohne Geschmack und nicht einmal immer rein."

Im zweiten Concerte traten die italienischen Sänger, im dritten die französischen auf. Unter den ersten zeichneten sich die schon genannten Herr Pasco und Madame Canavassi aus.

Unter den französischen waren nur zwei, die auf den Namen Sänger Anspruch machen durften, Herr St. Leon und die berühmte Phyllis Andrieux, die durch ihren korrekten, lieblichen Gesang, ihr gewandtes, graziöses Spiel und ihre Schönheit damals ganz Petersburg entzückte. Besonders war es eine Polonaise, womit sie Alles hinriß und die sie stets da capo singen mußte. Den Anfang davon giebt das Tagebuch wie folgt:

„Zwischen dem ersten und zweiten Theile dieses Concertes wurde von den Kaiserlichen Hornisten eine Ouvertüre von Gluck executirt und zwar mit einer Geschwindigkeit und Genauigkeit, die für Saiteninstrumente schon schwer gewesen wäre, wie viel mehr für die Hornisten, deren Jeder nur einen Ton bläf't. Es ist kaum glaublich, daß sie die schnellsten Passagen mit großer Deutlichkeit hervorbrachten, und ich würde es auch nicht für möglich halten, wenn ich es nicht mit eigenen Ohren gehört hätte. Doch machte begreiflicherweise das Adagio der Ouvertüre größeren Effekt, als das Allegro; denn es bleibt immer eine Unnatur, mit diesen lebendigen Orgelpfeifen so schnelle Passagen einzuüben, und man kann nicht umhin, an die Prügel zu denken, die es dabei gesetzt haben mag.“

Diese Fasten=Concerte waren übrigens mit Ausnahme eines einzigen, in welchem Herr Eck spielte und Demoiselle Phyllis sang, nur wenig besucht, weshalb die Intendanz auch bald damit aufhörte.

Sehr besucht war aber eine Aufführung der „Jahreszeiten“ von Haydn, die zum Besten einer Wittwenkasse ebenfalls in der Fastenzeit veranstaltet wurde. Baron Rall, der einer der Unternehmer war, hatte auch mich zur Mitwirkung eingeladen. Ich machte daher alle Orchesterproben mit und spielte in diesen, so wie auch bei der Aufführung, mit Herrn Leveque aus einer Stimme. Das Orchester war so zahlreich, wie ich noch keins gehört hatte. Es bestand aus siebzig Violinen, dreißig Bässen und doppelten Blasinstrumenten. Die Wirkung war daher eine sehr großartige, und das Tagebuch spricht mit Entzücken davon, sowie auch von dem Werke selbst, das ich dort zum erstenmale hörte, obwohl ich „die Schöpfung" doch noch höher stellte!

Das gemeinschaftliche Spiel mit Leveque hatte mich mit diesem näher befreundet, und so erfuhr ich von ihm, daß er im Sommer seine Eltern in Hannover besuchen werde. Wir beschlossen daher, die Reise nach Lübeck auf demselben Schiffe zu machen.

Bei den nun öfteren Besuchen des neuen Freundes spielte ich ihm auch mein neues Violinconcert vor, und äußerte den Wunsch, es mit Orchester hören zu können, bevor ich es an den Verleger zum Stich absende. Leveque erbot sich sogleich, es mit seinem Orchester einzuüben, nahm dazu die Stimmen mit und lud mich einige Tage später zu einer Probe ein.

„Ich war in großer Bewegung, da ich meine Composition nun zum erstenmale vollstimmig hören sollte. Die Tutti waren gut eingeübt, und ich konnte daher recht gut beurtheilen, in wiefern jede Stelle den von mir beabsichtigten Effekt machte. Bei den meisten war ich zufrieden, und einige übertrafen sogar noch meine Erwartung. ... Desto weniger war ich es aber mit meinem Spiel. Da meine ganze Aufmerksamkeit auf die Begleitung gerichtet war, so spielte ich viel schlechter, als zu Hause. Ich bat daher Herrn Leveque um die Erlaubniß, das Concert in acht bis zehn Tagen, wenn ich die Abschrift erhalten haben würde, noch einmal probiren zu dürfen, was er gern gewährte."

Später heißt es dann: „Gestern erhielt ich die Abschrift meines Concertes, wofür ich acht Silberrubel bezahlen mußte. In Deutschland hätte ich dafür sechs Concerte abgeschrieben bekommen können."

Das Werk wurde nun nochmals aus den neuen Stimmen probirt. Ich war viel ruhiger, als das erstemal und spielte daher viel besser. Auch wurde es noch besser als das vorigemal begleitet und machte daher auch mehr Wirkung. Leveque äußerte sich sehr zufrieden. „Ich eilte daher vergnügt nach Haus, packte das Concert ein, und trug es nebst einem Briefe auf die Post. Dort hörte ich mit Verwunderung, daß es in Rußland gar keine Fahrpost, mit welcher man Packete in's Ausland schicken kann, giebt, und daß ich für mein Packet, wenn ich es mit der Briefpost versenden wolle, wenigstens fünfzig Rubel zu zahlen haben würde.“ Ich nahm es daher zurück, um es demnächst mit Schiffsgelegenheit abzusenden.

Ich habe oben der Kaiserlichen Hornisten gedacht, von denen jeder nur einen Ton zu blasen hatte. Am 12. Januar, dem Neujahrstage der Russen, wo der Kaiser, wie alljährlich, eine große Frei-Maskerade im Winterpalast gab, wozu zwölf tausend Billette ausgetheilt waren, fand ich dieselben dem gewöhnlichen Tanzorchester beigesellt und vernahm so eine Musik, von der ich bis dahin keinen Begriff gehabt hatte. „Die Begleitung dieser Hörner gab dem Orchester eine Fülle und einen Wohlklang, wie ich sie nie gehört habe. Einzelne Soli der Hörner machten eine hinreißende Wirkung. Ich konnte mich lange nicht von diesem Platze losreißen.“

In einem anderen Saale, dem Throne gegenüber, tanzte, vom Hofstaat umgeben, die Kaiserliche Familie. Da aber dieser Theil des Saales „durch eine Mauer von baumlangen Grenadieren mit ungeheuer hohen Bärenmützen abgesperrt war, und da ich, trotz meiner ansehnlichen Länge, nicht einmal über die Schultern dieser Riesen wegsehen konnte, so erblickte ich nicht viel von der Kaiserlichen Pracht und dem Diamantenschmuck der Damen. Ich ging daher weiter und gelangte bald in den dritten und schönsten Saal. Dieser ist ganz von polirtem Marmor, die Wände weiß, die Säulen violet, und die Fenstereinfassung blau. Die Beleuchtung spiegelte sich tausendfach in dem glänzenden Stein. Sie soll in sämmtlichen Räumen in zwanzigtausend Wachskerzen bestanden haben."

„Nachdem ich die Räume mehrmals durchwandert, und alle Herrlichkeiten besehen hatte, versuchte ich, Herrn Eck wieder aufzufinden, der mir gleich anfangs abhanden gekommen war. Dies war aber unter den zwölftausend Anwesenden ein vergebliches Bemühen. Ich vermuthete nun, er sei bereits nach Haus gegangen, und wurde durch den Umstand, daß unser Bedienter nicht mehr auf dem ihm angewiesenen Platze war, hierin noch mehr bestärkt. Ich hielt es daher für's Beste, nun auch nach Haus zu gehen, und hoffte, gut durchwärmt wie ich war, den kurzen Weg zu unserem Wirthshause auch ohne Mantel zurücklegen zu können, obgleich die Kälte bis auf vierundzwanzig Grad gestiegen war. Kaum hatte ich aber den Platz vor dem Winterpalaste, an dessen entgegengesetzter Seite unser Hôtel liegt, betreten, so fühlte ich, daß mir Nase und Ohren erstarrten, und sicher hätte ich sie erfroren, obgleich ich sie fortwährend rieb, wäre nicht auf der Mitte des Platzes ein großes Feuer für die Kutscher angezündet gewesen, bei dem ich mich wieder ein wenig erwärmen konnte, bevor ich die zweite Hälfte des Weges zurücklegte. Herr Eck war aber leider noch nicht nach Haus gekommen, und da er den Schlüssel zu unserem Zimmer hatte und die Kaffeestube im Hause schon geschlossen war, so mußte ich mich entschließen, wieder hinzugehen. Dort angekommen, gelang es mir, zum Büffet vorzudringen und mich mit einem Glase Punsch wieder zu erwärmen. Während ich noch das reiche Gold- und Silbergeschirr, womit dieses Zimmer geschmückt war, betrachtete, kam auch Herr Eck zum Büffet. Wir durchwanderten nun noch einmal die prächtigen Räume Arm in Arm und fuhren dann, da sich unser Bedienter mit den Mänteln auch wieder eingefunden hatte, zusammen nach Haus. Freund Remi, dem ich mein Abenteuer erzählte, schalt mich sehr wegen meiner Unvorsichtigkeit."

Am 27. Februar endete die sogenannte „tolle Woche", die daher den Namen hat, weil die Russen sich während derselben die tollsten Ausschweifungen erlauben, um sich für die Entbehrungen, die ihnen die nachfolgenden Fasten auferlegen, im voraus schadlos zu halten. „Da sie sechs Wochen lang weder Fleisch, noch Milch, noch Butter essen dürfen, so stopfen sie sich noch einmal recht voll, sprechen der Branntweinsflasche so fleißig zu, daß sie gar nicht mehr nüchtern werden und erlauben sich in diesem Zustande alle mögliche Sünden, weil sie dieselben durch das nun folgende Fasten hinlänglich abzubüßen glauben. — In allen Gegenden der Stadt werden Buden aufgeschlagen, in denen Obst, Getränke und Näschereien aller Art verkauft werden. In anderen werden Puppenspiele, abgerichtete Hunde, Taschenspielerkünste und dergleichen gezeigt. Das Hauptvergnügen der Russen in dieser Woche ist aber das Hinabfahren von den Eisbergen, vermuthlich weil es so halsbrechend ist. Auf der Newa und an verschiedenen anderen Orten werden hohe Gerüste erbaut, die von der einen Seite Treppen zum Hinaufsteigen haben und auf der anderen sich allmälig bis zum Boden herabsenken. Dieser Abhang ist mit großen Eisstücken belegt, die in den Fugen durch hineingegossenes Wasser auf das Genaueste verbunden sind. Auf dieser spiegelglatten Eisfläche wird nun mit kleinen mit Stahl beschlagenen Schlitten hinabgefahren, und diese mit kurzen Stäben, in jeder Hand einer, regiert. Es gehört viel Geschicklichkeit dazu, bei dem rasend schnellen Fahren stets die Mitte der Bahn zu halten, damit man nicht an den Seiten, die nur durch eine leichte Barrière geschützt sind, hinabstürzt. Vier betrunkene Russen, die, kaum abgefahren, mit ihren Schlitten in einander geriethen, dadurch der Barrière zu nahe kamen, mußten ihre Ungeschicklichkeit hart büßen. Sie stürzten hinab; zwei blieben auf der Stelle todt, die anderen wurden mit zerbrochenen Gliedern weggetragen. Das Vergnügen wurde aber dadurch nicht im geringsten gestört, und man drängte sich immer wieder von neuem zu den Treppen. Am 26. fuhr der Hof hin und sah eine lange Zeit dem halsbrechenden Vergnügen zu."

In einer Abendgesellschaft beim Baron Rall fand ich auch den Gouverneur von Narwa, der uns bei unserer Durchreise fast mit Gewalt zu sich holen ließ. Er erkundigte sich freundlich nach meinem Befinden und setzte hinzu: „Bei der Rückreise werden Sie in Narwa das Petersburger Thor geöffnet, das entgegenge= setzte aber verschlossen finden und dann ohne Gnade auf acht Tage mein Gefangener sein müssen!"

„An diesem Abend spielte außer Herrn Eck auch Field, und zwar wundervoll. Um zwei Uhr setzte sich die Gesellschaft zu Tische und erst nach vier kamen wir nach Haus."

Am 5. April, meinem Geburtstage, lud mich Herr Eck in's Hôtel de Londres zum Mittagsessen ein. Vorher machten wir bei dem freundlichen Wetter einen Spaziergang an die Newa, deren mit Granitmauern eingefaßtes Ufer der Sammelplatz der beau monde war. Man erwartete mit Ungeduld den Durchbruch des Eises und es wurden in Bezug auf den Tag, wo er erfolgen würde, große Wetten abgeschlossen. — Abends hatte ich unerwartet noch eine große Freude. „Remi hatte mich wieder eingeladen, mit ihm Duetten zu spielen, und ich konnte ihm heute ein neues von meiner Composition bringen. Nachdem wir dieses zum zweiten= mal durchgespielt hatten, umarmte er mich und sagte: Du mußt mit mir die Geige tauschen, damit wir Beide ein Andenken von einander besitzen! Ich erschrak vor Freude; denn seine Geige hatte mir schon längst besser als die meinige gefallen. Da sie aber, eine ächte Guarneri, wenigstens noch einmal so viel werth ist, wie die meinige, so mußte ich sein Anerbieten ablehnen. Er ließ sich aber nicht abweisen und sagte: Deine Geige gefällt mir, weil ich Dich so oft darauf habe spielen hören, und wenn die meinige wirklich besser ist, so nimm sie als ein Geburtstagsgeschenk von mir an! Nun durfte ich mich nicht länger weigeren und trug überglücklich meinen neuen Schatz nach Haus. Hier hätte ich gar zu gern noch die ganze Nacht gespielt und mich an dem himmlischen Tone ergötzt; da Herr Eck aber schon zu Bett gegangen war, so mußte ich sie ruhig im Kasten liegen lassen. Schlafen werde ich aber nicht können!"

Am 11. April holte mich Herr Leveque zu einem Spaziergange an die Newa ab. „Wir fanden dort halb Petersburg versammelt, den Durchbruch des Eises erwartend. Endlich verkündete ein Kanonenschuß aus der Festung den lang ersehnten Moment. Dieser war auch zugleich das Signal für die Matrosen, um die lange Schiffbrücke, die Wasilioſtrow mit diesem Theil der Stadt verbindet, abzubrechen, was auch in wenigen Minuten geschah. Nun konnte das Eis ungehindert abfließen und es dauerte nicht lange, so fuhr man schon mit Booten hin und her. Das erste derselben brachte den Gouverneur der Festung herüber, der, von einem ansehnlichen Gefolge und der Regimentsmusik begleitet, dem Kaiser in seinem Palast ein Glas Wasser aus der Newa überbringt, und dafür ein Geschenk von tausend Rubel erhält. Nachher fahren die Kronmatrosen, alle in rothen Uniformen, Jedermann unentgeltlich hin und her, bis die Communication zwischen beiden Stadttheilen durch die Schiffbrücke wieder hergestellt ist. — Nachdem wir dies alles einige Stunden, hin- und herspazierend, mit großem Vergnügen angesehen hatten, kehrten wir nach Haus zurück."

In der Osternacht, Sonntag, 17. April, wurde ich durch Kanonenschüsse geweckt, die den Anbruch des Festes verkündeten. Da es sehr ruhig war, so hörte man jeden Schuß in vielfachen Echo's so lange nachhallen, bis wieder ein neuer fiel. — Am Ostertage begrüßt der Russe seine Bekannten mit den Worten: „Christus ist auferstanden!" worauf der Gegrüßte den Grüßenden küssen muß. Man braucht nur an das Fenster zu treten, um allenthalben Umarmende und Küssende zu sehen. Man erzählte mir: „die Kaiserin Katharina sei einst am Ostertage, von ihrem Hofstaat umgeben, am Ufer der Newa spazieren gegangen,

als ein schmutziger Kerl, wahrscheinlich etwas angetrunken, sich
ihr mit dem Gruß: „„Christus ist auferstanden!"" in den Weg
stellte und sie, um nicht gegen die heilige Sitte zu verstoßen, ge=
zwungen war, ihn zu küssen. Er wurde indessen auf einen Wink
von ihr sogleich gepackt und hatte nachher in Sibirien Zeit genug,
seine Keckheit zu bereuen!"

Einige Wochen später erhielt ich von Breitkopf und Härtel
in Leipzig die Aufforderung, einen Bericht über die Petersburger
Musikzustände für ihre Zeitung zu liefern, der auch im Jahrgang
von 1803 abgedruckt worden ist.

„Am 13. Mai war wieder ein originelles Volksfest. Alles,
was Equipage, ein Reitpferd, oder zwei gesunde Beine besitzt,
zieht an diesem Tage zum Rigaer Thor hinaus nach Katharinen=
hof, begafft sich dort ein paar Stunden und kehrt dann nach
Haus zurück. Ich war mit Leveque dort und muß gestehen,
daß der Anblick der prächtigen Equipagen, deren wohl zweitausend
sein mochten, nebst ihrem geputzten Inhalt, mir recht viel Unter=
haltung gewährte. Katharinenhof ist ein kleines Gehölz, welches
für das Klima ziemlich frisch aussieht. Man hat von dort eine
schöne Aussicht auf das Haff. Mitten im Holze liegt Peter
des Großen Lustschloß, welches mit seinen antiken Möbeln noch
ganz so erhalten ist, wie er es bewohnte. Es ist sehr ärmlich
und gleicht eher einem Bürgerhause, als dem Schlosse eines mäch=
tigen Kaisers. Wir nahmen einen anderen Rückweg und sahen
viele schöne Landhäuser und Gärten, deren es vor diesem Thore
eine große Menge giebt."

So nahte unter mancherlei Beschäftigungen und unter kleinen
Ausflügen zur Besichtigung der prächtigen Stadt die Zeit unserer
Abreise heran. Wir accordirten die Ueberfahrt mit einem Lübecker
Schiffer, dem wir, Kost mit eingerechnet, zwanzig Dukaten für
uns Beide zahlten. Kurz vor der Abreise erlebten wir noch ein
glänzendes Fest, das ich ausführlich geschildert habe. Es war

das Jubiläum der Erbauung von Petersburg, wozu Peter der Große vor hundert Jahren den Grund gelegt hatte.

„Am 28. Mai, um neun Uhr, versammelte sich alles anwesende Militair auf dem Isaaksplatze und wurde vom Kaiser selbst aufgestellt und commandirt. In seinem Gefolge war die ganze Generalität und sämmtliche Gesandte zu Pferde. Um zehn Uhr erschien die Kaiserin mit dem Hofstaate in etwa zwanzig prächtigen Wagen. Die Staatskarosse, in welcher neben der Kaiserin auch die Kaiserin-Mutter Platz genommen hatte, war ganz vergoldet und reich mit Edelsteinen besetzt. Oben auf war sie mit einer Brillantkrone geschmückt, die auf einem Purpurkissen befestigt war. Acht eiergelbe Pferde in Silbergeschirr mit Steinen besetzt, zogen diesen Prachtwagen. Die übrigen Hofwagen, ebenfalls sehr schön, waren mit sechs Pferden bespannt. Der Kaiser ritt ein wunderschönes Pferd, reich aufgeschirrt, war im Uebrigen aber in einfache Uniform gekleidet. In seinem Gefolge war auch ein türkischer Prinz, der durch glänzende Kleidung die Aufmerksamkeit auf sich zog. Der Griff seines Säbels war ganz mit großen Diamanten bedeckt und Steigbügel und Sporen waren von massivem Golde. Als der Zug vor der Isaakskirche angekommen war, stieg der Kaiser vom Pferde und führte seine Gemahlin in die Kirche, wo sogleich das Tedeam-laudamus von den Hofsängern angestimmt wurde. Leider gelang es uns nicht, in die Kirche einzudringen, da sogleich nach Eintritt des Hofes die Thüren geschlossen wurden. Doch mag wohl auch im Inneren der Kirche wenig von der Musik zu hören gewesen sein, da nicht nur mit allen Glocken geläutet wurde, sondern auch von der Festung und den auf der Newa liegenden Kriegsschiffen Kanonensalven gegeben wurden. Das auf dem Platze neben der Kirche aufgestellte Militair vermehrte noch den Lärm durch Kleingewehrfeuer, und das Volk genirte sich im Toben und Lärmen auch nicht sehr. So drang denn nicht ein einziger Ton der Musik bis zu uns auf den Platz. Nach geendetem Gottesdienste ging der Hof zu Fuß durch ein

Spalier von Militair in den Senat. Was dort für Ceremonien stattgefunden, habe ich nicht erfahren können. Nach einer halben Stunde etwa wurden die Wagen wieder bestiegen, und der Zug kehrte in der früheren Ordnung in den Palast zurück. Abends war die Stadt auf das Glänzendste erleuchtet, so schön wie ich es noch nie sah. Um neun Uhr holte mich Leveque ab und führte mich zuerst in den Sommergarten. Es hingen schwere Wolken am Himmel und drohten durch einen tüchtigen Platzregen die so eben angesteckten Lampen wieder auszulöschen. Bei den jetzigen hellen Nächten, in welchen es bis zwölf Uhr so hell bleibt, daß man, ohne Licht anzuzünden, lesen und schreiben kann, war aber dieser schwarze Himmel höchst willkommen, weil sonst die Illumination wenig Wirkung gemacht haben würde. Der Garten war sehr glänzend erleuchtet. An beiden Seiten der Alleen waren Gerüste errichtet, die dicht mit Glaslampen von verschiedenen Farben behängt waren. Am Ende der Alleen sah man hell=erleuchtete Triumphbogen, in deren Mitte die Buchstaben P. (Peter) und A. (Alexander) brannten. Auch sämmtliche Pavillons des Gartens waren glänzend und geschmackvoll erleuchtet. Aber einen wahrhaft zauberhaften Anblick gewährte die Festung, als wir aus dem Garten an das Ufer der Newa traten. Sie schwamm in einem wahren Feuermeer! Die Granitmauern der Wälle waren mit weißen, die Säulen und das Gesimse des Eingangsthors mit rothen und die Schilderhäuser auf der Höhe der Mauern mit blauen Lampen behängt. Der zierliche Festungsthurm war bis zur höchsten Spitze erleuchtet, und da es völlig windstill, so war auch nicht eine Lampe unangezündet geblieben. Auf un=serem Standpunkte spiegelte sich nun noch einmal das ganze Feenbild zu unseren Füßen in der Newa ab! Es war ein Anblick zum Entzücken! Doch der Himmel wurde immer schwärzer und drohender; wir mußten daher eilen, auch andere Gegenden der Stadt zu sehen."

„Neben der Brücke, die auch auf das Glänzendste erleuchtet

war, fanden wir ein großes Schiff, welches bis auf die höchsten
Spitzen der Masten mit bunten Lampen behängt war, zwischen
denen unzählige Wimpel flatterten. Die von der Admiralität
fächerartig auslaufenden Straßen, deren mehrere über eine Stunde
lang sind, waren taghell erleuchtet und gewährten, von der fröhlichen bunten Menge durchwogt, einen herrlichen Anblick. Unter
den öffentlichen Gebäuden, die mit Transparentgemälden und
Inschriften reich verziert waren, zeichnete sich besonders die Admiralität aus. Auch einige Privatgebäude hatten Transparente,
unter anderen das des Ober-Kammerherrn von Narischkin.
Mars, von den allegorischen Figuren der Weisheit und Gerechtigkeit begleitet, bekränzte die Buchstaben P. und A., ersterer mit
der Unterschrift: Gloire du premier siècle, letzterer: Gloire du
second siècle! — Wir folgten nun dem Strome der Menschen-
masse, die nach dem Sommergarten eilte, wo ein großes Feuer-
werk abgebrannt werden sollte. Doch kaum hatten wir die Arkaden
des Winterpalastes erreicht, als ein plötzlich herabstürzender Platzregen der Herrlichkeit auf einmal ein Ende machte und das eben
noch taghelle Petersburg in weniger als einer Minute in egyp-
tische Finsterniß einhüllte! Nur der Platz unter den Arkaden,
wohin wir uns geflüchtet hatten, blieb hell erleuchtet. Dieser
Umstand verhalf uns noch zu einem eigenthümlichen Schauspiel.
Die bunte, mit dem Sonntagsstaat behängte Menge, die aus dem
Sommergarten nach Hause flüchtete, mußte nämlich vor unserem
Standpunkte vorbeidefiliren und nahm sich, triefend von Regen,
komisch genug aus. Einige Frauenzimmer hatten in Ermangelung
eines Regenschirmes die Röcke über den Kopf gezogen; andere
sogar, auf die Finsterniß vertrauend, Schuhe und Strümpfe aus-
gezogen, um sie zu schonen, und wateten nun barfuß vorüber,
nicht wenig erschrocken, einen so hell erleuchteten, mit lachenden
Zuschauern besetzten Raum passiren zu müssen! Endlich, nach
einer Stunde etwa, hörte der Regen auf, und wir konnten nun
auch unsere Wohnungen aufsuchen."

Am 1. Juni (20. Mai) packte ich meine letzten Sachen und ging dann, um von Freunden und Bekannten Abschied zu nehmen. Die Trennung von meinem guten Remi war sehr schmerzlich und kostete uns beiden viele Thränen. Er versprach mir, mich in einigen Jahren in Deutschland aufzusuchen. Auch der Abschied von meinem Lehrer, dem ich so viel verdankte, war ein sehr be=trübter, um so mehr, da er seit einiger Zeit wieder recht leidend war und ich daher fürchten mußte, ihn nie wieder zu sehen!

Diese Befürchtung war nur zu wahr; wir sahen uns nicht wieder! Ueber seine späteren, zum Theil höchst abenteuerlichen Schicksale habe ich Folgendes erfahren, ohne mich jedoch für die strenge Wahrheit desselben verbürgen zu können, da ich es größten=theils nur vom Hörensagen habe.

Eck hatte zu der Zeit, als ich von Petersburg abreis'te, ein Liebesverhältniß mit der Tochter eines Mitglieds der Kaiserlichen Kapelle angeknüpft, dachte aber nicht entfernt daran, das Mädchen ehelichen zu wollen. Empört über solchen Leichtsinn, hielt ich es für meine Pflicht, die Eltern zu warnen. Es geschah; meine War=nung wurde aber kühl und ungläubig aufgenommen. Einige Monate später, als auf einmal Herrn Eck's Besuche plötzlich aufhörten, gestand die Tochter, in Thränen zerfließend, sie sei von ihm ver=führt und spüre schon die Folgen davon. Die Mutter, eine ent=schlossene Frau, wußte sich Audienz beim Kaiser zu verschaffen, warf sich ihm zu Füßen und flehte um Wiederherstellung der Ehre ihrer Tochter. Der Kaiser gewährte. Er ließ in ächt Kaiserlich Russischer Weise Herrn Eck die Wahl, ob er sich binnen vier=undzwanzig Stunden mit seiner Geliebten trauen lassen, oder eine Spazierfahrt nach Sibirien antreten wolle. Herr Eck wählte natürlich das erstere. Daß aus einer solchen Ehe bald eine Hölle auf Erden werden mußte, begreift sich leicht. Eck, dessen Ge=sundheit durch frühere Ausschweifungen ohnehin ganz zerrüttet war, konnte die Einwirkung der täglich sich erneuernden Ehe=standsscenen nicht lange ertragen. Er verlor den Verstand und

tobte bald dermaßen, daß die Schwiegermutter abermals die Hülfe
des Kaisers anflehen mußte. Dieser ließ die Ehe trennen, gab
der Frau eine Pension und befahl, ihren Mann, unter gehöriger
Aufsicht, zu seinem Bruder nach Nancy zu schicken. Die Wahl
des Menschen, dem der Unglückliche so wie das vom Kaiser bewilligte Reisegeld anvertraut wurden, war aber eine sehr unglückliche und verfehlte; denn kaum war derselbe mit seinem
Kranken in Berlin angelangt, so erklärte er dem dortigen Russischen Gesandten, das Reisegeld sei ausgegeben, und er könne daher
seinen Pflegebefohlenen nicht weiter begleiten. Zugleich legte er
dem Gesandten eine Berechnung seiner Ausgaben vor, nach welcher
allerdings die vom Kaiser bewilligte Summe erschöpft war. Es
fanden sich aber sonderbare Posten darin, u. A. ein Diner von
hundert Gedecken, welches der Verrückte ohne Wissen seines Führers
in einem der ersten Hôtels von Riga bestellt habe und das letzterer dann vollständig habe bezahlen müssen. Ob der Gesandte
sich bei dieser Berechnung beruhigte, ist nicht bekannt geworden;
der Führer aber war plötzlich verschwunden!

Unterdessen war dem Geisteskranken, der sich nicht mehr
bewacht sah, die Lust angekommen, davonzulaufen. Nur halb
angekleidet entwischte er am Abend unbemerkt aus dem Zimmer,
und da draußen starkes Schneegestöber war, so gelang es ihm
auch, unaufgehalten zum Thor hinauszukommen. Erst einige
Stunden von Berlin wurde er von Bauern ergriffen, und da
diese ihn für einen entsprungenen Sträfling hielten, gebunden
nach der Stadt zurückgebracht. Auf der Polizei erkannte man
den armen, halb erfrorenen Flüchtling bald für einen Geisteskranken und lieferte ihn in's Irrenhaus ab. Einige Mitglieder
der Hofkapelle, die den Unglücklichen wenige Jahre vorher in
dem Glanze seiner Künstlerlaufbahn gekannt und bewundert hatten,
nahmen sich seiner an. Sie veranstalteten unter ihren Collegen
und wohlhabenden Kunstfreunden eine Collecte, mit deren Ertrag
sie ihn unter der Aufsicht eines zuverläßigen Mannes nach Nancy

zu seinem Bruder schickten. Dieser verschaffte ihm ein anständiges Unterkommen im Irrenhause zu Straßburg, wo er mehrere Jahre verblieb. Dann hörte seine ehemalige Gönnerin, die verwitwete Kurfürstin von Bayern, von seinem Unglück und sandte ihn zu einem Prediger in oder bei Offenbach, der sich mit der Heilung Geisteskranker beschäftigte. Hier soll er, wenn auch nicht geheilt, doch merklich ruhiger geworden sein, so daß man ihm wieder eine Violine in die Hand geben konnte, der er rührende Melodien entlockt haben soll. Nach dem Tode der Kurfürstin fand er dann im Irrenhause zu Bamberg ein Unterkommen, wo er 1809 oder 1810 gestorben ist.

Am 2. Juni (21. Mai), Vormittags um neun Uhr, fuhren wir von Petersburg ab.

„Bei einem Wachtschiffe am Ausflusse der Newa mußten wir unsere Pässe vorzeigen und erhielten sie zurück, ohne daß es etwas kostete, was uns nach den bisher gemachten Erfahrungen sehr verwunderte. Da der Wind uns entgegen kam, mußten die Matrosen fortwährend ruderen, wodurch die Fahrt lang und zuletzt auch langweilig wurde, so daß wir froh waren, als wir endlich um 2 Uhr in Kronstadt ankamen. Wir kehrten beim deutschen Traiteur ein, dessen Ehrlichkeit uns gerühmt war. Er hatte aber außer dieser auch vollständig die rauhe Derbheit, um nicht zu sagen Grobheit, conservirt, denn als wir Abends um neun Uhr, von einem Spaziergange zurückkehrend, Abendessen verlangten, antwortete er: Jez is keine Tit tau eten, jez geit man schlapen! Und damit kehrte er uns den Rücken zu. Ganz verblüfft stiegen wir die Treppe hinauf, und hatten uns schon mit dem Gedanken vertraut gemacht, hungrig zu Bette gehen zu müssen, als er doch noch zum Essen hinunterrufen ließ. Anfangs hatten wir große Lust, es nun zu verschmähen; doch der Hunger siegte über die Empfindlichkeit. Wir gingen hinunter, fanden recht gutes Essen und der Wirth, der uns selbst bediente, suchte durch Freundlichkeit die vorige Grobheit vergessen zu machen.“

Der Wind wurde erst nach einigen Tagen zur Weiterfahrt günstig; aber gar bald und gar lange mußte der „Saturn", so hieß unser Schiff, laviren, und noch am 14. Juni waren wir „nicht weit vom Hochland entfernt, was wir schon am ersten Tage erreicht hatten." Am zweiten Tage ging die See sehr hoch und es wurden daher die Passagiere, drei Frauenzimmer und neun Männer, nach und nach sämmtlich krank. Bei mir fing es mit Kopfschmerzen an. „Es war mir so schlecht zu Muthe, daß ich es bitter bereute, zur See gegangen zu sein." Doch am vierten Tage wurde mir besser, und bald befand ich mich, obgleich die See noch immer sehr unruhig war, so wohl wie am Lande. Aber nicht Allen ging es so gut, denn die Damen und auch einige von den Herren waren noch lange krank und unsichtbar. Leveque und ich amüsirten uns indessen ganz gut. Wir spielten Duetten, lasen, schrieben, zeichneten, gingen auf dem Verdeck spazieren und ließen uns Essen und Trinken recht gut schmecken. So verging ein Tag nach dem andern. Doch seufzten wir wie die übrigen nach gutem Winde, „denn dieses ewige Laviren, wobei man nicht vorwärts kommt, ist unerträglich!"

Am 15. Juni hatten wir guten Wind, am 16. aber fast Windstille und am 20. Sturm. Dieser war so arg, daß das Schiff in allen Fugen krachte. „Ich kroch, so krank ich auch war, hinauf, um das schauerlich schöne Schauspiel anzusehen. Zwar wurde ich tüchtig durchnäßt, denn die Wellen schlugen alle Augenblick über das Verdeck; auch konnte ich wegen der Kälte und dem schneidenden Winde nicht lange oben aushalten. Aber der Mühe werth war es, zu sehen, wie die Wellen, Bergen gleich, angerollt kamen und uns zu verschlingen drohten, dann uns plötzlich packten, in die Höhe schleuderten und eben so schnell in einen tiefen Abgrund stürzen ließen! Obgleich ich durch die vorhergegangene unruhige See schon einigermaßen an dieses Schauspiel gewöhnt war, so lief es mir doch bei jedem Sturze eiskalt über den Rücken, und ich würde uns in großer Gefahr geglaubt haben, hätte ich nicht auf des Capitäns ruhigem Gesichte das Gegentheil gelesen. Dieser gab mit demselben Phlegma wie immer seine Befehle. Schrecklich war es aber anzusehen, wie die Matrosen bis zur höchsten Spitze der Masten hinaufkletterten und dann auf den Raaen hinausrutschten, um die Segel einzureffen. Nur Leute, die bei solchen Gefahren aufgewachsen sind, können mit kaltem Blute dem tobenden Elemente so Trotz bieten."

Am 26. Juni kamen wir in die Nähe von Bornholm, einer dänischen Insel, wo wir zwei kleine Städte, viele Dörfer und ein sorgfältig bebautes Land gewahrten. „Besonders erfreulich war mir der Anblick der grünen Getreidefelder, den ich so lange entbehrte." Bei einer kleinen Nebeninsel „brachten uns Bauern in einem Boote frisches Fleisch, Gemüse und Milch. Letztere erfreute mich besonders, da mir der schwarze Kaffee durchaus nicht hatte munden wollen."

„Einige Abende hatten wir bei heiterm Himmel und Windstille ein Schauspiel, wie man es am Lande in dieser Majestät niemals sieht, nämlich den Sonnenuntergang. Es ist nicht möglich, die Pracht der stets wechselnden Farben zu beschreiben, mit denen sowohl die am Himmel zerstreuten Wolken, wie die einem Spiegel gleiche See übergossen wurden; aber der Eindruck, den dieses erhabene Schauspiel bei der feierlichen Stille des Abends auf die ganze auf dem Verdeck versammelte Schiffsgesellschaft machte, wird mir ewig unvergeßlich bleiben. Ich sah die Gefühllosesten davon ergriffen."

Am 28. Juni endlich warf der Saturn nach einer Seefahrt von einundzwanzig Tagen auf der Rhede von Travemünde Anker, und am 5. Juli 1803 war ich wieder in meiner Vaterstadt Braunschweig, die mir durch die lange Abwesenheit doppelt lieb geworden war. Früh um zwei Uhr kamen wir an.

„Ich stieg beim Petrithore ab, ließ mich über die Ocker setzen und eilte nach der Großmutter Garten. Dort fand ich aber Haus- und Gartenthüre verschlossen, und da mein Pochen nicht gehört wurde, so überstieg ich die Gartenmauer und legte mich in dem am Ende des Gartens befindlichen offenen Pavillon auf die Erde nieder. Ermüdet von der Reise schlief ich augenblicklich ein und würde, trotz des harten Lagers, wahrscheinlich noch lange ruhig fortgeschlafen haben, hätten mich nicht die Tanten bei einem Morgenspaziergange durch den Garten in meinem Verstecke entdeckt. Erschrocken kehrten sie zurück und verkündigten der Großmutter, es liege ein Fremder im Gartenhause. Zu Dreien zurückgekehrt, wagten sie sich näher, erkannten mich, und unter Jubel, Umarmungen und Küssen wurde ich nun geweckt. Lange konnte ich mich nicht besinnen, wo ich war; endlich erkannte ich die lieben Verwandten und freute mich, wieder bei ihnen und in der Heimath zu sein. Sie waren um mich sehr besorgt gewesen, da wegen unserer ewig langen Seereise seit sechs Wochen keine Nachrichten von uns eingetroffen waren."

Die erste erfreuliche Neuigkeit, die ich erfuhr, war die, daß der berühmte Rode da sei und nächstens bei Hofe spielen werde. Ich ließ mich daher sogleich beim Herzog melden, um das Hofconcert besuchen zu dürfen.

Zugleich schloß ich das oft erwähnte Tagebuch, mit dem Wunsche, daß „es mir noch oft eine angenehme Rückerinnerung an die schöne Reise gewähren möge".

Ich wurde von meinem Gönner mit dem alten Wohlwollen empfangen, welches sich auf's neue dadurch kundgab, daß er mir durch den Hofmarschall den nicht unbedeutenden Rest des Reisegeldes, als ich darüber Rechnung ablegte, zum Geschenk einhändigen ließ. Auch empfing ich für die Dedication meines Concertes, das ich beim ersten Besuche überreichte, zwanzig Friedrichsd'or.

Ich brannte nun vor Begierde, mit diesem Concerte als Geiger und Componist vor dem Herzog und dem Publikum aufzutreten, um Proben meines Fleißes und meiner Fortschritte abzulegen. Doch ließ sich dies nicht so schnell bewerkstelligen, da

Rode bereits ein Concert im Theater angekündigt hatte. Auch konnte ich nicht ohne Bangigkeit daran denken, so bald nach diesem großen Geiger auftreten zu müssen. Denn je öfter ich ihn hörte, desto mehr wurde ich von seinem Spiele hingerissen. Ja! ich trug kein Bedenken, Rode's Spielweise, damals noch ganz der Abglanz von der seines großen Meisters Viotti, über die meines Lehrers Eck zu stellen und mich eifrigst zu befleißigen, sie mir durch sorgfältiges Einüben der Rode'schen Compositionen möglichst anzueignen. Es gelang mir dies auch gar nicht übel, und ich war bis zu dem Zeitpunkte, wo ich mir nach und nach eine eigene Spielweise gebildet hatte, wohl unter allen damaligen jungen Geigern die getreueste Copie von Rode. Besonders gelang es mir, das achte Concert, die drei ersten Quartetten und die weltberühmten Variationen in G-dur ganz in dessen Weise vorzutragen; ich erntete damit sowohl in Braunschweig, als auch später auf meiner ersten Kunstreise großen Beifall.

Bald nach Rode's Abreise brach dann der von mir so sehnlichst erwartete Tag an, wo ich in einem von mir gegebenen Concerte im Theater die erste Probe meiner auf der Reise erworbenen Kunstfertigkeiten ablegen durfte. Die Neugierde hatte ein zahlreiches Publikum herbeigeführt. Bei der Sicherheit, mit der ich nicht nur mein eigenes Concert, sondern auch die anderen unter Eck's Leitung eingeübten Musikstücke spielen konnte, hätte ich billig ohne alle Befangenheit hintreten sollen. Doch konnte ich sie bei dem Gedanken, daß kurz vorher auf meinem Platze, vor denselben Zuhörern, ein so großer Geiger gestanden hatte, nicht ganz überwinden. Aber es galt jetzt, meine Neider zu beschämen, die bei meiner Abreise laut geäußert hatten, der Herzog werde seine Wohlthaten wieder an einen Unfähigen und Undankbaren verschwenden. Ich raffte daher allen meinen Muth zusammen und es gelang mir, schon während des Tutti's meines Concertes Alles um mich her zu vergessen und mich mit ganzer Seele nur meinem Spiele hinzugeben. Der Erfolg war nun aber auch ein über alle Erwartung günstiger; denn schon nach dem ersten Solo brach ein allgemeiner Beifall los, der sich nach jedem folgenden noch steigerte und am Ende des Concert's gar nicht enden wollte. Auch der Herzog, der den jungen Künstler während der Zwischenpause in seine Loge rufen ließ, bezeugte ihm seine volle Zufriedenheit. Es gilt daher dieser Tag noch jetzt in meiner Erinnerung als einer der glücklichsten meines Lebens.

Ich wurde nun an die Stelle eines unlängst verstorbenen Kammermusikers zur ersten Violine versetzt und erhielt auch dessen Gehalt von zweihundert Thalern als Zulage. Da aber dieser wegen des Gnadenvierteljahres für die Witwe nicht sogleich fällig war, so wurde ich durch ein abermaliges Geschenk von zwanzig Friedrichsd'or entschädigt.

Mit meinem Gehalte von dreihundert Thalern und meinen Nebenverdiensten konnte ich nun in damaliger Zeit ganz anständig und sorgenfrei leben. Ich nahm daher meinen Bruder Ferdinand von neuem zu mir und widmete mich mit Eifer dessen Ausbildung. Da ich die Eltern und Geschwister noch nicht wiedergesehen hatte, so holte ich ihn selbst in Seesen ab. Dort erhielt ich auch einen Besuch meines Reisegefährten Leveque, der im Begriffe stand, nach Petersburg zurückzugehen. In den acht Tagen unseres Zusammenseins wurde fleißig musicirt und besonders ergötzte der Vortrag meiner Duetten, die wir während der Seereise so genau eingeübt, die Eltern und Musikfreunde des Städtchens.

Nach Braunschweig zurückgekehrt, begann ich meine Compositionsarbeiten von neuem. Zunächst vollendete ich ein schon auf der Reise angefangenes Violinconcert in E-moll, welches ungedruckt geblieben ist, weil es mir, nachdem ich Rode's Vortragsweise angenommen hatte, nicht mehr gefiel. Doch wurde es damals von mir mehreremale mit Beifall in den Winterconcerten vorgetragen. Auch eine Concertante für Violine und Violoncell mit Orchesterbegleitung schrieb ich in jener Zeit auf den Wunsch des Violoncellisten Beneke, mit dem ich häufig bei Quartett-

partien zusammentraf. Dieses Werk ist ebenfalls nicht im Stich
erschienen, ja selbst nicht einmal in das Verzeichniß meiner sämmt=
lichen Compositionen aufgenommen, da es mir in der Zeit, wo
ich dieses aufzustellen begann, schon abhanden gekommen, ja aus
dem Gedächtniß entschwunden war. Doch werden wohl noch
einige Abschriften davon bestehen; denn ich hörte es im Jahre
1817 oder 1818 einmal in einem Concerte in Mainz von den
Gebrüdern Gans, den späteren Mitgliedern der Berliner Hof=
kapelle, vortragen, ohne es sogleich als meine Composition zu er=
kennen. Zwar schien mir das Musikstück bekannt, gleich als hätte
ich es schon früher einmal gehört; doch erst als ich mir von
meinem Nachbar den Concertzettel erbeten und mit Erstaunen
meinen Namen erblickt hatte, dämmerte in mir die Erinnerung
an diese Jugendarbeit auf. Jetzt weiß ich nichts mehr von ihr,
als daß sie aus einem Adagio und Rondo bestand, und letzteres
im Sechsachtel=Takt geschrieben war. Der Tonart kann ich mich
nicht mehr erinnern.

Das Einüben dieser Concertante mit Beneke mag wohl die
Veranlassung gewesen sein, daß wir den Entschluß faßten, ge=
meinschaftlich eine Kunstreise zu machen und zwar nach Paris,
wohin ich mich schon längst sehnte. Der Urlaub zu dieser Reise
war bei der Gunst, in der ich bei'm Herzog stand, leicht erwirkt,
und so traten wir sie denn im Januar 1804 voll der fröhlichsten
Hoffnungen an.

Zuerst verweilten wir einige Tage bei meinen Eltern in
Seesen, von wo aus wir uns in Göttingen ankündigten, um dort
unser erstes Concert zu geben. Wir nahmen zu der Reise dahin
einen Miethwagen. Ich hatte mir kurz vor der Abreise aus
Braunschweig für meine aus Rußland mitgebrachte herrliche Geige
eine ihrer würdige Hülle, d. h. ein höchst elegantes Kästchen, machen
lassen und dieses, um es gegen jede Beschädigung zu sichern, mit
in den Koffer zwischen Wäsche und Kleider gepackt. Ich trug
daher Sorge, daß dieser, der meine ganze Habe barg, recht sorg=

fältig mit Stricken hinten auf dem Wagen befestigt wurde. Dem-
ohngeachtet hielt ich es für nöthig, mich oft nach ihm umzusehen,
besonders, als der Kutscher erzählte, es wären seit kurzem zwischen
Nordheim und Göttingen einigemale Koffer von Reisewagen abgeschnitten worden. Dieses Umsehen war aber, da der Wagen
nach hinten kein Fenster hatte, eine sehr beschwerliche Arbeit, und
ich war daher sehr froh, als wir mit Anbruch der Nacht zwischen
den Gärten vor Göttingen anlangten und ich mich noch ein
letztesmal überzeugt hatte, daß der Koffer noch an seinem Platze
sei. Froh, ihn glücklich so weit gebracht zu haben, äußerte ich
gegen den Reisegefährten: meine erste Sorge soll nun sein, zur
besseren Befestigung des Koffers eine tüchtige Kette nebst Schloß
anzuschaffen.

So kamen wir am Thore an, als eben die Laternen angezündet wurden. Der Wagen hielt vor der Wache. Während
Beneke dem Unteroffizier die Namen diktirte, fragte ich, von
innerer Unruhe getrieben, einen der Soldaten, die den Wagen
umstanden: der Koffer ist doch noch gut befestigt? — „Es ist
kein Koffer da!" war die Antwort. Mit einem Sprunge war ich
aus dem Wagen und rannte mit gezogenem Hirschfänger wie
rasend zum Thore hinaus. Hätte ich besonnen gelauscht, so wäre
es mir vielleicht geglückt, die auf einem Seitenwege davoneilenden
Diebe zu hören und einzuholen. So aber war ich in meiner
blinden Wuth weit über den Punkt, wo ich den Koffer zum letzten-
mal gesehen hatte, hinausgerannt und bemerkte meine Uebereilung
erst dann, als ich mich auf freiem Felde befand. Trostlos kehrte
ich zurück. Während mein Reisegefährte das Wirthshaus auf-
suchte, eilte ich auf die Polizei und verlangte augenblickliche Un-
tersuchung der Gartenhäuser außerhalb des Thores. Mit Staunen
und Aerger erfuhr ich, daß die Gerichtsbarkeit jenseits des Thores
dem Amte Weende zustehe und daß ich mich wegen meines Ver-
langens an dieses zu wenden habe. Da Weende eine halbe Stunde
von Göttingen entfernt ist, so mußte ich für den Abend alle

weiteren Schritte zur Wiedererlangung meiner Sachen einstellen. Daß diese auch am anderen Morgen erfolglos sein würden, wußte ich schon jetzt, und so durchwachte ich die Nacht in einer Stimmung, wie ich sie in meinem bisherigen vom Glück begünstigten Leben noch gar nicht gekannt' hatte. Wäre nur meine herrliche Guarneri-Geige, die Trägerin meiner ganzen bis dahin erworbenen Virtuosität, nicht verloren gegangen, ich hätte das Uebrige leicht verschmerzt. Bei einigem Glück wäre es auf der Reise bald wieder zu gewinnen gewesen. So aber ohne Geige mußte ich nicht nur die Reise aufgeben, sondern auch gewissermaßen mein Studium ganz von vorn wieder anfangen.

Am anderen Morgen ließ mich die Polizei benachrichtigen, es sei auf dem Felde hinter den Gärten ein leerer Koffer und ein Violinkasten gefunden worden. Voll Freude eilte ich hinaus, hoffend, es werde wohl von den Dieben die Geige, als ein für sie werthloser und in Bezug auf Entdeckung gefährlicher Gegenstand, im Kasten zurückgelassen worden sein. Leider war dem aber nicht so. Nur der Violinbogen, ein ächter Tourté, am Deckel des Kastens befestigt, war unentdeckt geblieben; alles Uebrige, worunter sich auch das Reisegeld in Gold befand, war mitgenommen worden. Die Musikalien allein hatten die Diebe verschmäht. Sie fanden sich auf dem Felde zerstreut sämmtlich wieder. Da meine Manuscripte darunter waren, von denen ich keine Abschrift hatte, so war ich froh, diese wenigstens wieder zu bekommen.

Ohne Geld, ohne Kleider und Wäsche, mußte ich mir nun erst auf Borg das Nöthigste wieder anschaffen, bevor ich mit meinem Reisegefährten das von uns bereits angekündigte Concert geben konnte. In der Zwischenzeit übte ich mich auf einer von einem Studenten aus Hannover erborgten ganz guten Geige von Stainer fleißig ein und so vorbereitet, trat ich zum erstenmale außerhalb Braunschweig als Künstler auf. Das Concert war ungemein zahlreich besucht. Vielleicht hatte die Kunde von meinem Verlust mit dazu beigetragen. Die Vorträge beider Künstler, einzeln und in meiner Concertante zusammen, wurden mit mehr als enthusiastischem Beifalle aufgenommen.

Dies war nun zwar für die Weiterreise sehr ermunternd; doch konnte ich, ängstlich für meinen Ruf besorgt, mich nicht entschließen, öffentlich aufzutreten, bevor ich wieder eine eigene gute Geige gewonnen und mich sorgfältig darauf eingeübt hätte. Wir kehrten daher, da Beneke nicht allein reisen wollte, nach Braunschweig zurück.

Dort hatte sich die Kunde von meinem Verlust schon allgemein verbreitet. Auch der Herzog hatte davon gehört und schickte, um mir den Ankauf eines neuen Instrumentes zu erleichtern, von neuem ein ansehnliches Geschenk. Mit Hülfe desselben erkaufte ich nun zwar von einem Herrn von Hantelmann, einem ausgezeichneten Dilettanten, die beste Geige, die damals in Braunschweig war, fühlte jedoch bald, daß sie mir die verlorene nicht vollständig ersetzen könne.

Um mich für eine folgende Reise würdig vorzubereiten, wurde wieder mit großem Eifer componirt. So entstand das Concert in D-moll, das bei Kühnel in Leipzig als zweites, (Op. 2) gestochen wurde, ein Potpourri über bestimmte Themen (bei demselben als Op. 5 erschienen) und ein Concert in A-dur, welches Manuscript geblieben ist. In diesen, wie auch in einigen folgenden Compositionen herrscht nun ganz die Rode'sche Manier vor, aus der sich dann erst später mein Styl und die mir eigenthümliche Vortragsweise entwickelten.

So verlief der Sommer 1804. Im Herbste vollständig zu einer neuen musikalischen Reise gerüstet, zog es mich nun zunächst nach den deutschen Hauptstädten. Auch wünschte ich sehnlichst, einmal in Leipzig aufzutreten, das sich durch die von Rochlitz vortrefflich redigirte Musikalische Zeitung zum Mittelpunkt der musikalischen Kritik emporgeschwungen hatte. Ich trat daher meine zweite Kunstreise am 18. Oktober über Leipzig und Dresden nach Berlin an.

Auch von dieser Reise ist ein Tagebuch vorhanden, welches aber nur bis zum 9. Dezember fortgeführt ist und dann plötzlich abbricht. Die Veranlassung dazu wird später erzählt werden.

Den ersten Aufenthalt machte ich in Halberstadt, wo ich ein öffentliches Concert gab und Tags darauf beim Grafen von Wernigerode spielte. Unter den dortigen Musikfreunden, die sich meiner besonders freundlich annahmen, nenne ich den Domvikarius Körte, den Domprediger Augustin und den Auditeur Ziegler. Mit Letzterem, der ein gebildeter Musikkenner und fertiger Klavierspieler war, stand ich bis zu dessen Tode in freundschaftlicher Verbindung. Auch die dortigen Musiker, die Organisten Gebrüder Müller und Holzmärker, der Geiger Glöckner, mit dem ich meine Duetten spielte, der Fagottist Barnbeck und der Sekretär und Concertmeister des Grafen v. Wernigerode, Clase, waren sehr zuvorkommend gegen mich und zur Einrichtung meines Concertes behülflich. Ich verlebte daher vergnügte Tage in Halberstadt.

Eines Nachmittags „machte ich mit Herrn Holzmärker und einem seiner Freunde einen Spaziergang vor das Thor. Wir besuchten die Klus, einen Berg auf dessen Spitze mehrere isolirte hohe und schroffe Felsen stehen, deren Inneres ausgehöhlt ist, der Sage nach von Räubern, die ehemals dort gehaus't haben sollen. Ich konnte der Lust nicht widerstehen, einen dieser Felsen zu ersteigen, so halsbrechend das Unternehmen auch war, und so ernstlich meine Gefährten davon abmahnten. Ich kam glücklich hinauf und hatte außer dem Vergnügen, etwas vollführt zu haben, was nicht Jeder wagt, auch noch eine weite und herrliche Aussicht. Bis dahin war Alles gut. Als ich nun aber hinabsteigen wollte und in die Tiefe blickte, überfiel mich ein plötzlicher Schwindel, und ich mußte mich eiligst niedersetzen, um nicht hinabzustürzen. Wohl zehn Minuten dauerte es, bis ich die nöthige Fassung zum Hinabsteigen gewann und schwerlich würde ich glücklich hinuntergekommen sein, wenn mir nicht die Herren unten zugerufen hätten, wohin ich den Fuß zu setzen habe, was ich selbst, mit dem Gesicht nach dem Felsen gekehrt, nicht sehen konnte. Zitternd von der Anstrengung und dem krampfhaften Anklammern an den Felsen, sowie tüchtig beschämt, die Warnung der beiden Herren nicht beachtet zu haben, kam ich endlich wieder zu ihnen und kehrte froh, einer großen Gefahr glücklich entkommen zu sein, mit ihnen zur Stadt zurück."

Am 22. Oktober gab ich mein Concert. Bei der Probe erregte mein Concert in D-moll große Sensation.

„Die Herren Ziegler, Müller u. A. behaupteten zu meiner großen Freude, nie ein schöneres Violinconcert gehört zu haben."

„Das Concert selbst begann um fünf Uhr. Der Saal war sehr leer, das Auditorium aber ein kunstsinnig gebildetes, wie ich es an der Stille und Theilnahme, mit der mein Spiel aufgenommen wurde, wohl bemerken konnte."

Es wurden unter anderen folgende Sachen vorgetragen: Symphonie von Haydn; Concert D-moll von mir; Concert D-dur von Kreutzer; Polonaise von Rode aus dem Es-dur-Quartett. Nach dem Concerte bezeugte mir der Graf von Wernigerode seinen Beifall und lud mich auf nächsten Tag zu einem Concerte zu sich ein, wobei der dritte Herr Graf als Clarinettist im Orchester mitwirkte. Ich spielte das Concert von Rode A-dur und dessen Quartett Es-dur.

„Nach Beendigung des Concertes umringte mich die Gesellschaft und überhäufte mich mit Lobeserhebungen. Den Damen mußte ich viel von Petersburg erzählen."

Auch in Magdeburg fand ich als Künstler die freundlichste Aufnahme. Die Herren Hauptmann von Cornberg, Major von Witzleben, Regimentsquartiermeister Türpen und Geheimerath Schäfer, an die ich empfohlen war, boten Alles auf, mir ein zahlreiches Publikum zu werben, sowie den Aufenthalt möglichst angenehm zu machen. Schon mein erstes Concert am 3. November war sehr besucht. Ich spielte mein D-moll-Concert, das A-moll-Concert von Rode und die G-dur-Variationen.

„Es gelang mir Alles besonders gut und die Leute schienen von meinem Spiel ganz hingerissen zu sein."

Um dieselbe Zeit beschäftigte ich mich mit der Umarbeitung meines vorletzten Concerts in E-moll. Das Adagio schrieb ich ganz neu.

In einer Musikpartie beim Kammersekretarius Feska hörte ich dessen Sohn in einem Quartett eigener Composition.

„Das Quartett," sagt das Tagebuch, „ist sehr gut gearbeitet und zeugt von großem Talent. Als Spieler gefiel er mir weniger. Es fehlt ihm zwar nicht an mechanischer Fertigkeit, wohl aber an einer gewandten, geregelten Bogenführung, daher an einem guten Ton und an Deutlichkeit der Passagen. Auch intonirte er nicht immer ganz rein. Käme er zu einem guten Meister, so könnte viel aus ihm werden."

Ich war auch häufig in Gesellschaft bei den Kaufleuten Hildebrandt und Schmager, beim Criminalrath Sukrow und dem Geheimerath Schäfer und „allenthalben sehr vergnügt".

„Auch zu einer interessanten Musikpartie bei Türpen ward ich eingeladen. Ich fand eine kleine, aber sehr ausgesuchte Gesellschaft der eifrigsten Musikfreunde Magdeburgs versammelt. Ich spielte Quartetten von Haydn, Beethoven, Mozart und zum Schluß das Es-dur-Quartett von Rode. Es wurde mir Alles sehr gut accompagnirt, so daß ich mich ganz meinem Gefühle überlassen konnte. Die Zuhörer schienen entzückt. Herr Türpen behauptete, ich verstände wie Keiner, jeden Componisten in seinem eigenthümlichen Style wiederzugeben. Zum Schluß spielte unser Herr Wirth ein Trio von Mozart auf einem sehr guten Pianoforte von Blum in Braunschweig recht brav. Nur hat er die üble Angewohnheit, den Gesang zu dehnen, womit er dem Ausdruck mehr schadet, als nützt."

Am 10. November gab ich mein zweites Concert, welches nicht

ganz so zahlreich wie das erste besucht war und worin ich eine Symphonie von Haydn und mein Violinconcert in E-moll vortrug, auch mit Feska eine Concertante von Eck spielte. Das umgearbeitete E-moll-Concert machte sich gut. Das neue Adagio schien sehr zu gefallen.

Von sonstigen Erlebnissen in Magdeburg will ich nur einer Bühnenvorstellung gedenken, weil der Verfasser des Stücks sich später in der Theaterwelt durch seine pikanten Berichte: „Musikalisches Allerlei aus Paris", einen Namen gemacht hat. Es war die erste Aufführung des „weiblichen Abällino" von Sievers.

„Nie habe ich ein erbärmlicheres Stück weder gelesen, noch aufführen sehen. Es ist eine unglückliche Nachahmung des bekannten „großen Banditen", hat aber weder die spannenden Scenen, noch den gewandten Dialog, die jenes Stück zum Lieblinge des Publikums gemacht haben. Die Hauptperson, Rosa Salviatt, die, um ihren Geliebten gegen eine Verschwörung seines Onkels zu schützen, sich der abenteuerlichsten und abgeschmacktesten Mittel bedient, erklärt die Ursachen ihres Verfahrens am Ende des Stückes in einer Rede, die wenigstens eine Viertelstunde dauert. Das Publikum, das schon früher Zeichen von Ungeduld gegeben hatte, wurde während dieser Rede so unruhig, daß kaum zu Ende gespielt werden konnte. Als endlich der Vorhang fiel, brach ein allgemeines Zischen und Pfeifen los. Der unglückliche, in Braunschweig verkannte Dichter, der hier Triumphe feiern wollte, soll im Theater anwesend gewesen sein, aber noch vor dem Ende des Stückes das Weite gesucht haben."

Ueber den Aufenthalt in Halle, wohin ich zunächst ging, berichtet das Tagebuch nur sehr dürftig. Je mehr ich durch vermehrte Bekanntschaften zur Geselligkeit herangezogen wurde, desto weniger, scheint es, habe ich Lust gehabt, in der bisherigen oft breiten Weise darüber zu berichten. Auch mag es mir wohl an Zeit gefehlt haben, da ich mich zu allen Produktionen, sie mochten öffentlich oder privatim stattfinden, stets sehr sorgfältig vorbereitete, auch fortwährend mit Compositionsarbeiten beschäftigt war.

Meine beiden Concerte am 21. und 23. November waren sehr besucht. Ich spielte außer meinen eigenen Werken ein Concert von Rode, A-moll, und die G-dur-Variationen.

„Mein Spiel wurde mit Enthusiasmus aufgenommen."

Die Leute, die sich besonders für mich interessirten und denen ich viel vergnügte Stunden verdankte, waren die Familie Garrigues, bestehend aus Vater, Mutter, Tochter und zwei Söhnen, sämmtlich gar liebe, artige Menschen; Lafontaine und seine reizende Pflegetochter; Chodowiecki, Niemeier und Loder. Unter den Studenten lernte ich einige tüchtige Dilettanten kennen. Ein Herr Schneider spielte fertig Clavier, ein Herr Müller sehr brav die Violine. Ein Herr Gründler aus Trebnitz bei Breslau nahm sogleich Unterricht im Violinspiel bei mir.

Noch erinnere ich mich folgenden Vorfalles:

Unter Denen, die mir zum Arrangement meiner Concerte behülflich waren, befand sich auch der berühmte Contrapunktist Türk. Er dirigirte die akademischen Concerte, deren eines während meiner Anwesenheit in Halle stattfand. Es wurde die Oper „Titus" als Concertmusik gegeben. Schon war das Publikum seit einer halben Stunde versammelt, das Orchester hatte eingestimmt und harrete des Zeichens zum Anfang. Aber noch fehlte einer der Sänger, ein dortiger Gesanglehrer, der die Partie des Titus übernommen hatte. Im studentischen Theile des Auditoriums gab sich schon große Unzufriedenheit über den säumigen Sänger kund; als dieser nun aber in einem sehr unfestlichen Anzuge, im Ueberrocke und mit beschmutzten Stiefeln erschien, machte sich der allgemeine Unwille durch Scharren und Zischen Luft. Der Sänger, dem der ungeduldige Dirigent bereits die Noten in die Hand geschoben hatte, trat vor und sprach mit verächtlicher Miene: „Bin ich Ihnen so nicht recht, so kann ich auch wieder gehen!" Damit warf er die Noten dem Dirigenten vor die Füße und eilte zur Thür hinaus. Man stürzte ihm nach, um ihn zurückzuhalten; allein Alles vergebens! Ich erwartete nun, man werde das Concert verschieben, oder doch wenigstens alle die Nummern, bei denen Titus beschäftigt ist, auslassen. Nichts weniger! Der gewissen=hafte Dirigent verkürzte seine Zuhörer auch nicht um einen Takt des Werks; er wußte sich zu helfen! Er spielte auf seinem Kielflügel die ganze Partie des Titus, Recitative, Arien und Ensemble=Stücke von der ersten bis zur letzten Note! Ich erstarrte und wußte nicht, ob ich mich ärgeren, oder über das naive Auskunftsmittel lachen sollte. So viel wurde mir aber an jenem Abend klar, daß man ein gelehrter Contrapunktist und doch ohne irgend eine Spur von Geschmack sein kann!

Nach der Ankunft in Leipzig am 29. November gibt das Tagebuch noch zwei kurze Berichte und verstummt dann gänzlich. Der erste bespricht eine Aufführung der Oper von Paer: „die Wegelagerer". Der zweite erzählt von einem Besuche des Ge=wandhaus=Concertes.

„Diese Concerte", heißt es, „werden von einer Gesellschaft von Kaufleuten veranstaltet. Es sind aber keine Dilettanten=Con=certe; denn nur Musiker bilden das Orchester, welches stark besetzt und recht brav ist. Für den Gesang wird immer eine fremde Sängerin verschrieben, da der Theaterdirektor seinen Sängern das Auftreten in Concerten nicht gestattet. Dieses Jahr ist es eine Signora Alberghi von Dresden, die Tochter eines dortigen Kirchensängers. Sie ist noch sehr jung, besitzt aber schon eine recht gute Methode und eine klare, klingende Stimme. Sie sang zwei Arien mit großem Beifall. Außerdem hörte ich den Con=certmeister der Gesellschaft, Herrn Campagnoli, ein Concert von Kreutzer sehr brav spielen. Seine Methode ist zwar ver=altet; er spielt aber rein und fertig. Der Saal, in welchem diese Concerte gegeben werden, ist wunderschön und für die Wirkung der Musik besonders günstig."

Beim Arrangement meines Concertes hatte ich viele Schwie=
rigkeiten zu überwinden. Bei dem geschäftsvollen Treiben der
Handelsstadt kam man mir nicht so hülfreich entgegen, wie ich es
bisher gewohnt gewesen war, und ich hatte manchen Weg zu
machen, bis alle Hindernisse beseitigt waren. Auch kränkte es
mich, daß die reichen Handelsherren, an die ich empfohlen war,
noch nichts von meinen Kunstleistungen zu wissen schienen und
mich zwar höflich, aber kalt empfingen. Ich wünschte daher sehn=
lichst einmal zu einer Musikpartie eingeladen zu werden, um mich
bemerklich machen zu können. Dieser Wunsch wurde erfüllt; ich
erhielt eine Einladung zu einer großen Abendgesellschaft mit
der Bitte, etwas vorzutragen. Ich wählte dazu eines der
schönsten der sechs neuen Quartetten von Beethoven, durch
dessen Vortrag ich in Braunschweig schon oft meine Zuhörer ent=
zückt hatte. Aber schon nach wenigen Takten merkte ich, daß
meine Begleiter mit dieser Musik noch unbekannt und daher un=
fähig waren, in den Geist derselben einzudringen. Verstimmte
mich dies nun schon, so steigerte sich mein Unmuth doch noch weit
mehr, als ich bemerkte, daß die Gesellschaft meinem Spiele bald
keine Aufmerksamkeit mehr schenkte. Denn es entspann sich nach
und nach eine Conversation, die bald allgemein so laut wurde,
daß sie die Musik fast übertönte. Ich sprang daher mitten im
Spiele, noch ehe der erste Satz beendet war, auf und eilte, ohne
ein Wort zu sagen, zu meinem Kasten, um meine Geige einzu=
schließen. Dies erregte große Sensation in der Gesellschaft und der
Herr vom Hause näherte sich mir mit fragender Miene. Ich trat
ihm entgegen und sagte laut, daß es von der Gesellschaft gehört werden
konnte: „Ich war bisher gewohnt, daß man meinem Spiele mit
Aufmerksamkeit zuhörte. Da das hier nicht geschah, so glaubte
ich der Gesellschaft gefällig zu sein, indem ich aufhörte.“ Der
Hausherr wußte nicht, was er antworten sollte, und zog sich ver=
legen zurück. Als ich nun aber, nachdem ich mich zuvor bei den
Musikern wegen meines brüsken Aufhörens entschuldigt hatte, Miene

machte, die Gesellschaft zu verlassen, kehrte der Wirth zurück und sagte freundlich: „Wenn Sie sich entschließen könnten, der Gesellschaft etwas Anderes vorzutragen, was ihrem Geschmacke und Fassungsvermögen angemessener wäre, so würden Sie ein sehr aufmerksames und dankbares Auditorium haben." Mir, dem längst klar geworden war, daß ich das Vorgefallene durch meinen Mißgriff in der Wahl der Musik für eine solche Gesellschaft selbst verschuldet hatte, war froh, wieder einlenken zu können. Ich nahm daher willfährig die Geige von neuem und spielte das Quartett in Es von Rode, welches die Musiker kannten und daher auch gut accompagnirten. Es herrschte nun eine lautlose Stille, und die Theilnahme an meinem Spiele steigerte sich mit jedem Satze. Nach Beendigung des Quartetts wurde mir so viel Schmeichelhaftes über mein Spiel gesagt, daß ich dadurch veranlaßt wurde, nun auch noch mein Paradepferd vorzureiten, die G-dur-Variationen von Rode. Mit diesen setzte ich die Gesellschaft dermaßen in Entzücken, daß ich der Gegenstand der schmeichelhaftesten Aufmerksamkeit für den Rest des Abends wurde.

Dieser Vorfall machte einige Tage viel von sich reden und war wahrscheinlich die Veranlassung, daß sich die Musikfreunde, dadurch auf mich aufmerksam gemacht, schon in beträchtlicher Zahl bei meiner Concertprobe einfanden. Hier wußte ich sie besonders durch den Vortrag meines D-moll-Concertes so für mich zu gewinnen, daß sich durch sie noch vor Anbruch des Concertabends ein günstiger Ruf über meine Leistungen in der Stadt verbreitete und dadurch eine größere Zuhörerzahl herbeigelockt wurde, als ich hatte hoffen dürfen. Es war die Elite der Leipziger Musikfreunde und ein sehr empfängliches Publikum. Es gelang mir nun auch, mein Auditorium so zu enthusiasmiren, daß ich nach Beendigung des Concerts stürmisch aufgefordert wurde, ein zweites zu geben. Dieses fand acht Tage später statt und war eins der besuchtesten, die je ein fremder Künstler in Leipzig gegeben hat. In der Zwischenzeit wurde ich häufig zu Quartettpartien eingeladen, bei welchen ich dann meine Lieblinge, die sechs ersten Beethovenschen Quartetten, nachdem ich sie vorher mit den Begleitern eingeübt hatte, vorzugsweise zu Gehör brachte. Ich war der Erste, der sie in Leipzig spielte, und es gelang mir, sie durch meine Vortragsweise zu voller Anerkennung zu bringen. Bei diesen Quartettpartien lernte ich auch zuerst den Redakteur der musikalischen Zeitung, Hofrath Rochlitz, kennen und blieb seitdem mit ihm in der freundschaftlichsten Verbindung bis zu seinem Tode. Rochlitz berichtete in seiner Zeitung über meine Concerte.

Da dieser Bericht meinen Ruf in Deutschland zuerst begründete und auf mein Lebensgeschick einwirkte, so möge dies als Entschuldigung dienen, daß ich ihn hier wörtlich aufnehme:

„Herr Spohr gab am 10. Dezember 1804 zu Leipzig ein Concert und auf Aufforderung Vieler am 17. ein zweites; in beiden aber gewährte er uns einen so begeisternden Genuß, als außer Rode kein Violinist uns gewährt hatte, so weit wir zurückdenken können. Herr Spohr gehört ohne allen Zweifel unter die vorzüglichsten jetzt lebenden Violinspieler, und man würde über das, was er, besonders noch in so jungen Jahren, leistet, erstaunen, wenn man vor Entzücken zum kalten Erstaunen kommen könnte. Er gab uns ein großes Concert von seiner Composition (D-moll), und dies auf Begehren zweimal, und ein anderes eben so von ihm selbst geschrieben (E-moll). Seine Concerte gehören zu den schönsten, die nur vorhanden sind, und besonders wissen wir dem aus D-moll durchaus kein Violinconcert vorzuziehen, sowohl in Hinsicht auf Erfindung, Seele und Reiz, als auch in Hinsicht auf Strenge und Gründlichkeit. Seine Individualität neigt ihn am meisten zum Großen und in sanfter Wehmuth Schwärmenden. So ist nun auch sein herrliches Spiel. Herr Spohr kann Alles; aber durch jenes reißt er am meisten hin. Was vorerst Richtigkeit des Spiels in weitester Bedeutung heißt, ist hier, gleichsam als sicheres Fundament, nur vorausgesetzt; vollkommene Reinheit, Sicherheit, Präcision, die ausgezeichnetste Fertigkeit, alle Arten des Bogenstrichs, alle Verschiedenheiten des Geigentons, die ungezwungenste Leichtigkeit in der Handhabung von diesem Allen, selbst bei den größten Schwierigkeiten — das macht ihn zu einem der geschicktesten Virtuosen. Aber die Seele, die er seinem Spiele einhaucht, der Flug der Phantasie, das Feuer, die Zartheit, die Innigkeit des Gefühles, der feine Geschmack, und nun seine Einsicht in den Geist der verschiedensten Compositionen und seine Kunst, jede in diesem ihrem Geiste darzustellen, das macht ihn zum wahren Künstler. Diesen letzteren Vorzug haben wir noch an keinem Violinisten in dem Maße zu bewunderen Gelegenheit gehabt, als an Herrn Spohr, und zwar vornehmlich bei seinem Quartettenspiel. Kein Wunder daher, wenn er überall wohlgefällt und fast gar keinen Wunsch zurückläßt, als daß man ihn behalten und immer hören möchte."

Ich fühlte mich damals sehr glücklich! Doch war es die Anerkennung, die ich als Künstler fand, nicht allein, die mein ganzes Sein belebte; es war noch ein anderes zarteres Gefühl. Ich liebte und wurde geliebt.

Gleich nach dem Tage, wo ich Rosa Alberghi im Gewandhausconcerte zum erstenmale gesehen und gehört hatte, machte ich ihr einen Besuch, um sie zur Mitwirkung bei meinem Concerte einzuladen. Mutter und Tochter empfingen mich sehr freundlich. Erstere, obgleich eine lange Reihe von Jahren in Deutschland, hatte doch kein Wort von unserer Sprache erlernt. Da sie auch auf meine französische Ansprache mit dem Kopfe schüttelte, so mußte ich mich mit meinem Anliegen an die Tochter wenden, die, in Dresden erzogen, geläufig Deutsch sprach. Sie gewährte sehr gern meine Bitte und plauderte nun mit kindlicher Unbefangenheit mit mir, als hätten wir uns schon lange gekannt. Beim Abschied bat mich Rosa, bald wiederzukommen. Ich hatte ihr bereits zu tief in die feurigen schwarzen Augen geblickt, um lange auf mich warten zu lassen. So brachte ich, da mich bald auch die Mutter

freundlich willkommen hieß, faſt alle meine freien Stunden bei
ihnen zu. Ich accompagnirte, ſo gut ich es vermochte, die Ge=
ſangübungen Roſa's am Piano, ſtudirte ihr die Sachen ein, welche
ihr die Concert=Direction zuſchickte und ſchmückte ihre Arien mit
neuen Verzierungen aus, worüber ſie ſtets eine wahrhaft kindliche
Freude hatte. So wurde unſer Verhältniß, ohne daß wir uns
deſſen bewußt waren, ein immer innigeres. Die Aufzeichnungen
im Tagebuche waren aber darüber in's Stocken gerathen und
wurden auch ſpäterhin nicht wieder begonnen. Roſa ſang nun
auch in meinem zweiten Concerte und da ihr Contrakt in Leipzig
zu Ende ging und ſie im Begriffe ſtand, nach Dresden zurückzu=
kehren, ſo erbot ſie ſich, auch in meinem dortigen Concerte auf=
zutreten.

Ich ging nun, mit gewichtigen Empfehlungen verſehen, nach
Dresden. Ein Brief Roſa's führte mich bei ihrem Vater ein,
der mich auf das freundlichſte empfing. Er und einige Mitglieder
der Dresdener Hofkapelle, namentlich die Gebrüder Rothe,
waren mir beim Arrangement meines Concertes behülflich und
erleichterten mir dadurch dieſes ſtets unangenehme Geſchäft.

Roſa kehrte einige Tage vor dem Concerte nach Dresden zurück
und ſang mit ihrem Vater in demſelben. Der Erfolg, den mein
Spiel und meine Compoſitionen hatten, war ein ebenſo glänzender,
als in Leipzig. Ich wurde, wie dort, allgemein aufgefordert, ein
zweites Concert zu geben. Während ich dieſes arrangirte, rieth
man mir, mich auch bei Hofe zu melden, da nach dem Aufſehen,
welches mein Spiel erregt habe, an einem günſtigen Erfolg nicht
zu zweifeln ſei. Doch, da ich erfuhr, daß die Hofconcerte während
der Tafel ſtattfänden und auch zu Gunſten der fremden Künſtler
kein Unterſchied gemacht würde, empörte ſich mein jugendlicher
Künſtlerſtolz bei dem Gedanken, daß mein Spiel von dem Ge=
klapper der Teller accompagnirt ſein würde, ſo, daß ich ſogleich
auf die Ehre verzichtete, vom Hofe gehört zu werden.

Mein zweites Concert war außerordentlich zahlreich besucht, und der Beifall fast noch stürmischer, als beim ersten.

Ich dachte nun an meine Abreise nach Berlin, konnte mich aber nicht dazu entschließen, weil mir die Trennung von meiner geliebten Rosa gar zu schmerzlich fiel. Da überraschte mich ihr Vater mit einem Vorschlag, der diese so gefürchtete Trennung noch weiter hinausschob. Er sagte, er habe schon lange den Wunsch gehegt, daß seine Tochter einmal in Berlin auftrete; wenn ich daher geneigt wäre, dort mit ihr gemeinschaftlich Concerte zu geben, so wolle er sie in Begleitung seiner Frau, da er selbst keinen Urlaub bekommen könne, mitreisen lassen.

Ich ging mit Freuden auf diesen Vorschlag ein und traf nun sogleich alle Anstalten zur Abreise. Da die Reise mit dem Post= wagen für die Damen zu beschwerlich erachtet wurde, so nahmen wir gemeinschaftlich einen Miethwagen. Ich saß meinem geliebten Mädchen gegenüber und beklagte mich nicht über die Langsamkeit und lange Dauer der Reise. In Berlin angekommen, fanden wir in einem und demselben Hause Wohnung, die uns mein ehemaliger Lehrer Kunisch, jetzt Mitglied der Berliner Hof= kapelle, auf meine briefliche Anmeldung im voraus besorgt hatte. Dieser, nicht wenig stolz, den jungen Künstler als seinen ehe= maligen Schüler vorführen zu können, verschaffte mir die Be= kanntschaft der ausgezeichnetsten Künstler Berlins und war mir auch möglichst behülflich, ein Concert zu arrangiren, was jedoch wegen des großen Andranges von Concertgebenden ziemlich weit hinausgeschoben werden mußte.

Unterdessen gab ich meine Empfehlungsbriefe ab und wurde in Folge davon zu einigen Musikpartien eingeladen. Zuerst spielte ich beim Fürsten Radziwill, der bekanntlich selbst ein aus= gezeichneter Violoncellist und talentvoller Componist war. Ich fand dort Bernhard Romberg, Möser, Seidler, Semm= ler und andere ausgezeichnete Künstler versammelt. Romberg, damals in der Blüthe seiner Virtuosität, spielte eines seiner Quar=

tetten mit obligatem Violoncell. Ich hatte ihn noch nicht gehört und war entzückt von seinem Spiele. Nun selbst zu einem Vortrage aufgefordert, glaubte ich solchen Künstlern und Kennern nichts Würdigeres bieten zu können, als eines meiner Lieblingsquartetten von Beethoven. Doch abermals mußte ich bemerken, daß ich, wie früher in Leipzig, einen Fehlgriff gethan hatte; denn die Musiker Berlins kannten diese Quartetten ebensowenig, wie die Leipziger, und wußten sie daher auch weder zu spielen, noch zu würdigen. Nachdem ich geendigt, lobten sie zwar mein Spiel, sprachen aber sehr geringschätzend von dem, was ich vorgetragen hatte. Ja, Romberg fragte mich geradezu: „Aber lieber Spohr, wie können Sie nur so barockes Zeug spielen?“

Ich wurde ganz irre an meinem Geschmack, als ich einen der berühmtesten Künstler der damaligen Zeit so über meine Lieblinge urtheilen hörte. Später nochmals aufgefordert zu spielen, wählte ich nun, wie damals in Leipzig, das Es-dur-Quartett von Rode und hatte mich auch hier eines gleich günstigen Erfolges zu erfreuen.

Die zweite Musikpartie, zu der auch meine Reisegefährtin eingeladen wurde, war beim Prinzen Louis Ferdinand von Preußen. Wir fuhren zusammen hin und wurden vom Wirthe auf das Artigste empfangen. Wir fanden dort einen vornehmen Cirkel besternter Herren und gepußter Damen, sowie die vorzüglichsten Künstler Berlins versammelt. Auch traf ich einen früheren Bekannten von Hamburg, den berühmten Claviervirtuosen und Componisten Dussek, der jetzt Lehrer des Prinzen war und bei ihm wohnte. Die Musikpartie begann mit einem Clavierquartett, welches von ihm in ächt künstlerischer Vollendung vorgetragen wurde. Dann folgte ich. Gewitzigt durch den neulichen Mißgriff, wählte ich heute nur solche Compositionen, mit denen ich als Geiger glänzen konnte, nämlich ein Quartett und die G-dur-Variationen von Rode. Mein Spiel fand den lautesten Beifall, und besonders schien Dussek davon hingerissen zu sein.

Auch meine geliebte Rosa erwarb sich durch den Vortrag einer Arie, die ihr Dussek auf dem Clavier accompagnirte, allgemeine Anerkennung.

Nach beendigter Musik bot der Prinz einer der anwesenden Damen den Arm und führte die Gesellschaft, die auf einen Wink von ihm ein Gleiches gethan, in den Speisesaal, wo ein glänzendes Mahl ihrer wartete. Man nahm ohne Etikette an der Seite seiner Dame Platz; ich neben meiner lieben Reisegefährtin. Anfangs war die Unterhaltung, obgleich frei und ungenirt, doch anständig. Als aber der Champagner erst zu schäumen begann, da fielen Reden, die für die keuschen Ohren eines unschuldigen Mädchens nicht geeignet waren. Ich war daher, sobald ich merkte, daß die vermeintlichen vornehmen Damen nicht dem Hofe, wie ich geglaubt, sondern wahrscheinlich dem Ballete angehören mochten, darauf bedacht, mit meiner Gefährtin mich heimlich fortzuschleichen. Ich kam, ohne weiter von der Gesellschaft bemerkt oder aufgehalten zu werden, auch glücklich zu meinem Wagen und kehrte mit Rosa zu der harrenden Mutter zurück. Am anderen Tage sagte man mir, daß des Prinzen Musikpartien gewöhnlich mit solchen Orgien schlössen.

Noch einer dritten Musikpartie erinnere ich mich — beim Banquier Beer — wo ich den jetzt so berühmten Meyerbeer als dreizehnjährigen Knaben zum erstenmale im elterlichen Hause spielen hörte. Der talentvolle Knabe erregte schon damals durch seine Virtuosität auf dem Pianoforte solches Aufsehen, daß seine Verwandten und Glaubensgenossen nur mit Stolz auf ihn blickten. Man erzählte sich, daß einer von ihnen, aus einer Vorlesung über populäre Astronomie zurückkehrend, den Seinen voll Freude zurief: „Denkt Euch, man hat unseren Beer schon unter die Sterne versetzt! Der Professor zeigte uns ein Sternbild, das ihm zu Ehren „der kleine Beer" genannt wird."

Ich hatte den klugen Einfall, den jungen Virtuosen zum Vortrage eines Solo's in meinem Concerte einzuladen, was von der Familie gern genehmigt wurde. Da es das erste öffentliche Auftreten des Knaben war, so zog es eine Menge seiner Glaubensgenossen herbei, und ich hatte es diesem Umstande wohl hauptsächlich mit zu verdanken, daß mein Concert eines der besuchtesten jener mit musikalischen Aufführungen so überhäuften Periode war. Nach Beseitigung vieler Hindernisse fand es endlich im Saale des Schauspielhauses statt. Mein Spiel und der Gesang meiner Gefährtin wurden auch hier, wie in Leipzig und Dresden, mit großem Beifalle aufgenommen. Nicht so günstig lautete der Bericht der neuen, seit kurzem vom Kapellmeister Reichard herausgegebenen musikalischen Zeitung. Dieser rügte in seiner eigenthümlich verletzenden Weise hauptsächlich mein Sichgehenlassen im Zeitmaße. Obgleich gekränkt durch solchen Tadel, an den ich noch nicht gewöhnt war, mußte ich mir doch eingestehen, daß ich, von meinem tiefen Gefühl verleitet, im Gesang wohl zu sehr zurückgehalten und von jugendlichem Feuer fortgerissen, in den Passagen und anderen leidenschaftlichen Stellen zu sehr geeilt hatte. Ich nahm mir daher vor, meinen Vortrag, ohne daß er dadurch an Ausdruck verliere, von solchen Verirrungen zu reinigen, und durch fortgesetzte Aufmerksamkeit auf mich gelang es mir auch.

Nach einigen vergeblichen Versuchen, ein zweites Concert in Berlin zu Stande zu bringen, mußte ich darauf verzichten. Ich theilte daher die nicht unbeträchtliche Einnahme des ersteren mit meiner Reisegefährtin und dachte nun an meine Abreise nach Braunschweig, da mein Urlaub bald zu Ende ging. Auch Rosa's Mutter machte Anstalten, in die Heimath zurückzukehren, weil ein Versuch, für ihre Tochter ein Engagement bei der italienischen Oper in Berlin zu finden, mißglückt war. Rosa hatte sich immer inniger an mich angeschlossen und mir unverhohlen ihre Neigung gezeigt. Ich dagegen hatte bei näherer Bekanntschaft mir sagen müssen, daß sie sich zu meiner Lebensgefährtin nicht eigene, und daher sorgfältig vermieden, es zu einer Erklärung kommen zu lassen. Sie war zwar ein liebenswürdiges, unverdorbenes Kind und von der Natur mit reichen Gaben ausgestattet; ihre Erziehung aber war, die geselligen Formen abgerechnet, sehr vernachlässigt, und was mich besonders abstieß, war ihre bigotte Frömmigkeit, die sie schon einigemale zu Versuchen getrieben hatte, den lutherischen Ketzer zur alleinseligmachenden Kirche zu be= kehren. Ich ertrug den Abschied mit ziemlicher Fassung; Rosa aber zerfloß in Thränen und drückte mir bei der letzten Umar= mung noch ein auf ein Kartenblatt genähtes R von ihrem schönen, schwarzen Haar als Andenken in die Hand.

Nach Braunschweig zurückgekehrt, widmete ich mich mit neuem Eifer der Composition. Ich schrieb mir das H-moll-Concert, welches später als viertes Violinconcert bei Simrock erschienen ist. Auch wurde mir zum erstenmal ein Schüler aus der Fremde zugeschickt, ein Herr Grünewald aus Dresden. Auch ein junges, sechszehnjähriges, talentvolles Mädchen, eine Demoiselle Mayer, die mit Beifall als Violinvirtuosin in Braunschweig Concerte gab, unterrichtete ich während meines Aufenthaltes da= selbst und studirte ihr mein D-moll-Concert ein. Diese Schülerin erregte nach einem Vierteljahrhundert, während dem ich nichts mehr von ihr gehört hatte, auf einmal die allgemeinste Theilnahme, sowohl durch ihr Schicksal, als durch ihre Virtuosität auf der Violine.

Auf einer ihrer früheren Kunstreisen nach Polen gelangt, hatte sie sich dort mit einem wohlhabenden Gutsbesitzer verhei= rathet. Obgleich jetzt in glänzenden Verhältnissen hatte sie doch nicht versäumt, ihr schönes Talent, wenn auch nur als Dilettantin, fortzubilden. Dieses verschaffte ihr nun, nachdem ihr Mann in der polnischen Revolution sein ganzes Vermögen verloren hatte und landesflüchtig geworden war, das Glück, sich und ihre Tochter ernähren zu können. Als Madame Filipowicz trat sie als Künstlerin zum erstenmale in Dresden wieder auf und zwar mit demselben D-moll-Concert, welches ich ihr fünfundzwanzig Jahre vorher einstudirt hatte. Da sie glaubte, ihre nunmehrigen Er=

folge hauptsächlich dem Vortrage dieses Concertes verdanken zu
müssen, so drängte es sie, dem ehemaligen Lehrer in einem Briefe
ihren Dank auszusprechen. So erfuhr ich das Vorstehende. Nach
ihrer Kunstreise durch Deutschland ließ sie sich in Paris nieder,
später in London. Aus beiden Orten erhielt ich von ihr noch
mehrere Zuschriften. Als ich sie aber bei meiner vorletzten
Reise nach London persönlich wiederzusehen hoffte, war sie einige
Tage vorher gestorben, und ich lernte nur ihre Tochter und
deren Mann, der Arzt und ebenfalls polnischer Flüchtling war,
kennen.

Doch zurück zum Jahre 1805. Im Frühjahre erhielt ich von
Rosa einen Brief, in welchem sie mir mit ihrer naiven Unbe=
fangenheit schrieb, ihre Sehnsucht, mich wiederzusehen, sei so groß
geworden, daß sie ihren Vater bewogen habe, mit ihr eine Kunst=
reise nach Braunschweig anzutreten; sie würden in einigen Tagen
ankommen und bäten, vorläufige Anstalten zu einem Concerte zu
treffen. Ich war nicht erfreut über diese Nachricht und sah großen
Verlegenheiten entgegen. Ich bemerkte nun mit Kummer, daß
Rosa's Neigung zu mir eine viel ernstlichere sei, als ich geglaubt
hatte, und machte mir bittere Vorwürfe über mein Benehmen
gegen sie. Auch war es mir klar, daß der Vater die Reise nur
unternommen, um mich zu einer Erklärung in Bezug auf seine
Tochter zu veranlassen. Ich sah daher seiner Ankunft mit
großer Bangigkeit entgegen. Doch ging Alles besser, als ich
erwartet hatte. Rosa's herzliche Freude, mich wiederzusehen,
ihre heitere Unbefangenheit, die sie gar nicht an einer Erwiede=
rung ihrer Gefühle zweifeln ließ, halfen über jede Erklärung
hinweg. So verließen sie, sehr zufrieden mit ihrem Aufenthalte
und dem unter meiner Mitwirkung gegebenen brillanten Concerte,
nach vierzehn Tagen Braunschweig und kehrten nach Dresden
zurück, wo ich sie nach einer von mir projectirten Reise nach
Wien im Herbst wiedersehen sollte.

Da sie ihre Rückreise über Göttingen nehmen wollten, so

führte ich sie durch einen Brief im elterlichen Hause ein. Dort hatte Rosa durch ihre Liebenswürdigkeit bei einem mehrtägigen Aufenthalte die Eltern so für sich zu gewinnen gewußt, daß sie ihnen ohne Bedenken ihre Liebe zum Sohne gestehen durfte. In der Voraussetzung, daß ich diese Liebe erwidere, hatten die Eltern sie darauf als meine Verlobte umarmt. Ich war höchst er= schrocken, als ich dies durch einen Brief des Vaters erfuhr, pro= testirte sogleich gegen diese Verlobung und führte, als Grund meiner Weigerung, Rosa's Mangel an Bildung und die Ver= schiedenheit unserer Religionsbekenntnisse an. Dem Vater wollte dies nicht einleuchten, und er erklärte wiederholt, ich sei ein Thor, ein so herrliches Mädchen nicht nehmen zu wollen.

Im Juni des Jahres 1805 erhielt ich einen Brief von einem mir unbekannten Kammermusikus Bärwolf in Gotha, der auf mein ferneres Geschick großen Einfluß ausübte. Herr Bärwolf schrieb mir nämlich, durch den Tod des Concertmeisters Ernst sei dessen Stelle bei der dortigen Kapelle erledigt worden, und der Intendant, Baron von Reibnitz, der so viel günstiges über meine Leistungen in der Leipziger musikalischen Zeitung gelesen habe, sei sehr geneigt, mich zu derselben vorzuschlagen, wenn ich mich sogleich darum bewerben wolle. Es sei aber dazu erfor= derlich, daß ich selbst nach Gotha komme. Er lade mich daher ein, in dem Hofconcerte, welches zur Geburtstagsfeier der Her= zogin am 11. Juli stattfinden werde, mich hören zu lassen.

Höchst erfreut eilte ich zum Herzog, um dessen Genehmigung zur Reise zu erbitten. Ich erhielt sie und meldete dies sogleich nach Gotha. Dort angekommen, führte mich Herr Bärwolf zum Intendanten. Dieser schien erstaunt, einen noch so jungen Mann vor sich zu sehen und äußerte mit bedenklicher Miene: um mich an die Spitze so vieler, sämmtlich älterer Männer stellen zu können, scheine ich ihm doch fast noch zu jung zu sein. Nachdem ich jedoch in der Concertprobe zwei Ouvertüren dirigirt und mein D-moll-Concert probirt hatte, war der Herr In=

tendant wohl anderer Ansicht geworden, denn er bat mich, mein wahres Alter zu verschweigen und mich um vier bis fünf Jahre älter zu machen. Als fünfundzwanzigjähriger Mann wurde ich daher als Bewerber um die vakante Stelle dem Hofe vorgestellt. Doch hätte es wohl kaum eines solchen Betruges bedurft, um sie zu erlangen, da mir mein erstes Auftreten im Hofconcerte gleich so sehr die Gunst der Herzogin erwarb, daß die übrigen Bewerber um die Stelle sämmtlich zurücktraten. Ich wurde als herzoglich Gothaischer Concertmeister mit einem Gehalte von ungefähr fünfhundert Thalern, die Naturalien mit eingerechnet, laut Dekret vom 5. August 1805, angestellt und mein Dienstantritt auf den 1. Oktober festgesetzt.

Da der Urlaub noch nicht ganz abgelaufen war, so machte ich auf den Rath des Herrn Bärwolf vor meiner Rückkehr nach Braunschweig noch einen kleinen Ausflug nach Wilhelmsthal bei Eisenach, dem Stammsitze des Weimar'schen Hofes. Durch die Frau Herzogin von Gotha empfohlen, wurde es mir leicht, dort zu Gehör zu kommen. Ich spielte, gefiel sehr und wurde reich beschenkt entlassen. Nach Gotha zurückgekehrt, gab ich noch in Eile ein unterdessen arrangirtes Concert in der Stadt, welchem auch der Hof beiwohnte, und kehrte dann höchst beglückt über den Erfolg meiner Reise in die Vaterstadt zurück. Ich nahm meinen Weg über Seesen und wurde von den Eltern und den Freunden des Hauses in meiner neuen Würde mit Jubel begrüßt. Um mir den letzten Rest des Weges angenehmer zu machen, lieh mir der Vater sein Reitpferd und veranlaßte dadurch ein tragisches Ende der bisher so glücklichen Reise; denn einige Stunden vor Braun= schweig, als ich, in Gedanken an die Zukunft vertieft, ohne viel auf den Weg zu achten, rasch meinem Ziele entgegentrabte, stürzte das Pferd, indem es mit dem Vorderfuße in einer tiefen Gleise hängen blieb und seinen Reiter höchst unsanft abwarf. Ich stürzte über den Kopf des Pferdes mit dem Gesicht auf einen Haufen klein geschlagener Chausseesteine, bevor ich Zeit gewann,

die Hände hinlänglich schützend vorzuschieben; es war daher
von den scharfen Steinen auf solche Weise zerfleischt, daß das
Blut in Strömen herabfloß. Auch verbreitete sich binnen wenigen Minuten eine solche Geschwulst über die leidenden Theile,
daß beide Augen davon geschlossen wurden. Blind und völlig
rathlos stand ich daher auf dem Wege, als mir einige Fuß-
reisende zu Hülfe kamen. Sie führten mich, nachdem sie mein
Pferd eingefangen hatten, zum nächsten Dorfe. Dort verschafften
sie mir einen mit Stroh belegten Bauernwagen, auf welchem ich
im kläglichsten Zustande spät Abends vor meiner Wohnung an-
langte. Der herbeigerufene Arzt verordnete Umschläge mit Gou-
lard'schem Wasser, welche, die ganze Nacht fortgesetzt, am Morgen
die Geschwulst so weit vertheilt hatten, daß ich die Augen ein
wenig wieder öffnen konnte. Nachdem der Arzt mein Gesicht
sorgfältig untersucht und mich über weitere nachtheilige Folgen
des Sturzes beruhigt hatte, gewann ich bald meine frohe Laune
wieder und bedauerte nur, nicht sogleich zu meinem hohen Gönner
eilen und ihn um Genehmigung zur Annahme der Concertmeister-
stelle bitten zu können. Da ich indessen nicht ohne Besorgniß
war, mein Wohlthäter, dem ich so viel verdankte, werde es
übel aufnehmen, daß ich aus seinen Diensten scheiden wolle, so
sah ich es nicht ungern, daß mir mein Unfall als Vorwand dienen
konnte, mich schriftlich an den Herzog zu wenden. Doch hatte
ich diesen sehr falsch beurtheilt; denn schon am nächsten Tage erhielt
ich in einem eigenhändigen Schreiben die erbetene Entlassung.
Ich habe dieses Schreiben als ein theueres Andenken sorgfältig
aufbewahrt und kann mir es nicht versagen, es hier mitzutheilen.
Es heißt:

     „Mein lieber Herr Spohr.

     Ich habe mit vieler Theilnahme den Beyfall ver-
nommen, welchen Ihr Spiel in Wilhelmsthal und Gotha
gefunden hat. Das Ihnen zu Gotha geschehene vortheil-
hafte Anerbieten ist von der Art, daß es ganz Ihren Ta-

lenten entspricht und da Ich jederzeit vielen Antheil an Ihrem Glück und Wohlergehen genommen habe, so kann Ich nicht anders als Ihnen Glück zu der Stelle wünschen, worin Sie ohnstreitig mehr Gelegenheit finden werden, Ihre Talente auszuüben.

Der Ich mit vieler Achtung verbleibe

Ihr

sehr wohlgeneigter

Carl W. Ferd.

Ich fühlte mich nun, meiner letzten Sorge überhoben, ganz glücklich. Nur fiel mir auf, daß mich der Herzog in diesem Briefe zum erstenmale Sie nannte, während er mich bisher stets mit dem wohlwollenden, väterlichen Du beehrt hatte. Doch beruhigte ich mich leicht bei dem Gedanken, daß der Herzog es bei einem, aus seinem Dienste Scheidenden wohl unpassend finden werde.

Nach etwa vierzehn Tagen oder drei Wochen war mein Gesicht so weit geheilt, daß ich mich wieder zu meinem Orchesterdienste melden konnte.

Bevor ich denselben antrat, erhielt ich einen Brief von Dussek, der mir schrieb, sein Herr, der Prinz Louis Ferdinand, werde das große Militärmanöver in Magdeburg besuchen und wünsche, daß ich für diese Zeit sein Gast sei, um bei den beabsichtigten Musikpartien mitwirken zu können. Der Prinz werde selbst an den Herzog schreiben, um den Urlaub für mich auszuwirken. Dieser fand keinen Anstand. Ich reis'te daher nach Magdeburg und fand in dem Hause, welches der Prinz für sich und sein Gefolge hatte einrichten lassen, auch ein Zimmer für mich.

Ich führte nun ein sonderbares, wild bewegtes Leben, das aber meinem jugendlichen Geschmack für kurze Zeit ganz gut zusagte. Oft schon des Morgens um 6 Uhr wurde ich wie auch Dussek aus dem Bette gejagt und im Schlafrock und Pantoffeln zum Prinzen in den Empfangsaal beschieden, wo dieser bei der

damals herrschenden großen Hitze in noch leichterem Costüm, ge-
wöhnlich nur mit Hemd und Unterhose bekleidet, bereits vor dem
Pianoforte saß. Nun begann das Einüben und Probiren der
Musik, die für den Abendzirkel bestimmt war und dauerte bei des
Prinzen Eifer oft so lange, daß sich unterdessen der Saal mit
besternten und mit Orden behängten Offizieren angefüllt hatte.
Das Costüm der Musicirenden contrastirte dann sonderbar genug
mit den glänzenden Uniformen der zur Cour Versammelten.
Doch das genirte den Prinzen nicht im Geringsten, und er hörte
nicht früher auf, als bis Alles zu seiner Zufriedenheit eingeübt
war. Nun wurde eilig Toilette gemacht, ein Frühstück eingenommen und dann zum Manöver hinausgezogen.

Ich erhielt ein Pferd aus dem Marstalle des Prinzen und
durfte mich dem Gefolge anschließen. So machte ich zu meiner
großen Belustigung eine Zeitlang alle kriegerischen Evolutionen
mit. Als ich jedoch eines Tages, neben einer Batterie eingeklemmt,
länger als eine Stunde daselbst bei einem wahren Höllenlärm
aushalten mußte, und es mir dann am Abend bei der Musikpartie schien, als höre ich nicht mehr so leise wie früher, da zog
ich mich von dem Kriegsspektakel zurück und verbrachte von nun
an die Stunden, in denen der Prinz meiner nicht bedurfte, wieder
bei meinen früheren Magdeburger Bekannten. Eine besonders
freundliche Aufnahme fand ich im Hause des Geheimeraths
Schäfer. Dessen Tochter Jettchen, schon früher, so lange sie
in Braunschweig im Hause ihres Schwagers, des Kapellmeisters
Le Gaye, zubrachte, ein Gegenstand meiner Huldigungen, war
nun in's elterliche Haus zurückgekehrt und mir auch hier eine
freundliche, zuvorkommende Wirthin.

Doch bald wurde der Prinz aus seinem Magdeburger Exil
zurückberufen und ich konnte daher, von ihm mit freundlichem
Danke entlassen, nach Braunschweig zurückkehren. Dussek sagte
mir beim Abschiede, der Prinz habe die Absicht gehabt, mir auch
ein Honorar zuzuwenden, es sei aber jetzt solche Ebbe in seiner

Kaſſe, daß er es für eine ſpätere, günſtigere Zeit verſchieben müſſe. Dieſe trat jedoch nie ein, da der Prinz ſchon im folgenden Jahre in einem Gefechte bei Saalfeld einen frühen Tod fand.

Anfangs Oktober verließ ich, nachdem mir ein ehrenvoller Abſchied ausgefertigt war, meine Vaterſtadt. Der Herzog ſagte mir beim Abſchiede mit wahrhaft väterlichem Wohlwollen, indem er mir die Hand reichte: „Sollte es Ihnen, lieber Spohr, in Ihrer neuen Stellung nicht gefallen, ſo können Sie jeden Augen= blick in meine Dienſte zurücktreten.“

Ich verließ meinen Wohlthäter in tiefer Rührung und ſah ihn leider nie wieder! denn er wurde bekanntlich in der un= glücklichen Schlacht bei Jena tödtlich verwundet und mußte als Flüchtling in fremden Landen ſterben. Ich betrauerte ihn wie einen Vater.

In Gotha angekommen, wurde ich den Mitgliedern der Hof= kapelle durch den Intendanten, Baron von Reibnitz, als Con= certmeiſter vorgeſtellt und in meinen Wirkungskreis eingeführt. Dieſer beſtand ſowohl im Winter wie im Sommer, in dem Arrangement eines Hofconcertes für jede Woche und in dem Einüben der dafür gewählten Muſik. Da die Kapelle außer dieſen Concerten keinen Dienſt hatte, ſo konnte ich drei bis vier Proben zu jedem der= ſelben abhalten und alles darin aufzuführende mit größter Ge= nauigkeit einüben. Bei meinem Eifer und dem guten Willen der Mitwirkenden gelang es denn auch bald, ein höchſt genaues Zuſammenſpiel zu erreichen, was von der Herzogin und einigen unter dem Hofzirkel befindlichen Muſikkennern lobend anerkannt wurde.

Die Kapelle beſtand zum Theil aus Kammermuſikern, zum Theil aus Hofhautboiſten. Letztere hatten nebenbei auch die Ver= pflichtung, bei Tafel und auf den Hofbällen zu ſpielen. Unter den Kammermuſikern gab es eine ganze Reihe von Soloſpielern. Die vorzüglichſten waren: Für Violine Madame Schlick und die Herren Preißing und Bärwolf; für Violoncell die Herren

Schlick, Preißing der Jüngere und Rohde; für Clarinette, Baſſethorn und Harfe Herr Backofen; für Oboe Herr Hofmann und für Horn Herr Walch.

Für den Gesang in den Hofconcerten waren zwei Hofſänge= rinnen engagirt, die Damen Scheidler und Reinhard. Der Mann der Letzteren ſaß bei den Volalvorträgen der Sän= gerinnen am Pianoforte. Da er, der Aelteſte unter den Orcheſter= mitgliedern, ſich ſehr eifrig um die erledigte Concertmeiſterſtelle beworben hatte und man ihm als Muſiklehrer des Herzogs einige Rückſicht ſchuldig war; ſo hatte man ihm bei meiner Anſtellung ebenfalls den Titel Concertmeiſter verliehen, und ſein Reſcript war ſogar von älterem Datum als das meinige. Er machte daher anfangs einige ſchwache Verſuche, ſich bei den Volalvorträgen als Dirigenten zu geriren. Ich wußte ihm aber als Vorgeiger durch meine Entſchiedenheit ſo zu imponiren, daß er ſich meinen An= ordnungen bald eben ſo willig am Pianoforte fügte, wie bei der Viola, an welcher er bei der Inſtrumentalmuſik mitwirkte. Auch einige andere Widerſetzlichkeiten, namentlich der Familie Schlick, die auf die Gunſt des Prinzen Auguſt, Onkels des Herzogs, fußte, wußte ich bald zu beſeitigen und mich dann in ungeſtörtem Dirigenten=Anſehen zu erhalten.

Bei den Antrittsbeſuchen, die ich den Mitgliedern der Hof= kapelle machte, wurde ich beſonders freundlich von der Hofſängerin, Madame Scheidler empfangen. Sie ſtellte mir ihre achtzehn= jährige Tochter Dorette vor, von deren Virtuoſität auf Harfe und Pianoforte ich ſchon viel Rühmliches gehört hatte. Ich er= kannte in dieſer reizenden Blondine das Mädchen wieder, welches ich bei meinem erſten Aufenthalte in Gotha bereits geſehen und deren freundliche Geſtalt mir ſeitdem oft in der Erinnerung vor= geſchwebt hatte. Sie ſaß nämlich bei dem Concerte, welches ich damals in der Stadt gab, in der erſten Zuhörerreihe, neben einer Freundin, die bei meinem Auftreten, erſtaunt über eine ſo lange und ſchlanke Geſtalt, wohl lauter als ſie es wollte, ausrief:

„Siehe doch, Dorette, welch' eine lange Hopfenstange!" Da ich den Ausruf gehört hatte, warf ich einen Blick auf die Mädchen, und sah Dorette verlegen erröthen. Mit einem solchen holden Erröthen stand sie jetzt abermals vor mir, sich jenes Vorfalles wahrscheinlich erinnernd. Um der auch für mich peinlichen Situation ein Ende zu machen, bat ich sie, mir etwas auf der Harfe vorzuspielen. Ohne Ziererei erfüllte sie meinen Wunsch.

Ich hatte als Knabe selbst einmal den Versuch gemacht, die Harfe zu erlernen, nahm auch Unterricht bei einem Herrn Hasenbalg in Braunschweig und brachte es bald so weit, daß ich mir meine Lieder begleiten konnte. Nachdem ich aber mutirt hatte und nun eine geraume Zeit ganz ohne Stimme war, wurde die Harfe vernachlässigt und endlich ganz bei Seite gesetzt. Meine Vorliebe für das Instrument war aber dieselbe geblieben; auch hatte ich mich lange genug damit beschäftigt, um zu wissen, wie schwer es ist, wenn man mehr als bloße Begleitung darauf spielen will. Man denke sich daher mein Erstaunen und Entzücken, als ich dieses noch so junge Mädchen eine schwere Phantasie ihres Lehrers Backofen mit größter Sicherheit und feinster Nuancirung vortragen hörte. Ich war so ergriffen, daß ich kaum meine Thränen zurückhalten konnte. Mit einer stummen Verbeugung schied ich; — mein Herz blieb aber zurück!

Es drängte mich nun oft hin, und immer freundlicher wurde ich empfangen. Ich begleitete die Tochter am Piano, welches sie eben so fertig wie die Harfe spielte, half der Mutter beim Einüben der Gesangstücke für die Hofconcerte und machte mich so der Familie immer unentbehrlicher. Das erste, was ich in Gotha componirte, war eine große Gesangscene für Sopran, die ich Dorettens Mutter widmete und die sie mit großem Beifall im Hofconcerte vortrug. Für mich und die Tochter schrieb ich dann eine concertirende Sonate für Violine und Harfe, die ich mit ihr auf das sorgfältigste einübte. Das waren glückliche Stunden!

So war ein Monat nach meiner Ankunft für mich höchst an-

genehm verflossen, als der Hof zum Landtage nach Altenburg zog
und die Kapelle mitnahm. Auch Dorette begleitete ihre Mutter
dahin. Ich trug mich ihnen als Reisegefährten an, hatte mich
aber leider zu spät gemeldet; denn sie hatten bereits mit den
Brüdern der Madame Scheidler, den Herren Preißing, ge=
meinschaftliche Fahrt verabredet. Ich mußte mir daher andere
Reisegefährten suchen; doch versäumte ich nicht, mich bei jeder Ein=
kehr auf der Reise sogleich der Scheidler'schen Familie anzu=
schließen und wußte mir auch stets bei Tische den Platz neben
Doretten zu verschaffen. Dieses Wiedersehen nach vier= bis
fünfstündiger Trennung gab der übrigen so langen und lang=
weiligen Reise doch einen eigenthümlichen Reiz, so daß es mir
fast zu früh kam, als wir endlich am dritten Tage Abends in die
Thore von Altenburg einzogen. Ich wurde beim Sekretar
Brummer einquartiert, der als großer Musikfreund mich als
Gast für sich erbeten hatte. Ich fand die freundlichste Aufnahme
und Verpflegung. Doch hatte ich mir den Mittagstisch bei Ma=
dame Scheidler ausgemacht, die als rüstige Hausfrau sogleich
für sich und ihre Brüder eigene Küche etablirte. Von nun an
fast wie ein Glied der Familie behandelt, fand ich Gelegenheit,
meine geliebte Dorette immer näher kennen zu lernen. Ihr
Vater, ein tüchtiger Musiker und wissenschaftlich gebildeter Mann,
hatte sich bis zu seinem vor zwei Jahren erfolgten Tode aus=
schließlich mit der Erziehung und Ausbildung dieser Tochter be=
schäftigt. Mit einer fast zu großen Strenge war sie von ihm
nicht nur seit ihrer frühesten Kindheit angehalten, ihr Musik=
talent auszubilden, sondern auch in allem, für ein junges
Mädchen Wissenswerthen theils selbst, theils von anderen guten
Lehrern unterrichtet worden. Sie sprach daher mit großer Ge=
läufigkeit italienisch und französisch und schrieb ihre Muttersprache
correct und gewandt. Ihre Virtuosität auf Harfe und Pianoforte
war aber schon damals, trotz ihrer großen Jugend, eine wahrhaft
ausgezeichnete! Ja selbst im Violinspiel, worin sie ihr Onkel

Preißing unterrichtete, hatte sie so viel Fertigkeit erworben, daß sie mit mir Biotti'sche Duetten spielen konnte. Da ich ihr aber rieth, dieses für Frauenzimmer unpassende Instrument nicht weiter zu üben und ihren Fleiß lieber ungeschmälert den beiden anderen zu widmen, so befolgte sie diesen Rath und gab es von da an auf.

Die Hofconcerte hatten unterdeß begonnen. Sie fanden in einem großen, für Musik sehr günstigen Saale des Schlosses statt und wurden außer dem Hofe auch von den Landständen und den Honoratioren der Stadt besucht. Das Orchester sowohl, als meine und der übrigen Solospieler Concertvorträge fanden großen Beifall. Auch Dorettens Solovorträge auf Harfe und Piano erregten große Sensation. So wurden die Concerttage bald als wahre Festtage von den Altenburgern begrüßt, und das Zuströmen der Zuhörer nahm immer mehr zu, so daß zuletzt kaum der Raum ausreichen wollte. Auch in Privatgesellschaften wurde häufig musicirt, und ich nebst der Scheibler'schen Tischgesellschaft fehlten niemals dabei. Eines Tages wurde ich jedoch mit Doretten, und zwar ohne ihre Mutter, zu einem Feste eingeladen, das der Minister von Thümmel dem Hofe und dessen nächster Umgebung gab. Wir waren gebeten worden, meine Sonate für Harfe und Violine, die wir bereits in Hofconcerten mit großem Beifall vorgetragen hatten, hier zu wiederholen. Schüchtern wagte ich die Anfrage, ob ich Dorette im Wagen abholen dürfe und fühlte mich hochbeglückt, als die Mutter ohne Bedenken ihre Einwilligung gab. So zum erstenmale allein mit dem geliebten Mädchen drängte es mich, ihr meine Gefühle zu gestehen; doch fehlte mir der Muth und der Wagen hielt, bevor ich nur eine Sylbe hatte über die Lippen bringen können. Als ich ihr beim Aussteigen die Hand reichte, fühlte ich an dem Beben der ihrigen, wie bewegt auch sie war. Dies gab mir neuen Muth, und fast wäre ich noch auf der Treppe mit meinem Liebesgeständnisse herausgeplatzt, hätte sich nicht soeben die Thür zum Gesellschaftssaale geöffnet.

Wir spielten an dem Abende mit einer Begeisterung und einem
Einklange des Gefühles, der nicht nur uns selbst ganz hinriß,
sondern auch die Gesellschaft so elektrisirte, daß sie unwillkürlich
aufsprang, uns umringte und mit Lobsprüchen überhäufte. Die
Herzogin flüsterte dabei Doretten einige Worte in's Ohr, welche
diese erröthen machten. Ich deutete auch dies zu meinen Gunsten
und so gewann ich denn endlich auf der Rückfahrt den Muth, zu
fragen: „Wollen wir so für's Leben mit einander musiciren?"
Mit hervorbrechenden Thränen sank sie mir in die Arme; der Bund
für das Leben war geschlossen! Ich führte sie zur Mutter hinauf,
die segnend unsere Hände in einander legte.

Am anderen Morgen meldete ich den Eltern mein Glück.
Bevor ich es jedoch ungetrübt genießen konnte, mußte ich noch
einen anderen Brief schreiben, der mir sehr sauer wurde. Ich
fühlte mein Unrecht gegen Rosa, und es drängte mich, es ihr ab-
zubitten. Ich hatte ihr zwar nie ein Geständniß meiner Liebe
gemacht; es lag jedoch deutlich genug in meinem Benehmen gegen
sie in der ersten Zeit unserer Bekanntschaft. Dazu kam nun noch,
daß die Eltern in Seesen sie als meine Braut begrüßt hatten.
In welchen Wendungen ich es versuchte, mein Unrecht zu be-
schönigen, ist mir nach so langer Zeit nicht mehr erinnerlich.
Wahrscheinlich war es wieder der Unterschied der Religion, der
als Vorwand meines Rücktrittes dienen mußte. Der Brief wurde
endlich fertig, und mit erleichtertem Herzen trug ich ihn zur Post.
Ich hoffte sehnlichst auf Antwort; es kam jedoch keine. Später
erfuhr ich, daß Rosa mit ihren Eltern, die sich in Deutschland
einiges Vermögen erworben hatten, nach Italien zurückgekehrt sei.
In Dresden erzählte man mir dann einige Jahre später, Rosa
sei, von ihrer Frömmigkeit getrieben, in ein Kloster gegangen und
habe nach dem Novizenjahre die Gelübde abgelegt. Ich konnte
nie ohne tiefe Wehmuth an das liebe Mädchen denken!

Am Mittagstische des folgenden Tages erschienen Alle geputzt
und festlich geschmückt; denn es wurde unsere Verlobung gefeiert.

Bald drang die Kunde davon in die Stadt, und es erschienen nicht nur die Mitglieder der Hofkapelle, sondern auch viele Bewohner der Stadt, um dem Paare ihre Glückwünsche darzubringen. Ein Gleiches geschah beim nächsten Hofconcerte von der Herzogin und dem Hofe.

Mit dem scheidenden Jahre neigte sich auch der Landtag seinem Ende zu, und man sprach bereits von der Rückkehr des Hofes nach Gotha, als ich vorher noch einen achttägigen Urlaub zu einer Reise nach Leipzig nahm, um dort ein Concert zu geben. Ich hatte deshalb bereits bei meinen vorjährigen Freunden angefragt und die günstigsten Zusicherungen erhalten. Meine Braut und deren Mutter begleiteten mich, um in dem Concerte ebenfalls aufzutreten. Es bot dieses daher des Anziehenden mancherlei dar und war in Folge dessen sehr zahlreich besucht. Ich spielte ein neues Violinconcert in C-dur (als drittes bei Kühnel gestochen), welches ich in Gotha begonnen und in Altenburg vollendet hatte. Spiel und Composition fanden ebenso glänzende Aufnahme wie im vorigen Jahre. Auch meine Braut hatte sich eines enthusiastischen Beifalles zu erfreuen. Sie spielte die Phantasie von Backofen und mit mir die neue Sonate. Auch hier war es wieder unser Zusammenspiel, was als Glanzpunkt des Abends gepriesen wurde. Die Mutter, eine Sängerin mit kräftiger, klingender Stimme und guter Schule, sang, von der Tochter begleitet, die Arie von Mozart mit obligatem Pianoforte, sowie die neue Gesangsscene von mir, ebenfalls mit großem Beifalle.

Höchst zufrieden mit dem Erfolge unseres Unternehmens kehrten wir nach Altenburg und bald darauf mit dem Hofe nach Gotha zurück.

Madame Scheidler bewohnte daselbst eine sehr geräumige, vollständig möblirte Wohnung, von der sie, ohne sich im geringsten beengt zu fühlen, leicht einige Zimmer an mich abgeben konnte. Da sie sich erbot, außer uns auch meinen Bruder Ferdinand, der, als mein Schüler, bei mir wohnte, in Kost zu nehmen, so stand meiner alsbaldigen Verheirathung nichts im Wege. Die Hochzeit wurde daher auf den 2. Februar 1806 angesetzt. Ich beeilte mich, die dazu erforderlichen Papiere, den Taufschein und die Einwilligung der Eltern, herbeizuschaffen. Leider konnten sie mir diese nicht selbst überbringen, da der Vater damals seine Patienten, unter denen lebensgefährliche waren, nicht verlassen durfte, schickten mir jedoch meinen Bruder Wilhelm *), um Zeuge meines Glückes zu sein.

Einige Verwunderung erregte es, als ich meinen Taufschein vorzeigte und man nun sah, daß ich in Gotha, statt älter zu werden, um einige Jahre jünger geworden war! Da ich indessen meine Autorität als Concertmeister schon hinlänglich zu befestigen gewußt hatte, so brachte mir diese Entdeckung weiter keinen Nachtheil.

Der ersehnte 2. Februar brach an. Die Trauung fand auf den Wunsch der Herzogin, die ihr beiwohnen wollte, in der Schloßkapelle statt. Nach beendigter Ceremonie empfingen die Neuvermählten die Glückwünsche und Hochzeitsgeschenke ihrer hohen Gönnerin. Zu Hause fanden wir die beiden Onkel Preißing und mehrere andere befreundete Mitglieder der Hofkapelle, sowie auch Cantor Schade, einen langjährigen Freund des Scheibler'schen Hauses, als Hochzeitsgäste. Nachmittags kamen deren noch mehrere. Unter diesen die Gespielinnen und Schulgefährtinnen Dorettens. Alle überbrachten ihr freundliche Gaben. Auch die, welche mich mit einer Hopfenstange verglichen hatte, fehlte nicht und mußte sich, zur Strafe für den ungebührlichen Vergleich, manche Neckerei gefallen lassen. Da das Wetter zu einem Ausfluge oder Spaziergange zu ungünstig war, so wurde bis zum späten Abende musicirt.

Unter Musik verlebte das glückliche Paar auch die Flitter-

*) Später Kammerbaumeister in Braunschweig, der Vater der als Harfenspielerin bekannten Rosalie Spohr.

wochen. Ich begann alsbald ein eifriges Studium der Harfe, um zu ergründen, was dem Charakter des Instrumentes am angemessensten sei. Da ich in meinen Compositionen reich zu moduliren gewohnt war, so mußte ich besonders die Pedale der Harfe genau kennen lernen, um nichts für sie Unausführbares niederzuschreiben. Bei der großen Sicherheit, mit der meine Frau schon damals die ganze Technik des Instrumentes beherrschte, konnte dies freilich so leicht nicht geschehen. Ich überließ mich daher auch ganz dem freien Fluge meiner Phantasie, und es gelang mir bald, dem Instrumente ganz neue Effekte abzugewinnen. Da die Harfe am vortheilhaftesten im Vereine mit dem singenden Tone meiner Geige erklang, so schrieb ich vorzugsweise concertirende Compositionen für beide Instrumente allein. Später machte ich zwar auch Versuche mit zwei Concertanten mit Orchesterbegleitung und einem Trio für Harfe, Violine und Violoncell; da ich aber fand, daß jede Begleitung unser einiges und inniges Zusammenwirken nur störe, so kam ich bald wieder davon zurück.

Ein anderer Versuch eine größere Wirkung hervorzubringen, hatte aber einen günstigeren Erfolg. Ich kam auf die Idee, die Harfe einen halben Ton tiefer als die Violine zu stimmen. Dadurch gewann ich zweierlei. Da nämlich die Geige am brillantesten in den Kreuztönen klingt, die Harfe aber am besten in den B-Tönen, wenn möglichst wenig Pedale angetreten werden, so erhielt ich dadurch für beide Instrumente die günstigsten und effektvollsten Tonarten: für Geige nämlich D und G, für Harfe Es und As. Ein zweiter Gewinn war der, daß bei der tieferen Stimmung der Harfe nun nicht so leicht während des Spieles eine Saite riß, was bei öffentlichen Vorträgen in heißen Sälen dem Harfenisten so leicht geschieht und dem Zuhörer den Genuß verleidet. Ich schrieb daher von nun an alle meine Compositionen für Harfe und Violine in einer solchen verschiedenen Stimmlage.

Dorette, von diesen neuen Compositionen mächtig angezogen, widmete damals ihren Fleiß ausschließlich dem Studium der Harfe und erwarb sich daher bald eine so glänzende Virtuosität darauf, daß ich vor Eifer brannte, diese einem größern Publikum, als dem der Gothaischen Hofconcerte zu produciren. Da ich mein eigenes Spiel nun auch in einer Weise ausgebildet zu haben glaubte, daß es mir so leicht kein Anderer darin zuvorthun würde, so beschloß ich, in nächstem Herbste eine Kunstreise mit meiner Frau anzutreten. Den Urlaub dazu hatte ich mir schon bei meiner Anstellung ausbedungen, und er war mir, in Betracht meines damals noch sehr geringen Gehaltes, auch zugestanden worden.

Als indessen der Herbst herannahete, trat der Ausführung des schönen Planes ein doppeltes Hinderniß entgegen. Der Krieg zwischen Preußen und Frankreich drohete auszubrechen. Schon war in der Umgegend von Gotha das preußische Heer kampfbereit aufgestellt, und die Bewohner des Herzogthums hatten durch Einquartierung und den Uebermuth der Preußen viel zu erdulden.

Hätte ich nun auch meiner Reise eine Richtung geben können, die uns von dem Kriegslärme entfernt haben würde, so konnte ich doch die Heimath, die in Gefahr stand, der Kriegsschauplatz zu werden, in solcher Bedrängniß nicht gut verlassen. Sobann gestand mir mein Weibchen eines Tages erröthend, aber mit strahlendem Auge, sie sehe zu Ende des Winters Mutterfreuden entgegen. Nun war vollends an eine Reise nicht mehr zu denken und jeder Zweifel deshalb beseitigt.

Ich sann daher für den Winter auf eine anziehende Arbeit, die mich von den Sorgen der Zeit möglichst abziehen könne. Schon längst hatte ich gewünscht, mich einmal in einer dramatischen Composition zu versuchen; doch hatte es bisher an jeder Veranlassung dazu gefehlt. Eine solche lag nun zwar auch jetzt nicht vor, denn Gotha besaß kein Theater. Doch dachte ich: Ist nur erst die Oper da, so findet sich auch wohl eine Gelegenheit, sie zu hören. Nun besuchte mich aber gerade ein Jugendgefährte Eduard Henke, der jüngste Bruder meiner Mutter, später Professor der Rechtswissenschaft an der Universität Halle, der sich schon mit Glück in Liederdichtungen versucht hatte. Diesen beredete ich, mir ein Opernbuch zu schreiben. Wir ersannen gemeinschaftlich den Stoff und die Scenenfolge für eine einaktige Oper und nannten sie „die Prüfung"; Eduard begann sogleich die Dichtung der Gesangsnummern und vollendete sie auch noch vor seiner Abreise. Die Dialoge versprach er nachzuliefern.

Bevor ich jedoch meine Arbeit beginnen konnte, brach das Kriegsunwetter los. Die Schlacht bei Jena wurde geschlagen und mit ihr das Geschick des preußischen Staates entschieden. Die kurz vorher noch so übermüthigen Preußen, die in und um Gotha gestanden hatten, sah man nun in größester Unordnung vorüberfliehen. Die Auflösung der Truppen war eine so vollständige, daß die weggeworfenen Gewehre zu Tausenden auf den Feldern bei Gotha aufgesucht werden konnten. Bei einem Spaziergange, den ich einige Tage nachher machte, fand ich als Nachlese noch einen Ladestock, den ich zum Andenken an die verhängnißvolle Zeit mit nach Hause nahm. An einem Faden aufgehängt, gab derselbe im hellen Klange das einmal gestrichene B und diente daher lange Jahre statt Stimmgabel beim Einstimmen der Harfe.

Wiewohl sich nun zwar der Kriegsschauplatz, nachdem das französische Heer nachgerückt war, sehr bald weiter und immer weiter von Gotha entfernte, so hörte deshalb die Einquartierung dennoch nicht auf. Immer rückten neue Zuzüge französischer und süddeutscher Truppen nach. Auch wurde ein großer Theil der bei Jena gefangenen Preußen über Gotha geführt. Diese kamen in Zügen von drei= bis viertausend von allen Waffengattungen, oft nur von vierzig bis fünfzig Voltigeuren escortirt und wurden in die große Marktkirche, unserer Wohnung gegenüber, eingesperrt, von wenigen Schildwachen vor den verschlossenen Thüren bewacht. Da die Nächte schon sehr kalt waren, so mochten die Leute in ihren dünnen Uniformen wohl frieren. Sie tobten und lärmten deshalb auch unaufhörlich. Die Umwohnenden, in der steten Besorgniß, daß sich die Gefangenen bei ihrer großen Ueberzahl befreien und dann arge Excesse begehen würden, mußten fortwährend auf ihrer Hut sein und konnten manche Nacht gar nicht daran denken, zur Ruhe zu gehen.

Dies war nun eben nicht die bestgewählte Zeit, um mich in einer mir ganz neuen Kunstgattung zu versuchen. Doch da mein Arbeitszimmer, vom Straßenlärm entfernt, nach dem Hofe hin lag, so gelang es mir bald, Alles um mich her zu ver= gessen und mit ganzer Seele mich der Arbeit hinzugeben. So vollendete ich noch, bevor der Winter zur Hälfte verflossen war, die Composition der acht Nummern der Oper nebst der Ouvertüre. Die vier Gesangpartien derselben ließen sich durch die beiden Hofsängerinnen und zwei Dilettanten, die ich zur Mitwirkung bei den Hofconcerten bereits herangezogen hatte, ganz gut besetzen. Ich ließ daher die Oper eiligst ausschreiben, übte sie sorgfältig ein und führte sie dann als Concertmusik in einem der Hof= concerte auf.

So groß nun auch anfangs meine Freude über das neue Werk war, so fühlte ich doch bald dessen Mängel und Schwächen. Von Probe zu Probe wurden mir diese immer klarer und bevor noch die Aufführung stattfand, war mir die Oper (die Ouver= türe und eine Tenor=Arie ausgenommen), zuwider geworden. Selbst der große Beifall, den dieselbe sowohl bei den Ausübenden als bei den Zuhörern fand, konnte mich nicht günstiger für sie stimmen, und so legte ich sie bei Seite und gab, die beiden ge= nannten Nummern abgerechnet, nie wieder etwas davon zu hören.

Ich fühlte mich aber in dieser Unzufriedenheit mit meiner Arbeit recht unglücklich, denn ich glaubte nun zu erkennen, daß ich für Gesangs=Compositionen kein Talent besitze. Ich hatte dabei jedoch zweierlei zu erwägen vergessen; erstens, daß ich einen viel zu hohen Maßstab angelegt, indem ich meine Oper mit den Mozart'schen verglichen hatte, und zweitens, daß es mir für diese

Compositionsgattung an der nöthigen Uebung und Erfahrung noch gänzlich fehlte. Dies fiel mir erst einige Jahre später ein und ermuthigte mich dann zu einem neuen Versuche in der dramatischen Composition.

Für jetzt widmete ich mich wieder ausschließlich der Instrumental=Composition, schrieb die schon genannten Concertanten für Harfe und Violine mit großem Orchester, eine Phantasie (Op. 35) und Variationen (Op. 36) für Harfe allein, und für mich mein fünftes Violin=Concert (Op. 17, bei Nägeli in Zürich) und den Potpourri (Op. 22 bei André in Offenbach).

Da Dorette im Frühjahre ihrer Niederkunft entgegensah, so konnten wir nicht länger in der beschränkten Wohnung der Mutter bleiben und mußten uns nun einen eigenen Hausstand einrichten. Dies geschah Ostern 1807.

Bald nachher, am 27. Mai, wurden wir durch die Geburt eines Töchterchens erfreut. Da Mutter und Kind sich wohl befanden, so war unser Glück ganz ungetrübt. Als Pathen für die Neugeborene mußte ich den Herzog einladen, da er sich schon früher für dieses Ehrenamt angetragen hatte. Er erschien denn auch am Tauftage in vollem Glanze seiner herzoglichen Würde, umgeben von seinen Hofherren und gefolgt von dem Janhagel der Stadt, der die Pracht der selten gebrauchten Galawagen und deren Inhalt anstaunte, vor meiner Wohnung und wurde von mir an der Hausthüre empfangen und in die mit Blumenkränzen geschmückten Zimmer geführt. Die Ceremonie begann und die Neugeborene wurde nach des Herzogs zweitem Namen Emilie getauft.

Zu meinem großen Leidwesen konnten meine Eltern auch diesem schönen Familienfeste nicht beiwohnen. Doch hatte ich ihnen schon im Sommer vorher, bei einem Besuche in Seesen, mein liebes Weib vorgestellt und nicht nur die Freude gehabt, daß sie dieselbe bald sehr lieb gewannen, sondern auch die Genugthuung, daß mir der Vater nun zugestehen mußte, ich hätte mit Rosa nicht so glücklich werden können, auch wenn meine Liebe zu ihr bauernder gewesen wäre.

Sobald Dorette ihre volle Kraft wiedergewonnen hatte, begann sie von neuem das Einüben der kürzlich vollendeten Harfen-Compositionen, um sich für die beabsichtigte Kunstreise würdig vorzubereiten. Sie erkannte dabei aber immer mehr das Mangelhafte ihres bisherigen Instrumentes, einer Straßburger Pedalharfe, die sie von der Herzogin als Geschenk erhalten hatte. Es wurde daher im Familienrathe beschlossen, ein kleines Kapital, das ihr als Erbtheil angehörte, zur Anschaffung einer anderen besseren Harfe zu verwenden. Herr Backofen besaß eine solche, eine recht vorzügliche, von Nadermann in Paris, und war geneigt, sie seiner Schülerin für einen mäßigen Preis zu überlassen. Diese wurde daher angekauft. Es blieben von dem kleinen Kapitale aber noch einige hundert Thaler übrig, um noch ein zweites unerläßliches Reisebedürfniß anzuschaffen, einen Reisewagen nämlich, der für den Transport der Harfe eingerichtet war. Ich sann lange darüber nach, wie ein solcher am zweckmäßigsten zu construiren sei. Es war dabei besonders zweierlei zu bedenken, erstlich, daß er nicht zu viel koste, und zweitens, daß er leicht genug sei, um von zwei Postpferden gezogen zu werden. Endlich fiel mir das Rechte ein. Ich ließ einen langen, nicht zu schweren Korbwagen bauen, hinten mit einem Chaisenkasten für die Reisenden. Vor demselben lag zwischen den Korbwänden der Harfen-kasten, schwebend auf Riemen und mit einem Leder bedeckt, das, mit einer Eisenstange eingefaßt, vor den Reisenden am Chaisen-kasten eingehakt wurde. Unter demselben befand sich ein Sitz-kasten, in welchem das Violin-Futteral Platz fand, und hinter ihm ein großer, für den Platz eingerichteter Koffer, in welchen alle übrigen Reisebedürfnisse gepackt werden sollten. Vorn über dem Harfenkasten befand sich der erhöhte Sitz für den Postillon. Eine Probefahrt, bei welcher der Wagen vollständig bepackt war, zeigte, daß er seinem Zwecke entspreche. So war denn alles für die Kunstreise gerüstet!

Nach einem schmerzlichen Abschiede von unserem Kinde, welches die Schwiegermutter in Pflege nahm, traten wir die Reise in der Mitte des October an. Da ich auf dieser, so wie den folgenden von Gotha aus unternommenen Reisen leider kein Tagebuch führte, so bin ich bei dem Berichte über dieselben ganz auf meine, für jene Zeit ziemlich verwischten, Erinnerungen ange= wiesen, die durch einige Berichte in der Leipziger musikalischen Zeitung nur dürftig wieder aufgefrischt worden sind. Von einem Tagebuche meiner Frau aus jener Zeit, wovon sie aber nie etwas sehen ließ, habe ich nach ihrem Tode auch nichts auffinden können. Wahrscheinlich hat sie es in späteren Jahren vernichtet.

Unsere Reise begann gleich am ersten Tage sehr ominös mit dem Umwerfen des Wagens auf einer Strecke zwischen Erfurt und Weimar, wohin damals noch keine Kunststraße führte. Doch wurden zum Glück weder die Reisenden, noch ihre Instrumente beschädigt; wir konnten uns daher glücklich preisen, mit dem Schrecken davongekommen zu sein. Ein ähnlicher Unfall ist uns auf keiner unserer vielen Reisen wieder begegnet.

In Weimar, wohin wir durch die Herzogin von Gotha em= pfohlen waren, spielten wir mit großem Beifalle bei Hofe und wurden von der Erbgroßherzogin, der Großfürstin Maria, reich beschenkt. Unter den Zuhörern im Hofconcerte befanden sich auch die beiden Dichter=Heroen Goethe und Wieland. Letzterer schien von den Vorträgen des Künstlerpaares ganz hingerissen zu sein und äußerte dies in seiner lebhaft=freundlichen Weise. Auch Goethe richtete mit vornehm=kalter Miene einige lobende Worte an uns.

In Leipzig gaben wir, wie ich aus einem Berichte der mu= sikalischen Zeitung ersehe, am 27. October Concert. Das Urtheil über meine darin aufgeführten Compositionen, nämlich die Ou= vertüre zur „Prüfung", das Violinconcert in Es, die erste Con=

certante für Harfe und Violine, den Potpourri in B und die Harfenphantasie, lautet sehr günstig. In Bezug auf unser Spiel heißt es:

„Ueber Herrn Spohr's und seiner Gattin Spiel haben wir schon früher ausführlich gesprochen und setzen hier nur hinzu, daß er sich von manchem Allzuwillkürlichen (im Takt u. dgl.), was er sonst angenommen hatte und worüber hin und wieder geklagt worden ist, jetzt ganz entwöhnt hat, und nun, ohne allen Zweifel, im Ton und Ausdruck, in Sicherheit und Fertigkeit unter die ersten aller jetzt lebenden Violinisten, im Allegro wie im Adagio (ja unserem Urtheile nach in letzterem noch mehr) gehört; sie aber, Madame Spohr, durch große Fertigkeit, Nettigkeit und An= muth des Spiels ganz gewiß ausgezeichneten Beifall finden wird."

Von Dresden, wo wir ebenfalls Concert gaben und auch — wenn ich dies nicht etwa mit einem späteren Male verwechsele — bei Hofe spielten (doch sicher nicht während der Tafel, wozu wir uns Beide nicht verstanden haben würden) ist mir nichts Specielles mehr erinnerlich. Wohl weiß ich aber noch manches von unserem Prager Aufenthalte. Dorthin war mein Ruf noch nicht gedrungen, und ich hatte deshalb anfangs mit vielen Schwierigkeiten zu kämpfen. Diese waren jedoch sogleich beseitigt, als ich mit meiner Frau in einer Soirée bei der Fürstin von Hohenzollern gespielt hatte und diese Dame sich darauf als unsere Beschützerin erklärte. Nun waren wir sogleich in der Mode, und die vornehme Welt strömte in Masse zu den beiden Concerten herbei, die wir in der durch Kunstbildung so berühmten Stadt gaben. Wir hatten daher volle Ursache, mit unserem Aufenthalte zufrieden zu sein. Dies bestätigt auch ein Bericht in der Musikzeitung, der folgendermaßen beginnt:

„Der dritte (unter den fremden Concertgebenden) war der rühmlichst bekannte Herzoglich=Sachsen=Gothaische Concertmeister, Herr Spohr, der sich auf der Violine, sowie seine Frau auf der Pedalharfe, hören ließ. Nicht sobald wird wieder ein

Künstler Ursache haben, so vollkommen mit der Aufnahme zu=
frieden zu sein, die ihm hier zu Theil ward, als Herr S p o h r,
und gewiß wird jeder Freund der Kunst laut eingestehen, daß er
diese Auszeichnung reichlich verdiente."

Im Verfolge des Berichtes hat aber der Verfasser doch
mancherlei an meinem Spiel auszusetzen, mag mit diesem Urtheil
jedoch wohl ziemlich isolirt gestanden haben, da er bei dem Be=
richte über das Concert der Gebrüder Pixis, welches dem mei=
nigen unmittelbar folgte, von dem Geiger sagt: „man habe ihm
seinen Platz weit unter S p o h r angewiesen", und dann fortfährt:
„da man wenige Tage vorher durch des Letzteren Spiel so ent=
zückt war und das Urtheil aus diesem Gesichtspunkte fällte, so
ging es dabei nicht ohne Ungerechtigkeit ab."

Ich lernte damals unter den Kunstfreunden Prags einen
Mann kennen, mit dem ich bis zu dessen Tode fortwährend in
freundschaftlichster Verbindung geblieben bin. Es war dies Herr
K l e i n w ä c h t e r, Chef des Handlungshauses B a l l a b e n e. Jeden
Sonntag Vormittags versammelte sich bei ihm ein kleiner, aber
auserwählter Cirkel von Künstlern und Kunstfreunden, um Quartett=
Musik zu machen und anzuhören. Jeder fremde Künstler suchte
dort eingeführt zu werden, und war er Geiger oder Violoncellist,
so nahm er thätigen Antheil. Ich spielte daselbst gern; denn meine
Vortragsweise und mein Bestreben, jede Composition in dem ihr
angemessenen Style wiederzugeben, wurden dort in vollem Um=
fange anerkannt. So trug ich an einem Sonntag Morgen ein
Solo=Quartett von mir (D-moll, Op. 11, bei S i m r o c k) vor,
als der Hausherr plötzlich abgerufen wurde und, nach einiger Zeit
zurückkehrend, der Gesellschaft verkündete, es sei ihm so eben wäh=
rend des Quartetts ein Sohn geboren worden! Unter die Glück=
wünsche der Anwesenden mischte sich auch der, daß diese harmo=
nische Begrüßung des neuen Weltbürgers für sein Leben von
der besten Vorbedeutung sein und ihm vor Allem den Sinn für
Musik erschlossen haben möge! Letzteres traf denn auch in hohem

Grade ein. Louis Kleinwächter (man hatte ihm mir zu Ehren meinen Taufnamen gegeben) bildete sich wirklich, obgleich nur Dilettant (er wurde Jurist) zu einem ausgezeichneten Künstler aus, wie deſſen Compoſitionen, von denen mehrere geſtochen ſind, genügend beweiſen. War es nun, daß man ihm erzählt hatte, er ſei während des Vortrages einer Spohr'ſchen Compoſition geboren, was ſeine Vorliebe für dieſe erweckte, oder war es das eifrige Studium derſelben: genug, nie hat es einen enthuſiaſtiſcheren Verehrer meiner Muſik gegeben, als ihn. Galt es in den Prager muſikaliſchen Vereinen eine Wahl der aufzuführenden Compoſitionen zu treffen, ſo kämpfte er ſtets für die Spohr'ſchen und ruhte nicht, bis ſeine Anſicht durchgedrungen war. Er hieß deshalb auch bald allgemein „Der enragirte Spohrianer.‟

Leider iſt dieſer junge Mann, von dem in dieſen Blättern noch öfter die Rede ſein wird, den Seinigen früh durch den Tod entriſſen worden; er ſtarb früher noch als ſein Vater.

Von Prag aus ging das Künſtlerpaar über Regensburg nach München. Ich erinnere mich nicht mehr, ob ich in erſterer Stadt ein Concert zu Stande brachte. Einen Bericht darüber habe ich nicht auffinden können. Auch von München aus wird in einem ſummariſchen Berichte der Muſikaliſchen Zeitung über die damalige Winterſaiſon nur ganz kurz bemerkt: „Herr Spohr aus Gotha gab ein Concert und fand auch hier vielen Beifall.‟ Des dortigen Aufenthaltes erinnere ich mich jedoch noch ziemlich genau. Bevor wir unſer Concert in der Stadt gaben, wurden wir bei Hofe gehört. Als wir vortraten, um unſere Concertante für Harfe und Violine zu ſpielen, fehlte es an einem Stuhle für Doretten. Der König Max, der neben ſeiner Gemahlin in der erſten Reihe der Zuhörer ſaß, bemerkte es und brachte ſogleich ſeinen eigenen vergoldeten und mit der Königskrone geſchmückten Lehnſeſſel, bevor noch ein Diener das Fehlende herbeiſchaffen konnte. In ſeiner freundlich = gutmüthigen Weiſe beſtand er darauf, daß Dorette ſich deſſen bedienen ſolle, und nur erſt

Das Wohnhaus Spohrs in Kassel (Stand zwischen Kölnischer Straße und Spohrstraße)

Das Arbeitszimmer Spohrs in Kassel

dann, als ich ihm bemerklich machte, daß die Armlehnen beim
Spiel hinderlich sein würden, gestattete er, daß sie den vom Be=
dienten herbeigebrachten annahm. Nach beendetem Spiele stellte
er selbst uns der Königin und ihrer Umgebung vor, die sich auf
das Zuvorkommendste mit uns unterhielt. Tags darauf wurden
uns die königlichen Geschenke eingehändigt, für mich ein Brillant=
ring, für Dorette ein Diadem; beides sehr werthvoll.

Bei unserem Concerte in der Stadt wurden wir auf das
Willfährigste von der königlichen Kapelle unterstützt. Kapellmeister
Winter dirigirte. Ich war entzückt über die präcise und feurige
Ausführung meiner Compositionen und fand es sehr natürlich,
daß sie, so vorgetragen, gefielen. Eine besondere Genugthuung
gewährte es mir aber, daß auch der Componist des „Opferfestes",
in seiner aufrichtig=derben Weise, mich seines Beifalles versicherte.
Ich war oft bei Winter und ergötzte mich an dessen originellem
Wesen, das die sonderbarsten Widersprüche in sich vereinigte.
Winter, von colossalem Körperbau, begabt mit riesiger Kraft,
war dabei furchtsam wie ein Hase. Bei geringfügiger Veran=
lassung leicht in Zorn aufbrausend, ließ er sich doch wie ein Kind
lenken. Seine Haushälterin hatte das bald bemerkt und tyrannisirte
ihn in arger Weise. Er hatte z. B. eine besondere Freude an dem
Krippenspiel zu Weihnachten und ergötzte sich oft Stunden lang
mit dem Anputzen der kleinen Figuren. Aber wehe ihm, wenn
die Haushälterin ihn dabei überraschte; sie jagte ihn sogleich davon
und rief: „Müssen Sie denn ewig spielen?! Setzen Sie sich sogleich
an's Clavier und machen Sie Ihre Arie fertig!"

Die jüngeren Mitglieder der Hofkapelle, die er gern um sich
hatte und zuweilen zu Tische einlud, neckten ihn dafür unauf=
hörlich. Sie hatten bald entdeckt, daß er sich vor Geistern fürchte,
und veranstalteten daher allerlei Spukgeschichten und Geister=
erscheinungen, um ihn zu ängstigen. So besuchte er im Sommer
häufig einen öffentlichen Garten außerhalb der Stadt, kehrte aber,
da er sich im Dunkeln fürchtete, stets vor anbrechender Nacht

zurück. Eines Tages hatten ihn die jungen, muthwilligen Leute durch allerlei Künste länger, als gewöhnlich aufgehalten, und es war daher schon ganz dämmerig, als er den Rückweg antrat. Da die übrigen Gäste noch in guter Ruhe sitzen blieben, so fand er seinen Weg, der zwischen düstern Hecken hinlief, schauerlich einsam. Es überfiel ihn daher eine fürchterliche Angst und unbewußt fing er an zu traben. Kaum war dies geschehen, so fühlte er eine schwere Last auf seinem Rücken und glaubte nun nicht anders, als es sei ein Kobold auf ihn herabgesprungen. Da er noch Mehrere hinter sich hertraben hörte, so schien ihm die ganze Hölle auf den Fersen, und er rannte nun noch weit mehr. Schweißtriefend und keuchend kam er endlich am Thore an; da sprang der Kobold von seinem Rücken herab und sprach mit bekannter Stimme: „Ich danke Ihnen, Herr Kapellmeister, daß Sie mich getragen haben; denn ich war sehr müde!" Ein Kichern der Anderen folgte dieser Rede, während der Gefoppte in einen unbändigen Zorn ausbrach.

Von München ging die Reise nach Stuttgart, wohin wir Empfehlungen an den Hof mitbrachten. Ich übergab diese dem Hofmarschall und erhielt von ihm schon am folgenden Tage die Zusicherung, daß wir bei Hofe gehört werden würden. Ich hatte aber unterdessen in Erfahrung gebracht, daß auch hier während der Hofconcerte Karten gespielt und auf die Musik wenig gehört werde. Noch von Braunschweig her voller Abscheu gegen eine solche Entwürdigung der Kunst, nahm ich mir daher die Freiheit, dem Hofmarschall zu erklären, daß ich und meine Frau nur dann auftreten würden, wenn der König die Gnade habe, während unseres Spieles das Kartenspiel aufzuheben. Ganz erschrocken über eine solche Kühnheit, trat der Hofmarschall einen Schritt zurück und rief: „Wie! Sie wollen meinem gnädigsten Herrn Vorschriften machen? Nie werde ich es wagen, ihm das vorzutragen!" — „Dann muß ich auf die Ehre, bei Hofe gehört

zu werden, verzichten", war meine einfache Antwort. Hierauf
empfahl ich mich.

Wie der Hofmarschall es angefangen hat, seinem Könige so Un=
erhörtes vorzutragen, und wie dieser es über sich hat gewinnen
können, darauf einzugehen, habe ich nicht erfahren. Das Resultat
aber war, daß der Hofmarschall mir sagen ließ: „Se. Majestät
wolle die hohe Gnade haben, meinen Wunsch zu gewähren; nur
werde die Bedingung daran geknüpft, daß die Musikstücke, die ich
und meine Frau vortragen würden, sich sogleich folgen sollten,
damit Se. Majestät nicht öfter incommodirt würden."

So geschah es denn auch. Nachdem der Hof an den Spiel=
tischen Platz genommen hatte, begann das Concert mit einer
Ouvertüre, auf welche eine Arie folgte. Während dem liefen die
Bedienten geräuschvoll hin und her, um Erfrischungen anzubieten,
und die Kartenspieler riefen ihr „ich spiele, ich passe" so laut, daß
man von der Musik und dem Gesang nichts Zusammenhängendes
hören konnte. Doch nun kam der Hofmarschall zu mir, um an=
zukündigen, daß ich mich bereit halten solle. Zugleich benachrich=
tigte er den König, daß die Vorträge der Fremden beginnen
würden. Alsbald erhob sich dieser, und mit ihm alle Uebrigen. Die
Bedienten setzten vor dem Orchester zwei Stuhlreihen, auf welche
sich der Hof niederließ. Unserem Spiele wurde in großer Stille
und mit Theilnahme zugehört; doch wagte Niemand ein Zeichen
des Beifalles laut werden zu lassen, da der König damit nicht
voranging. Seine Theilnahme an den Vorträgen zeigte sich
nur am Schlusse derselben durch ein gnädiges Kopfnicken, und
kaum waren sie vorüber, so eilte Alles wieder zu den Spieltischen,
und der frühere Lärm begann von neuem.

Während des übrigen Concertes hatte ich Muße, mich
umzusehen. Meine Aufmerksamkeit wurde besonders auf den
Spieltisch des Königs gelenkt, an welchem, um es der Majestät
bei ihrer Corpulenz bequemer zu machen, ein halbrunder Aus=
schnitt angebracht war, in welchen der Bauch des Königs genau

hineinpaßte. Der große Umfang desselben und der kleine des Königreiches haben bekanntlich zu der hübschen Caricatur Veranlassung gegeben, auf welcher der König, im Krönungsornate, mit der Landkarte seines Königreiches auf dem Hosenknopfe, in die Worte ausbricht: „Ich kann meine Staaten nicht überblicken!"

So wie der König sein Spiel beendet hatte und den Stuhl rückte, wurde das Concert mitten in einer Arie der Madame Graff abgebrochen, so daß ihr die letzten Töne einer Cadenz förmlich im Halse stecken blieben. Die Musiker, an solchen Vandalismus schon gewöhnt, packten ruhig ihre Instrumente in die Kasten; ich aber war im Innersten empört über eine solche Entwürdigung der Kunst.

Würtemberg seufzte damals unter einer Despotie, wie sie das übrige Deutschland wohl nie gekannt hat. So mußte, um nur Einiges anzuführen, Jeder, der den Schloßhof in Stuttgart betrat, den Weg vom Gitterthore bis zum Schloßportal mit entblößtem Haupte zurücklegen, es mochte regnen oder schneien, weil Se. Majestät nach dieser Seite hin wohnte. Ferner war jeder Civilist auf Allerhöchsten Befehl gehalten, vor den Schildwachen den Hut abzunehmen, ohne daß diese ihm die Honneurs zu machen brauchten. Im Theater war es durch Anschlag streng verboten, Beifall zu klatschen, bevor nicht der König damit begonnen habe. Die Majestät steckte aber ihre Hände, wegen der strengen Winterkälte, in einen großen Muff und brachte sie nur heraus, wenn Höchstdieselben das Bedürfniß fühlten, eine Prise zu nehmen. War dies geschehen, dann wurde, unbekümmert um Das, was gerade auf dem Theater geschah, nun auch geklatscht. Der Kammerherr, welcher hinter dem Könige stand, fiel sogleich ein und gab dadurch dem loyalen Volke das Zeichen, nun auch seinerseits Beifall zu spenden. So wurden denn fast immer die interessantesten Scenen und besten Musikstücke der Oper durch einen heillosen Lärm gestört und unterbrochen.

Da die Stuttgarter schon längst gelernt hatten, sich den kö-

niglichen Launen willig zu fügen, so setzte es sie in nicht geringes
Erstaunen, als sie erfuhren, was ich mir, bei meinem Auftreten im
Hofconcerte, ausbedungen und auch wirklich bewilligt erhalten hatte.
Es lenkte dies die allgemeine Aufmerksamkeit auf mich und hatte die
Folge, daß mein Concert in der Stadt außergewöhnlich zahlreich
besucht wurde. Die königliche Kapelle unterstützte mich dabei auf
das Willfährigste und der Kapellmeister Danzi suchte mir das
Arrangement desselben möglichst zu erleichteren.

Danzi war überhaupt ein liebenswürdiger Künstler und ich
fühlte mich schon deshalb zu ihm hingezogen, weil ich bei ihm
dieselbe hohe Verehrung für Mozart fand, von der ich selbst
durchglüht war. Mozart und seine Werke waren der uner=
schöpfliche Stoff unserer Unterhaltung, und noch jetzt besitze ich ein
mir theures Andenken aus jener Zeit, ein vierhändiges Arran=
gement der Mozart'schen G-moll-Symphonie, von Danzi ge=
macht und eigenhändig geschrieben.

In Stuttgart lernte ich auch zuerst den so berühmt gewordenen
Carl Maria von Weber kennen, mit dem ich dann bis zu seinem
Tode stets in freundschaftlicher Verbindung blieb. Weber war
damals Sekretair bei einem Prinzen von Würtemberg und trieb
die Kunst nur als Dilettant. Dies hinderte ihn aber nicht,
fleißig zu componiren, und ich erinnere mich noch sehr gut, damals
als Muster von Weber's Arbeiten, einige Nummern aus der
Oper „der Beherrscher der Geister" bei ihm gehört zu haben.
Diese kamen mir aber, da ich gewohnt war, bei dramatischen Ar=
beiten stets Mozart als Maßstab anzulegen, so unbedeutend und
dilettantenmäßig vor, daß ich nicht im entferntesten ahnete, es werde
Weber einst gelingen können, mit irgend einer Oper Aufsehen
zu erregen.

Von den Concerten, welche wir vor unserer Rückkehr in die
Heimath nur noch in Heidelberg und Frankfurt a. M. gaben, weiß ich
aus der Erinnerung nichts Genaues mehr zu sagen. Ich gebe daher
einige Auszüge aus den Berichten der Musikalischen Zeitung.

Zuerst heißt es von Heidelberg aus: „Eisenmengers Geige würde unvergessen geblieben sein, hätten die Heidelberger nicht in dem letzten Concert das Vergnügen gehabt, Louis Spohr in seiner Rode'schen Manier, mit dem festen, gehaltenen und sehr gewandten Bogenstriche, spielen zu hören. Seine Gattin spielte Harfe, wie man sie in Deutschland selten zu hören bekommt, — mit einer Zartheit, Leichtigkeit und Anmuth, mit einer Sicherheit und Stärke, mit einem Ausdrucke, der hinreißend ist."

Auffallend ist es mir, daß man meine Spielweise hier noch immer als die Rode'sche bezeichnet, da ich doch damals dessen Manier schon ganz überwunden zu haben glaubte. Vielleicht geschah es nur, weil ich der leichteren Begleitung wegen auch ein Rode'sches Concert zum Vortrage gewählt hatte.

Auch über das Concert in Frankfurt, am 28. März, wurde sehr lobend berichtet. Die Frankfurter Zeitung erinnerte bei dem „wohlverdienten, ausgezeichneten Beifall", den wir gefunden, an ein „in gar manchem Betracht ähnliches Paar, das vor fünfundzwanzig bis dreißig Jahren in Mannheim und nachher in London glänzte — an Wilhelm Kramer, den großen Violinisten und seine Gattin, die herrliche Harfenistin."

Bei meiner Rückkehr nach Gotha wurde ich von meinen Schülern, deren einige während meiner Abwesenheit dort geblieben, andere kürzlich zurückgekehrt waren, einige Stunden vor der Stadt festlich eingeholt und von ihnen in meine sorgfältig geschmückte Wohnung geführt. Hier fanden wir Dorettens Verwandte versammelt, um uns zu begrüßen und auch unser geliebtes, von der Großmutter gut gepflegtes Kind im blühendsten Wohlsein. Da wir auf unserer Reise nicht nur reichlichen Beifall eingeerntet, sondern auch eine für unsere Verhältnisse nicht unbedeutende Summe erübrigt hatten, so fühlten wir uns, in unsere Häuslichkeit zurückgekehrt, nun recht sorgenfrei und glücklich.

Sobald ich die Leitung der Hofconcerte wieder übernommen

hatte, drängte es mich zu neuen Compositions=Arbeiten. Zuerst
schrieb ich einen Potpourri für Violine mit Orchesterbegleitung
(Op. 23 bei Andrè in Offenbach) auf, welchen ich bereits während
der Reise, größtentheils im Wagen, ersonnen hatte. Ich war sehr
begierig, eine in demselben enthaltene und wie es mir damals schien,
sehr künstliche Combination zweier Themen auf dem Papiere zu
sehen und noch begieriger, sie vom Orchester ausführen zu hören.
Dieser Potpourri beginnt nämlich mit einem heiteren, für die
Solostimme brillanten Allegro in G-dur, woran sich das Thema
aus der Entführung: „Wer ein Liebchen hat gefunden" in G-moll
anschließt. Nachdem dieses fünfmal abwechselnd in Moll und
Dur variirt worden ist, wird es als sechste Variation von den
Blasinstrumenten aufgenommen und in frei-fugirten Eintritten
eine zeitlang durchgeführt. Bei der Rückkehr in die Haupt=Tonart
übernimmt dann das erste Horn die Melodie des Liedes in Dur
und führt sie vollständig zu Ende. Hierzu ertönt nun, sehr über=
raschend, das Einleitungs=Allegro der Principal=Stimme von
neuem und umschlingt sie gleichsam als freie Phantasie, während es
früher als selbstständiges Musikstück erschien.

Ich war mit der Wirkung dieser Combination bei der Probe
sehr zufrieden, mußte jedoch, als ich nun den Potpourri im Hof=
concerte vortrug, zu meinem Leidwesen erleben, daß meine sinn=
reiche Zusammenstellung der beiden Themen nur von einigen
Musikern bemerkt wurde, an den übrigen Zuhörern aber spurlos
vorüberging.

Das nächste, was ich nun schrieb, war die Concertante für
zwei Violinen (Op. 48 bei Peters in Leipzig). Hierzu veran=
laßte mich zunächst die Virtuosität eines meiner Schüler, eines
Herrn Hildebrandt aus Rathenow, mit dem ich gern zu=
sammen spielte. Dieser junge Mann hatte unter meiner Leitung
binnen einem Jahre so bedeutende Fortschritte gemacht, daß er
einer der ersten Geiger Deutschlands zu werden versprach. Leider
trat später der völligen Ausbildung seines Talentes eine, ich weiß

nicht mehr durch welchen Unfall herbeigeführte Verwundung der linken Hand hindernd entgegen, weshalb er in der musikalischen Welt nicht so bekannt geworden ist, als dieses damals zu erwarten stand. Dieser Schüler hatte sich die Vortragsweise seines Lehrers in allen ihren Nuancen so zu eigen gemacht, daß er als ein treues Abbild desselben gelten konnte. Unser Zusammenspiel war daher auch ein so inniges, daß, ohne auf uns zu sehen, nicht herauszuhören war, wer von uns die obere, wer die untere Stimme spiele. In solcher Weise hatten wir nun auch die neue Concertante eingeübt, bevor wir sie im Hofconcerte vortrugen. Wir machten damit aber auch solches Glück, daß die Herzogin die Wiederholung derselben schon im nächsten Concerte verlangte und sie auch später, so lange Hildebrandt noch in Gotha verweilte, immer wieder auf das Programm gesetzt haben wollte, wenn Fremde bei Hofe zu Besuch waren.

Da meine Schüler damals mit mir so ziemlich von gleichem Alter und wohlerzogene, gebildete und für ihre Kunst begeisterte junge Leute waren, so hatte ich sie gern um mich und liebte es, mich von ihnen auf meinen Spaziergängen und kleinen Ausflügen in die Umgegend begleiten zu lassen. Ich schloß mich dann ihrem Thun und Treiben in Allem an, turnte und schlug Ball mit ihnen und lehrte sie schwimmen. Ja, ich war wohl etwas mehr en camerade mit ihnen, als es die Würde des Lehrers, seinen Schülern gegenüber, eigentlich gestattet. Doch litt meine Autorität dadurch nicht; denn ich wußte sie nicht nur streng während der Unterrichtsstunden, sondern auch außerdem stets aufrecht zu erhalten.

So hatte ich bereits im Frühjahr einen größeren Ausflug mit meinen Schülern nach Liebenstein und auf den Inselsberg gemacht und war so befriedigt von dieser Reise zurückgekehrt, daß ich mich nun sehnte, in gleicher Weise auch einmal meinen geliebten Harz mit ihnen besuchen zu können. Ganz unverhofft verschaffte mir eine Abwesenheit der Herzogin, wodurch einige Hofconcerte ausfielen, den nöthigen Urlaub dazu. Ich schlug daher sogleich meinen Schülern eine Fußreise auf den Harz vor und erhielt ihre freudigste Zustimmung. Da diesmal unsere Abwesenheit vierzehn Tage dauern sollte, so konnte der Unterricht ohne großen Nachtheil für die Schüler auf so lange hin nicht ausgesetzt bleiben, und ich beschloß daher, denselben auf der Reise fortzusetzen. Zu diesem Behufe nahm ich zwei Geigen mit, womit der Orchesterdiener Schramm, ein noch junger, mir sehr zugethaner Mann bepackt wurde, während wir selbst das übrige, in zwei Tornister vertheilte Gepäck abwechselnd trugen.

Bevor sich die Karavane in Bewegung setzen konnte, hatte ich noch meine Frau zu trösten, die sich in eine so lange Trennung, die erste seit unserer Verheirathung, nicht zu finden wußte, und in Thränen wohl zerfloß. Erst als ich versprochen hatte, ihr jeden zweiten Tag zu schreiben, vermochte sie sich etwas zu beruhigen, und doch dauerte es noch lange, bis sie mich aus ihren Armen ließ. Auch mir war diese erste Trennung eine höchst schmerzliche!

Wie weit wir am ersten Tage kamen und wo wir die folgenden Nächte blieben, erinnere ich mich nicht mehr; doch weiß ich noch sehr gut, daß ich bei jeder Mittagsrast zweien meiner Schüler regelmäßig Unterricht ertheilte und streng darauf hielt, daß sie am Abend, sobald das Nachtquartier erreicht war, abwechselnd übten. So waren wir am dritten oder vierten Tage, bei großer Hitze, eine Stunde hinter Nordhausen angelangt und hatten uns ermüdet in den Schatten einer Eiche am Ufer eines großen Teiches zur Ruhe niedergesetzt, als durch einen unglücklichen Zufall einer von unseren Tornistern das abschüssige Ufer hinabrollte und in das Wasser fiel, und zwar so entfernt vom Ufer, daß wir ihn mit unsern Wanderstäben nicht erreichen konnten. Da das Wasser tief war, so mußte ich mich, als der einzige geübte Schwimmer unter uns, schon entschließen, ihn wieder herauszuholen. Doch ehe ich noch die Kleider abwerfen konnte, hatte

der Tornister soviel Wasser eingesogen, daß er zu sinken begann.
Ich mußte daher auf der Stelle, wo er verschwunden war, unter-
tauchen, bis es mir gelang, ihn wieder aufzufinden. Nachdem
er an's Ufer gebracht und geöffnet war, fand sich sein Inhalt so
durchnäßt, daß man ihn auf einem sonnigen Rasenplatze zum
Trocknen ausbreiten mußte. Da vorauszusehen war, daß dies
mehrere Stunden aufhalten würde, der Mittag herannahete und
mit ihm sich der Hunger einstellte, so beschloß ich, hier die gewöhnliche Mittagsrast zu halten und dazu Lebensmittel aus Nordhausen herbeischaffen zu lassen. Das Loos bestimmte einen der
Schüler sie einzukaufen, und Schramm begleitete ihn, um sie
herzutragen. Unterdessen gab ich unter der großen Eiche meine
beiden Lektionen und die dabei nicht beschäftigten Schüler badeten
sich auf einer seichteren Stelle des Teiches. Nach zwei Stunden
kehrten die Ausgesandten schwer bepackt zurück, und nun wurde im
Schatten der lieben Eiche, die sich gleich willig zum Speise- wie zum
Concert-Saale hergab, ein köstliches Diner servirt und in fröhlichster
Laune und mit dem besten Appetit verzehrt. Dabei erschallten
fröhliche, vierstimmige Männergesänge, von denen wir eine ansehnliche Sammlung mit uns führten und auch bereits recht gut
eingeübt hatten. Hierauf wurden die, nun wieder getrockneten Hab-
seligkeiten eingepackt, und der Zug setzte sich von neuem in Bewegung.

In solch' lustiger Weise besuchten wir alle bemerkenswerthen
Punkte des Unterharzes und bestiegen dann den Brocken. Dort
angelangt, erging es uns wie neun Zehntheilen aller Reisenden;
wir fanden ihn in Nebel eingehüllt und warteten bis zum folgenden Mittage vergebens, daß er sich enthülle und uns eine
Aussicht in die Ferne gestatten werde. Wir suchten unseren Verdruß darüber so gut es gehen wollte, durch Singen, Spielen
und Durchblättern der zahlreichen Bände des Brockenbuches
niederzukämpfen, ja Einer brachte sogar unsere Jeremiaden
über dieses Mißgeschick in ganz leidliche Reime, die ich sogleich

zu einem dreistimmigen Canon verarbeitete. Dieser wurde ein=
geübt, im Brockenhause sowie auch außerhalb desselben im Nebel
fleißig gesungen und dann endlich neben unsere Namen in's
Brockenbuch eingeschrieben, immer noch in der Hoffnung, es werde
sich endlich dennoch aufklären *). Aber vergebens! Wir mußten
uns entschließen, unsern Stab weiterzusetzen.

Wir nahmen nun die Richtung nach Clausthal und hatten
noch den Aerger, daß wir, in der Ebene angelangt, nunmehr
die Brockenspitze, eine Stunde später als wir sie verlassen, im
hellsten Sonnenlichte glänzen sahen! — In Clausthal angekommen,
mußte es unsere erste Sorge sein, die auf der Reise ungebühr=
lich angewachsenen Bärte abnehmen zu lassen, um wieder ein
etwas civilisirtes Ansehen zu gewinnen. Wir ließen daher einen
Bartscherer kommen und lieferten uns ihm, einer nach dem an=
dern, unter das Messer. Dabei ereignete sich etwas sehr Komisches.
Wir hatten sämmtlich mehr oder weniger vom Halten der Geige
unter dem Kinn eine wunde Stelle und ich, der sich zuerst nieder=
setzte, machte den Barbier auf diese aufmerksam und forderte ihn
auf, mit dem Messer schonend darüber hinzugehen. Als dieser
nun bei jedem Folgenden denselben wunden Fleck wiederfand,
verzog sich sein Gesicht immer mehr in ein pfiffiges Lächeln, auch
murmelte er wiederholt etwas in sich hinein. Darüber befragt,
sagte er dann mit wichtiger Miene: „Meine Herren, ich merke
sehr gut, daß Sie sämmtlich zu einem geheimen Bunde gehören
und dessen Abzeichen an sich tragen. Wahrscheinlich sind Sie
Freimaurer und ich freue mich, endlich zu wissen, woran man diese
erkennen kann!" Als hierauf Alle in lautes Lachen ausbrachen, war
er anfangs verdutzt, ließ sich aber in seinem Glauben doch nicht
irre machen.

Nachdem wir eine Grube befahren und die Pochwerke und

---

*) Dieser Canon hat sich unter S p o h r ' s Handschriften vorgefunden und
wird als Facsimile diesem Bande beigegeben.

Schmelzhütten besucht hatten, setzten wir unseren Weg über Wilde=
mann nach Seesen fort. Dort wurden wir von meinen Eltern
und Geschwistern, sowie von den Musikfreunden des Städtchens
mit Jubel empfangen. Nun wurde vom Morgen bis zum Abend
musicirt, ja sogar ein öffentliches Concert veranstaltet, in welchem
wir Alle unsere Künste im Spielen und Singen zum Besten gaben.
Den Ertrag desselben schenkten wir der Armenschule zur Anschaffung
neuer Schulbücher.

Höchst befriedigt von unserer Reise kehrten wir über Göt=
tingen und Mühlhausen nach Gotha zurück. Noch gedenke ich mit
Rührung der innigen Freude, mit der mich mein liebes Weibchen
bewillkommnete und nie habe ich lebhafter empfunden, welch' ein
Glück es gewährt, geliebt zu sein!

In dieser Zeit trug mir ein junger Dichter, ein Candidat
der Theologie, der in Gotha seiner Anstellung harrte, eine von
ihm gedichtete Oper zur Composition an, und ich ergriff mit Freude
diese Gelegenheit, mich nochmals, und wie ich hoffte, nun mit
besserem Erfolge, in der dramatischen Composition zu versuchen.
Die Oper hieß „Alruna, die Eulenkönigin", war nach einer alten
Volkssage bearbeitet und hatte dem Stoffe nach viel Aehnlichkeit mit
dem „Donauweibchen", das damals so allgemeines Aufsehen erregte.
Ich begann sogleich meine Arbeit mit großem Eifer und vollendete
die drei Akte der Oper noch ehe das Jahr zu Ende ging. Da
einige Nummern daraus, die ich im Hofconcerte zu hören gab,
großen Beifall fanden, so ermuthigte mich dies, mein Werk dem
Hoftheater in Weimar zur Aufführung anzubieten. Ich reis'te
selbst dahin, um Herrn von Göthe, den Intendanten des
Theaters, und Frau von Heigendorf, die erste Sängerin und
Geliebte des Herzogs, günstig dafür zu stimmen. Ersterem über=
reichte ich das Buch, der letzteren die Partitur der Oper. Da
sie darin für sich und ihren Günstling Stromeyer brillante
Partien fand, so versprach sie die Annahme der Oper zu befür=
worten, und da ich wußte, daß diese nur von ihr abhing, kehrte

ich mit den besten Hoffnungen nach Gotha zurück. Doch bedurfte es noch mancher Erinnerung von meiner Seite und es vergingen Monate darüber, bis es endlich zum Einstudiren der Oper kam. Als dieses dann soweit gediehen war, daß eine große Orchester= probe stattfinden konnte, lud Frau von Heigendorf mich ein, diese zu dirigiren. Ich reis'te daher zum zweitenmal nach Weimar; diesmal in Begleitung des Dichters.

Da ich nach Vollendung der Oper schon wieder allerlei Neues geschrieben hatte, so war sie meinem Gedächtniß ziemlich entschwunden, und ich glaubte sie deshalb nun um so un= befangener beurtheilen zu können. Ich war daher sehr gespannt auf den Eindruck, den sie auf mich machen würde. — Die Probe fand in einem Saale bei Frau von Heigendorf statt. Es hatten sich außer dem Intendanten, Herrn von Göthe, auch die Musikfreunde der Stadt, unter diesen Wieland, zum Zu= hören eingefunden. Die Sänger hatten ihre Partien gut studirt; da auch das Orchester bereits eine Vorprobe gehalten hatte, so wurde die Oper unter meiner Leitung recht gut executirt. Sie gefiel allgemein, und man überhäufte den Componisten mit Lob= sprüchen. Auch Herr von Göthe sprach sich lobend darüber aus.

Nicht so gut kam der Dichter weg. Göthe hatte allerlei an dem Buche auszusetzen und verlangte besonders, daß die Dialoge, die in Jamben geschrieben waren, erst in schlichte Prosa umgesetzt und bedeutend abgekürzt werden müßten, bevor die Oper zur Aufführung kommen könne. Dies Verlangen war dem Dichter besonders schmerzlich, da er sich auf seine metrischen Dialoge viel einbildete. Er erklärte sich gegen mich demungeachtet bereit, die verlangte Abänderung vorzunehmen, konnte aber wegen anderer dringender Arbeit nicht sogleich dazu kommen. Mir war dies lieb; denn, mit Ausnahme weniger Nummern, hatte mir meine Musik bei der Probe in Weimar nicht genügt, so sehr sie auch dort gefiel, und es quälte mich von neuem der Gedanke, daß ich für dramatische Musik kein Talent besitze. Die Oper wurde mir

daher immer gleichgültiger und ich sah es gern, daß sich die
Aufführung verzögerte. Endlich wurde mir der Gedanke, sie
aufgeführt und veröffentlicht zu sehen, so fatal, daß ich die Par=
titur zurücknahm. Es ist daher auch außer der Ouvertüre, die
als Op. 21 bei André in Offenbach erschienen ist, nie Etwas
daraus gestochen worden. Ich war übrigens ungerecht gegen diese
Arbeit; denn sie zeigt, mit der ersten Oper verglichen, doch unver=
kennbar einen großen Fortschritt im dramatischen Style.

Im Jahr 1808 war zu Erfurt der berühmte Fürstencongreß,
bei welchem Napoleon seinen Freund, den Kaiser Alexander,
und die deutschen Könige und Fürsten, seine Bundesgenossen, be=
wirthete. Alle Neugierige der Umgegend strömten hin, um die
Pracht anzustaunen, die sich dort entfaltete. Auch ich machte in
Gesellschaft einiger meiner Schüler eine Fußpartie nach Erfurt,
weniger um die Großen der Erde, als um die Größen des Théâtre
francais, Talma und die Mars, zu sehen und zu bewundern.
Der Kaiser hatte seine tragischen Schauspieler aus Paris kommen
lassen und es wurde an jedem Abend eines der klassischen Werke
von Corneille oder Racine aufgeführt. Einer solchen Vor=
stellung dachte ich, nebst meinen Gefährten, beiwohnen zu dürfen;
leider erfuhr ich aber, daß sie nur für die Fürsten und ihr Ge=
folge stattfänden und jeder Andere davon ausgeschlossen sei. Ich
hoffte nun durch Vermittelung der Musiker Plätze im Orchester
zu finden, aber auch dieses schlug fehl, da denselben auf's Strengste
untersagt war, irgend Jemand mit hinein zu nehmen. Endlich
fiel mir der Ausweg ein, daß ich und meine drei Schüler an der
Stelle eben so vieler Musiker die Zwischenakte mitspielen und so
der Vorstellung beiwohnen könnten. Da wir es uns Etwas kosten
ließen und die Musiker wußten, daß die Stellvertreter ihre Plätze
genügend ausfüllen würden, so gaben sie ihre Zustimmung. Nun
zeigte sich aber eine neue Schwierigkeit: es konnten nur drei
von uns bei den Violinen und der Viola untergebracht werden,
und da keiner von uns ein anderes Orchester = Instrument,

außer jenen, spielte, so hätte einer zurückbleiben müssen. Da kam ich auf den Gedanken, zu versuchen, ob ich bis zum Abend nicht so viel auf dem Horn erlernen könne, daß ich im Stande sei, die Partie des zweiten Horns zu übernehmen. Ich ließ mir sogleich von Dem, dessen Stelle ich einnehmen wollte, das Horn geben und begann meine Studien. Anfangs kamen fürchterliche Töne zum Vorschein; doch nach einer Stunde gelang es mir schon, die natürlichen Töne des Horns zur Ansprache zu bringen. Nach Tische, während meine Schüler spazieren gingen, erneuerte ich im Hause des Stadtmusikus meine Uebungen und obgleich mir die Lippen sehr wehe thaten, so ruhete ich doch nicht eher, als bis ich meine Hornstimme, der allerdings leichten Ouvertüre und der Zwischenakte, die am Abend gespielt werden sollten, fehlerlos herausbringen konnte.

So vorbereitet schloß ich mich nebst meinen Schülern den anderen Musikern an, und da jeder sein Instrument unter dem Arme trug, so kamen wir auch unangefochten zu unseren Plätzen. Wir fanden den Saal, in welchem das Theater aufgeschlagen war, schon glänzend erleuchtet und mit dem zahlreichen Gefolge der Fürsten angefüllt. Für Napoleon und seine Gäste befanden sich die Plätze dicht hinter dem Orchester. Bald nachdem der fähigste meiner Schüler, dem ich die Leitung der Musik übertragen und dessen Direktion ich mich selbst, als neugebackener Hornist, untergeordnet hatte, das Orchester hatte einstimmen lassen, erschienen die hohen Herrschaften und die Ouvertüre begann. Das Orchester bildete, mit dem Gesicht nach dem Theater gekehrt, eine lange Reihe, und es war jedem Mitwirkenden streng untersagt, sich umzukehren und die Fürsten neugierig zu betrachten. Da ich davon im Voraus unterrichtet war, hatte ich einen kleinen Spiegel zu mir gesteckt, mit dessen Hülfe ich, sobald die Musik geendet hatte, unbemerkt die Lenker der europäischen Geschicke, einen nach dem andern, genau betrachten konnte. Bald zog mich indessen das vortreffliche Spiel der tragischen Künstler so ausschließlich an, daß ich den Spiegel meinen Schülern überließ und meine ganze Aufmerksamkeit dem Theater zuwandte. — Bei jedem der folgenden Zwischenakte mehrten sich aber die Schmerzen an meinen Lippen und nach Beendigung der Vorstellung waren sie so angeschwollen und wund geworden, daß ich kaum zu Abend essen konnte. Selbst am andern Tage bei der Rückkehr nach Gotha sahen sie noch sehr negerartig aus, und meine junge Frau war daher nicht wenig erschrocken, als sie mich wiedersah; aber noch mehr stutzte sie, als ich ihr scherzend sagte, es komme das vom vielen Küssen der hübschen Erfurterinnen! Nachdem ich ihr jedoch die Geschichte meiner Horn-Studien mitgetheilt hatte, wurde ich tüchtig von ihr ausgelacht.

In jener Zeit, ich erinnere mich jedoch nicht mehr, ob auf der Reise nach Erfurt oder auf einer früheren, übernachtete der Kaiser Napoleon auch einmal im Schlosse zu Gotha und es wurde daher am Abend vorher ein Hofconcert angesagt. Ich und meine Frau hatten die Ehre, vor dem Allgewaltigen zu spielen und er richtete einige freundliche Worte an uns. Auch erhielten wir am folgenden Tage unseren Antheil an den Napoleond'ors, die er als Geschenk für die Hofkapelle zurückgelassen hatte.

Damals stand der Herzog von Gotha sehr in Gunst bei ihm, und man hoffte davon viel Gutes für das Land. Später mußte er sie aber durch irgend etwas verscherzt haben; denn es ereignete sich bei einer späteren Durchreise des Kaisers eine Scene, welche die Bewohner Gotha's mit Ingrimm gegen den Thrannen erfüllte. Man erwartete den Kaiser um elf Uhr. Es war daher im Schlosse Friedrichsthal, wo der Hof im Sommer wohnte, ein Frühstück vorbereitet und der Hofstaat in Gala versammelt. Die Post=pferde warteten bereits angeschirrt im Schloßhofe, um den Kaiser sogleich nach eingenommenem Frühstücke weiter zu be=fördern. — Endlich ertönte oben am Friedenstein der erste Salut=Schuß, deren bei jeder Durchreise des Kaisers 101 abgefeuert wurden. Bald darauf rollte sein Wagen heran. Der Herzog,

Das Musikzimmer Spohrs in Kassel

Louis Spohr nach einer Photographie vom Jahre 1853

vom Hofstaat umgeben, stand entblößten Hauptes bereits am
Gitterthor, nahte sich demuthsvoll dem Wagen und bat, daß
Seine Kaiserl. Majestät geruhen wolle, ein Frühstück einzunehmen.
Ein kurzes non! und der Befehl an seinen Mamelucken, die
Pferde vorhängen zu lassen, war die Antwort. Ohne den Herzog
weiter eines Wortes oder Blickes zu würdigen, lehnte er sich im
Wagen zurück und ließ den Fürsten in der peinlichsten Verlegenheit
am geschlossenen Schlage stehen. Der Herzog erblaßte vor innerem
Grimme, daß er sich in Gegenwart seines Hofes und Volkes so be-
schimpft sah und hatte dennoch nicht den Muth, sogleich in's Schloß
zurückzukehren. So vergingen in lautloser Stille fünf bis sechs
fürchterlich lange Minuten, bis endlich die Pferde angespannt waren.
Beim ersten Anziehen derselben wurde der Kopf des Kaisers noch
einmal sichtbar, und mit einem kalten Nicken fuhr er von dannen.
Der Herzog kehrte wie vernichtet in's Schloß zurück und die
Bürger äußerten laut ihre Wuth, daß der übermüthige Corse
ihren Fürsten so beschimpft hatte.

Am 6. November 1808 wurde ich von meiner Gattin mit
einem zweiten Töchterchen beschenkt, das von der Stiefschwester
meiner Frau, Madame Hildt, über die Taufe gehalten, den
Namen Ida bekam. Die Niederkunft ging eben so leicht und
glücklich wie die frühere von statten, und das Befinden der Wöch=
nerin war in den ersten Tagen vortrefflich. Hierdurch verleitet,
hatte sie aber zu früh das Bett verlassen, sich erkältet und die
traurige Folge davon war, daß sie von einem heftigen Nerven=
fieber ergriffen wurde. Mehrere Tage schwebte ihr Leben in
großer Gefahr. Ich verließ sie weder Tag noch Nacht, da sie nur
von mir gern Pflege annahm. Was ich an ihrem Krankenlager
litt, läßt sich nicht beschreiben! Geängstigt von ihren Fieber=
phantasien, von der bedenklichen Miene des Arztes, der meinen
Fragen auswich, gepeinigt von inneren Vorwürfen, sie nicht besser
gehütet zu haben, fand ich während Dorettens Krankheit auch
nicht einen Augenblick Ruhe. Endlich verkündete die wieder heiter

gewordene Miene des Arztes, daß die Gefahr vorüber sei, und ich, dem in den letzten Tagen erst recht klar geworden war, was ich an meiner Frau besitze und wie unendlich ich sie liebe, fühlte mich nun unaussprechlich glücklich. Die Genesung machte rasche Fortschritte; doch blieb eine große Schwäche zurück, von der Dorette erst im Frühjahre völlig befreit wurde, als ich auf den Rath des Arztes eine Gartenwohnung miethete und ihr dadurch den fortwährenden Genuß der frischen Luft verschaffte. Hierdurch gestärkt, begann sie dann allmälig auch ihre musikalischen Studien wieder, die sie fast ein halbes Jahr lang hatte aussetzen müssen.

In dem Verzeichnisse meiner sämmtlichen Werke, das ich bald nach meiner Anstellung in Gotha begann und bis in die neueste Zeit fortführte, sind vom Jahr 1808, außer den bereits genannten Compositionen noch folgende verzeichnet: Zwei Violin= duetten (Op. 9) und eines für Violine und Viola (Op. 13), Va= riationen für die Harfe und zwei Quartetten für Streichinstru= mente. In Quartetten, wohl der schwierigsten aller Compositions= Gattungen, hatte ich mich schon ein Jahr früher versucht. Es ging mir aber damit, wie mit den Gesangs=Compositionen. Bald nach ihrer Vollendung gefielen sie mir nicht mehr. Ich würde sie des= halb auch nie veröffentlicht haben, hätte sie mir nicht mein Verleger in Leipzig, Herr Kühnel, bei dem ich sie im Herbst 1807 spielte, fast mit Gewalt zurückbehalten und bald darauf als Op. 4 her= ausgegeben. Die beiden neuen Quartetten (Op. 15), ebenfalls bei Kühnel, gefielen mir nun zwar etwas länger; doch habe ich es später, als ich im Quartettstyl Besseres zu leisten erlernt hatte, ebenfalls bereut, sie herausgegeben zu haben. Die beiden ersten Quartetten widmete ich dem Herzoge von Gotha, jedoch nur, weil dieser es selbst verlangte. Denn so gern ich meine Arbeiten Künstlern und Kunstfreunden als ein Zeichen meiner Achtung und Freundschaft widmete, so konnte ich es doch in meinem Künstler= stolze nie über mich gewinnen, sie des Gewinnes wegen den Fürsten zuzueignen, es sei denn, daß diese es ausdrücklich begehrten.

In jener Zeit, wo der Herzog mich aufforderte, ihm meine Compositionen zu dediciren, ließ er mich auch öfters zu sich rufen, um sich mit mir über seine Kunstliebhabereien zu unterhalten. Er war bekanntlich, trotz seiner Sonderbarkeiten, ein Mann von Geist und Bildung, wie seine im Druck erschienenen Dichtungen und sein Briefwechsel mit Jean Paul hinlänglich darthun. Um die Regierungsgeschäfte jedoch bekümmerte er sich nicht im mindesten und überließ sie ausschließlich dem Geheimerathe von Frankenberg, der daher der eigentliche Regent des Landes war. Genöthigt, pro forma den Sitzungen des Geheimen-Rathes beizuwohnen, langweilte er sich bei dem dort Verhandelten fortwährend und suchte es daher möglichst abzukürzen, indem er, seine Theilnahmlosigkeit selbst persiflirend, sagte: „Wollen die Herren Geheimeräthe nun nicht bald die Gnade haben, zu befehlen, was Ich befehlen soll?"

Damals hatte er, vielleicht durch meine Gesangs-Compositionen angeregt, Lust bekommen, eines seiner größern Gedichte, eine Art von Cantate, in Musik zu setzen. Er erzeigte mir die Ehre, mich darüber zu Rathe zu ziehen. Da der Herzog es aber wahrscheinlich nicht über sich gewinnen konnte, mich seine Unwissenheit in der Musik merken zu lassen, so wandte er sich wegen der Ausführung an seinen alten Musiklehrer, den Concertmeister Reinhard. Von diesem habe ich dann später einmal in einer unbewachten, vertraulichen Stunde erzählen hören, wie die Composition der Cantate zu Stande kam. Der Herzog las seinem am Clavier sitzenden Lehrer einen Satz des Textes vor und setzte ihm seine Ansichten über die Art, wie er componirt werden müsse, auseinander. Reinhard mußte ihm dann, weil der Herzog einmal von der Charakteristik der Tonarten gehört oder gelesen hatte, verschiedene derselben in Accordfolgen anschlagen, damit er die richtige für seinen Text herausfinde. War dieser heiter, so wurde eine Tonart in Dur, war er traurig, eine in Moll gewählt. Nun geschah es aber eines Tages, daß dem Herzog für seinen Text das Dur zu

heiter und das Moll zu traurig war, und er verlangte daher von dem
armen Reinhard, er solle ihm die Tonart in halb Moll an=
schlagen. Waren sie nun über diesen Punkt einig, dann mußte
die für den Text passende Melodie gefunden werden. Der Herzog
pfiff also Alles, was ihm von Melodien einfallen wollte und
überließ es dann dem Lehrer, diejenige herauszufinden, welcher sich
der Text am bequemsten unterlegen ließ. Waren so einige Zeilen
des Gedichts erledigt, so ging man zu den folgenden über. Der
solcher Weise in den Weihestunden des Herzogs zu Stande
gebrachte Entwurf der Cantate wurde nun, da Reinhard nicht
componiren, wenigstens nicht instrumentiren konnte, dem Kammer=
musikus Backofen übergeben, um daraus die Partitur zu machen.
Dieser konnte von den ihm überlieferten Materialien begreiflicher=
weise nur sehr wenig gebrauchen und mußte daher die Cantate so
gut wie ganz neu componiren. Da er viel Compositions=Talent
besaß, so entstand unter seinen Händen eine Musik, die sich recht
gut anhören ließ. Das so vollendete Werk wurde nun ausge=
schrieben, unter meiner Leitung sorgfältig eingeübt und dann im
Hofconcerte aufgeführt. Der Herzog, der doch wohl ein wenig
verwundert sein mochte, wie gut seine Musik klang, nahm mit
zufriedener Miene die Glückwünsche und Huldigungen des Hofes
entgegen, belobte mich, daß ich bei dem Einüben so gut in seine
Intentionen einzugehen gewußt habe und ließ seinen beiden Mit=
arbeitern heimlich ihr Honorar auszahlen. So war alle Welt
zufrieden gestellt.

Im Winter 1808 auf 1809 veranstaltete ich zum Besten des
Hoforchesters Abonnements=Concerte in der Stadt. Da diese aber
nichts Besseres bieten konnten, als was die Hofconcerte ebenfalls
brachten, und Letztere von den Musikfreunden der Stadt, für die
im Concertsaale hinter dem Orchester ein geräumiger Platz vor=
behalten war, sehr zahlreich besucht wurden, so fanden sie nur
wenig Theilnahme. Der Ertrag war daher nach Abzug der

Kosten ein so geringer, daß man es nicht der Mühe werth fand, das Unternehmen zu wiederholen.

In einem dieser Concerte trat Herr Hermstedt, Direktor der Harmoniemusik des Fürsten von Sondershausen, als Clarinettist auf und erregte durch seine, schon damals ausgezeichnete Virtuosität großes Aufsehen. Er war nach Gotha gekommen, um mich zu bitten, ihm ein Clarinett-Concert zu schreiben, wofür sein Fürst, unter der Bedingung, daß Hermstedt es als Manuscript besitzen solle, ein nicht unbedeutendes Honorar zu zahlen sich erbot. Ich ging gern auf den Vorschlag ein, da mir die immense Fertigkeit, welche Hermstedt neben schönem Ton und reiner Intonation besaß, volle Freiheit gewährte, mich ganz meiner Phantasie zu überlassen. Nachdem ich mit Hermstedt's Hülfe mich ein wenig mit der Technik des Instrumentes bekannt gemacht hatte, ging ich rasch an die Arbeit und vollendete sie in wenigen Wochen. So entstand das E-moll-Concert, einige Jahre später als Op. 26 bei Kühnel gestochen, mit welchem Hermstedt auf seinen Kunstreisen so großes Glück machte, daß man wohl behaupten kann, er verdanke ihm hauptsächlich seinen Ruf. Ich überbrachte es ihm selbst bei einem Besuche in Sondershausen zu Ende Januar und weihte ihn in die Vortragsweise desselben ein. Bei dieser Gelegenheit trat ich in einem von Hermstedt veranstalteten Concert auch als Geiger auf und spielte zum erstenmal mein Concert in G-moll (Op. 28), welches erst einige Tage vorher fertig geworden war, und einen ebenfalls neuen Potpourri (Op. 24). Der Hofsekretär Gerber, Verfasser des Tonkünstler-Lexikons, berichtet darüber sowohl in dem genannten Werke unter dem Artikel Spohr, als auch in einem mit Begeisterung geschriebenen Aufsatze der Musikalischen Zeitung, welcher in Nummer 26 des elften Jahrganges abgedruckt ist. Der dritte Satz dieses Concertes ist ein spanisches Rondo, dessen Melodien nicht von mir erfunden, sondern ächt spanische sind. Ich erhorchte sie von einem bei mir einquartierten spanischen Soldaten, der zur Guitarre sang. Ich notirte, was mir gefiel, und verwebte es in mein Rondo. Um diesem dann noch mehr den spanischen Charakter zu geben, copirte ich auch in der Orchesterpartie die Guitarrebegleitung, wie ich sie von dem Spanier gehört hatte.

Zu Anfang desselben Winters erhielt ich auch einen Besuch vom Kapellmeister Reichardt aus Cassel und machte so zuerst dessen persönliche Bekanntschaft. Reichardt erzählte, er reise im Auftrag seines Hofes nach Wien, um Sänger für ein in Cassel zu errichtendes deutsches Theater zu engagiren. Diese Angabe erwies sich später als falsch, da Reichardt schon damals aus westphälischen Diensten entlassen war. Ich hatte mich durch Reichardt's herbe Kritik meines Spiels bei meinem ersten Auf= treten in Berlin anfangs sehr verletzt gefühlt; da ich aber bald zu der Erkenntniß kam, daß sie manches Wahre und Begründete enthalte und dies mir Veranlassung wurde, mich von den ge= rügten Mängeln meines Vortrags frei zu machen, so war an die Stelle der früheren Empfindlichkeit nun längst ein Gefühl der Dankbarkeit getreten. Ich empfing daher meinen Gast mit großer Herzlichkeit und veranstaltete ihm zu Ehren sogleich eine Musik= partie bei mir, in welcher ich ihm meine beiden neuen eben voll= endeten Violin=Quartetten zu hören gab. Da ich in jener Zeit von Reichardt'schen Compositionen noch nichts als ein paar gelungene Lieder kannte und daher den berühmten Verfasser der „vertrauten Briefe aus Paris" und den gefürchteten Kritiker noch für einen großen Componisten hielt, so legte ich Werth auf dessen Urtheil und sah ihm mit Spannung entgegen. Daher fühlte ich mich nun von neuem unangenehm berührt, als Reichardt auch an diesen Quartetten allerhand auszusetzen hatte und dies sans gêne aussprach. Vielleicht war es aber nur die selbstgefällige Miene der Unfehlbarkeit, mit der dieser seine Urtheile ver= kündete, von der ich mich verletzt fühlte; denn später mußte ich mir abermals gestehen, daß in Reichardt's Ausstellungen manches Begründete enthalten sei. Besonders war es e i n e Be=

merkung, derer ich mich bei späteren Arbeiten noch oft erinnerte. Ich hatte nämlich in einem Adagio von Anfang bis
zu Ende, nach Mozart'scher Weise, eine Figur bald in der einen,
bald in der anderen Stimme durchgeführt und in meiner Freude
über die künstlichen Verschlingungen nicht bemerkt, daß dies zuletzt
monoton wurde. Reichardt aber, obwohl er die Durchführung
lobte, sprach dies schonungslos aus und setzte noch boshaft hinzu:
„Sie ruhten nicht eher, als bis Sie die Figur zu Tode gehetzt
hatten!"

* * *

Im Frühjahr 1809 sah ich mich durch die außergewöhnlichen
Ausgaben, welche die Niederkunft und die darauf folgende Krankheit meiner Frau, wie der dadurch nöthig gewordene Umzug in
eine zweite Wohnung außerhalb der Stadt verursacht hatten, so
in meinen Finanzen bedrängt, daß ich ernstlich wünschen mußte,
die Zusage baldiger Gehaltserhöhung, die mir bei meiner Anstellung gemacht worden war, zur Wahrheit werden zu sehen.
Ich wandte mich daher mit einem Gesuche an den Herzog, welches
aber, da dieser sich um Verwaltungs-Angelegenheiten nicht bekümmerte, ganz ohne Erfolg blieb und wahrscheinlich ungelesen bei
Seite gelegt war. Der Intendant, Baron von Reibnitz, rieth
mir daher, mich nun an den Geheimerath von Frankenberg
zu wenden und diesem persönlich mein Gesuch um Gehaltszulage
zu überreichen. Ich befolgte den Rath und pilgerte an einem
schönen Frühlingsnachmittage nach dem Gute des Geheimerathes,
welches, eine halbe Stunde von Gotha entfernt, an der Erfurter
Straße lag. Ich traf ihn in seinem Garten unter einer großen
Linde sitzend und mit seiner Tochter Schach spielend. Da ich
dieses Spiel seit meiner frühesten Jugend kannte, übte und leidenschaftlich liebte, so wandte ich, nach kurzer Begrüßung der
Spielenden, sogleich meine ganze Aufmerksamkeit der eben gespielten
Partie zu. Als dies der Geheimerath bemerkte, ließ er für mich

neben den Spieltisch einen Stuhl setzen und spielte ruhig weiter.
Das Spiel stand bei meiner Ankunft schon sehr schlecht für die
Tochter, und es dauerte daher auch nicht lange, so wurde sie vom
Vater matt gesetzt. Ich hatte mir den Stand der Figuren wohl
gemerkt, und es war mir dabei ein Ausweg eingefallen, wie dem
Matt noch vorgebeugt werden konnte. Ich äußerte dies und so=
gleich wurde ich vom Geheimerath, der seines Sieges gewiß zu
sein glaubte, aufgefordert, einen Versuch damit zu machen. Die
Figuren wurden wieder aufgesetzt, wie sie bei meiner Ankunft
standen und ich übernahm nun das Spiel der Tochter. Nach
einigen gut combinirten Zügen gelang es mir, meinen König aus
aller Gefahr zu befreien und ich operirte nun mit solchem Erfolg
gegen meinen Gegner, daß dieser sich bald für besiegt erklären
mußte. Der Geheimerath, obgleich ein wenig empfindlich über seine
Niederlage, war doch auch sehr betroffen über den unerwarteten
Ausgang des Spiels. Er reichte mir mit Freundlichkeit die Hand
und sagte: „Sie sind ein tüchtiger Schachspieler und müssen mir
öfter das Vergnügen machen, mit mir zu spielen.“ Dies geschah,
und da ich weltklug genug war, nicht zu viele Partien zu ge=
winnen, so setzte ich mich bei meinem neuen Gönner bald in
große Gunst, und die Folge davon war, daß das Rescript über
eine Zulage von zweihundert Thalern sehr bald ausgefertigt wurde.

*   *   *

Dorette hatte gegen die Mitte des Sommers durch den fort=
während Genuß der freien Luft und durch häufige Spaziergänge,
die nach und nach bis zu kleinen Ausflügen in die Umgegend aus=
gedehnt wurden, ihre frühere Kraft und Gesundheit wiederge=
wonnen und widmete sich nun mit erneutem Eifer dem Studium
ihres Instrumentes, um sich für die beabsichtigte zweite große
Kunstreise würdig vorzubereiten. Da ich die Eigenthümlichkeit
der Harfe, ihre Effecte und Das, was meine Frau insbesondere
darauf zu leisten vermochte, nun immer genauer kennen lernte,

schrieb ich in jener Zeit wieder eine große Sonate für Harfe und Violine (Op. 115 bei Schuberth in Hamburg) und bemühte mich, das Ergebniß meiner Erfahrungen dabei in Anwendung zu bringen. Es gelang mir; die Harfenpartie dieser Sonate war bequemer zu spielen und zugleich brillanter, wie die der früheren. Dorette übte sie daher mit besonderer Vorliebe ein und spielte dieses neue Werk bald mit derselben Sicherheit, wie die vorher-gehenden.

So nun von neuem zu einer Kunstreise gerüstet, fingen wir an zu überlegen, welche Richtung für dieselbe wohl die vortheil-hafteste sein werde. Ich hatte von einem Reisenden, der eben aus Rußland zurückkehrte, erfahren, daß mein und meiner Frau Künstlerruf auch schon bis dahin gedrungen sei und daß man unserem Besuche in Petersburg bereits vergangenen Winter ent-gegen gesehen habe. Da ich überdies hoffen durfte, vom Hofe zu Weimar gewichtige Empfehlungen an den kaiserlichen Hof zu Petersburg zu erhalten, so schien mir eine Reise nach Rußland den meisten Erfolg zu versprechen. In eine so weite Entfernung von der Heimath wollte Dorette aber nicht einwilligen, weil sie die Trennung von ihren Kindern auf so lange Zeit nicht glaubte ertragen zu können. Als ich ihr aber vorstellte, daß, wenn wir überhaupt nach Rußland reisen wollten, dies jetzt, wo unsere Kinder in der sorgsamen Pflege der Großmutter uns noch wenig vermissen würden, leichter auszuführen sein werde, als später, so gab sie, wiewohl mit blutendem Herzen, endlich ihre Zustimmung. Da ich voraus wußte, daß auch die Herzogin in eine so lange Entfernung, als zu einer Reise nach Rußland er-forderlich war, nicht einwilligen werde, so verschwieg ich für jetzt das Ziel unserer Reise und nannte als solches Breslau, wozu ich einen dreimonatlichen Urlaub erbat und erhielt. Von dort aus wollte ich dann um Verlängerung desselben zur Weiterreise nach-suchen.

Wir traten unsere Reise im Oktober 1809 an, spielten

zuerst in Weimar und erhielten dort von der Großfürstin die ge=
wünschte Empfehlung an ihren Bruder, den Kaiser Alexander, so
wie noch andere an russische Große. Dann gaben wir in Leipzig
Concert, worüber die Musikalische Zeitung folgenden kurzen Be=
richt enthält: „Herr Concertmeister Spohr mit seiner Gattin
machte uns das Vergnügen, einen ganzen Abend mehrere seiner
neuesten Compositionen und sich auf der Violine, sowie seine Gattin
auf der Harfe hören zu lassen. Wir haben über diesen wahren
Künstler und seine treffliche Gefährtin schon früher ausführlich
und bestimmt gesprochen und können hier kurz sein. Beide haben
während der Zeit, da wir sie nicht gehört, noch zum Bewundern
große Fortschritte gemacht, sowohl in der Fähigkeit, noch mehrere
Mittel ihrer Kunst in die Gewalt zu bekommen, als auch dieselben
zu den würdigsten, schönsten Zwecken zu verwenden. Und haben
die Compositionen dieses Meisters sonst hier und allerwärts unge=
theilten Beifall gefunden: so kann es den neuesten, welche wir
jetzt hörten, noch weniger daran fehlen."

Von unseren Concerten in Dresden und Bautzen weiß ich,
da ich vergebens nach einem Berichte darüber gesucht habe, nichts
weiter zu melden, als daß sie stattfanden und zwar am 1. und 7.
November, wie ich aus einem Verzeichniß der Einnahmen auf
dieser Reise, das sich zufällig erhalten hat, ersehe. Von den drei
Concerten aber, welche wir am 18. November, 2. und 9. De=
cember in Breslau gaben, findet sich ein Bericht in der Musikalischen
Zeitung, der von unserem Spiele sehr lobend spricht, an den Com=
positionen aber einiges zu tadeln findet. Es heißt: „Das Urtheil
unserer Kunstfreunde über Herrn Spohr als Componist stimmt
ganz mit dem überein, das Sie selbst früher über ihn gefällt
haben. Er ist wirklich ein hochachtungswürdiger Tonsetzer. Eigen
ist es aber doch, und vielleicht ihn nach und nach zur Einseitigkeit
verführend, daß seine neueren Compositionen, soweit sie uns be=
kannt geworden sind, sämmtlich einen schwermüthigen

Charakter haben. Selbst der Potpourri, welchen er zum Schluß des Concertes spielte, hatte etwas davon."

Diese Bemerkung über die Melancholie meiner Compositionen, die hier zuerst auftaucht und bei Beurtheilung meiner Werke später so oft wiederholt worden ist, daß sie förmlich stereotyp wurde, ist für mich stets ein Räthsel geblieben, da mir meine Compositionen in ihrer großen Mehrzahl vollkommen eben so heiter zu sein scheinen, als die irgend eines anderen Componisten. Besonders sind die, welche ich damals in Breslau zu hören gab, mit Ausnahme zweier Sätze, sämmtlich so heiteren Charakters, daß ich mir die Veranlassung zu der obigen Bemerkung noch immer nicht zu erklären weiß. Denn nur die beiden ersten Allegro's der Concertante in H- und G-moll sind ernst, ersteres vielleicht auch etwas schwermüthig, die anderen Sätze aber sämmtlich heiter. Dieses gilt auch von der Concertante für zwei Violinen in A-dur, die ich mit Herrn Luge spielte, vom Anfang bis zu Ende; ja der dritte Satz ist sogar muthwillig scherzhaft. Auch die Harfencompositionen, sowie die Ouvertüre zu „Alruna" tragen keine Spur von Schwermuth an sich; wie kommt also der Berichterstatter zu seiner Bemerkung? — Da indessen Aehnliches bis in die neueste Zeit von meinen Compositionen behauptet worden ist, so daß Leute, denen ich nicht persönlich bekannt war, mich für einen Misanthropen oder Candidaten des Spleens hielten, während ich mich doch eines stets heiteren Sinnes zu erfreuen hatte; so muß wohl etwas Wahres daran sein, und ich glaube dies nun darin zu finden, daß man das vorherrschend Schwärmerische und Gefühlaufregende in meinen Compositionen, sowie meine Vorliebe für die Moll-Tonarten, als Ausbrüche von Melancholie genommen hat. Ist dem so, so kann ich es mir schon gefallen lassen, obgleich es mich früher stets ärgerte.

Von der Ouvertüre zu „Alruna" sagt jener Breslauer Berichterstatter, „sie sei nicht frei von Reminiscenzen." Er hätte geradezu sagen können, sie sei der Ouvertüre der Zauberflöte ganz und gar nachgebildet; denn dies war die Aufgabe, die ich mir gestellt hatte. Bei meiner Verehrung für Mozart und der Bewunderung, die ich dieser Ouvertüre zollte, schien mir eine Nachbildung derselben etwas sehr Natürliches und Lobenswerthes, und ich hatte in jener Zeit der Entwickelung meines Compositionstalentes schon mehrere ähnliche Nachbildungen Mozart'scher Meisterwerke versucht, unter anderen die einer Arie voller Liebesklagen in Alruna nach der wundervollen Arie der Pamina: „Ach ich fühl's, es ist verschwunden." Obwohl ich nun bald nach jener Zeit zu der Einsicht kam, daß der Componist auch in der Form seiner Musikstücke, sowie in der Entwickelung seiner musikalischen Ideen originell zu sein sich bestreben müsse, so hat sich doch eine Vorliebe für jene Nachbildung der Zauberflöten-Ouvertüre noch bis in die neueste Zeit bewahrt, und noch jetzt halte ich sie für eine meiner besten und wirksamsten Instrumental-Compositionen. Sie ist auch nicht so sclavisch nachgeahmt, daß sie nicht auch Einiges von eigener Erfindung enthielte, wie z. B. die auffallenden Modulationen in dem Einleitungs-Adagio und das zweite Fugenthema, womit die zweite Hälfte des Allegro beginnt und das dann mit dem Hauptthema recht glücklich verbunden ist. Auch die Instrumentirung, obwohl noch ganz in Mozart'scher Weise, hat doch schon einiges Eigenthümliche.

In Breslau fanden wir einen alten Bekannten aus Gotha, den bisherigen Intendanten der Kapelle, Baron von Reibnitz, der seinen Abschied genommen und sich auf sein Gut in Schlesien zurückgezogen hatte. Für die Wintermonate war er zur Stadt gekommen und bekannt mit Allem, was in Breslau Musik trieb und liebte, führte er mich in die dortigen musikalischen Zirkel ein und war mir auch zu meinen Concerten sehr behülflich. Breslau, von jeher eine der musikalischsten Städte Deutschlands, hatte damals so viele stehende Concerte, daß fast an jedem Wochentage eins stattfand. Da nun auch noch täglich Theater war, so hielt es sehr schwer, einen passenden Tag für ein Extra-Concert zu finden und fast noch schwerer, ein zahlreiches und gutes Orchester zusammen zu bringen. Dieser Schwierigkeit wurde ich jedoch durch die Gefälligkeit des Domkapellmeisters S ch n a b e l über= hoben, der mir nicht nur zu jedem meiner drei Concerte ein gutes Orchester verschaffte, sondern auch jedesmal die Leitung übernahm. Der erfahrene Dirigent widmete meinen Composi= tionen eine besondere Theilnahme, die er bald auch auf den Com= ponisten übertrug und die von diesem auf das herzlichste erwidert wurde. Wir gewannen uns sehr lieb und blieben bis zu S ch n a= bel's frühem Tode in freundschaftlicher Verbindung.

Bald nach meiner Ankunft in Breslau, als ich mich eben anschickte, in Gotha die Verlängerung des Urlaubs zur Reise nach Rußland zu erwirken, erhielt ich durch Baron v o n R e i b n i tz ein Schreiben des Hofmarschalls Grafen S a l i s ch in Gotha, der mir Folgendes mittheilte:

Die Herzogin habe zu ihrem großen Leidwesen aus Weimar die Nachricht erhalten, daß ich eine Reise nach Rußland beab= sichtige und erst nach Jahresfrist zurückzukehren gedenke. Da sie mich, sowie auch meine Frau höchst ungern so lange bei den Hof= concerten vermissen werde, so erbiete sie sich, wenn ich die Reise aufgeben und baldigst nach Gotha zurückkehren wolle, meiner Frau als Entschädigung dafür eine Anstellung als Solospielerin bei den Hofconcerten und als Musiklehrerin der Prinzessin *) zu verschaffen. — Kaum hatte ich meiner Frau den Inhalt dieses Briefes mitgetheilt, so sah ich, wie die Hoffnung, ihre Kinder nun früher wiederzusehen, ihren Augen Freudenthränen entlockte. Dies rührte mich so sehr, daß mein Entschluß, die Reise aufzu= geben, sogleich feststand. Ich knüpfte daher mit dem Grafen S a l i s ch, dem nunmehrigen Intendanten der Gothaer Kapelle,

---

*) Der Herzogin Stieftochter, später mit dem Herzog von Coburg vermählt, Mutter des jetzt regierenden Herzogs und des Prinzen Albert, Gemahls der Kö= nigin von England.

Unterhandlungen an und als diese die Anstellung meiner Frau
mit einem angemessenen Gehalt vom 1. Januar 1810 an sicher
gestellt hatten, versprach ich meinerseits, nun möglichst bald nach
Gotha zurückzukehren. Wir beeilten daher unsere Abreise von
Breslau und gingen über Liegnitz nach Glogau, wo wir am 13.
und 18. December sehr besuchte, von den dortigen Musikfreunden
im voraus veranstaltete Concerte gaben, nach Berlin.

Von dem Concerte in Glogau erinnere ich mich noch eines höchst
komischen Vorfalles. Es fand nämlich in einem Gebäude statt, das
wohl einzig in seiner Art sein mochte; denn es enthielt im unteren
Stocke die Fleischscharren, in der ersten Etage den Concertsaal und
darüber endlich das Theater der Stadt. Da der Saal sehr niedrig und
mit Menschen überfüllt war, so wurde es bald unerträglich heiß.
Das Publikum verlangte daher das Oeffnen einer Fallthür, die
sich an der Decke des Saales befand und im Parterre des
Theaters aufgezogen werden konnte. Nun war aber der Schlüssel
zum Theater, das den Winter über unbenutzt geblieben war,
durchaus nicht aufzufinden, und man brachte daher eine Stange
herbei, um die Fallthür aufzustoßen. Anfangs wollte sie nicht
weichen; als jedoch mehrere Männer ihre Anstrengungen vereinten,
sprang sie plötzlich auf, überschüttete aber in demselben Augenblick
die darunter sitzenden Damen mit einer solchen Masse von Staub,
Kirschkernen, Apfelschalen u. dgl., was sich seit Jahren im Par=
terre angehäuft hatte, daß diese nicht nur ganz damit bedeckt,
sondern auch Orchester und Auditorium in eine solche Staubwolke
eingehüllt wurden, daß im ersten Augenblick Niemand erkennen
konnte, was denn eigentlich geschehen sei. Nachdem es wieder
hell geworden war, suchten die Damen, so gut es gehen wollte,
ihre Hälse und Kleider von dem Schmutze zu befreien; die Mu=
siker putzten ihre Instrumente ab, und das Concert nahm seinen
Fortgang.

Berlin fanden wir von Fremden sehr belebt und in festlicher
Aufregung, weil man die Rückkehr des Hofes erwartete, der seit

der unglücklichen Schlacht bei Jena fortwährend in Königsberg residirt hatte. Der Moment war zum Concertgeben günstig; auch hatten wir schon im ersten Concerte noch vor Ankunft des Hofes ein zahlreiches Auditorium. Ueber unsere Leistungen sagt der Bericht= erstatter der Mustkal. Zeitung: „Gestern, am 4. Januar, gab der Gothaer Concertmeister, Herr S p o h r, Concert im Theatersaal. Er spielte das von ihm componirte Violinconcert in G-moll mit spanischem Rondo, ein Potpourri für die Violine und mit seiner fertig und ausdrucksvoll spielenden Frau eine Sonate für Pedal= harfe und Violine, ebenfalls von seiner Composition. Die Mustkal. Zeitung hat schon mehrmals dieses talentvollen Virtuosen und neulich auch dieser Compositionen mit Ruhm gedacht. Auch hier lobte man Compositionen und Spiel. Besonders bewunderte man die Doppelgriffe, die Sprünge und Triller, welche Herr S p o h r mit größter Fertigkeit ausführte und durch den seelenvollen Aus= druck seines Spiels, besonders im Adagio, nahm er alle Herzen für sich ein. Wir haben Hoffnung, dieses ehrenwerthe Künstler= paar künftige Woche noch einmal zu hören."

Am 10. fand der festliche Einzug des zurückkehrenden Hofes statt. Es war in der That eine ergreifende Scene, als der König an der Seite seiner Gemahlin im offenen Wagen langsam durch die vollgedrängten Straßen fuhr und von tausendstimmigem Zurufe und dem Wehen der Tücher aus allen Fenstern begrüßt wurde. Die Königin schien tief gerührt; denn es stahl sich eine Thräne nach der anderen aus ihren schönen Augen. Abends war die Stadt glänzend erleuchtet.

Am folgenden Tage gaben wir unser zweites Concert. Schon am frühen Morgen wurden wir mit Fragen bestürmt, ob der Hof es besuchen werde. Wir konnten darüber noch keine Auskunft geben; doch als die Königin gegen Mittag Billette holen ließ, verbreitete sich dies wie ein Lauffeuer durch die Stadt, und die Zuhörer strömten nun in solcher Menge herbei, daß sie der weite Saal kaum fassen konnte. Ich spielte, wie ich aus dem Bericht

der Mufikal. Zeitung erfehe, mein drittes Concert in C-dur und
mit meinem Schüler Hildebrandt, der bei einem Verwandten
in Berlin zum Befuch anwefend war, meine Concertante in A-dur.
Die Genauigkeit unferes Zufammenfpiels war noch die frühere
und gewann uns auch hier, wie damals in Gotha, den lebhafteften
Beifall. Der Berichterftatter ift jedoch damit nicht ganz einver-
ftanden, indem er fich, wie folgt, darüber äußert: „Beide Spieler
waren in der Concertante nicht bloß einig, fondern wie Einer;
und wenn das von der einen Seite Lob und fogar Bewunderung
verdient, fo wurde es doch auch etwas einförmig und einfarbig;
man vermißte, und nicht gern, das Anziehende, welches aus der
Vereinigung des Verfchiedenen entfpringt, wenn man durch die
Vereinigung doch die Verfchiedenheit noch hindurchblicken fieht, —
ftatt eins zu werden, ward es einerlei." — Das klingt finnreich
und hat doch wenig Sinn! Die beiden Soloftimmen diefer Concertante find in einer Weife gefchrieben, daß ihre volle Wirkung
nur durch das genauefte Zufammenfpiel zu erreichen ift. Dies
ift aber in höchfter Potenz nur dann möglich, wenn beide Spieler
diefelbe Schule und diefelbe Vortragsweife haben. Ja es ift
fogar erforderlich, daß ihre Inftrumente gleiche Stärke und mög-
lichft gleiche Klangfarbe befitzen. Dies Alles fand fich bei mir
und meinem Schüler vereinigt; daher die große Wirkung unferes
Zufammenfpiels. Später habe ich auf meinen Reifen innerhalb und
außerhalb Deutfchlands diefe Concertante mit mehreren der be-
rühmteften Geiger meiner Zeit gefpielt, die fämmtlich als Vir-
tuofen höher ftanden, als mein Schüler Hildebrandt; eine
gleiche Wirkung, wie bei meinem Zufammenfpiel mit diefem, habe
ich aber nie wieder erreichen können, da deren Schule und Vortragsweife von der meinigen zu verfchieden waren.

Ich hatte anfangs die Abficht, von Berlin aus direct nach
Gotha zurückzukehren, um meiner Zufage nachzukommen. Da ich
aber von einem Hamburger Mufikfreunde erfuhr, daß dort jetzt ein
fehr günftiger Zeitpunkt fei, um Concerte zu geben, fo bat ich in

Gotha noch um einige Wochen Frist, um auch Hamburg vor meiner Rückkehr noch besuchen zu können. Sie wurde mir gewährt.

Hamburg war in jener Zeit von den Franzosen besetzt, die eine strenge Handelssperre gegen England verfügt hatten. Die dortigen damals noch sehr reichen Kaufleute hatten daher wenig zu thun und um so mehr Muße, sich mit Musik zu beschäftigen und Concerte zu besuchen. Da uns nun ein guter Künstlerruf voranging, so war schon unser erstes Concert, welches wir am 8. Februar im Apollosaal gaben, ein zahlreich besuchtes, und es trug uns, bei dem hohen Eintrittspreise von einem Hamburger Species, beinahe 400 Thaler ein. Da unser Spiel in diesem Concerte große Sensation machte, so steigerte sich die Einnahme beim zweiten am 21. Februar zu der großen Summe von 1015 Thaler. Zwischen beiden Concerten gaben wir am 14. auch eines in Lübeck, wohin wir von den dortigen Musikfreunden eingeladen waren und spielten dann zuletzt noch, gegen ein angemessenes Honorar, im Museum zu Altona.

Höchst zufrieden mit unseren Geschäften wollten wir nun abreisen. Da erschien der Sekretär des französischen Gouverneurs bei uns und forderte uns im Namen desselben auf, noch ein drittes Concert zu geben, weil er und seine Gesellschaft es versäumt hätten, uns zu hören. Da ich, in der Besorgniß, daß ein solches nicht sehr besucht sein werde, mit der Antwort zögerte, so setzte der Herr noch hinzu, er habe den Auftrag, für den Gouverneur und dessen Gesellschaft zweihundert Billette zu nehmen. Dadurch waren alle Bedenken beseitigt, und wir gaben am 3. März noch ein drittes Concert, welches abermals eine Einnahme von 510 Thaler abwarf.

In Hamburg machte ich damals zuerst die persönliche Bekanntschaft von Andreas Romberg und dem Musikdirector Schwenke. Beide berühmten Künstler nahmen mich auf das Freundlichste auf und waren mir bei meinen Concerten möglichst

behülflich. Romberg sorgte für ein gutes Orchester und über=
nahm die Leitung desselben, und Schwenke, der gefürchtete
Kritiker, besorgte die Ankündigungen der Concerte in den Zeitungen.
Da sein Ausspruch als die höchste Autorität galt, so trug die
günstige Weise, auf welche er das Künstlerpaar beim Publikum
einführte und dann später unsere Leistungen, sowie meine Com=
positionen beurtheilte, nicht wenig zu dem großen Erfolge bei, den
wir in Hamburg fanden. Beide Künstler lebten in angenehmen
Familienkreisen und hatten es gern, wenn ich und meine Frau
zur Theestunde zu ihnen kamen. Dann wurde nur von Musik
geplaudert und manches Belehrende und Ergötzliche vorgebracht.
Romberg erzählte gern von seinem früheren Aufenthalte in Paris
und wußte manches Pikante von den dortigen musikalischen Be=
rühmtheiten zu berichten. Schwenke ergötzte durch seine geist=
reiche aber beißende Kritik, von der fast nichts verschont blieb.
Ich konnte es mir daher hoch anrechnen, daß meine Compositionen
wie mein Spiel günstig von ihm beurtheilt wurden. Die Ein=
zelnheiten, in die Schwenke dabei einging, waren für mich sehr
belehrend, und ich freute mich daher jedesmal, wenn ich ihn bei
den Musikpartien als Zuhörer fand. Man machte damals viel
Quartettmusik in Hamburg, und Romberg hatte sein Quartett,
dessen Zierde der Violoncellist Prell war, vortrefflich eingeübt.
Es war daher ein Vergnügen, ihnen sich anzuschließen. Rom=
berg spielte nur eigene Quartetten und trug sie, obwohl kein
großer Virtuos auf seinem Instrumente, doch fertig und mit
Geschmack vor. Nur wurde er nie recht warm dabei, was
schon daraus hervorging, daß er während des Quartettspieles
in Ruhe seine Pfeife rauchen konnte *). Ich spielte seine Lieb=
linge unter den Mozart'schen und Beethoven'schen Quar=

---

*) Auch Bernhard Romberg rauchte beständig beim Musiciren und ich
hörte ihn einst bei sich in Gotha sein schwerstes Concert in Fis-moll vortragen,
ohne daß ihm dabei die Pfeife ausging.

tetten und erregte auch hier durch meine, sich dem jedes=
maligen Charakter der Composition treu anschmiegende Vortrags=
weise große Sensation. Schwenke sprach sich geistreich darüber
aus. Auf seinen Wunsch mußte ich auch zwei meiner eigenen
Quartetten spielen. Ich that es ungern, da sie den Ansprüchen,
die ich jetzt an diese Compositions=Gattung machte, nicht mehr ent=
sprachen. Ich äußerte dies auch unverhohlen; doch gefielen sie und
fanden sogar vor Schwenke's scharfer Kritik Gnade. Nur
Romberg war anderer Ansicht. Er sagte zu mir mit naiver
Offenherzigkeit: „Mit Ihren Quartetten ist es noch nichts; sie
stehen den Orchestersachen weit nach!" So einverstanden ich damit
war, so kränkte es mich doch, dieses Urtheil von einem Anderen
aussprechen zu hören. Als ich daher einige Jahre nachher in Wien
Quartetten geschrieben hatte, die mir meiner übrigen Composi=
tionen würdiger zu sein schienen, so widmete ich sie Romberg, um
ihm zu zeigen, daß ich nun Quartetten schreiben könne, „mit denen
es etwas sei!"

Bei einer der Musikpartien, denen ich und meine Frau bei=
wohnten, gab ein komisches Mißverständniß viel zu lachen.

Ein reicher jüdischer Banquier, der mein Quartettspiel hatte
rühmen hören, wollte seine Gesellschaft auch damit regaliren und lud
mich also ein. Obgleich ich wußte, daß ich dort eine, für solch'
edle Musik wenig empfängliche Gesellschaft finden würde, so durfte
ich doch nicht ablehnen, da der reiche Mann zu jedem meiner Con=
certe vierzig Billette genommen hatte. Ich sagte also zu, jedoch
unter der Bedingung, daß zu meiner Begleitung die besten Künstler
Hamburgs eingeladen werden müßten. Dies wurde versprochen und
wirklich fand ich auch, als ich in die glänzende Gesellschaft ein=
trat, nicht nur Romberg anwesend, sondern sah auch noch einen
anderen ausgezeichneten Geiger. Ich war daher der Begleitung
wegen ganz beruhigt. Als aber die Quartettmusik beginnen sollte,
kam noch ein vierter Geiger mit seinem Instrumente herbei, und
wir sahen nun mit Erstaunen, daß der Hausherr nur Geiger ein=

geladen hatte. Als guter Rechner wußte er nämlich, daß zu einem Quartett v i e r e gehören, aber nicht, daß unter diesen auch ein Bratschist und ein Violoncellist sein müsse. Man rieth dem in seiner Verlegenheit Rathlosen, schnell zu Herrn P r e l l in's Theater zu schicken. Da dieses aber schon beendet war, so konnte nun trotz allen Schickens weder dieser, noch irgend ein anderer Violoncellist aufgetrieben werden und die Gesellschaft hätte ganz ohne Musik auseinandergehen müssen, wenn ich und meine Frau nicht eine unserer Sonaten vorgetragen hätten. War nun schon die Musikkenntniß dieses Mäcens der Kunst nicht sehr groß, so war es seine Delikatesse noch viel weniger. Denn als ich an diesem Abend Abschied von ihm nahm, holte er aus seinem Schreibtische vierzig Species und sagte, indem er sie mir hin= reichte: „Ich höre, Sie geben ein drittes Concert; schicken Sie mir wieder vierzig Billets; ich habe zwar die anderen noch fast alle, will aber doch wieder neue nehmen." Empört über die Un= verschämtheit des reichen Juden, wies ich das Geld zurück und sagte: „Die früheren Billette gelten zwar im nächsten Concerte nicht; die Ihrigen sollen es aber doch. Sie brauchen also keine neuen." Und so ließ ich ihn abermals verlegen und beschämt vor seiner Gesellschaft stehen und kehrte ihm den Rücken. Am Tage des Concertes kam aber doch ein Diener des Krösus und holte die vierzig Billette.

Bevor ich Hamburg verließ, wurde mir noch ein Antrag ge= macht, der mir viele Freude gewährte. Der berühmte Schauspiel= director, Schauspieler und Schauspieldichter S c h r ö d e r , der sich vor beinahe zehn Jahren in Ruhe gesetzt und damals sein Theater an andere Unternehmer verpachtet hatte, bekam plötzlich Lust, dasselbe, nach Ablauf der Pachtzeit, wieder selbst zu übernehmen. Die Hamburger Theaterfreunde jubelten, denn sie hofften davon ein neues Aufblühen ihrer, ehemals unter Schröder's Leitung so ausgezeichneten Bühne. Das neue Unternehmen sollte mit An= fang des Jahres 1811 beginnen und zuerst lauter Neues an

Schauspielen und Opern bringen. Schröder selbst hatte dazu eine ganze Reihe von Schau= und Lustspielen gedichtet und auch vier Opernbücher erworben, die nun componirt werden sollten. Drei davon waren bereits an Winter in München, Andreas Romberg und den Musiklehrer Clasing in Hamburg vergeben; das vierte aber, „Der Zweikampf mit der Geliebten" von Schink, wurde mir zur Composition angetragen. Den Unterhändler machte ein früherer Bekannter von mir, der Schauspieler Schmit, ehemals bei der Magdeburger, jetzt bei der Hamburger Bühne angestellt.

So wenig ich bisher mit meinen dramatischen Arbeiten zufrieden gewesen war, so hatte doch die Lust, mich an solchen zu versuchen, nicht abgenommen. Ich nahm daher den Antrag an, ohne erst viel nach den Bedingungen zu fragen und ohne das mir bestimmte Opernbuch einer Prüfung zu unterwerfen. Die Bedingungen waren jedoch ganz annehmbar. Es wurde ein schriftlicher Vertrag darüber aufgenommen und von beiden Theilen unterzeichnet. Ich machte mich verbindlich, im Frühjahr 1811 meine Composition abzuliefern und im Laufe des Sommers dann nach Hamburg zu kommen, um die drei ersten Aufführungen der Oper zu leiten.

So mit der Aussicht auf eine interessante Arbeit kehrte ich gern nach dem stillen Gotha zurück. Nur quälte mich noch die Besorgniß, daß die Herzogin unser langes Ausbleiben übel vermerkt haben werde, und ich wurde darin noch mehr bestärkt, als wir bei unserem Antrittsbesuch von der Herzogin nicht angenommen wurden. Wir sahen sie daher erst im Hofconcerte wieder. Da ich wohl wußte, daß sie am sichersten zu versöhnen sei, wenn wir sogleich in diesem aufträten, so spielte ich mit meiner Frau eine meiner Sonaten und nach dieser die Lieblings=Variationen der Herzogin, die Rode'schen in G-dur. Dies verfehlte seine Wirkung nicht, denn nach beendetem Concerte trat die Herzogin zu uns, begrüßte uns auf das Freundlichste und ließ uns unsere Entschuldigungen nicht einmal zu Ende bringen. Beruhigt

konnten wir nun das Glück, mit unsern Kindern wieder vereinigt
zu sein, im ganzen Umfange genießen.

Sobald wir wieder eingewohnt waren, drängte es mich zur
Composition der mitgebrachten Oper. Ich sah nun erst, bei näherer
Prüfung des Buches, daß ich eben kein großes Loos gezogen hatte.
Der an sich nicht uninteressante Stoff war in einer Weise be=
arbeitet, die mir wenig zusagen wollte. Ich fühlte die Nothwen=
digkeit, Abänderungen zu treffen und holte daher vor allem die
Erlaubniß dazu von Herrn Schröder ein. Diese wurde mir
gern gewährt, und ich änderte daher mit Hülfe eines jungen
Dichters in Gotha, was mir nicht gefiel, sah aber später bei der
Aufführung, daß ich noch manches Andere ebenfalls hätte aus=
merzen müssen. Es fehlte mir aber damals noch zu sehr an der
nöthigen Erfahrung in dramatischen Arbeiten.

Kaum war die Composition der ersten Nummern der Oper
begonnen, als ich durch eine andere Arbeit wieder davon abge=
zogen wurde. Im Frühjahr kam nämlich der Cantor Bischoff
aus Frankenhausen nach Gotha und trug mir die Leitung eines
Musikfestes an, das er im Laufe des Sommers in der Kirche
seines Ortes zu veranstalten gedachte. Bereits hatte er sich der
Mitwirkung ausgezeichneter Sänger, sowie der vorzüglichsten Mit=
glieder der in der Nähe befindlichen Hofkapellen der thüringischen
Residenzen versichert und zweifelte daher nicht an einem höchst
glänzenden Erfolge. Als der jüngste der Directoren dieser Hof=
kapellen fühlte ich mich nicht wenig geschmeichelt, daß man mir
die Leitung übertragen wollte und sagte daher mit Freuden zu,
obgleich ich noch nie ein so großes Orchester und Gesangpersonal,
wie dort vereinigt werden sollte, dirigirt hatte. Meine eben be=
gonnene Arbeit mußte ich nun auf einige Zeit zurücklegen, da
Hermstedt mich dringend bat, ihm noch ein neues Clarinett=
Concert für das Fest zu schreiben. Obgleich ungern in meiner
Arbeit unterbrochen, ließ ich mich doch bewegen und beendete es
auch zeitig genug, daß Hermstedt es unter meiner Leitung noch

einstudiren konnte. Dieses erste Frankenhäuser Musikfest, das damals in der Musikwelt großes Aufsehen erregte und Veranlassung wurde, daß sich an der Elbe, am Rheine, in Norddeutschland und in der Schweiz Vereine bildeten, um ähnliche Musikfeste zu veranstalten, hat in Herrn Gerber, dem Verfasser des Tonkünstler=Lexicons, einen so beredten Beschreiber gefunden, daß ich am besten zu thun glaube, wenn ich dessen Bericht (in der Musikalischen Zeitung, 12. Jahrgang, Nr. 47) größtentheils hier aufnehme:

„Am 20. und 21. Juni dieses Jahres feierte man der Tonkunst in der, vier Stunden von Sondershausen liegenden Schwarzburg=Rudolstädtischen Stadt Frankenhausen, durch Aufführung der Schöpfung von Haydn und eines großen Concerts ein Fest, eben so merkwürdig durch die so glücklich überwundenen mannichfachen Schwierigkeiten bei Veranstaltung des Ganzen, als durch den hohen Grad der Vortrefflichkeit, mit der hier auf Tausende von Zuhörern, von mehr als zwanzig Meilen im Umkreise, gewirkt wurde. Da hier von einer Landstadt Thüringens die Rede ist, in der sich das Musikpersonal einzig auf den Stadtmusikus nebst seinen Gehülfen und das etwaige Singchor beschränkt, so muß allerdings die Verwunderung über die Möglichkeit eines solchen Unternehmens hoch steigen. ...

„Der Herr Cantor Bischoff zu Frankenhausen, ein junger, thätiger und für die Musik glühender Mann, der schon im Jahre 1804 mit Hülfe seiner Nachbarn und einiger Mitglieder der Herzoglich Gothaischen Kapelle, unter der Direction des Herrn Concertmeister Fischer aus Erfurt und Ernst aus Gotha, „die Schöpfung" mit etwa achtzig Sängern und Instrumentalisten zur allgemeinen Zufriedenheit der Zuhörer in dasiger Hauptkirche aufgeführt hatte, fühlte sich dadurch aufgemuntert, dies große Kunstwerk noch einmal, nach der Idee seines großen Meisters, durch zweihundert Sänger und Instrumentalisten zu geben. Lange hinderten Hin= und Herzüge fremder Völker die Ausführung seines

Vorhabens. Endlich wagte er es bei der gegenwärtig scheinbaren Ruhe in Deutschland, sein Vorhaben auszuführen. Er besuchte deswegen schon vor einiger Zeit Weimar, Rudolstadt, Gotha und Erfurt; in mehrere Städte wurden schriftliche Aufforderungen geschickt und aller Orten fanden seine Einladungen ein geneigtes Ohr, so daß sich am 19. Juni früh zur Probe bereits 101 Sänger und 106 Instrumentalisten, größtentheils aus Thüringen, eingefunden hatten, darunter zwanzig Künstler aus Gotha mit ihrem berühmten Director, Herrn Concertmeister S p o h r.

„Die Mitwirkenden waren theils grabuirte Tonkünstler und Kapellisten, theils ausgezeichnete Dilettanten und zum Theil Virtuosen vom ersten Range, ein Jeder mit seinem eigenen Instrumente, und die Meisten mit der Schöpfung schon vertraut....

„Aus dieser Masse bildete sich nachstehendes Orchester: Director: Concertmeister S p o h r; Sopransolo: Madame S c h e i b l e r aus Gotha; Tenorsolo: Kammersänger M e t h f e s s e l aus Rudolstadt; Baßsolo: Kammersänger S t r o h m e y e r aus Weimar; Orgel: Concertmeister F i s c h e r und Professor S c h e i b n e r, Beide aus Erfurt; Flügel: Kapellmeister K r i l l e aus Stollberg; Chordirector: Kantor B i s c h o f f aus Frankenhausen; Choristen: Sopran 28, Alt 20, Tenor 20, Baß 30.“

Hier folgen die Namen sämmtlicher Musiker, und eine Beschreibung der Aufstellung des Orchesters. Dann fährt der Bericht fort:

„Diese schöne, zweckmäßige Stellung, wobei Jeder Platz genug um sich und den Director beständig vor Augen hatte, trug unstreitig nicht wenig zu der, nach einer einzigen Probe, gelungenen Aufführung so großer, zum Theil neuer und höchst schwieriger Kunstwerke, bei, wie besonders am zweiten Tage aufgeführt wurden. Dies waren:

„1) Eine große neue Ouvertüre für's ganze Orchester (auch mit Posaunen), von S p o h r. 2) Eine große italienische Scene für den Baß, von R i g h i n i, welche S t r o h m e y e r sang. 3) Ein neues, von S p o h r für dies Fest geschriebenes großes Clarinetten=

Concert, welches Musikdirector Hermstedt vortrug. Hierauf machte 4) Concertmeister Fischer auf der vollen Orgel eine kunstvolle Einleitung zum 5) letzten Chor aus Haydn's Jahreszeiten. Darauf folgte 6) ein Doppelconcert für zwei Violinen, ebenfalls von Spohr's origineller Arbeit, durch ihn selbst und Matthäi vorgetragen. 7) Ein großes Rondo, aus einem Concert D-dur, von Bernhard Romberg, durch Dotzauer kunstvoll ausgeführt, und 8) die Symphonie aus C-dur von Beethoven....

„Herrn Spohr's Direction mit der Papierrolle, ohne alles Geräusch und ohne die geringste Grimasse, möchte man eine graziöse Direction nennen, wenn dies Wort, außer dem gefälligen Anstande, auch die Bestimmtheit und Wirksamkeit seiner Bewegungen auf die ganze, ihm und sich selbst fremde Masse, ausdrückte. Diesem glücklichen Talent des Herrn Spohr schreibe ich den größten Theil der Vortrefflichkeit und Präcision — der erschütternden Gewalt, sowie des sanften Anschmiegens dieses zahlreichen Orchesters an den Sänger, beim Vortrag der „Schöpfung" zu.

„Die für eine große Kirche geeignete, volltönende und doch auch biegsame Stimme der Madame Scheidler, der ausdrucksvolle Vortrag des in der Kunst erfahrenen Herrn Methfessel, die herrliche Baßstimme des Herrn Strohmeyer, unstreitig die schönste, die ich je gehört habe vom contra D bis zum eingestrichenen G, ... diese drei Solosänger, im Verein so vieler ausgezeichneter Virtuosen, an der Spitze jeder Stimme, wo Jeder freiwillig und mit Lust sang oder spielte, machen mir die Versicherung leicht, daß diese Aufführung der Schöpfung die kräftigste, ausdrucksvollste, mit einem Worte, gelungenste war, der ich je beigewohnt habe....

„Die Ouvertüre, womit am folgenden Tage das Concert anhub, gehört im eigentlichen Verstande unter die Kunststücke im Moduliren. Fast mit jedem neuen Takte drängt ein Inganno das andere, so daß sie als eine zusammenhängende Reihe

von Studien in der Modulation angesehen werden kann. Wahr=
scheinlich bezieht sich diese Unruhe, dieses Schwanken auf den
Inhalt der „Alruna“, zu welchem Drama sie geschrieben sein soll.
So gewiß aber diese Ouvertüre vor dem Theater von großem
Effecte sein kann, so schien sie als Concertmusik doch den Ein=
druck nicht zu machen, den man von der Ausführung eines so
braven und zahlreichen Orchesters erwarten durfte. Dieser Erfolg
läßt sich nicht anders erklären, als daß, wie ununterbrochene und
anhaltend getäuschte Hoffnungen das Gemüth in Unbehaglichkeit
versetzen, so auch eine Musik, welche das Ohr bis zum Ende in
seinen Erwartungen täuscht und nie befriedigt. Lauter krumme
mitunter rauhe Wege, welche zu keinem Ziele, zu keiner Ruhe
und zu weiter keinem Genusse führen und wodurch der Componist
blos den Verstand des Zuhörers beschäftigt, ermüden dennoch zu=
letzt. Auch die Musik unserer Vorfahren vor 200 Jahren, ihre
Madrigale und Motetten, bestanden aus lauter solchen krummen
Wegen ohne Ruheplatz — aus lauter Modulationen und aufge=
haltenen Schlußfällen. Aber unseren guten Alten fehlte es noch
an den nöthigen Blumen, um ein Ruheplätzchen zu verschönern
und interessant zu machen; d. h. es fehlte ihnen noch an melo=
dischen Figuren, um den Zuhörer in einer Tonart auf angenehme
Weise zu unterhalten. Wie leicht wäre dies aber dem trefflichen
S p o h r, der der schönen Blumen so viele hat! Der sogenannte
Contrast in großen Musikwerken ist gar nicht zu verachten; um so
weniger, je mehr er sich auf die menschliche Empfindungsweise
gründet.

„Von der Wirkung der von Herrn S t r o h m e y e r vorge=
tragenen großen Scene von R i g h i n i braucht hier um so weniger
etwas beigebracht zu werden, da seinem schönen Vortrage schon
oben volle Gerechtigkeit widerfahren ist. Auch R i g h i n i's schöner
Gesang und vortreffliche Instrumentirung ist bekannt genug. Die
Scene versetzte die ganze Versammlung in Enthusiasmus.

„Das von H e r m s t e d t vorgetragene Clarinetten=Concert von

Spohr aus Es... gehört unstreitig zu den vollendetsten Kunst=
werken dieser Art. Eine große und brillante Behandlung des
concertirenden Instrumentes, verbunden mit einer ganz originellen
Begleitung des Orchesters, wo gleichsam jede Stimme, selbst die
Pauke, obligat ist, was aber deswegen ein um so geübteres und
aufmerksameres Orchester erfordert, berechtigt zu dieser hohen
Stelle. Besonders zeichnet sich der dritte, polonaisenartige Satz
aus, wo man ungewiß bleibt, ob man mehr den Glanz der kunst=
vollen Soli's, oder die vortrefflich gearbeiteten Tuttisätze, bewun=
dern soll — in welchen letzteren die Blasinstrumente mitunter in
wahre thematische Kämpfe miteinander zu treten scheinen. Ueber=
dies gewinnt dies Kunstwerk noch besonders durch den heiteren
Geist, der es durchaus beseelt. Die herrliche Ausführung dieses
Concertes machte dem Componisten, dem Concertisten, sowie dem
ganzen Orchester sehr viel Ehre; auch brachte sie Tausende von
Händen der Zuhörer in die lebhafteste und anhaltende Bewegung.

„Hierauf überraschte Herr Concertmeister Fischer das Or=
chester, sowie das Auditorium nicht wenig, indem er mit der vollen
Orgel einfiel, um das nun folgende Schlußchor, aus C-dur, ein=
zuleiten. Diese neue Art von Musik, wovon in der Probe nichts
gehört worden war, seine künstliche Verkettung der Stimmen, seine
harmonischen Wendungen und seine meisterhaften Modulationen
machten jedes Mitglied des Orchesters doppelt aufmerksam. Mehrere
Minuten mochte er die Versammlung auf diese Weise unterhalten
haben, als er auf der Dominante verweilte und, um die Erwar=
tung auf den Eintritt des Chors um so mehr zu spannen, ver=
mittelst einer Art von Orgelpunkt auf diesem Intervalle einen
Schluß bildete. Nicht sobald bemerkte dies Herr Spohr, als er
seine Papierrolle aufhob; und kaum war der letzte Orgelton ver=
hallt, als das ganze Orchester mit dem ersten einzelnen Schlage,
C, des Chores einfiel; welches C dann die Trompeten durch
Zungenstöße, bis zum Ende des Taktes, allein fortzusetzen hatten.
Dies geschah auf das pünktlichste. Allein über dem Orgelspiele

hatte einer der Trompeter sein Einsatzstück zu wechseln vergessen, schlug also noch im Es an. Im Augenblick machte Herr S p o h r eine Bewegung und das Orchester ließ vom zweiten Takte nichts weiter hören. Dagegen fiel Herr F i s c h e r sogleich wieder mit der Orgel ein, setzte sein Präludium fort und schloß nun förmlich in dem Haupttone C-dur — als ob dieser Vorgang absichtlich so eingeleitet worden wäre. Da also hierbei kein Stillstand in der Musik stattfand, so daß außer dem Orchester schwerlich jemand dies Versehen bemerkt haben mag, so würde es allerdings verheimlicht werden können, wenn nicht zu fürchten wäre, daß erfahrene Künstler meine hier wiederholten Aeußerungen von lauter fehlerfreien und gelungenen Ausführungen durch ein zwanzig Meilen weit zusammen berufenes Orchester, nach einer einzigen Probe, als eine unserer jetzigen politischen Zeitungsnachrichten belächeln möchten.

„Nach einer Pause von etwa fünfzehn Minuten ergriff Herr S p o h r seine Violine, an ihn schloß sich Herr M a t t h ä i näher an, und nun gewährten uns diese beiden vortrefflichen Künstler durch die vollendete Ausführung eines Doppelconcertes von Herrn S p o h r die beglückendsten Genüsse von immer wechselnder Bewunderung, Erstaunen und Freude. Oft schienen sie in offenbarer Fehde über den Vorzug in kunstvoller Ausführung, oft vereinigten sie sich wieder, indem sie gleichsam ganze harmonische Rouladen gemeinschaftlich über die Zuhörer herabströmten. Die Präcision und das Zusammentreffen der zu einander gehörigen Töne in der reißendsten Geschwindigkeit, war bewundernswürdig. Das darauf folgende ganz originelle Adagio dieses Meisterwerkes hub mit einem Trio von zwei Violoncellen, durch die Herren P r e i ß i n g und M ü l l e r und einem Contrabasse, durch Herrn W a c h aus Leipzig ausdrucksvoll vorgetragen, an. Als diese Drei ihr sanftes melodisches Spiel geendet hatten, ließ sich ein Quadro, in gezogenen und gebundenen Harmonieen, gleichsam als von einer Harmonika, nur mehr nach der Tiefe zu gehalten, hören. Es machte einen schauerlich süßen Eindruck. Jedermann sah sich nach den Bässen und Bratschen um, welche zu dieser himmlischen Harmonie bei= zutragen schienen: aber alle Arme ruhten und nur die Bogen der Herren Spohr und Matthäi waren in Bewegung. Und diese waren es auch einzig und allein, welche dies Quadro hören ließen — und zwar mit einer Reinheit, daß das Ohr beim Eintritte der Consonanzen nach Auflösung der Bindungen, öfters durch ein ganz besonders inniges Gefühl gereizt wurde. Nach einem zweiten ähnlichen Violoncelltrio trat das Quadro der beiden Concert= stimmen wieder ein und wendete sich zum Schluß. Der letzte Satz entsprach vollkommen der Kunst und Schönheit des ersten.

„Hierauf näherte sich Herr Dotzauer dem vorderen Pulte und spielte wahrscheinlich wegen Kürze der noch übrigen Zeit nur ein Rondo, aber ein groß ausgeführtes, höchst schwieriges Rondo, aus einem Violoncellconcerte aus D-dur von Bernhard Rom= berg mit einer Fertigkeit, Rundung und Ausdauer in den an= haltenden Passagen und mit einer Leichtigkeit, Reinheit, einem Ausdruck und Silberton bei melodiösen Stellen in den höheren Octaven, daß er schon durch den Vortrag blos dieses Rondo seine große Herrschaft über sein Instrument aufs herrlichste beurkundete.

„Die Symphonie aus C-dur von Beethoven, unstreitig seine gefälligste und populärste, machte den Schluß. Sie wurde unverbesserlich mit Liebe, Feuer und höchster Präcision vorge= tragen. Einen besonders süßen Genuß gewährte dabei das Chor der Bläser in dem Trio der Menuett. Das Ohr glaubte die Töne einer höchst reinen Harmonika zu hören. Ein allgemeines und anhaltendes Applaudissement bewies den Dank und die Zu= friedenheit des Auditoriums mit der Wahl der aufgeführten Meisterwerke und mit der Ausführung der dazu vereinigten Künstler.

„Wenn oben von den glücklich überstandenen Schwierigkeiten des Herrn Unternehmers, sowohl in der Veranstaltung für die geistige als für die leibliche Unterhaltung seiner so zahlreichen Gäste die Rede war, so scheint es Pflicht zu sein, auch über letztere noch Einiges beizubringen. Sie war in solch einem kleinen Oertchen gewiß keine Kleinigkeit.

„Die hundert Choristen waren in verschiedene Gasthöfe vertheilt, wo sie Beköstigung und Nachtlager fanden. Die sämmtlichen Virtuosen, Sänger und Dilettanten hingegen fanden ihre Absteige- und Nachtquartiere in anständigen Privathäusern. Um aber diesen, aus so entfernten Gegenden versammelten, braven Musikfreunden den Genuß ihres Vereins aufs Möglichste zu erleichtern und zu verschönern, hatte Herr Bischoff sein unmittelbar hinter dem Hause liegendes Blumengärtchen aufgeopfert und es in einen Speisesaal umwandeln lassen. Der zu diesem Zweck errichtete Salon war mit jungem Grün ausgeschmückt, dessen Zweige der Gesellschaft freundlich entgegen winkten. In diesem Saal waren die Tafeln aufgestellt und wurde servirt. Es war eine Freude, mit anzusehen, wie sich hier so viele wackere, zu einem und demselben Zwecke vereinigte Künstler und Kunstfreunde zu Allem gemeinschaftlich zusammenfanden, zur beglückenden Arbeit auszogen, von dieser zum heitern Genuß sich wieder sammelten und namentlich auch mit unverkennbarer, herzlicher Theilnahme dem großen Vater Haydn, dem trefflichen Spohr und mehreren andern vorzüglichen Künstlern ihre Dankopfer bei vollen Gläsern darbrachten. Gewöhnlich wurde das Vergnügen an den Abendtafeln noch durch munteren und schönen Gesang erhöht. Es traten gute Stimmen zusammen, sangen Quartetten und Canons; Herr Methfessel ergriff die Guitarre und unterhielt die Gesellschaft mit angenehmen Liedern und rührenden Romanzen von seiner Composition; zur Abwechselung gab er auch ein paar komische Lieder und entwickelte in diesen seine lebhafte Phantasie, seinen Reichthum an Erfindung, Witz, Laune im Ausdrucke, sowie überhaupt seine Bekanntschaft im Reiche der Töne und der Harmonie. Ihm nahm dann der Herr Berg=Assessor Hachmeister aus Clausthal die Guitarre ab und ergötzte die Gesellschaft mit Volksliedern im thüringischen Dialect, voller Witz und Laune, welche den Zuhörer zwangen, die Leiden der Zeit zu belachen, er mochte wollen oder nicht."

Ich und meine Frau machten in Frankenhausen unter den dort versammelten Künstlern und Kunstfreunden manche interessante Bekanntschaft, unter anderen auch die des Amtsraths Lüder in Catlenburg, der bis zu dieser Stunde einer meiner intimsten Freunde geblieben ist. Lüder wohnte damals in der Gegend von Bremen und war auf einer Geschäftsreise nach Berlin begriffen. Am Fuße des Harzes angelangt, erzählt ihm sein Postillon von dem in einigen Tagen bevorstehenden Musikfeste in Frankenhausen und weiß ihm die dort zu erwartenden Kunstgenüsse so anziehend zu schildern, daß Lüder sogleich vom Wege abbiegen und die Richtung nach Frankenhausen einschlagen läßt. Dort angekommen, ist es sein erstes Geschäft, mich aufzusuchen und um die Erlaubniß zu bitten, sämmtlichen Proben beiwohnen zu dürfen. Dies wurde nicht nur sehr gern gewährt, sondern ich lud auch den neuen Bekannten, an dessen brennendem Kunst-Enthusiasmus ich große Freude hatte, ein, den Zusammenkünften im Zelte Mittags und Abends beizuwohnen. Hier gestaltete sich in den Stunden zwischen den Proben und den Aufführungen ein so fröhliches, durch Kunstgenüsse und heitere Scherze gewürztes Zusammenleben, daß alle Theilnehmenden gewiß mit großer Befriedigung daran zurückgedacht haben werden. Besonders hatte sich an mich ein kleiner Zirkel gleichgesinnter Kunst-Enthusiasten angeschlossen, der sich bald so lieb gewann, daß er sich nach Beendigung des Festes nicht sogleich zu trennen vermochte und noch gemeinschaftlich einen Ausflug auf den Kyffhäuser veranstaltete. Auf dieser durch das schönste Wetter begünstigten Bergfahrt war es besonders der Sänger Methfessel aus Rudolstadt, der durch seine unerschöpfliche Laune die Gesellschaft fortwährend in der heitersten Stimmung erhielt. Noch erinnere ich mich mit großem Vergnügen einer von ihm improvisirten Kapuzinerpredigt, die er in der Kirche einer Klosterruine von der Kanzel herab hielt, in welche er die Hauptmomente des Musikfestes theils ernst, theils komisch zu verweben wußte. Auf der Spitze des Kyffhäusers wurde auch Kaiser Barbarossa von ihm angesungen und zu baldigem Erwachen und zur endlichen Befreiung Deutschlands ermahnt!

An den Fuß des Berges zurückgekehrt, mußten die neuen Freunde sich, wiewohl mit Widerstreben, trennen, und es kehrte ein Jeder höchst befriedigt in seine Heimath zurück.

Ich begann sogleich von neuem die Composition meiner Oper und beendigte sie im Laufe des Winters von 1810 auf 1811. Außer ihr finden sich im Verzeichniß noch folgende Arbeiten aus dieser Zeit: ein Violinconcert, später als zehntes bei Peters erschienen, eine Sonate für Harfe und Violine (Op. 114 bei Schubert) und eine italienische Arie, alla Polacca, mit obligater Violine, welche nicht im Stich erschienen ist. Diese schrieb ich im Auftrage des Prinzen Friedrich von Gotha, des Bruders des Herzogs, der, mit einer wohlklingenden Tenorstimme begabt, öfter in Hofconcerten sang und sehr wünschte, dazu eine Arie mit Violinbegleitung von mir zu besitzen. Sie wurde denn auch oft genug vorgeführt, besonders wenn Fremde bei Hofe zu Besuch waren.

Der Prinz war ein liebenswürdiger und wohlwollender Mann, der sich viel mehr als sein Bruder für Musik interessirte und im Verein mit der Herzogin die Theilnahme für die Hofconcerte aufrecht erhielt. Leider war er mit einer unheilbaren Krankheit, dem Starrkrampfe, behaftet, der ihn alle vierzehn Tage, in späteren Jahren noch öfter befiel und für zwölf bis sechszehn Stunden niederwarf. Dann war er des Gebrauches aller seiner Glieder beraubt und nur die Sprachwerkzeuge und die Gesichtsmuskeln blieben vom Krampf verschont. Er lag dann während des schrecklichen Anfalles wie ein Todter unbeweglich im Bette; hatte es aber gern, wenn man ihn besuchte und unterhielt. Durch die öftere Wiederkehr war er so an diesen Zustand gewöhnt, daß er dabei ganz heiter sein konnte. Die Aerzte hielten ein milderes Klima für heilsam und schickten ihn deshalb nach Italien. Ich traf ihn auf meiner italienischen Reise im Jahre 1816 in Rom, und es wird dann öfter die Rede von ihm sein.

Im Frühjahre 1811 erschien der Kantor Bischoff abermals bei mir und lud mich ein, ein zweites großes Musikfest, welches er im Juli in Frankenhausen zu veranstalten gedenke, zu leiten. Er bat mich zugleich, im Concerte des zweiten Tages ein Violin-Concert vorzutragen und zur Eröffnung desselben eine große Symphonie zu schreiben. Obgleich ich mich in dieser Musikgattung noch nicht versucht hatte, sagte ich mit Freuden zu.

So war mir abermals zu einer interessanten Arbeit Veranlassung gegeben, und ich machte mich auch sogleich mit großer Begeisterung darüber her. Geschah es mir nun bisher, daß ich meine Erstlingsversuche in einer neuen Compositions-Gattung nach einiger Zeit nicht mehr leiden konnte, so machte doch diese Symphonie eine Ausnahme davon, indem sie mir auch noch in spätern Jahren gefiel. Da ich sie mit meinem Orchester, welches den Kern des Frankenhäuser Orchesters bildete, im voraus sehr sorgfältig eingeübt hatte, so wurde sie beim Musikfeste trotz dem, daß nur eine Probe stattfinden konnte, vortrefflich ausgeführt und fand, namentlich bei den Mitwirkenden, eine enthusiastische Aufnahme. Ich fühlte mich dadurch sehr beglückt, mehr noch als durch den Beifall, den ich als Solospieler erntete. Auch in Leipzig, wo die Symphonie im Gewandhaus-Concerte aufgeführt wurde, fand sie großen Beifall, wie ein Bericht der Musikalischen Zeitung darthut, in welchem es heißt: „Spohr's neue, noch ungedruckte Symphonie erregte die Theilnahme und Bewunderung aller ernsthaften Kunstfreunde. Wir stellen sie nicht nur weit höher, sowohl in Erfindung als in Ausarbeitung, als Alles, was wir von Orchestermusik dieses Meisters kennen, sondern gestehen auch, daß wir seit Jahren kaum ein neues Werk dieser Gattung gehört haben, welches so viele Neuheit und Eigenthümlichkeit, ohne Bizarrerie und Affektation, mit soviel Reichthum und Gründlichkeit ohne Künstelei und Schwulst, darlegte, als eben dieses. Man kann ihm ohne alles Bedenken voraussagen, es werde, ist es gedruckt, ein Lieblingsstück aller großen und sehr geschickten Orchester, aller ernsten und gebildeten Zuhörer werden; Beider aber bedarf es."

Außer dieser Symphonie hatte ich auch noch für das Musik= fest auf Hermstedt's unabläßiges Drängen Variationen für Clarinette mit Orchesterbegleitung über Themen aus dem „Opfer= fest" geschrieben, die von demselben mit der gewohnten Virtuosität vorgetragen wurden. Auch diese Composition (bei Schlesinger in Berlin als Op. 80 gedruckt), die jene Themen mehr in freier Phantasie künstlich durchführt, als eigentlich variirt, fand bei den Musikern und Kennern großen Beifall.

Dem Musikfeste schloß sich am Nachmittage des zweiten Tages auch noch ein Familienfest des Unternehmers an. Es war ihm einige Wochen vorher ein Knabe geboren, dessen Taufe nun stattfand. Er hatte sämmtliche Mitwirkenden zu Gevatter gebeten, die sich, festlich geschmückt, jetzt am Altare der Kirche aufstellten. Ich hielt das Kind über die Taufe und gab ihm meinen Namen „Louis." Als der Pre= diger an mich und die andern Gevattern die Frage stellte, ob wir für eine christliche Erziehung des Knaben Sorge tragen wollten, er= schallte ein feierliches, wohl dreihundertstimmiges Ja. Ein von den Sängern vorgetragener Chor mit Orgelbegleitung schloß die heilige Handlung.

Meine Freude an diesem zweiten Feste wurde dadurch noch sehr gesteigert, daß sich unter den Zuhörern auch meine Eltern befanden und an dem geselligen Treiben im Zelte lebhaften Antheil nahmen. Der Unternehmer fand ebenfalls seine Rechnung, und so endigte dieses Fest wie das vorjährige zu allgemeiner Zufriedenheit.

Bald nach meiner Zurückkunft erhielt ich von Hamburg die Nachricht, daß meine Oper, die ich schon im Frühjahre eingesandt hatte, nun endlich vertheilt sei und in den ersten Tagen des No= vember zur Aufführung kommen solle. Ich erbat daher einen vierwöchentlichen Urlaub für mich und meine Frau und reis'te mit ihr Mitte Oktober über Hannover, wo ich Concert zu geben ge=

dachte, nach Hamburg ab. Ich befand mich, da dies die erste Oper von mir war, die zur Aufführung kommen sollte, in großer Spannung. Man denke sich daher meinen Schrecken, als ich in Hannover einen Brief vom Schauspieldirektor Schröder erhielt, der mir meldete, die Oper werde gar nicht zur Aufführung kommen, weil die erste Sängerin, Madame Becker, die Annahme ihrer Rolle verweigere und dazu nach den Theatergesetzen vollständig berechtigt sei.

Die Sache hing so zusammen. Ich hatte mich, bevor ich meine Arbeit begann, bei Herrn Schwenke nach dem Stimmumfang und der Fähigkeit der Hamburger Sänger zwar sorgfältig erkundigt und die Hauptpartieen der Oper danach eingerichtet. Da es mir aber noch an aller Erfahrung in diesen Dingen fehlte, so hatte ich versäumt, mir auch die Persönlichkeit der Sänger beschreiben zu lassen, und so war es geschehen, daß ich für Madame Becker, eine kleine, zarte Figur, die Partie der Donna Isabella geschrieben hatte, die in Männerkleidung ihren ungetreuen Geliebten am Hofe der Fürstin Mathilde aufsucht, und ihn zuletzt in Ritterrüstung zum Zweikampf auf Leben und Tod herausfordert. Madame Becker war, so lange als sie von der Oper nichts kannte, als ihre Partie, höchst zufrieden und begann das Einüben derselben mit großem Eifer. Sobald sie aber das Buch gelesen hatte, erklärte sie, die Rolle nicht übernehmen zu können, weil sie sich damit total lächerlich machen würde. Höchst ärgerlich über meinen Mißgriff, reiste ich nach Hamburg, um ihn wo möglich wieder gut zu machen und die Oper dennoch zur Aufführung zu bringen. Ich fand den alten Schröder sehr verstimmt und im höchsten Grade mißvergnügt über seine Theaterunternehmung. Er hatte aber auch alle Ursache dazu. Mehrere Mitglieder waren ausgeblieben, andere zu spät eingetroffen, und einige hatten den gehegten Erwartungen nicht entsprochen; seine neuen Schau- und Lustspiele hatten nicht recht angesprochen und das Haus leer gelassen. Von den vier Opern, die er componiren ließ, waren bereits zwei bei

Seite gelegt, weil sie mißfallen hatten. Die von Winter com=
ponirte: „Die Pantoffeln", hatte doch einige, wiewohl wenig be=
suchte Aufführungen erlebt; die von Clasing: „Welcher ist der
Rechte?" war aber gleich nach der ersten Aufführung wieder vom
Repertoire verschwunden, weil sie, troß der angestrengten Bemühun=
gen der zahlreichen Freunde Clasing's, total durchgefallen war.

Bei solchen Erfahrungen war es allerdings dem alten
Griesgram kaum zu verdenken, daß er auch meiner Oper keinen
Erfolg zutraute und das um so weniger, weil die beliebteste
Sängerin seines Theaters nicht mitwirken konnte. Daß er aber
das Honorar dafür auszahlen und sie sogleich, ohne einen Versuch
damit gemacht zu haben, bei Seite legen wollte, empörte mich
und ich protestirte auf das entschiedenste dagegen. Endlich erhielt
ich nach vielen Bitten Schröder's Zustimmung, daß ich mit
einer andern Sängerin, die bisher nur in kleinen Partien be=
schäftigt wurde, den Versuch machen durfte, ihr die von Madame
Becker verweigerte Partie einzuüben. Ich fand bei dieser Sän=
gerin, einer Madame Lichtenheld, viel guten Willen und glück=
liche Naturanlagen, und es gelang mir auch ganz gut damit,
nachdem ich die schwierigsten Bravoursäße der Partie ihren Fä=
higkeiten angemessen vereinfacht hatte. So konnten denn end=
lich die Theaterproben beginnen, und nachdem Schröder eine
davon angehört und sich davon überzeugt hatte, daß Madame
Lichtenheld die Partie genügend würde geben können, wurde
die erste Aufführung der Oper auf den 15. November angesetzt.
Meine früheren Bekannten unter den Musikern, Romberg und
Prell mit eingeschlossen, erboten sich sämmtlich, in den beiden
von mir zu leitenden Aufführungen im Orchester mitzuwirken.
Auch Hermstedt, der nach Hamburg gekommen war, um unter
meinem Schuße Concert zu geben, schloß sich ihnen an und über=
nahm die erste Clarinettpartie, welche dankbare Soli's und concer=
tirende Begleitung einer Sopran=Arie enthielt. Durch die Mitwir=
kung dieser ausgezeichneten Künstler wurde das Orchester bedeutend

gehoben, und da die Sänger und der Chor ebenfalls gut eingeübt waren, so hatte ich schon in den Proben große Freude an der Genauigkeit, mit welcher meine Musik executirt wurde und daher die beste Hoffnung, daß die Oper gefallen werde. Doch trat ich am Tage der Aufführung nicht ohne neue Besorgniß an mein Pult, da mir zu Ohren gekommen war, daß Clasing's Freunde feindlich gegen mich auftreten würden, um den Fall der Oper ihres Freundes zu rächen. Nachdem jedoch die Musik begonnen hatte, dachte ich nur noch an diese und vergaß alles Uebrige um mich her. Auch zeigte mir schon der Beifall, mit dem die Ouvertüre aufgenommen wurde, daß die feindliche Partei nicht aufkommen würde; und so war es auch. Fast jede Nummer wurde beklatscht, und der Beifall steigerte sich gegen das Ende der Oper immer mehr. Beim Fallen des Vorhangs ertönte ein lang= anhaltender Beifallssturm, der nur dem Componisten galt.

Ich hätte nun recht glücklich sein können, war es aber gar nicht. Schon bei der ersten Probe hatte mir Einiges in meiner Musik mißfallen. Mit jeder folgenden Aufführung gesellte sich Neues hinzu, und noch ehe es zur Aufführung kam, war mir die Hälfte meiner Oper zuwider. Ich glaubte nun recht gut zu wissen, wie ich es hätte besser machen können und ärgerte mich, dieses nicht früher eingesehen zu haben. Ja, wäre mir mein Werk bei meiner Ankunft in Hamburg schon in diesem Lichte er= schienen, so hätte ich gegen die Absicht Schröder's, es unaufge= führt bei Seite zu legen, nichts einzuwenden gehabt. So ur= theilten meine musikalischen Freunde aber nicht; sie waren auch mit dieser Arbeit sehr zufrieden und wünschten mir Glück zu dem günstigen Erfolge. Schwenke schrieb eine ausführliche, sehr lo= bende Beurtheilung der Oper und wußte in dieser selbst die wohl= begründete Behauptung der Gegner, daß sie viele Reminiscenzen aus den Mozart'schen Opern enthalte, mit Geschick zu bekämpfen, indem er zwar zugab, daß die Form der Musikstücke, sowie die ganze Faktur an Mozart erinnere, dies aber zugleich als einen

Vorzug geltend zu machen suchte. Hierdurch auf mich aufmerk=
sam geworden, fühlte ich jedoch die Nothwendigkeit, mich davon
frei zu machen und glaube dies auch schon in meiner nächsten
dramatischen Arbeit, dem „Faust", vollständig erreicht zu haben.

Schwenke hatte mit meiner Genehmigung schon längst einen
Clavierauszug aus der Oper gemacht, der nun bei Böhm in
Hamburg erschien und bald eine weite Verbreitung fand.

Von dem Concerte, welches ich im Verein mit meiner Frau
und Hermstedt damals in Hamburg gab, erinnere ich mir
nicht viel mehr, als daß Letzterer auch dort durch seine ausgebil=
dete Virtuosität großes Aufsehen erregte. Eine deutlichere Erin=
nerung habe ich aber noch von einem Concerte in Altona, bei
welchem wir, wie auch mehrere unserer Hamburger Freunde, mit=
wirkten und in welchem uns allerlei kleine Unfälle begegneten, die
später Stoff zu vielen Neckereien gaben.

Dieses Concert war von einem reichen Altonaer Musikfreunde
veranstaltet worden, der die Hamburger Mitwirkenden zu einem
luxuriösen Essen einlud. Nachdem die Gesellschaft zwei Stunden
getafelt und fleißig dem Champagner zugesprochen hatte, wurde sie
so fröhlich und ausgelassen, daß Niemand mehr an das nun fol=
gende Concert dachte. Der Schrecken war daher allgemein, als
plötzlich ein Bote erschien und meldete, das zahlreich versammelte
Publikum werde ungeduldig und verlange das Beginnen des Con=
certes. Man brach nun eiligst nach dem Concertsaale auf; doch
war eigentlich Niemand mehr in der gehörigen Verfassung, um
öffentlich auftreten zu können. Auffallend war dabei, daß
die sonst Zaghaften nun die Muthigsten geworden waren. Das
Altonaer Dilettanten=Orchester, dem die Hamburger Künstler als
Kern und Stütze dienen sollten, war schon aufgestellt, und das
Concert begann daher sogleich mit einer Ouvertüre von Rom=
berg, die er selbst leitete. Er, dem man nicht mit Unrecht vor=
warf, daß er die Tempi seiner Compositionen stets zu langsam
nehme, übereilte das Allegro seiner Ouvertüre diesmal dermaßen,

daß die armen Dilettanten gar nicht mitkommen konnten. Es fehlte daher nicht viel, so wäre schon in der Ouvertüre umgeworfen worden. Nun folgten wir, meine Frau und ich, mit einer Sonate für Harfe und Violine, die wir, wie immer, ohne Noten vortragen wollten. Als wir schon saßen, und ich eben zu beginnen dachte, flüsterte mir meine Frau, die sonst die Besonnenheit selbst war, ängstlich zu: „Um des Himmelswillen, Louis, ich kann mich nicht besinnen, welche Sonate wir spielen wollen, und wie sie anfängt!" Ich sang ihr den Anfang heimlich in's Ohr und brachte sie so wieder zu der nöthigen Ruhe und Besonnenheit. Unser Spiel ging nun auch ohne Unfall zu Ende und erwarb uns großen Beifall. Nun sollte Madame Becker eine Arie singen und war auch bereits von Romberg auf die Orchester=Erhöhung geführt worden, als sie, zum großen Erstaunen des Publikums, plötzlich wieder davonlief und im Nebenzimmer verschwand. Voller Be=sorgniß, daß sie krank geworden, eilte ihr Dorette nach. Doch kehrten Beide bald zurück und ich erfuhr nun von meiner Frau, daß der Sängerin in Folge des Diner's der Athem gefehlt, und sie daher erst die Kleider habe lockern müssen.

Nun folgte Hermstedt mit einer schweren Composition von mir. Er, der sonst beim öffentlichen Auftreten mit der ängstlichsten Vorsicht zu Werke ging, hatte heute im tollen Uebermuth des Champagner=Rausches ein neues noch nicht erprobtes Blatt dem Mundstück seiner Clarinette aufgeschraubt und rühmte sich dessen auch noch gegen mich, als ich das Orchester bestieg. Mir ahnte gleich nichts Gutes. Das Solo meiner Composition begann mit einem lang ausgehaltenen Tone, den Hermstedt kaum hörbar ansetzte und nach und nach zu enormer Kraft anwachsen ließ, womit er stets große Sensation machte. Auch diesmal begann er so, und das Publikum hörte dem Anwachsen des Tones mit gespannter Auf=merksamkeit zu. Als er ihn aber zur höchsten Kraft steigern wollte, überschlug sich das Blatt und gab einen Mißton, ähnlich dem, wenn eine Gans aufschreit. Das Publikum lachte, und der nun plötzlich nüchtern gewordene Virtuos wurde leichenblaß vor Schrecken. Doch faßte er sich bald und trug nun alles Uebrige in gewohnter Vollendung vor, so daß ihm am Schluß enthusiastischer Beifall nicht fehlte.

Am schlimmsten erging es aber dem armen Schwenke. Ihm hatte das Diner die Hosenschnalle gesprengt, ohne daß er es bemerkt hatte. Als er nun bei einem Potpourri mit Quartettbegleitung, das ich zum Schluß des Concertes spielte, zur Uebernahme der Violapartie auf die Erhöhung des Orchesters getreten war, fühlte er bald nach Beginn der Musik, daß ihm durch die Bewegung der Bogenführung das Beinkleid zu sinken begann. Viel zu gewissenhafter Musiker, um von seinen Noten etwas auszulassen, wartete er ganz ruhig die Pausen ab, um das Beinkleid wieder heraufzuziehen. Seine Noth blieb dem Publikum nicht lange verborgen und erregte große Heiterkeit. Als ihn nun aber am Ende des Potpourris eine Sechzehntel=Bewegung dermaßen schüttelte, daß das Sinken des Beinkleids bedenkliche Fortschritte machte und ans Unanständige zu streifen drohte, da konnte das Publikum sich nicht mehr halten und brach in allgemeines Kichern aus. So wurde durch diese Störung meines Solovortrags auch ich mit in die allgemeine Calamität des Tages hineingezogen.

Bei der Rückkehr nach Gotha fand ich einen Brief von Bischoff vor, in welchem dieser mir mittheilte, er sei vom Gouverneur von Erfurt aufgefordert worden, dort im nächsten Sommer zur Feier des Napoleonstages, am 15. August, ein großes Musikfest zu veranstalten. Er sei auch bereits mit ihm über die Bedingungen einig geworden und bitte mich nun, die Leitung desselben zu übernehmen und für den ersten Tag ein neues Oratorium zu schreiben. Ich hatte mir längst gewünscht, mich auch einmal im Oratorienstyl versuchen zu können und ging gern auf diesen Vorschlag ein. Es war mir bereits von einem jungen Dichter in Erfurt der Text eines Oratoriums angetragen worden, in welchem ich großartige Momente für Composition gefunden hatte. Es hieß: „Das jüngste Gericht".

Ich erlangte das Buch und machte mich sogleich an die Arbeit. Bald fühlte ich jedoch, daß es mir für den Oratorienstyl noch zu sehr an Gewandtheit im Contrapunkte und im Fugiren fehlte und unterbrach daher meine Arbeit, um erst die nöthigen Vorstudien dafür zu machen. Von einem meiner Schüler erborgte ich Marpurg's „Kunst der Fuge" und vertiefte mich sogleich in das eifrige unausgesetzte Studium dieses Werkes. Nachdem ich nach dieser Anleitung ein halbes Dutzend Fugen geschrieben hatte, von denen mir die letzteren ganz gut gerathen schienen, nahm ich die Composition meines Oratoriums wieder auf und vollendete es nun, ohne wieder davon abzulassen. Nach dem Verzeichnisse ist es im Januar 1812 begonnen und im Juni beendigt worden. Es würde daher zum Ausschreiben und Einüben desselben bis zur Aufführung an der nöthigen Zeit gefehlt haben, hätte ich nicht die beiden ersten Theile des Werkes schon früher, gleich nach ihrer Vollendung, an Bischoff eingesandt. Es konnten deshalb nicht nur die Chöre sorgfältig eingeübt werden, sondern ich fand auch die nöthige Zeit, um die Orchesterpartie mit meiner Kapelle, die wieder den Kern des großen Erfurter Orchesters bilden sollte, im voraus einzustudiren. So gelang es, trotzdem daß das Werk sehr schwer ist, nach einer einzigen gemeinschaftlichen Probe eine ziemlich gelungene Aufführung davon zu Stande zu bringen. Nur einer der Solosänger, der die Partie des Satanas sang, konnte nicht genügen. Ich hatte diese durch starke Instrumente gedeckte Partie auf Anrathen Bischoff's einem Dorfschulmeister bei Gotha übertragen, der in der ganzen Umgegend wegen seiner kolossalen Baßstimme berühmt war. An Kraft der Stimme, um ein ganzes Orchester zu überschreien, fehlte es ihm allerdings nicht, wohl aber an Schule und Musik, um die genannte Partie befriedigend vortragen zu können. Ich studirte sie ihm selbst ein und gab mir große Mühe, ihn ein wenig zuzustutzen, doch ohne großen Erfolg. Denn als es zum

Treffen kam, hatte er alle Lehren und Ermahnungen völlig ver=
gessen und legte mit seiner barbarischen Stimme dermaßen los, daß
er die Zuhörer zuerst in Schrecken versetzte und dann zum
Lachen reizte. Bei dem Uebertreiben seiner Stimme intonirte er
überdies fast immer zu hoch und verdarb so noch mehrere der
effektvollsten Momente des Oratoriums. Ich litt unendlich dabei,
und die Freude an meinem Werke wurde mir sehr verbittert.
Doch gefiel es demungeachtet allgemein und wurde in dem aus=
führlichen Berichte über das Musikfest in einem Thüringer Blatte
höchst günstig beurtheilt. Eine andere Kritik, die in einem süd=
deutschen, wenn ich nicht irre, Frankfurter Blatte erschien, hatte
aber Vieles an dem Werke auszusetzen und war überhaupt in einem
bittern, gehässigen Tone geschrieben. Ich hatte viele Jahre den
Hofrath André in Offenbach im Verdacht, diese boshafte Kritik
geschrieben zu haben, da er in Gesellschaft zweier seiner Schüler,
Arnold und Aloys Schmidt, dem Musikfeste beiwohnte. Was
mich, trotzdem daß sich André mündlich beifällig über das Werk
gegen mich geäußert hatte, auf diesen Verdacht führte, ist mir
nicht mehr erinnerlich; André hat mir jedoch in späteren Jahren,
als ich ihn darüber befragte, versichert, nicht der Verfasser zu sein.
Ich selbst hielt das Werk damals nicht nur für das Beste, was
ich bis dahin geschrieben hatte, sondern meinte auch, niemals
etwas Schöneres gehört zu haben. Noch jetzt habe ich für einige
Chöre und Fugen, sowie für die Partie des Satanas, eine solche
Vorliebe, daß ich sie fast für das Großartigste erklären möchte,
was ich je zu Stande gebracht habe. Ein Anderes ist es aber
mit den übrigen Sätzen, besonders mit den Solopartien von
Jesus und Maria. Diese sind ganz in dem damaligen Cantaten=
styl geschrieben und mit Bravoursätzen und Coloraturen überladen.
Ich fühlte auch bald nachher das Ungehörige dieses Styles und
faßte in späteren Jahren wiederholt den Vorsatz, diese Solopar=
tien umzuschreiben. Wenn ich aber damit beginnen wollte, schien
es mir doch, als könne ich mich nicht mehr hineinfinden, und so

unterblieb es. Das Werk, so wie es war, zu veröffentlichen, konnte ich mich nicht entschließen. So ist es denn in späteren Jahren völlig unbenutzt liegen geblieben.

Da die erwähnte Feier des Napoleons-Tages kurz vor dem russischen Feldzuge die letzte war, die in Erfurt, sowie überhaupt in Deutschland stattfand, so hat man es ominös finden wollen, daß der Hauptbestandtheil desselben „das jüngste Gericht" war.

*   *   *

Im Herbst 1812 erbat ich für mich und meine Frau wieder Urlaub zu einer Kunstreise, der auch nach einigem Widerstreben von Seiten der Herzogin bewilligt wurde. Wir nahmen diesmal die Richtung nach Wien, als die vom Krieg und Truppendurch= zügen am wenigsten beunruhigte. Unser erster Aufenthalt war zu Leipzig, wo wir in einem Concerte Hermstedt's mitwirkten und wo ich darauf mein neues Oratorium aufführte. Ueber jenes be= richtet die Musikalische Zeitung folgendermaßen:

„Das Concert des Herrn Hermstedt war schon von Seiten der aufgeführten Compositionen eines der ausgezeichnetsten, die man hören kann. Bis auf die Ouvertüre von Mozart und die Scene von Righini waren alle Stücke vom Concertmeister Spohr und, das Clarinetten=Concert abgerechnet, ganz neu ge= schrieben. Dies Concert, das erste aus C-moll und als Compo= sition an sich wohl das vortrefflichste aller Concerte für dieses Instrument, wurde auch diesmal mit großem Vergnügen gehört. Eine große Sonate für Violine und Harfe, gespielt von Herrn Spohr und seiner Gattin, deren erster Satz in Erfindung und Ausarbeitung meisterhaft genannt werden muß, deren zweiter in einem allerliebsten Potpourri aus glücklich zusammengestellten und sehr gefällig behandelten Melodien der „Zauberflöte" besteht, — dieses sowie jedes der übrigen Stücke wurde mit dem lautesten Beifall aufgenommen. Wir hörten aber noch ein Violinconcert*),

<hr>

*) Es wird das sechste, Op. 28, gewesen sein.

gespielt von Herrn Spohr, und ein Potpourri für die Clarinette mit Orchester. In jenem hat uns das erste Allegro, was Composition und Vortrag anlangt, am wenigsten gefallen wollen. Es schien uns hin und wieder verkünstelt und überladen, auch für seinen Gehalt zu lang; der Vortrag des Virtuosen aber nicht überall klar und deutlich genug. Allein das Adagio gehört in Composition und Vortrag unter das Schönste, was wir je auf diesem Instrumente gehört haben und wir dürfen sagen unter das Allerschönste, was je von einem Virtuosen geleistet worden ist."

Auch über das Oratorium wurde im Ganzen günstig berichtet. Es enthalte „der originellen, einnehmenden, zum Theil wirklich hinreißenden, aber auch einander so sehr drängenden, so schnell verdrängenden Details sehr viele." Jeder Zuhörer — möge er mit Spohr in seinen Ansichten vom Oratorium übereinstimmen oder nicht, möge er namentlich die Weise desselben, fast alle Gattungen der Behandlung und des Styles zu vermischen oder vielmehr sie im Wechsel auftreten zu lassen, billigen oder nicht — jeder Zuhörer werde dies Werk nicht ohne lebhafte Theilnahme und mehrere der Hauptpartien nicht ohne Bewunderung und wahre Freude hören können.

In Dresden scheine ich mich auf dieser Reise, nach einem Berichte der Musikalischen Zeitung vom 8. November, nicht aufgehalten zu haben. In Prag aber gab ich schon am 12. November ein Concert und führte dann acht Tage später im Theater mein Oratorium auf. Ueber ersteres findet sich in der Musikalischen Zeitung ein sehr lobender Bericht. Namentlich wird die „entzückende Einheit" des Vortrags, woraus „die vollkommenste harmonische Vermählung des vortrefflichen Künstlerpaares deutlich zu erkennen gewesen sei", hervorgehoben.

Von der Aufführung des Oratoriums erinnere ich mir nur noch, daß Fräulein Müller, später Madame Grünbaum, entzückend schön darin sang und daß das Werk vom Publikum sehr gut aufgenommen wurde.

Ich eilte nun dem Hauptziel meiner Reise entgegen. Wien war damals unbestritten die Hauptstadt der musikalischen Welt. Die beiden größten Componisten und Reformatoren des Kunstgeschmackes, Haydn und Mozart, hatten dort gelebt und ihre Meisterwerke geschaffen. Noch lebte die Generation, die sie entstehen sah und an ihnen ihren Kunstgeschmack herangebildet hatte. Der würdige Nachfolger dieser Kunstheroen, Beethoven, weilte noch daselbst und befand sich eben im Glanzpunkte seines Ruhmes und der Kraft seines Schaffens. In Wien wurde daher bei Kunstleistungen stets der höchste Maßstab angelegt, und dort gefallen, — hieß sich als Meister bewähren.

Ich fühlte mein Herz klopfen, als wir über die Donaubrücke fuhren und ich an mein bevorstehendes Debüt dachte. Meine Befangenheit wurde noch durch den Gedanken gesteigert, daß ich mit dem größten Geiger der Zeit würde wetteifern müssen; denn in Prag hatte ich erfahren, daß Rode eben aus Rußland zurückgekehrt sei und in Wien erwartet werde. Lebhaft gedachte ich noch des überwältigenden Eindrucks, den Rode's Spiel vor zehn Jahren in Braunschweig auf mich gemacht hatte, und wie ich Jahre lang bemüht gewesen war, dessen Methode und Vortragsweise mir anzueignen. Ich war daher im höchsten Grade gespannt, ihn nun wieder zu hören, um hiernach meine eigenen Fortschritte bemessen zu können. Meine erste Frage, als ich aus dem Wagen stieg, war deshalb auch, ob Rode schon angekommen sei und bereits ein Concert angekündigt habe. Man verneinte dies, setzte aber hinzu, er werde schon seit längerer Zeit erwartet.

Es lag mir nun sehr daran, noch vor Rode gehört zu werden, und ich beeilte daher so viel als möglich mein Concert. Es gelang mir auch, zuerst aufzutreten; doch war Rode schon angekommen und wohnte dem Concert bei. Zu meinem Erstaunen fühlte ich mich dadurch weniger geängstigt, als begeistert und spielte so gut, als ich es vermochte. Die Musikalische Zeitung berichtete über mein Auftreten bei „gedrängt vollem Hause" wie folgt:

„Am 17. December hatten wir das Vergnügen, Herrn Louis Spohr und seine Gattin in einem Concert zu bewundern. Referent unterschreibt gern die über dies brave Künstlerpaar in Ihrer musikalischen Zeitung gefällten Urtheile und kann nur hinzusetzen, daß auch hier ihr meisterhaftes Spiel allgemein entzückte. Herr Spohr spielte ein Violinconcert mit spanischem Rondo, und am Schlusse einen Potpourri, beides von seiner Composition; mit seiner Frau aber eine von ihm gesetzte Sonate für Pedalharfe und Violine. Die Composition sowohl des Concertes, als dieser Sonate, war bedeutend, und zeichnete sich nicht wenig vor den wässerigen, zusammengestoppelten Producten aus, womit viele ausübende Tonkünstler, ohne Talent und ohne Beruf zur Composition, hier auftreten."

Auf den Rath wohlwollender Freunde verzichtete ich darauf, mein Oratorium auf eigene Rechnung zu geben, wie ich anfangs in einem zweiten Concerte beabsichtigte, weil bei den bedeutenden Kosten, die ein großes Orchester und ein zahlreicher Chor noch über die gewöhnlichen Concertkosten verursachen mußten, nicht zu hoffen stand, daß etwas gewonnen werden könne. Da ich jedoch dieses Werk, welches ich noch immer für eines der großartigsten seiner Gattung hielt, gern auch in Wien zu Gehör bringen wollte, so trug ich es der musikalischen Wittwen- und Waisengesellschaft zu einer Aufführung für ihren Fond an, und stellte nur die Bedingung, daß diese Aufführung eine stark besetzte und von den vorzüglichsten Sängern und Instrumentalisten Wiens unterstützte sein müsse. Die Gesellschaft kam diesem Verlangen auch vollständig nach, indem sie ein Personal von dreihundert Mitwirkenden aus den besten Künstlern der Stadt zusammenbrachte. Das Werk wurde in zwei großen Proben sorgfältig eingeübt und ging bei der Aufführung so gut, wie ich es noch nicht gehört hatte. Ich begeisterte mich von neuem für meine Schöpfung, und mit mir auch viele der mitwirkenden Musiker, unter diesen besonders der Orchesterdirektor des Theaters an der Wien, Herr Clement. Dieser hatte sich

in das Werk so hineingehört, daß er mir am folgenden Tage
nach der Aufführung mehrere große Nummern, Note für Note,
mit allen Harmoniefolgen und Orchesterfiguren auf dem Piano
vorspielen konnte, ohne je die Partitur gesehen zu haben. Cle=
ment besaß aber auch ein musikalisches Gedächtniß, wie vielleicht
nie ein anderer Künstler. Man erzählte sich damals in Wien,
daß er „die Schöpfung" von Haydn, nachdem er sie mehreremale
gehört hatte, so auswendig wußte, daß er mit Hülfe des Text=
buches einen vollständigen Clavierauszug davon machen konnte.
Diesen brachte er dem alten Haydn zur Ansicht, der nicht wenig
darüber erschrocken war, weil er im ersten Augenblick glaubte,
man habe ihm seine Partitur entwendet oder heimlich kopirt. Er
fand bei näherer Ansicht den Clavierauszug so getreu, daß er ihn,
nachdem Clement noch eine Durchsicht nach der Partitur vor=
genommen hatte, zur Herausgabe adoptirte.

Bevor mein Oratorium zur Aufführung kam, hatte ich noch
einen Strauß mit der Censur, wodurch das ganze Unternehmen
beinahe gescheitert wäre. Man wollte die Namen von Maria
und Jesus in dem Personen=Verzeichnisse des Textbuches und als
Ueberschrift über das, was sie zu sagen haben, nicht dulden. Nur
mit dieser Auslassung wurde, nach langen Verhandlungen, endlich
der Druck des Textes genehmigt. Ich konnte mir diese Aenderung
gefallen lassen, weil aus dem Inhalte leicht zu entnehmen war,
wer die betreffende Person sei.

So sehr nun auch das Werk den Musikern gefiel und ihre
Achtung vor meinem Compositions=Talente steigerte, so war die
Aufnahme beim Publikum doch bei weitem nicht so glänzend, als
die, welche mein Spiel und meine Concert=Compositionen gefunden
hatten. Zwar fehlte es auch diesmal nicht an Beifallsbe=
zeugungen, die Theilnahme war aber nicht so allgemein, um
zur zweiten Aufführung, die drei Tage später stattfand, wieder ein
zahlreiches Auditorium herbeizuziehen. Diese zweite Aufführung
in Wien war die letzte, welche das Werk erlebt hat; denn in späteren

Jahren sah ich die Schwächen und Mängel desselben zu gut ein, als daß ich es hätte über mich gewinnen können, es nochmals öffentlich vorzuführen.

Ueber die erste Wiener Aufführung am 21. Januar hat die musikalische Zeitung ziemlich eingehend berichtet.

Der Hofkapellmeister S a l i e r i hatte die Leitung des Ganzen, Herr U m l a u f den Platz am Clavier und ich selbst die Direktion der Violinen übernommen. Die Hauptpartien sangen: Demoiselle K l i e b e r, Madame A u e n h e i m, Demoiselle F l a m m und die Herren A n d e r s, W i l d und P f e i f f e r. „Es ist schwer," sagt der Bericht, „hier in Wien mit der Composition eines Oratoriums aufzutreten, damit Aufsehen zu erregen oder dem Werke bleibende Dauer zu verschaffen — hier, wo so große gediegene Meisterwerke dieser Art zuerst ans Tageslicht getreten, Jedermann bekannt worden sind und ihrem Schöpfer bei der musikalischen Welt bleibenden Ruhm verschafft haben. Schon Herr E i b l e r versuchte es, die „vier letzten Dinge" ... in Musik zu setzen. Doch wurde sein Werk nur zweimal öffentlich aufgeführt, weil es ihm an einem durchaus gleichen und originellen Styl fehlte und dasselbe die Parallele mit den Werken des großen Vorgängers in dieser Gattung nicht halten konnte. Auch von Herrn S p o h r s „jüngstem Gericht" dürfte dasselbe gesagt werden, obgleich der Componist dieses Werkes vorzüglich im strengen Satz entschieden noch mehr leistete, als der Verfasser der „vier letzten Dinge". Alle im strengen Styl gehaltenen Chöre und Fugen, gegen die man wohl nur in Nebendingen etwas aussetzen kann, haben wahren Kunstwerth, sind mit großem Fleiß bearbeitet und wurden auch allgemein laut und mit Enthusiasmus gewürdigt. Die Arien, Duetten und einzelnen Gesangstellen weichen aber zu sehr von dem ächten Style des Oratoriums ab, sind durchaus im Texte zu oft wiederholt und neigen sich mehr oder weniger zum italienischen Opernstyle. Einige gar zu auffallende Reminiscenzen aus der „Schöpfung" und vorzüglich aus der „Zauberflöte" vermindern den Werth des Werkes in Hinsicht der Originalität. Der Chor der Teufel am Ende des ersten Theils würde in einem Ballette anschaulich dargestellt an seinem Platze sein. Herr August Arnold, Verfasser des Textes, hat freilich auch kein Stück Arbeit geliefert, das dem Componisten zur musikalischen Bearbeitung genügen konnte. ... Der Saal war kaum zur Hälfte voll. Am 24. wurde dies Oratorium wiederholt vor kaum zweihundert Zuhörern. Ein Werk dieser Art sollte aber auch in einer so lebenslustigen Stadt nicht in der Carnevalszeit aufgeführt werden!" —

Vierzehn Tage nach meinem ersten Auftreten kam denn auch Rode's Concert an die Reihe. Er hatte, gestützt auf seinen europäischen Ruf, das größte Concertlokal Wiens, den großen Redoutensaal, gewählt und fand ihn auch ganz gefüllt. Ich erwartete in fast fieberhafter Aufregung den Beginn von Rode's Spiel, welches mir vor zehn Jahren als höchstes Vorbild gegolten hatte. Doch schon nach dem ersten Solo schien es mir, als sei Rode in dieser Zeit zurückgeschritten. Ich fand jetzt sein Spiel kalt und manierirt, vermißte die frühere Kühnheit in Besiegung großer Schwierigkeiten und fühlte mich besonders unbefriedigt vom Vortrage des Cantabile. Auch die Composition des neuen Concertes schien mir weit hinter der des siebenten in A-moll zurückzustehen. Bei dem Vortrage der E-dur-Variationen, die ich schon vor zehn Jahren von Rode gehört hatte, überzeugte ich mich vollends, daß dieser an technischer Sicherheit viel eingebüßt habe; denn nicht nur hatte er sich mehrere der schwierigsten Stellen vereinfacht, er trug auch diese erleichterten Passagen noch zaghaft und unsicher vor. Auch das Publikum schien unbefriedigt; wenigstens wußte er es nicht bis zum Enthusiasmus zu erwärmen. Der Berichterstatter der Musikalischen Zeitung sagt ebenfalls, daß Rode die Erwartung des Publikums „nicht ganz" befriedigt habe. „Sein Bogenstrich", fährt der Bericht fort, „ist lang, groß und kräftig, sein Ton voll und stark — ja fast zu stark, schneidend, er hat eine richtige, reine Intonation und ist in Sprüngen bis in die entfernteste Höhe sicher; seine Doppelgriffe, obgleich dieselben nur sparsam vorkommen, sind gut und er überwindet im Allegro mit Leichtigkeit große Schwierigkeiten: dagegen mangelt ihm das, was alle Herzen elektrisirt und hinreißt — Feuer und jene Annehmlichkeit, die sich weiter nicht beschreiben läßt, jener Zauber, der Alles entzückt und begeistert. Im Adagio war das Scharfschneidende seines Tones noch fühlbarer, als im Allegro; er ließ daher kalt. Auch die Composition wollte nicht recht Eingang finden; man fand sie gesucht und manierirt. Vielleicht mag die Größe des großen Redoutensaales Herrn Rode verleitet haben, den Ton so scharf herauszuheben, daß darüber die Annehmlichkeit verloren ging."

Acht Tage nach Rode's Concert gab ich im kleinen Redoutensaal mein zweites. Die Musikalische Zeitung sagt darüber: „Spohr bekundete sich ganz als großer Meister des Violinspiels. Er spielte von seiner Composition ein neues Violinconcert aus A-dur (als zehntes gestochen), welchem eine Einleitung aus A-moll feierlich und langsam voranging. Das Adagio war aus D-dur. Ein allerliebstes Rondo endigte. Spohr ist unstreitig im Angenehmen und Zarten die Nachtigall unter allen jetzt lebenden, wenigstens uns bekannten Violinspielern. Es ist kaum möglich, ein Adagio mit mehr Zartheit und doch so deutlich, verbunden mit dem geläutertsten Geschmacke vorzutragen; dabei überwindet er im geschwinden Zeitmaße sehr schwere Passagen und die größtmöglichste Spannung mit einer unglaublichen Leichtigkeit, wozu ihm freilich die Größe seiner Hand wohl zu statten kommt. Er erhielt heute abermals allgemeinen und ungetheilten Beifall und wurde wiederholt hervorgerufen, welche Ehre im Concerte — so viel wir uns erinnern — nur Herrn Polledro widerfuhr. Mit seiner Frau spielte Herr Spohr ein Allegro, welches sie mit viel Fertigkeit, Geschmack und Ausdruck auf der Harfe vortrug. Es dünkt uns, von allen uns bekannten Virtuosinnen auf diesem Instrumente besitze keine so viel Schule und so viel inniges Gefühl im Ausdrucke, als Madame Spohr; dafür aber möchte Demoiselle Longhi mehr Kraft und Demoiselle Simonin=Pollet mehr Gleichheit im Spiele haben."

Ueber Rode's zweites Concert enthält die Musikalische Zeitung die Nachricht, daß er „bei sehr besuchtem Saale ungleich mehr Beifall gefunden, als neulich; im Cantabile aber auch diesmal den Erwartungen des Publikums nicht genugsam entsprochen habe."

Am 28. Januar spielte ich mit Seidler aus Berlin in dessen Concert und trug, wie ein Bericht sagt, „den Preis davon, obgleich das Spiel des Herrn Seidler lobenswerth war".

Ich konnte daher mit der Aufnahme, die ich als Künstler in Wien gefunden hatte, vollkommen zufrieden sein; denn auch die einheimischen Blätter erkannten mir den Preis zu. In Privatgesellschaften, wo ich in der Regel nicht nur die genannten Geiger, sondern auch den ausgezeichnetsten der einheimischen, Herrn Mayseder, antraf und mit allen diesen zu wetteifern hatte, wurde meinen Vorträgen ebenfalls besondere Anerkennung und Aufmerksamkeit geschenkt. Es gab dann immer erst einen Streit, wer beginnen sollte, denn Jeder wollte der Letzte sein, um seine Vorgänger zu verdunkeln. Ich aber, der überhaupt viel lieber ein gediegenes Quartett, als ein Solostück vortrug, weigerte mich niemals, den Anfang zu machen und wußte durch meine mir eigenthümliche Auffassungs= und Vortragsweise der klassischen Quartetten auch stets die Aufmerksamkeit und Theilnahme der Gesellschaft zu gewinnen. Hatten dann die Anderen ein Jeder sein Paradepferd vorgeritten und bemerkte ich nun, daß die Gesellschaft mehr Sinn für dergleichen als für klassische Musik hatte, so holte ich zum Schlusse noch einen meiner schweren und brillanten Potpourri's herbei und wußte dann in der Regel auch die Bravour im Vortrage meiner Vorgänger noch zu überbieten.

Bei diesen häufigen Gelegenheiten, Rode zu hören, überzeugte ich mich immer mehr, daß dieser der vollkommene Geiger der früheren Zeit nicht mehr war. Durch die ewige Wiederholung derselben und immer derselben Compositionen, hatte sich in den Vortrag nach und nach eine Manier eingeschlichen, die nun nahe an Karrikatur grenzte. Ich hatte die Unverschämtheit, ihm dies anzudeuten, indem ich ihn fragte, ob er sich denn gar nicht mehr erinnere, wie er seine Compositionen vor zehn Jahren gespielt habe. Ja, ich steigerte meine Impertinenz so weit, daß ich die Variationen in G-dur auflegte und ihm sagte, ich wolle sie ihm genau in der Weise vortragen, wie ich sie vor zehn Jahren so oft von ihm gehört hätte. Nach beendetem Spiel brach die Gesellschaft in großen Jubel aus, und so mußte mir denn auch Rode Schicklichkeitshalber ein Bravo zurufen; doch sah man deutlich, daß er sich durch meine Indelikatesse verletzt fühlte. Und das mit vollem Recht. Ich schämte mich bald derselben und erwähne des Vorfalles jetzt nur, um zu zeigen, wie sehr ich mich damals als Geiger fühlte.

In hohem Grade mit Wien zufrieden, dachte ich nun an meine Weiterreise, als mir ganz unerwartet vom Grafen Palffy, dem damaligen Besitzer des Theaters an der Wien, der Antrag zu einem Engagement bei demselben auf drei Jahre als Kapellmeister und Orchesterdirektor gemacht wurde. Da ich mich nicht entschließen konnte, meine und meiner Frau Anstellung auf Lebenszeit aufzugeben, lehnte ich es anfangs entschieden ab. Als mir aber Herr Treitschke, der den Unterhändler machte, mehr denn dreimal so viel Gehalt, als ich bisher gemeinschaftlich mit meiner Frau in Gotha bezogen hatte, antrug; als er mir erzählte, das Theater an der Wien werde bald das erste Deutschlands sein, da es dem Grafen gelungen sei, die vorzüglichsten jetzt lebenden Sänger dafür zu gewinnen und er nun die Bildung des Orchesters aus den vorzüglichsten Künstlern Wiens mir zu übertragen gedenke; als er mir ferner vorstellte, ich werde bei einem so vortrefflichen Theater die herrlichste Gelegenheit finden, mich auch als dramatischer Componist auszubilden und auszuzeichnen: da konnte ich der Versuchung nicht länger widerstehen, erbat mir eine Frist, um mich mit meiner Frau zu benehmen und versprach, in einigen Tagen entscheidende Antwort zu sagen.

Bei dem großen Gehalte, der mir geboten und welcher den der beiden Hofkapellmeister Salieri und Weigl bedeutend überstieg, durfte ich hoffen, ein Drittheil, vielleicht die Hälfte davon zurücklegen zu können. Ferner konnte ich bei dem Ansehen, das ich mir als Künstler in Wien erworben hatte, mit Zuversicht darauf rechnen, durch Concerte, Composition und Unterrichtgeben noch ein Bedeutendes außerdem zu verdienen. Mithin war ich auch für den Fall, daß die gebotene Stellung nach drei Jahren aufhören sollte, für die nächste Zukunft gesichert und konnte dann einen von frühester Jugend an gehegten Lieblingsplan, nämlich den einer Reise nach Italien, in Gesellschaft von Frau und Kindern zur Ausführung bringen.

Mehr jedoch noch als Alles dieses bestimmte mich die mit erneueter Kraft erwachte Lust, für das Theater zu schreiben, die Vorschläge des Grafen anzunehmen. So wurde denn, nachdem auch Dorette ihre Zustimmung, wiewohl mit Kummer über die nun nothwendige Trennung von Mutter und Geschwistern, gegeben hatte, der schriftliche Vertrag unter Zuziehung eines befreundeten Notars abgeschlossen und unterzeichnet. Ich verpflichtete mich, als Orchesterdirektor bei allen großen Opern vorzuspielen, die Violinsoli in Opern und Balletten zu übernehmen und als Kapellmeister aus der Partitur zu dirigiren, wenn der andere daran verhindert sein sollte. Von kleineren Opern, Balletten und Schauspiel = Musiken war ich befreit. Ich trat nun zunächst in Verbindung mit dem Grafen Palffy und meinem neuen Collegen, dem Kapellmeister von Seyfried, um die Umgestaltung des Orchesters zu bewirken. Der Graf war in Bestimmung der Gehalte nicht knauserig; es gelang deshalb sehr bald, die begabtesten jungen Künstler für dasselbe zu gewinnen und ein Ensemble herzustellen, welches mein Orchester nicht nur

zu den besten in Wien, sondern auch zu einem der vorzüglichsten
von ganz Deutschland erhob.

Unter den neu angestellten Mitgliedern befand sich auch mein
Bruder Ferdinand, sowie einer der begabtesten meiner anderen
Schüler, Moritz Hauptmann aus Dresden. Dieser war eben
in Wien angekommen und wünschte sich dort zu fixiren. Mein
Bruder aber trat erst im Frühjahre ein.

Ich hatte mir einen vierwöchigen Urlaub für den nächsten
Frühling ausbedungen, um meine Angelegenheiten in Gotha zu
ordnen und meine Kinder abzuholen. Vorher aber mußte ich mir
noch eine Wohnung einrichten, um nach meiner Rückkehr eine
eigene Haushaltung beginnen zu können. Dabei ereignete sich
ein Vorfall, der nicht nur auf dieses Geschäft, sondern auch auf
meine künstlerischen Arbeiten in Wien großen Einfluß hatte. Es
war nämlich kaum in der Stadt bekannt geworden, daß ich dort
bleiben werde, als eines Morgens ein angesehener Fremder bei mir
eintrat, der sich als Herrn von Tost, Fabrikbesitzer und leidenschaft=
lichen Musikfreund, vorstellte und die Zudringlichkeit seines Be=
suches damit entschuldigte, daß er mir einen Antrag zu machen
habe. Nachdem er Platz genommen, und ich mich ihm erwar=
tungsvoll gegenübergesetzt hatte, erging er sich erst in Lobeserhe=
bungen über mein Compositions=Talent und sprach dann den Wunsch
aus, daß ich ihm Alles, was ich in Wien schreiben werde und
etwa schon geschrieben habe, gegen ein angemessenes Honorar auf
drei Jahre als Eigenthum überlassen möge, doch so, daß ich ihm
die Original=Partituren überliefere und selbst keine Abschrift davon
behalte. Nach drei Jahren wolle er die Handschriften zurückgeben,
und ich könne sie dann veröffentlichen oder verkaufen. Nachdem
ich einen Augenblick über diesen sonderbaren und räthselhaften
Antrag nachgedacht hatte, warf ich zuerst die Frage auf, ob denn
die Werke in diesen drei Jahren gar nicht zur Aufführung
kommen sollten? Worauf Herr von Tost erwiederte: „O ja,
so oft wie möglich, doch jedesmal von mir dazu hergeliehen

und nur in meiner Gegenwart." Er wolle, setzte er noch hinzu, mir die Gattung der Compositionen nicht vorschreiben; doch wünsche er vorzugsweise solche, die sich in Privatzirkeln aufführen ließen, also Quartetten und Quintetten für Streich=Instrumente und Sextette, Oktette und Nonette für Streich= und Blas=Instrumente. Ich möge mir seinen Vorschlag überlegen und das Honorar für jede Compositions = Gattung bestimmen. Darauf übergab er mir seine Karte und empfahl sich.

Meine Frau und ich versuchten vergebens, zu ergründen, was Herr von Tost mit seinem Antrag bezwecke, und ich beschloß daher, ihn geradezu darüber zu befragen. Vorher zog ich Erkundigungen über ihn ein und erfuhr, daß er ein reicher Mann sei, bei Znaim bedeutende Tuchfabriken besitze, Musik leidenschaftlich liebe und kein öffentliches Concert versäume. Dies klang ganz beruhigend, und ich beschloß, auf den Antrag einzugehen. Als Honorar für das dreijährige Abtreten meiner Handschriften setzte ich für ein Quartett dreißig, für ein Quintett fünfunddreißig Dukaten und so verhältnißmäßig mehr für die übrigen Kunstgattungen an. Als ich nun zu wissen wünschte, was Herr von Tost während der drei Jahre mit den Werken anzufangen gedenke, wollte er anfangs nicht mit der Sprache heraus und meinte, dies könne mir gleichgültig sein, sobald er sich schriftlich anheischig mache, meine Compositionen nicht zu veröffentlichen; als er jedoch bemerkte, daß ich noch immer nicht beruhigt war, setzte er hinzu: „Ich beabsichtige zweierlei. Erstlich will ich zu den Musikpartien, in welchen Sie Ihre Compositionen vortragen werden, eingeladen sein, deshalb muß ich diese in meinem Verschlusse haben; und zweitens hoffe ich auf Geschäftsreisen im Besitze solcher Kunstschätze ausgebreitete Bekanntschaften unter den Musikfreunden zu machen, die mir dann für mein Fabrikgeschäft wieder von Nutzen sein werden."

Wenn mir auch die Spekulation des Herrn von Tost nicht recht einleuchten wollte, so mußte ich mir doch sagen, daß dieser jedenfalls eine hohe Idee von dem Werthe meiner Compositionen

habe. Dies bestach mich sehr und ließ keine weiteren Bedenk=
lichkeiten auftommen. Da nun auch Herr von Toſt gegen die
angeſetzten Honorare und die Beſtimmung, daß ſie bei Ablieferung
der Manuſcripte auszuzahlen ſeien, nichts einzuwenden hatte, ſo
wurde das Geſchäft ſogleich ſchriftlich abgeſchloſſen.

Ich hatte bereits ein Manuſcript mit nach Wien gebracht,
ein Solo=Quartett für Violine, welches ich auf der Reiſe vollendet
hatte. Mit der Compoſition eines zweiten war ich eben beſchäf=
tigt. Dieſes beſchloß ich noch vor der Abreiſe nach Gotha fertig
zu machen und dann beide an Herrn von Toſt abzugeben.

Unterdeſſen war es mir geglückt, ganz in der Nähe des
Theaters an der Wien eine paſſende Wohnung, die Bel=Etage in
dem Hauſe eines Tiſchlers, zu finden. Da ſie etwas verwohnt
war, ſo ließ ich dieſelbe neu malen und aufputzen und war nun im
Begriff, ſie auch zu möbliren. Ich lieferte daher meine beiden
Quartetten an Herrn von Toſt und erbat mir das Honorar von
ſechzig Dukaten, dabei bemerkend, daß ich des Geldes zu meiner
häuslichen Einrichtung bedürfe. „Die werde ich Ihnen vollſtändig
liefern,“ entgegnete er, „und zwar viel wohlfeiler, als wenn Sie
ſelbſt einkaufen; denn ich ſtehe mit allen Leuten, mit denen Sie
zu thun haben werden, in Geſchäftsverbindung und kann daher
billigere Preiſe erwirken, als Sie. Auch finde ich dabei Gele=
genheit, noch alte Schuldenreſte einzuziehen. Nennen Sie mir
daher einen Tag, wo ich Sie nebſt Ihrer Frau Gemahlin ab=
holen kann, um gemeinſchaftlich alles Nöthige auszuſuchen.“

So geſchah es. Zuerſt fuhren wir in die neue Wohnung,
wo Herr von Toſt mit großer Sachkenntniß ein Verzeichniß der
nöthigen Gegenſtände entwarf. Dann ging es von einem Ge=
wölbe und Magazine zum anderen und meine Frau und ich hatten
nur immer abzuwehren, daß er nicht zu viel und nicht immer
gerade das Reichſte und Prächtigſte auswählte. Doch konnten
wir es nicht hindern, daß für die Putzſtube Möbeln von Mahagoni
mit Seide überzogen und Vorhänge von gleichem Stoffe, und für

die Küche eine Masse von Tafel= und Küchengeschirr angeschafft wurden, wie sie besser für einen Kapitalisten, als einen anspruchs= losen Künstler gepaßt hätten. Vergebens stellte Dorette vor, wir würden keine Gastereien geben und bedürften daher eine solche Menge von Geschirr nicht. Er ließ sich nicht irre machen und als ich die Befürchtung aussprach, die Einrichtung werde für meine Verhältnisse zu viel kosten, erwiederte er: „Sein Sie un= besorgt, es wird Ihnen nicht zu viel kosten; auch werde ich keine Baarzahlung verlangen. Sie können nach und nach Alles mit Ihren Manuscripten ausgleichen."

Dagegen ließ sich weiter nichts erinnern und so sahen wir uns im Besitze einer so glänzenden und zugleich geschmackvollen Einrichtung, wie sie gewiß keine andere Künstler=Familie der Stadt aufzuweisen hatte.

Ich ordnete nun Alles zu meiner Abreise. Meine Frau wurde von einer Dame ihrer Bekanntschaft, der Schwester des Advokaten Zizius, eines großen Musikfreundes, in dessen Hause wir oft musicirt hatten, eingeladen, bei ihr während meiner Ab= wesenheit zu wohnen, so daß ich sie ohne Besorgniß zurücklassen konnte.

Ich hatte erfahren, daß ein Leipziger Kaufmann im Begriffe nach seiner Heimath im eigenen Wagen mit Extrapost zurückzu= kehren, einen Reisegefährten suche; ich eilte daher, mich ihm als solchen anzutragen und wurde auch sogleich über die Bedingungen mit ihm einig. Ich erinnere mich nicht mehr seines Namens, wohl aber, daß er ein gebildeter und theilnehmender Gesellschafter war, von dem ich im besten Vernehmen schied. Wir fuhren ohne Aufent= halt bis Prag, blieben aber dort einen vollen Tag, um uns wieder zu erholen. Ich verbrachte ihn sehr angenehm im Hause meines Freundes Kleinwächter. Von Prag aus mußten wir die große Straße über Dresden verlassen, weil sich dort die Heere der kriegführenden Mächte gegenüberstanden und die Elbebrücke nicht zu passiren war, da einige Bogen derselben durch die Fran=

zofen gesprengt waren. Wir mußten uns einen Weg über das
Erzgebirge suchen, auf dem wir zwar auch Truppen-Abtheilungen
antrafen, von denen wir aber weder angehalten, noch zurückge=
wiesen wurden. So kamen wir ohne weitere Abenteuer glücklich
bis Chemnitz. Hier aber sollte ich etwas erleben, wodurch ich
dermaßen in Schrecken versetzt wurde, daß ich darüber in Ohn=
macht fiel, was mir, bei meinem kräftigen Körperbau, weder vorher
noch nachher je wieder geschehen ist.

Wir kamen um die Mittagszeit in Chemnitz an, als sich im
Hôtel so eben eine zahlreiche Gesellschaft zum Mittagsessen nie=
dersetzte. Wir schlossen uns an und ich fand meinen Platz zwischen
meinem Reisegefährten und der Wirthin des Hauses. Während
diese die Suppe vorlegte, wollte ich mir nach dem Beispiele der
übrigen Gäste von einem vor mir liegenden großen schwarzen
Brode ein Stück abschneiden. Ich setzte das Messer an, welches
aber nicht von der Stelle wollte, weil es, wie sich nachher zeigte,
auf einen kleinen, in die Rinde des Brodes mit eingebackenen
Stein gerathen war. Ich glaubte daher, das Messer sei stumpf
und steigerte die Kraft des Druckes. Nun sprang es aber plötzlich
ab, fuhr mir in die Kuppe des linken Zeigefingers und schnitt
ein bedeutendes Stück Fleisch davon ab, welches auf den Teller
vor mir niederfiel. Ein Blutstrom folgte. Dieser Anblick, oder
vielmehr der Gedanke, daß es nun mit meinem Violinspiele zu
Ende sei, und ich nicht mehr im Stande sein werde, mich und
die Meinigen zu ernähren, erschreckte mich so, daß ich bewußtlos
vom Stuhle sank. Als mir nach etwa zehn Minuten die Besin=
nung zurückkehrte, sah ich die ganze Gesellschaft in Aufruhr und
um mich beschäftigt. Mein erster Blick fiel auf meinen Finger, den
ich mit einem großen Stück englischen Pflasters, das die hülfreiche
Wirthin herbeigeholt hatte, umwickelt fand. Es hatte sich fest in
die durch den Schnitt entstandene Vertiefung hineingelegt, und
ich konnte nun zu meiner Beruhigung sehen, daß nicht die ganze
Fingerkuppe abgeschnitten war, wie ich im ersten Schrecken gefürchtet

hatte. Doch war fast die Hälfte derselben nebst einem großen Stück vom Nagel fort. Da ich fast gar keinen Schmerz empfand, so ließ ich den Verband unangerührt und suchte erst in Leipzig einen Wundarzt auf, der das Pflaster aber ebenfalls liegen ließ und nur sorfältige Vermeidung aller unsanften Berührung des Fingers rieth.

So kam ich denn ziemlich getröstet bei den Meinigen in Gotha an. Den Hof fand ich sehr verstimmt über die beabsich= tigte Uebersiedelung nach Wien; die Herzogin war so böse, daß ich große Mühe hatte, sie zu besänftigen, was mir um so schwerer fiel, da ich nicht einmal mehr, was sie so sehr ge= wünscht hatte, bei Hofe zum Abschiede spielen konnte. Auch meine Schwiegermutter war in hohem Grade betrübt. Ich beeilte mich daher, soviel als möglich, aus diesen unange= nehmen Verhältnissen herauszukommen. Meinem alten Freunde Bärwolf hatte ich schon einige Wochen früher den Auftrag er= theilt, die Möbeln und Geräthe, die ich nicht mitzunehmen ge= dachte, unter der Hand zu verkaufen. Dies war nach Wunsch geglückt. Ich ließ daher das Zurückbehaltene, hauptsächlich Betten, Spiegel, Musikalien, Kleider, Wäsche u. dgl. einpacken und schickte es als Fracht nach Regensburg voraus. Acht Tage später folgte ich mit meinem Bruder Ferdinand, meinen beiden Kindern und einem jungen Mädchen, einer Waise, die meine Schwiegermutter aufgenommen und erzogen hatte und mir nun als Kindermädchen überließ.

Der Abschied von den Verwandten und dem lieben Gotha war ein sehr trüber; doch erheiterten wir uns, vom herrlichsten Reisewetter begünstigt, bald wieder, und ich ergötzte mich sehr an den naiven Bemerkungen der Kinder über die vielen, noch nie ge= sehenen Gegenstände. So kamen wir zwar sehr ermüdet, aber seelenvergnügt in Regensburg an. Dort verweilten wir einige Tage, während welcher ich Alles zur Donaufahrt nach Wien vor= bereitete. Ich miethete um mäßigen Preis ein eigenes Schiff

und ließ meine bereits angelangten Frachtstücke darauf bringen.
Die Betten wurden ausgepackt und zum Nachtlager unter dem
Bretterhäuschen des Schiffes ausgebreitet. Die Koffer dienten
als Sitzplätze. Da die Fahrt ohne anzuhalten, Tag und Nacht
fortdauern sollte, so wurde auf vier bis fünf Tage Proviant eingekauft. Die Schiffsgesellschaft bestand außer mir und den Meinigen aus dem Schiffer, seiner Frau, welche die Küche besorgte,
dem Schiffsknechte und drei Handwerksburschen, welchen ich freie
Fahrt und Kost gab, wofür sie sich anheischig gemacht hatten,
fleißig zu rudern.

Es war im Mai zur Zeit des Vollmonds und der tief-
blaue Himmel war über die reizenden Gegenden ausgebreitet.
Der Frühling hatte so eben die ganze Natur in sein erstes saftiges
Grün gekleidet und die Obstbäume standen noch in der prächtigsten
Blüthe. Die buschigen Ufer des herrlichen Stromes waren von
zahlreichen Nachtigallen bewohnt, die besonders während der
stillen, hellen Nächte unaufhörlich schlugen. Es war eine Fahrt
zum Entzücken, und ich habe mich fortwährend durch mein ganzes,
langes Leben hindurch bestrebt, sie unter ähnlichen günstigen
Umständen noch einmal machen zu können; doch leider vergeblich.

Als wir den berühmten S t r u d e l und den W i r b e l pas-
sirten, was zu jener Zeit noch nicht ganz gefahrlos geschehen konnte,
wurde unser bis dahin sehr jovialer Schiffer plötzlich ernst und
ermahnte die Ruderer eindringlich, seinen Anordnungen auf das
Pünktlichste nachzukommen. In dem Augenblicke, als uns der
reißende Strom ergriff, erblaßte er, die Frau warf sich auf die
Knie und heulte mehr, als sie es sprach, ein Gebet an die heilige
Jungfrau; auch selbst mir schien der Moment voll großer Gefahr
zu sein. Ich ermahnte daher meinen Bruder, der wie ich ein
geübter Schwimmer war, im Falle eines Unglücks mir bei Ret-
tung der Kinder beizustehen. Doch kamen wir die abschüssige
Stromschnelle glücklich hinab und wichen auch dem Wirbel, der

übrigens nur für ganz kleine Kähne gefahrdrohend ist, mit Erfolg aus.

Auf dem Felsen, der am Ende des Strudels mitten im Strome liegt und durch das Zurückwerfen der Fluthen den Wirbel erzeugt, wohnte damals ein alter Einsiedler, der von den Gaben der Vorbeireisenden lebte. Er fuhr in seinem kleinen Kahne zum großen Ergötzen der Kinder, die noch keinen Eremiten gesehen hatten, auch an unser Schiff heran und empfing die übliche Spende.

Am vierten Tage unserer Wasserfahrt kamen wir gegen Abend in Wien an und sahen schon von weitem Doretten in Gesellschaft ihrer Wirthe am Landungsplatze unserer harren. Das war ein beglückendes Wiedersehen! Noch an demselben Abende wurde das Gepäck in die neue Wohnung gebracht, die wir Tags darauf bezogen.

Meine Wunde war bei meiner Ankunft in Wien fast geheilt. Zu meinem Erstaunen und noch viel mehr zu dem der Wundärzte, denen ich davon erzählte, war unter dem englischen Pflaster, welches noch immer den Finger umhüllte, neues Fleisch an der Stelle des ausgeschnittenen gewachsen und hatte sich nach und nach bis zu dem früheren Umfange der Fingerkuppe ausgedehnt. Auch das fehlende Stück Nagel war wieder gewachsen, doch nur nothdürftig mit dem übrigen Nagel verbunden, so daß eine Vertiefung zurückgeblieben war, die noch jetzt sichtbar ist und den Umfang des damals Weggeschnittenen deutlich erkennen läßt. Mit Hülfe eines Ueberzuges von Leder konnte ich meinen Finger wieder gebrauchen und wenn auch nicht gleich Solo spielen, doch meinen Dienst im Orchester beginnen.

Ich führte nun ein sehr thätiges, im Genusse des Familienglückes auch höchst zufriedenes Leben. Der frühe Morgen fand mich schon am Clavier oder am Schreibtische, und auch jede andere Tageszeit, die mir der Orchesterdienst und mein Unterrichtgeben frei ließ, wurde der Composition gewidmet. Ja, mein Kopf gährte und arbeitete damals so unaufhörlich, daß ich selbst auf den Wegen zu meinen Schülern, sowie auf Spaziergängen fortwährend componirte und dadurch bald die Fertigkeit gewann, lange Perioden, ja ganze Musikstücke, im Kopfe vollständig auszuarbeiten, die dann ohne weitere Nachhülfe niedergeschrieben werden konnten. Sobald dies geschehen, waren sie im Gedächtnisse wie ausgelöscht, und ich hatte wieder Raum für neue Combinationen. Dorette schmälte oft auf unseren Spaziergängen über dieses unaufhörliche Denken und war froh, wenn das Geplauder der Kinder mich davon ab= zuziehen vermochte. War dies einmal geschehen, so gab ich mich gern den äußeren Eindrücken hin; nur durfte man mich nicht wieder in mein Grübeln zurückfallen lassen, was Dorette auch stets mit großer Gewandtheit zu verhüten wußte.

Wir lernten schon im ersten Sommer unseres Aufenthaltes zu Wien die herrliche Umgebung der Stadt recht genau kennen, da wir fast jeden schönen Abend, in welchem ich im Theater un= beschäftigt war, im Freien zubrachte. Dann suchten wir, unser einfaches Abendessen in einem vom Kindermädchen getragenen Körbchen mit uns führend, irgend eine schöne Aussicht auf, um den Sonnenuntergang zu sehen. So haben wir manchen glücklichen Abend bei „der Spinnerin am Kreuz", wo man eine besonders herrliche und reiche Uebersicht der Stadt hat, verlebt. Sonntags nahmen wir dann auch wohl an der Linie einen Zeiselwagen und machten weitere Ausflüge nach dem Leopoldsberge oder der Brühl, oder nach Laxenburg und Baden.

Der Lieblings=Spaziergang der Kinder war aber immer nach Schönbrunn zur Menagerie oder in den Prater zum sogenannten „Dörfl", wo sie die Caroussele, die Puppen= und Hunde=Komödien und andere Herrlichkeiten immer mit neuem Entzücken erfüllten. Ich und meine Frau, im Gemüth selbst noch halbe Kinder, nahmen an der Freude unserer Lieblinge den innigsten Antheil. Es war eine schöne, frohe und sorgenlose Zeit!

Meine erste Arbeit nach der Rückkehr von Gotha war die

Composition des „Faust." Ich hatte vor der Reise einen anderen
Stoff im Auge, den mir Theodor Körner als Oper bearbeiten
wollte. Bald nach meiner Ankunft in Wien machte ich die Bekanntschaft des jungen Dichters, der schon damals wegen seiner
Liebenswürdigkeit sowohl, als des Erfolges seiner Theaterstücke
sehr gefeiert wurde. Ich traf ihn fast in allen Gesellschaften, wo
ich spielte, und da Körner die Musik sehr liebte, so schlossen
wir uns bald an einander an. Als es dann entschieden war, daß
ich in Wien bleiben werde, bat ich Körner, mir eine Oper zu
schreiben, wozu ich ihm die Sage vom Rübezahl vorschlug. Körner, der beide Aufführungen des „jüngsten Gerichts" mit angehört
und von meinem Compositions-Talent eine gute Meinung hatte,
sagte ohne Bedenken zu und ging gern auf den ihm vorge-
schlagenen Stoff ein. Doch plötzlich hieß es, Körner wolle als
Freiwilliger unter Lützow's Reiterschaar gehn und für die Befreiung Deutschlands kämpfen. Ich eilte zu ihm und versuchte,
wie viele andere meiner Freunde, ihm diesen Vorsatz auszureden;
doch ohne Erfolg. Bald schon sahen wir ihn scheiden. Später
wurde es bekannt, daß ihn nicht allein die Begeisterung für den
deutschen Befreiungskampf, sondern eine unglückliche, unerwiderte
Liebe zur schönen Schauspielerin Adamberger von Wien ver-
trieben und in den frühen Tod gestürzt hatte.

So sah ich meine Hoffnung, von dem jungen begabten Dichter
ein Opernbuch zu bekommen, leider vereitelt und mußte mich nun
nach einem anderen umsehen. Es kam mir daher gelegen, daß Herr
Bernard seine Bearbeitung des Faust mir zur Composition antrug
und bald hatten wir uns über die Bedingungen geeinigt. Einige
Abänderungen, die ich wünschte, wurden vom Dichter während meiner
Reise nach Gotha vorgenommen, so daß ich nach meiner Rückkehr
augenblicklich beginnen konnte. Aus dem Verzeichnisse meiner
Compositionen ersehe ich, daß ich diese Oper in weniger als vier
Monaten, von Ende Mai bis Mitte September, geschrieben habe.
Noch jetzt ist mir erinnerlich, mit welcher Begeisterung und Aus-

dauer ich daran arbeitete. Hatte ich einige Nummern vollendet, so eilte ich damit zu Meyerbeer, der sich damals in Wien aufhielt und bat ihn, sie mir aus der Partitur vorzuspielen, worin dieser sehr excellirte. Ich übernahm dann die Singstimme und trug sie in ihren verschiedenen Charakteren und Stimmlagen mit großer Begeisterung vor. Reichte meine Kehlfertigkeit nicht aus, so half ich mir mit Pfeifen, worin ich sehr geübt war. Meyerbeer nahm großes Interesse an dieser Arbeit, welches sich bis in die neueste Zeit erhalten zu haben scheint, da er während seiner Leitung der Berliner Oper den „Faust" von neuem in Scene setzte und mit großer Sorgfalt selbst einübte.

Aber auch Pixis der Jüngere, der damals bei seinen Eltern in Wien wohnte, sowie Hummel und Seyfried, zeigten große Vorliebe für diese Oper, so daß ich sie mit den schönsten Hoffnungen auf einen glänzenden Erfolg dem Theater an der Wien zur Aufführung antrug. Graf Palffy, mit dem ich damals noch in gutem Vernehmen war, nahm sie auch sogleich an und versprach, sie baldmöglichst zu vertheilen und zur Aufführung zu bringen. Ich hatte bei der Arbeit das Personal meines Theaters zwar im Auge gehabt, den Faust für Forti, den Mephistopheles für Weinmüller, den Hugo für Wild, den Franz für Gottdank, die Kunigunde für Madame Campi und das Röschen für Demoiselle Teiner geschrieben; es war mir aber doch, abgesehen davon, daß ich damals überhaupt noch nicht verstand, mich immer in den Schranken des natürlichen Stimmumfangs zu halten, allerlei aus der Feder geflossen, was für die genannten Sänger nicht paßte, wie z. B. die langen Coloraturen in der Arie des Hugo für Wild, der damals noch wenig Geläufigkeit besaß. Dies wurde später vom Grafen, als ich mich mit ihm entzweit hatte, als Vorwand benutzt, um seine Zusage zurückzunehmen, und wirklich kam die Oper, so lange ich in Wien war, gar nicht zur Aufführung. Einige Jahre später wurde sie dann mit vielem Erfolge gegeben und in neuerer Zeit mit noch gesteigertem Beifall von neuem in Scene gesetzt. Ich, der ich mich von jeher nur so lange für meine Compositionen interessirte, als ich daran arbeitete nnd von ihnen erfüllt war, ertrug es mit großer Gemüthsruhe, daß meine Partitur in der Theaterbibliothek ungenützt ruhte und machte mich sogleich an neue Arbeiten. Selbst den Clavierauszug der Oper, den Pixis mit großer Liebe ver=fertigt hatte, ließ ich erst viele Jahre später bei Peters in Leipzig stechen.

Nach Beendigung des „Faust" glaubte ich nun zunächst meiner Verpflichtung gegen Herrn von Tost nachkommen zu müssen. Ich fragte deshalb bei ihm an, welche Kunstgattung ihm für diesmal die liebste sein werde. Mein Kunst=Mäcen sann ein wenig nach und meinte dann, ein Nonett, concertirend für die vier Streich=Instrumente, Violine, Viola, Violoncell und Contrabaß, und die fünf vornehmsten Blas=Instrumente, Flöte, Oboë, Cla=rinette, Horn und Fagott, so geschrieben, daß jedes dieser In=strumente seinem Character und Wesen gemäß hervortrete, möchte doch wohl eine eben so interessante, wie dankbare Aufgabe sein, und da er gar nicht zweifle, daß ich sie mit Glück lösen werde, so gebe er anheim, sie als die nächste Arbeit zu wählen. Ich fühlte mich durch die Schwierigkeit der Aufgabe angezogen, willigte mit Freuden ein und machte mich sogleich an die Arbeit. So entstand das bekannte Nonett, welches als Op. 31 bei Steiner in Wien erschienen und bis jetzt das einzige seiner Gattung ge=blieben ist. Ich vollendete es in kurzem und lieferte die Par=titur an Herrn von Tost ab. Dieser ließ es ausschreiben und lud dann die ausgezeichnetsten Künstler Wiens zu sich ein, um es unter meiner Anleitung einzuüben. Dann wurde es in einer der ersten, mit dem Winter beginnenden, Musikpartien aufgeführt und erhielt so lebhaften Beifall, daß es im Laufe des=selben noch oft wiederholt werden mußte. Herr von Tost er=schien dann jedesmal mit der Musikmappe unter dem Arme, legte die Stimmen selbst auf die Pulte und schloß sie nach beendigtem

Vortrage sogleich wieder ein. Er fühlte sich durch den Beifall, den das Werk fand, so beglückt, als wäre er selbst der Componist. Auch die beiden Quartetten, die er im Manuscripte besaß, spielte ich häufig in Gesellschaften, und so wurde sein Wunsch, zu recht vielen Musikpartien eingeladen zu werden, vollständig erfüllt. Ja, bald war man es so gewohnt, wo ich spielte, auch Herrn von Tost mit seiner Musikmappe zu sehen, daß er eingeladen wurde, auch wenn ich keines seiner Manuscripte vortrug.

Vor dem Schlusse des Jahres 1813 schrieb ich noch ein Rondo für Harfe und Violine für meine Frau und mich, und ein Streich=quartett für Herrn von Tost. Es ist das in G-dur, Op. 33, welches der Verleger aus Versehen als Nr. 2 bezeichnet hat. Es ist jedoch sechs Monate früher, als das in Es dur, geschrieben worden.

Wegen dieses Quartettes wurde ich in eine literarische Fehde verwickelt, welche die erste und auch die letzte gewesen ist, die ich meiner Compositionen halber je geführt habe. Es fand bei den Künstlern und Kunstkennern Wiens eine besonders günstige Auf=nahme, und auch ich hielt es, und mit Recht, für das Beste, was ich bis dahin geschrieben hatte. Um so kränkender mußte es für mich sein, daß der Recensent eines damaligen Wiener Kunstblattes gar nichts Gutes daran finden wollte. Besonders fühlte ich mich durch die hämische Weise verletzt, womit derselbe von der theore=tischen Bearbeitung des ersten Satzes sprach, die mein Stolz war und die Bewunderung der Kenner erregt hatte. Noch jetzt, nach so langer Zeit, erinnere ich mich jener Worte, die ungefähr so hießen: „Dieses ewige Wiederkäuen des Thema in allen Stimmen und Tonlagen kommt mir vor, wie wenn man einem dummen Bedienten einen Auftrag zu geben hat, den er nicht begreifen kann und den man daher unzählige Male in den verschiedensten Sprachwendungen wiederholen muß, damit er klar werde. Für solche dumme Bedienten scheint der Componist seine Zuhörer zu halten!"

Ich erfuhr bald, daß der ungenannte Recensent Herr
von Mosel sei, der Componist einer lyrischen Tragödie „Salem",
von der ich allerdings sehr vorlaut gesagt hatte: „Ich habe im
Leben nichts Langweiligeres gehört." Dieses Urtheil war un=
glücklicher Weise dem Componisten zu Ohren gekommen und hatte
seine Galle in so hohem Grade erregt. Herr von Tost, der auf
meine Compositionen, besonders solche, die er in seiner Mappe
hatte, stolzer war, als der Componist selbst, ließ nicht nach, bis
ich eine Antikritik geschrieben hatte. Was ich zur Abwehr und
besonders zur Vertheidigung meiner thematischen Durchführung
sagte, erinnere ich mich nicht mehr, wohl aber, daß ich es an
Seitenhieben auf „Salem" nicht fehlen ließ. Dies goß Oel in's
Feuer, und so entspann sich eine Fehde, die noch lange fortgesetzt
worden wäre, hätte nicht die Censur einen Riegel vorgeschoben,
indem sie dem Redakteur des Blattes verbot, Weiteres in der
Sache aufzunehmen. Da mich solche Zänkereien sehr anwiderten,
so war ich froh, zu meinem harmlosen Componiren zurückkehren
zu können.

Im Herbste des Jahres 1813 hatte mir Dorette einen Knaben
geboren. Unser Glück über diesen Familien=Zuwachs war leider
von kurzer Dauer; denn der Knabe fing bald zu kränkeln an und
starb, ehe er noch drei Monate alt geworden war. Die arme Mutter
suchte und fand Trost bei ihrer Harfe; sie übte zu meinem im
December bevorstehenden Benefiz=Concerte das neue Rondo mit
mir ein. Nach der Musikalischen Zeitung fand dies Concert im
kleinen Redouten=Saale statt, und mein Bruder Ferdinand
trat darin in einem Violinduett mit mir auf.

Unterdessen war die große Völkerschlacht bei Leipzig ge=
schlagen. Die verbündeten Heere hatten den Rhein überschritten,
und man hoffte, sie bald in Paris einziehen zu sehen. In Wien
wurden zur Feier dieses Einzuges, sowie für die Rückkehr des
Kaisers und seines siegreichen Heeres, große Festlichkeiten vorbe=
reitet. Sämmtliche Theater ließen Festspiele dichten und com=

poniren, und die kürzlich errichtete Gesellschaft der Musik=
freunde des Oesterreichischen Kaiserstaates unter dem
Protektorate des Erzherzogs Rudolph machte Anstalten zu einer
kolossalen Aufführung des „Samson" von Händel in der kaiser=
lichen Reitschule, wozu Herr von Mosel die Instrumentirung
vermehrte. Andere Gesellschaften unternahmen Aehnliches. So
kam auch Herr von Tost auf die Idee, eine große Musik=Auf=
führung bei der Rückkehr des Kaisers zu veranstalten und befragte
mich, ob ich ihm dazu eine Cantate schreiben wolle, deren Inhalt
die Befreiung Deutschlands sein müsse. Ich sagte gern zu, be=
merkte jedoch, daß dieser Stoff an sich dem Componisten nur
wenig dankbare Momente darbieten werde, und ihn deshalb ein
guter Dichter bearbeiten müsse, um solche zu schaffen.

„O, daran soll es nicht fehlen", war die Antwort. „Ich gehe
sogleich zur Frau von Pichler und zweifle nicht, daß sie es über=
nehmen wird, Ihnen den Text zu liefern!" Und so geschah es
auch. Ich besprach mich mit der Dichterin über Inhalt und Form,
und sie lieferte mir dann ein Textbuch, das im reichen Wechsel
häuslicher und kriegerischer Scenen eine Reihe sehr günstiger Mo=
mente für Composition darbot.

Ich machte mich sogleich an die Arbeit und beendete diese
Cantate, die zwei Stunden dauert, bei allen meinen übrigen vielen
Arbeiten, in drittehalb Monaten, von Januar bis Mitte März 1814.

Herr von Tost hatte unterdessen für die Solopartien die
vier besten Sänger Wiens, die Damen Buchwieser und Milder,
und die Herren Wild und Weinmüller, engagirt, und wollte
zur Aufführung der Chöre sämmtliche Kirchen= und Chorsänger
der Theater vereinigen. Die Stimmen wurden ausgeschrieben und
vertheilt, und ich war bereits einigemale zu Madame Milder
gegangen, um ihr beim Einüben ihrer Partie behülflich zu sein.
Da stürzte eines Morgens Herr von Tost in mein Zimmer und
rief voll Verzweiflung: „So eben ist mir der große Redouten=Saal
zu unserer Aufführung unter dem nichtigen Vorwande abgeschlagen

worden, er könne wegen der Vorbereitungen zu den Hof=Festen nicht entbehrt werden! Daran ist nur die Eifersucht der Musik=Gesellschaft Schuld, die außer ihrer Aufführung in der Reitschule keine andere großartige will zu Stande kommen lassen. Was ist nun zu thun? Seit der Zerstörung des Apollo=Saales gibt es in Wien außer dem großen Redouten=Saale kein Lokal mehr für solch' eine Musik=Aufführung."

Mir fiel noch der Circus des Herrn de Bach im Prater ein. Sogleich fuhren wir hinaus, um zu sehen, ob die Reitbahn in der Mitte des Gebäudes wohl Raum genug darbieten werde, um unser Orchester= und Theater=Personal aufstellen zu können. Ich glaubte es und versprach mir von der Aufstellung der Mit=wirkenden im Mittelpunkte des Gebäudes eine großartige Wirkung. Leider war aber auch dieses Lokal, ich weiß nicht mehr aus welchem Grunde, nicht zu haben, und so scheiterte das ganze Unternehmen zum größten Leidwesen des Herrn von Tost.

Es ging mit dieser Cantate wie mit dem "Faust." Auch sie kam erst zur Aufführung, als ich Wien schon längst verlassen hatte. Ich hörte sie zuerst beim Musikfeste in Frankenhausen, am Jahres=tage der Leipziger Schlacht, im Jahre 1815.

Wie mir, so ging es auch Beethoven mit einer ähnlichen Festarbeit; sie kam damals ebenfalls nicht zur Aufführung. Sie hieß „Der glorreiche Augenblick" und wurde später mit verändertem Texte bei Haslinger in Wien gestochen.

Bei der Erwähnung Beethoven's fällt mir ein, daß ich meines freundschaftlichen Verhältnisses zu diesem großen Künstler noch nicht erwähnt habe und ich beeile mich daher, das Ver=säumte nachzuholen.

Nach meiner Ankunft in Wien suchte ich Beethoven so=gleich auf, fand ihn aber nicht und ließ deshalb meine Karte zurück. Ich hoffte nun, ihn in irgend einer der musikalischen Gesellschaften zu finden, zu denen ich häufig eingeladen wurde, erfuhr aber bald, Beethoven habe sich, seitdem seine Taubheit so

zugenommen, daß er Mufik nicht mehr deutlich und im Zusammen-
hange hören könne, von allen Mufikpartien zurückgezogen und
sei überhaupt sehr menschenscheu geworden. Ich versuchte es daher
nochmals mit einem Besuche; doch wieder vergebens. Endlich traf
ich ihn ganz unerwartet in dem Speisehause, wohin ich jeden
Mittag mit meiner Frau zu gehen pflegte. Ich hatte nun schon
Concert gegeben und zweimal mein Oratorium aufgeführt. Die
Wiener Blätter hatten günstig darüber berichtet. Beethoven
wußte daher von mir, als ich mich ihm vorstellte und begrüßte
mich ungewöhnlich freundlich. Wir setzten uns zusammen an einen
Tisch, und Beethoven wurde sehr gesprächig, was die Tischgesellschaft sehr verwunderte, da er gewöhnlich düster und wortkarg vor sich hinstarrte. Es war aber eine saure Arbeit, sich ihm
verständlich zu machen, da man so laut schreien mußte, daß es im
dritten Zimmer gehört werden konnte. Beethoven kam nun öfter
in dieses Speisehaus und besuchte mich auch in meiner Wohnung.
So wurden wir bald gute Bekannte. Beethoven war ein wenig
derb, um nicht zu sagen roh; doch blickte ein ehrliches Auge unter
den buschigen Augenbrauen hervor. Nach meiner Rückkehr von
Gotha traf ich ihn dann und wann im Theater an der Wien,
dicht hinter dem Orchester, wo ihm der Graf Palffy einen
Freiplatz gegeben. Nach der Oper begleitete er mich gewöhnlich
nach meinem Hause und verbrachte den Rest des Abends bei mir.
Dann konnte er auch gegen Dorette und die Kinder sehr
freundlich sein. Von Mufik sprach er höchst selten. Geschah es,
dann waren seine Urtheile sehr streng und so entschieden, als
könne gar kein Widerspruch dagegen stattfinden. Für die Arbeiten
Anderer nahm er nicht das mindeste Interesse; ich hatte deshalb
auch nicht den Muth, ihm die meinigen zu zeigen. Sein Lieb-
lingsgespräch in jener Zeit war eine scharfe Kritik der beiden
Theater-Verwaltungen des Fürsten Lobkowitz und des Grafen
Palffy. Auf Letzteren schimpfte er oft schon überlaut, wenn
wir noch innerhalb seines Theaters waren, so daß es nicht nur

das ausströmende Publikum, sondern auch der Graf selbst in seinem Büreau hören konnte. Dies setzte mich sehr in Verlegenheit, und ich war nur immer bemüht, das Gespräch auf andere Gegenstände zu lenken.

Das schroffe, selbst abstoßende Benehmen Beethoven's in jener Zeit rührte theils von seiner Taubheit her, die er noch nicht mit Ergebung zu tragen gelernt hatte, theils war es Folge seiner zerrütteten Vermögens-Verhältnisse. Er war kein guter Wirth und hatte noch das Unglück, von seiner Umgebung bestohlen zu werden. So fehlte es oft am Nöthigsten. In der ersten Zeit unserer Bekanntschaft fragte ich ihn einmal, nachdem er mehrere Tage nicht in's Speisehaus gekommen war: „Sie waren doch nicht krank?" — „Mein Stiefel war's, und da ich nur das eine Paar besitze, hatte ich Hausarrest", war die Antwort.

Aus dieser drückenden Lage wurde er aber nach einiger Zeit durch die Bemühungen seiner Freunde herausgerissen. Die Sache verhielt sich so:

Beethoven's „Fidelio", der 1804 (oder 1805) unter ungünstigen Verhältnissen, während der Besetzung Wiens durch die Franzosen, einen sehr geringen Erfolg gehabt hatte, wurde jetzt von den Regisseuren des Kärnthnerthor-Theaters wieder hervorgesucht und zu ihrem Benefize in Scene gesetzt. Beethoven hatte sich bewegen lassen, nachträglich dazu eine neue Ouvertüre (die in E), ein Lied für den Kerkermeister und die große Arie für Fidelio (mit den obligaten Hörnern) zu schreiben, so wie auch einige Abänderungen vorzunehmen. In dieser neuen Gestalt machte nun die Oper großes Glück und erlebte eine lange Reihe zahlreich besuchter Aufführungen. Der Componist wurde am ersten Abend mehreremale herausgerufen und war nun wieder der Gegenstand allgemeiner Aufmerksamkeit. Diesen günstigen Augenblick benutzten seine Freunde, um für ihn ein Concert im großen Redouten-Saale zu veranstalten, in welchem die neuesten Compositionen Beethoven's zur Aufführung kommen sollten. Alles, was geigen, blasen und singen konnte, wurde zur Mitwirkung eingeladen, und es fehlte von den bedeutenderen Künstlern Wiens auch nicht einer. Ich und mein Orchester hatten uns natürlich auch angeschlossen, und ich sah Beethoven zum erstenmale dirigiren. Obgleich mir schon viel davon erzählt war, so überraschte es mich doch in hohem Grade. Beethoven hatte sich angewöhnt, dem Orchester die Ausdruckszeichen durch allerlei sonderbare Körperbewegungen anzudeuten. So oft ein sforzando vorkam, riß er beide Arme, die er vorher auf der Brust kreuzte, mit Vehemenz auseinander. Bei dem piano bückte er sich nieder, und um so tiefer, je schwächer er es wollte. Trat dann ein crescendo ein, so richtete er sich nach und nach wieder auf und sprang beim Eintritte des forte hoch in die Höhe. Auch schrie er manchmal, um das forte noch zu verstärken, mit hinein, ohne es zu wissen.

Seyfried, dem ich mein Erstaunen über diese sonderbare Art zu dirigiren aussprach, erzählte von einem tragi=komischen Vorfalle, der sich bei Beethoven's letztem Concerte im Theater an der Wien ereignet hatte.

Beethoven spielte ein neues Pianoforte=Concert von sich, vergaß aber schon beim ersten tutti, daß er Solospieler war, sprang auf und fing an, in seiner Weise zu dirigiren. Bei dem ersten sforzando schleuderte er die Arme so weit auseinander, daß er beide Leuchter vom Clavierpulte zu Boden warf. Das Publikum lachte, und Beethoven war so außer sich über diese Stö= rung, daß er das Orchester aufhören und von neuem beginnen ließ. Seyfried, in der Besorgniß, daß sich bei derselben Stelle das= selbe Unglück wiederholen werde, hieß zwei Chorknaben sich neben Beethoven stellen und die Leuchter in die Hand nehmen. Der eine trat arglos näher und sah mit in die Clavierstimme. Als daher das verhängnißvolle sforzando hereinbrach, erhielt er von Beethoven mit der ausfahrenden Rechten eine so derbe Maulschelle, daß der arme Junge vor Schrecken den

Leuchter zu Boden fallen ließ. Der andere Knabe, vorsichtiger, war mit ängstlichen Blicken allen Bewegungen Beethoven's gefolgt und es glückte ihm daher, durch schnelles Niederbücken der Maulschelle auszuweichen. Hatte das Publikum vorher schon gelacht, so brach es jetzt in einen wahrhaft bacchanalischen Jubel aus. Beethoven gerieth dermaßen in Wuth, daß er gleich bei den ersten Accorden des Solo ein halbes Dutzend Saiten zerschlug. Alle Bemühungen der ächten Musikfreunde, die Ruhe und Aufmerksamkeit wieder herzustellen, blieben für den Augenblick fruchtlos. Das erste Allegro des Concertes ging daher ganz für die Zuhörer verloren. Seit diesem Unfalle wollte Beethoven kein Concert wieder geben.

Das von seinen Freunden veranstaltete hatte aber den glänzendsten Erfolg. Die neuen Compositionen Beethoven's gefielen außerordentlich, besonders die Symphonie in A-dur (die siebente); der wundervolle zweite Satz wurde da capo verlangt; er machte auch auf mich einen tiefen, nachhaltigen Eindruck. Die Ausführung war eine ganz meisterhafte, trotz der unsicheren und dabei oft lächerlichen Direktion Beethoven's.

Daß der arme, taube Meister die piano seiner Musik nicht mehr hören konnte, sah man ganz deutlich. Besonders auffallend war es aber bei einer Stelle im zweiten Theile des ersten Allegro der Symphonie. Es folgen sich da zwei Halte gleich nach einander, von denen der zweite pianissimo ist. Diesen hatte Beethoven wahrscheinlich übersehen, denn er fing schon wieder an zu taktiren, als das Orchester noch nicht einmal diesen zweiten Halt eingesetzt hatte. Er war daher, ohne es zu wissen, dem Orchester bereits zehn bis zwölf Takte vorausgeeilt, als dieses nun auch, und zwar pianissimo begann. Beethoven, um dieses nach seiner Weise anzudeuten, hatte sich ganz unter dem Pulte verkrochen. Bei dem nun folgenden crescendo wurde er wieder sichtbar, hob sich immer mehr und sprang hoch in die Höhe, als der Moment eintrat, wo, seiner Rechnung nach, das forte beginnen mußte. Da dieses ausblieb, sah er sich erschrocken um, starrte das Orchester verwundert an, daß es noch immer pianissimo spielte, und fand sich erst wieder zurecht, als das längst erwartete forte endlich eintrat und ihm hörbar wurde.

Glücklicherweise fiel diese komische Scene nicht bei der Aufführung vor, sonst würde das Publikum sicher wieder gelacht haben.

Da der Saal überfüllt und der Beifall enthusiastisch war, so veranstalteten die Freunde Beethoven's eine Wiederholung des Concertes, welche eine fast gleich große Einnahme abwarf. Für die nächste Zeit war daher Beethoven seiner Geldverlegenheit enthoben; doch soll sie aus gleichen Ursachen noch einigemale vor seinem Tode wiedergekehrt sein.

Bis zu diesem Zeitpunkte war eine Abnahme der Beethoven'schen Schöpfungskraft nicht zu bemerken. Da er aber von nun an, bei immer zunehmender Taubheit, gar keine Musik mehr hören konnte, so mußte dies nothwendig lähmend auf seine Phantasie zurückwirken. Sein stetes Streben, originell zu sein und neue Bahnen zu brechen, konnte nicht mehr, wie früher, durch das Ohr vor Irrwegen bewahrt werden. War es daher zu verwundern, daß seine Arbeiten immer barocker, unzusammenhängender und unverständlicher wurden? Zwar gibt es Leute, die sich einbilden, sie zu verstehen und in ihrer Freude darüber sie weit über seine früheren Meisterwerke erheben. Ich gehöre aber nicht dazu und gestehe frei, daß ich den letzten Arbeiten Beethoven's nie habe Geschmack abgewinnen können. Ja, schon die viel bewunderte neunte Symphonie muß ich zu diesen rechnen, deren drei erste Sätze mir, trotz einzelner Genie-Blitze, schlechter vorkommen, als sämmtliche der acht früheren Symphonien, deren vierter Satz mir aber so monströs und geschmacklos und in seiner Auffassung der Schiller'schen Ode so trivial erscheint, daß ich immer noch nicht begreifen kann, wie ihn ein Genius wie der Beethoven'sche niederschreiben konnte. Ich finde darin einen neuen Beleg zu dem, was ich schon in Wien bemerkte, daß es Beethoven an ästhetischer Bildung und an Schönheitssinn fehle.

Da Beethoven zu der Zeit, wo ich seine Bekanntschaft machte, bereits aufgehört hatte, sowohl öffentlich als in Privatgesellschaften zu spielen, so habe ich nur ein einziges mal Gelegenheit gefunden, ihn zu hören, als ich zufällig zu der Probe eines neuen Trio (D-dur ¾ Takt) in Beethoven's Wohnung kam. Ein Genuß war's nicht; denn erstlich stimmte das Pianoforte sehr schlecht, was Beethoven wenig kümmerte, da er ohnehin nichts davon hörte, und zweitens war von der früher so bewunderten Virtuosität des Künstlers in Folge seiner Taubheit fast gar nichts übrig geblieben. Im forte schlug der arme Taube so darauf, daß die Saiten klirrten, und im piano spielte er wieder so zart, daß ganze Tongruppen ausblieben, so daß man das Verständniß verlor, wenn man nicht zugleich in die Clavierstimme blicken konnte. Ueber ein so hartes Geschick fühlte ich mich von tiefer Wehmuth ergriffen. Ist es schon für Jedermann ein großes Unglück, taub zu sein, wie soll es ein Musiker ertragen, ohne zu verzweifeln? Beethoven's fast fortwährender Trübsinn war mir nun kein Räthsel mehr.

Das nächste, was ich nach Vollendung der Cantate schrieb, war ein Violin-Quartett (das zehnte, Op. 30, bei Mechetti in Wien). Sehr brillant für die erste Violine, wurde es alsbald mein Paradepferd, und ich trug es unzähligemale in Privat-Gesellschaften vor. Dann folgte das Octett, in welches ich auf den Wunsch des Herrn von Tost, der damals eine Reise nach England vorhatte, ein Händel'sches Thema aufnahm, variirte und thematisch bearbeitete, weil derselbe glaubte, es werde dadurch für jenes Land an Interesse gewinnen. Auch diese Composition trug ich wiederholt vor, wobei außer mir hauptsächlich die drei Bläser: der Clarinettist Frieblowsky und die Hornisten Herbst, und einer, dessen Namen mir entfallen ist, Gelegenheit fanden, sich auszuzeichnen.

Im Herbst 1814 versammelten sich in Wien die Fürsten Europa's und ihre Minister, und es begann jener berühmte Congreß, von dem die deutschen Völker die Erfüllung der bei ihrer Erhebung gemachten Zusagen erwarteten. Eine Masse Neugieriger und Müßiger strömte herbei, um den Festen beizuwohnen, die der Kaiser seinen Gästen in noch nie gesehener Pracht geben wollte. Vor der Rückkehr des Kaisers nach Wien hatten schon einige stattgefunden, die durch ihren Glanz die Erwartung auf die folgenden noch mehr spannten. Bei einem derselben war auch ich thätig gewesen. Es war eine großartige Nachtmusik in dem Hofe der Burg, die, ich erinnere mich nicht mehr, ob dem Kaiser oder dem Fürsten Schwarzenberg gebracht wurde. In der Mitte des nicht großen aber von hohen Gebäuden umgebenen Platzes war eine Erhöhung für das große Chor- und Orchester-Personal aufgeschlagen worden. Den Sängern gegenüber auf einem Balkone befand sich der Hof und der Hofstaat. Ein zahlreiches Publikum, dem der Eintritt nicht verwehrt wurde, füllte den übrigen Raum.

Ich erschrak, als ich die Lokalität und das zu Tausenden angewachsene Publikum sah, denn ich hatte mich anheischig gemacht, ein Violin-Concert vorzutragen, und fürchtete nun, meine Töne würden in dem weiten Raume ungehört verhallen. Ein Zurücktreten, jetzt noch, war indessen nicht mehr möglich, und so ergab ich mich in mein Schicksal. Es lief jedoch Alles besser ab, als ich erwartet hatte. Schon bei der Ouvertüre bemerkte ich, daß die hohen Gebäude den Schall recht gut zurückwarfen, und trat daher mit erneuetem Muthe vor. Die ersten Töne meines Solo befreiten mich auch von der Besorgniß, daß die Nachtfeuchtigkeit nachtheilig auf meine Saiten einwirken werde; denn meine Geige klang kräftig und hell wie gewöhnlich. Da nun auch das Publikum während meines Spieles in lautloser Stille verharrte, so wurden selbst die feinsten Nüancen meines Vortrages allenthalben deutlich gehört. Die Wirkung war daher eine sehr

günstige und gab sich durch lebhafte Beifallsbezeugungen zu er=
kennen. Ich habe nie vor einem zahlreicheren, aber auch nie vor
einem empfänglicheren Publikum gespielt.

Unter den vielen durch den Congreß herbeigezogenen Fremden
befanden sich mehrere Künstler, die den Zeitpunkt für sehr günstig
hielten, um in Wien Concert zu geben. Hierin täuschten sie sich
jedoch. Denn da auch alle einheimischen Künstler Concerte gaben,
so drängten sich diese so sehr, daß sie unmöglich alle besucht sein
konnten. Eine Ausnahme machte das von mir und meiner Frau
am 11. December gegebene, welches ein zahlreiches und glänzendes
Publikum herbeigezogen hatte. Ich gab in demselben auch die
Ouvertüre zum „Faust", die mit großem Beifall aufgenommen
wurde. Der Berichterstatter der Musikalischen Zeitung sagte: „sie
steigerte in uns den Wunsch, diese Oper, die bereits seit einem
Jahre fertig ist, nun endlich aufgeführt zu sehen."

Mehrere Kunstfreunde unter den Gesandten und fremden
Diplomaten, die mich in meinem Concerte zum erstenmale gehört
hatten, besuchten mich und sprachen den Wunsch aus, mich auch
im Quartettspiel zu hören. Dies war die Veranlassung, daß ich
während des Congresses bei mir einige Musikpartien veranstaltete
und in diesen den fremden Kunstfreunden meine neuen für Herrn
von Tost geschriebenen Compositionen zu hören gab. Noch immer
erinnere ich mich mit großer Genugthuung des allgemeinen Ent=
zückens, mit dem diese Vorträge aufgenommen wurden. Freilich
wurde ich dabei auch von den ersten Künstlern Wiens unterstützt,
so daß in Bezug auf Ausführung wohl nichts zu wünschen übrig
blieb. Ich begann gewöhnlich mit einem Quartett, ließ dann ein
Quintett folgen und schloß mit meinem Octett oder Nonett.

Außer mir gaben auch noch Andere den Congreßfremden
Musikpartien, unter denen sich besonders die meines Freundes
Zizius auszeichneten. Bei ihm ließen sich alle fremden Künstler
einführen und es gab daher in seinen Musikpartien oft einen
wahren Wettkampf zwischen einheimischen und fremden Virtuosen.

Ich hörte dort zum erstenmale Hummel sein herrliches Septett vortragen, sowie andere seiner damaligen Compositionen. Am meisten zogen mich aber seine Improvisationen an, worin ihn bis jetzt noch kein anderer Clavier=Virtuose erreicht hat. Mit großem Vergnügen erinnere ich mich besonders eines Abends, wo er so herrlich phantasirte, wie ich ihn später weder öffentlich noch privatim je wieder gehört habe. Die Gesellschaft dachte schon an den Aufbruch, als einige Damen, denen es noch zu früh war, Hummel baten, ihnen noch einige Walzer zu spielen. Gefällig und galant, wie er gegen Damen war, setzte er sich ans Piano und spielte die verlangten Walzer, wonach die jungen Leute im Nebenzimmer zu tanzen anfingen. Ich und einige andere Künstler, gruppirten uns, von seinem Spiele angezogen, schon die Hüte in den Händen, um das Instrument und hörten aufmerksam zu. Kaum bemerkte dies Hummel, so ging sein Spiel in eine freie Phantasie über, die sich aber fortwährend im Walzer=Rhythmus erhielt, so daß die Tanzenden nicht gestört wurden. Nun nahm er von den von mir und Anderen an dem Abende vorgetragenen Compositionen einige leicht faßliche Themen und Figuren, verwebte sie in seine Walzer und variirte sie bei jeder Wiederkehr immer reicher und pikanter. Ja, zuletzt mußte sich das eine sogar zum Fugen=Thema hergeben, und er ließ nun alle seine contrapunktischen Künste los, ohne die Walzenden in ihrer Lust zu stören. Dann kehrte er zum galanten Styl zurück und entwickelte zum Schlusse eine Bravour, wie man sie auch noch nicht von ihm gehört hatte. Dabei klangen in dieses Finale immer noch die aufgenommenen Themen hinein, so daß das Ganze sich ächt künstlerisch abrundete. Die Zuhörer waren entzückt und priesen die Tanzlust der jungen Damen, die ihnen zu einem so reichen Kunstgenusse verholfen hatte.

Unter den fremden Künstlern, die vor und während des Congresses nach Wien kamen, waren auch drei meiner früheren Bekannten, die Herren Carl Maria von Weber, Hermstedt und Feska. Weber spielte mit großem Beifall und folgte dann einem Rufe als Operndirektor nach Prag. Hermstedt kam in einer Zeit, wo die Concerte sich dergestalt drängten, daß er ein eigenes nicht zu Stande bringen konnte. Er trat jedoch mit außerordentlichem Beifall in einem Concerte des Flötisten Dreßler auf, in welchem er die Arie mit obligater Clarinette aus „Titus" begleitete und einen Potpourri von mir vortrug, den ich ihm so eben erst nach einer neuen Composition für Harfe und Violine, die Hermstedt besonders gefiel, bearbeitet hatte. Beide Compositionen sind später gestochen worden, die für Clarinette mit Quartett-Begleitung als Op. 81 bei Schlesinger in Berlin, die für Harfe und Violine als Op. 118 bei Schuberth in Hamburg.

Feska, der seit der Zeit, daß ich ihn in Magdeburg gekannt hatte, Mitglied der westphälischen Kapelle in Cassel geworden und nun, nach deren Auflösung, als Concertmeister in Carlsruhe angestellt war, hatte sowohl als Componist wie als Geiger große Fortschritte gemacht. Seine Quartetten und Quintetten, von ihm rein, fertig und mit Geschmack vorgetragen, gefielen sehr in Wien und fanden bei den dortigen Verlegern guten Absatz. Eins derselben begann in einem seiner Sätze mit den Tönen, die des Componisten Namen enthalten:

Die Zuhörer fanden das sehr hübsch und verspotteten die anderen anwesenden Componisten Hummel, Pixis und mich wegen unserer unmusikalischen Namen. Dies brachte mich auf den Gedanken, mit Hülfe der ehemals gebräuchlichen Abbreviatur des piano in po. und einer Viertelpause, die in der Notenschrift wie ein r aussieht, doch etwas Musikalisches aus meinem Namen zu Stande zu bringen. Es nahm folgende Gestalt an:

und wurde nun sogleich als Thema zu einem neuen Violin=Quartett
benutzt, welches das erste von den drei Quartetten ist, die in Wien
bei Mechetti als Op. 29 gestochen und Andreas Romberg
gewidmet sind. Als ich es zum erstenmale bei meinem Freunde
Zizius vortrug, fand es großen Beifall und man rühmte be=
sonders das originelle Thema mit seiner herabfallenden, vermin=
derten Quarte. Ich rief nun Die, welche mich früher wegen
meines unmusikalischen Namens verspottet hatten, herbei und
zeigte ihnen, (denn gehört hatten sie es natürlich nicht), daß
das gerühmte Thema aus meinem Namen gemacht sei. Man
lachte sehr über meinen Kunstgriff und verspottete nun um so
mehr Hummel und Pixis, die mit allem Aufwande von Kunst
nichts Musikalisches aus ihrem Namen zu Stande bringen konnten.

*　　*　　*

Inzwischen hatte sich in meiner Stellung zum Theater an der
Wien und zu dessen Besitzer manches geändert. Mit dem Grafen
Palffy hatte ich mich förmlich überworfen. Die Veranlassung dazu
war folgende: Eines Abends, als ich in das Orchester trat, sah ich
auf Seyfried's Platze den dritten Kapellmeister des Theaters,
Herrn Buchwieser, den Vater der ersten Sängerin. Ich machte
ihm bemerklich, daß nur mir die Leitung der Oper zustehe, wenn
Seyfried abgehalten sei, und bat ihn deshalb, sich zu entfernen.
Dieser weigerte sich mit der Bemerkung, daß der Graf selbst ihn
aufgefordert habe, die Oper zu dirigiren und zwar auf den Wunsch
seiner Tochter, die unter seiner Leitung am liebsten singe. Da
alle meine Gegenbemerkungen nichts fruchteten und ich es unter
meiner Würde hielt, unter einem so obscuren Dirigenten bei der
Geige vorzuspielen, so verließ ich das Orchester und kehrte nach
Haus zurück. Am anderen Morgen beklagte ich mich schriftlich

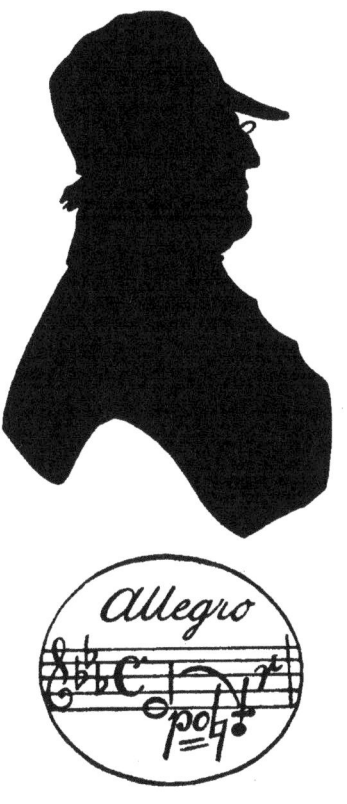

Spohr nach einer Silhouette am 24. Juli 1856 von Fräulein Krummacher
im Wäldchen bei Wernigerode (?) geschnitten

Louis Spohr als Generalmusikdirektor, nach einem Ölgemälde von Emilie von der Embde

beim Grafen über diesen Eingriff in meine contractlich zugesicherten
Rechte und verwahrte mich gegen jede Wiederholung desselben.

Der Graf, aufgehetzt von der Prima Donna, die es sehr
übel genommen hatte, daß ich nicht unter der Leitung ihres
Vaters vorspielen wollte, antwortete statt mit Entschuldigungen, die
ich erwarten durfte, mit Grobheiten, welche ich meinerseits mit
derberen erwiderte. Der Graf und seine Creaturen suchten mir
von nun an allen möglichen Verdruß zu bereiten, was mir meine
Stellung sehr verleidete. Dazu kam noch, daß Palffy, seit es
ihm geglückt war, die beiden Hoftheater in Pacht zu bekommen,
sein eigenes Theater sehr zurücksetzte. Er nahm ihm die besten
Sänger und den besten Theil des Chors weg, um sie dem Personal des Kärnthnerthor-Theaters einzuverleiben, so daß an der
Wien von da an fast nur noch Spektakel-Stücke und Volks-Opern
gegeben wurden. Da ich nicht verpflichtet war, bei diesen mitzuwirken, so hatte ich fast gar nichts mehr im Theater zu thun.
Ich konnte daher mit Gewißheit voraussehen, daß ich nach Ablauf
meines Vertrags entlassen werden würde. Da nun, nachdem
Napoleon besiegt und nach Elba verbannt war, ein allgemeiner
europäischer Friede in Aussicht stand, und ich daher große Lust
bekam, die schon längst projektirte Kunstreise durch ganz Europa
baldmöglichst anzutreten, so schlug ich dem Grafen vor, unseren Vertrag nach Ablauf des zweiten Jahres aufzulösen und verlangte als Entschädigung die Hälfte meines Gehaltes für das
dritte Jahr in einer Summe. Jener ging gern darauf ein und
so schieden wir in Frieden.

Ich beeilte mich, alle Anstalten zu treffen, um meine Reise
mit dem Frühjahre beginnen zu können. Sie sollte zunächst
durch Deutschland und die Schweiz nach Italien führen, wohin
mich meine Sehnsucht schon längst zog. Da ich die Absicht hatte,
meine Kinder mitzunehmen, weil ich voraussah, daß die Mutter
auf so lange sich nicht werde von ihnen trennen können ohne in
Sehnsucht zu vergehen, so mußte ich vor allem für einen größeren

Reisewagen sorgen, der uns sämmtlich nebst den Instrumenten
aufnehmen konnte. Eine schwierige Aufgabe dabei war, ihn so
leicht zu bauen, daß er mit drei Postpferden gefahren werden
konnte. Ich besprach mich darüber mit dem genialen Maschi-
nisten am Theater an der Wien, Herrn Langhans, später
Ober=Baudirektor in Berlin, der das Ergebniß unserer Ueberlegung in einer Zeichnung zusammenfaßte, nach welcher der
Wagen alsbann gebaut wurde. Er hatte ein festes Dach, auf
dem der mit Leder überzogene Harfenkasten und eine Kleider-
wasche Platz fanden. Der Violinkasten wurde in einen Behälter
unter dem Kutscherfitze geschoben, so daß der sämmtliche Raum im
Innern des Wagens für die Reisenden blieb.

In meinem Verhältnisse zu Herrn von Tost war ebenfalls
eine bedenkliche Veränderung vorgegangen. Ich hatte ihm nach
Ausgleichung unserer früheren Rechnung, die durch Ablieferung
der Cantate „das befreite Deutschland" bewirkt war, nun schon
wieder vier Manuscripte, das Octett, zwei Quartetten und ein
zweites Quintett eingehändigt, ohne dafür das festgesetzte Honorar
empfangen zu haben. Ich dachte mir bei dieser Zahlungs=
Zögerung anfangs nichts arges. Als sich aber plötzlich in der
Stadt das Gerücht verbreitete, der reiche Herr von Tost habe
große Verluste erlitten und stehe nun im Begriff zu falliren,
als er sich bei mir nicht mehr blicken ließ, ja sogar bei einer
Musikpartie, wo ich eines seiner Manuscripte vortrug, fehlte und
nur die Musikmappe schickte, da wurde die Sache doch bedenklich.
Ich trug ihm daher selbst die Mappe wieder hin, um bei dieser
Gelegenheit wo möglich mit ihm ins Klare zu kommen. Den
sonst so jovialen Mann fand ich sehr niedergebeugt. Ohne Rück-
halt gestand er mir seine bedrängte Lage. Es sei ihm besonders
schmerzlich, sagte er, seinen Verpflichtungen gegen mich nicht nach=
kommen zu können; er wolle mir aber, da ohnehin seine
Pläne für die Zukunft gestört, wo nicht gänzlich vernichtet seien,
sogleich vor Ablauf der bedungenen Zeit, alle meine Manuscripte

zurückgeben, damit ich sie alsbald an einen Verleger verkaufen könne. Für die Verluste, die ich dabei erleide, wolle er mir als Entschädigung einen Wechsel auf hundert Dukaten ausstellen, den er, sobald sich seine Lage nur ein wenig günstiger gestaltet habe, gewissenhaft einlösen werde. Hierauf holte er sämmtliche Manuscripte herbei und händigte sie mir ein. Ich, der ich der Ansicht war, Herr von Tost habe den kurzen Besitz derselben überreichlich durch die kostbare Einrichtung, die er für mich eingekauft und zu so geringen Preisen angerechnet hatte, vergütet, war durch die Rückgabe meiner Manuscripte vollkommen befriedigt und verzichtete auf jede weitere Entschädigung. Da ich indessen bemerkte, daß Herr von Tost sich dadurch gekränkt fühlte, so nahm ich den Wechsel, wohl wissend, daß bei meiner bevorstehenden Abreise von Wien an eine demnächstige Einlösung desselben nicht zu denken sein würde.

Ich verkaufte nun die sämmtlichen Tost'schen Manuscripte an zwei Wiener Verleger und erhielt, da sie durch die häufigen Aufführungen sehr in Ruf gekommen waren, ansehnliche Honorare.

Zu Anfang des Jahres 1815 schrieb ich noch ein Quartett in C-dur (Nr. 2 des Op. 29) und ein neues Violin-Concert (das siebente, Op. 38) so wie Variationen, die ungedruckt geblieben sind, zum Gebrauche für die bevorstehende Reise; die beiden letzteren Compositionen trug ich auch in meinem Abschieds-Concert am 19. Februar 1815 vor. Ueber dieses letzte Concert, welches ich in Wien gab, berichtete die Musikalische Zeitung sehr anerkennend. Hinsichtlich des neuesten Violin-Concertes (E-moll, C-dur, E-dur) wird bemerkt: „Sehr schwer für die Solostimme sowohl als für die Accompagnirenden. Eine herrliche, gediegene Composition; schöner fließender Gesang, überraschende Modulationen, voll kühner, canonischer Imitationen, eine immer neue, reizende, glücklich berechnete Instrumentirung. Vorzüglich hinreißend ist das schmelzende Adagio." Zum Schlusse heißt es: „Ueber die Verdienste dieses Meisterkünstlers ist hier und wohl auch in ganz Deutschland nur eine Stimme. Wir erinnern uns noch mit lebhaftem Vergnügen des Triumphes, welchen er vor zwei Jahren über seinen Rivalen, den großen Rode, errang. Gegenwärtig verläßt er uns, um eine große Künstlerreise anzutreten. Sein erster Ausflug ist nach Prag, wo seine neue Oper „Faust" bereits einstudirt wird... Möge es ihm, der sich durch sein Talent und seinen offenen, männlichen Charakter ein würdiges Denkmal in unseren Herzen gesetzt hat, immer und überall wohlergehen!"

Ich hatte damals wirklich die Absicht, zuerst nach Prag zu gehen, um der Aufführung meiner Oper, die Carl Maria von Weber bereits einstudirte, beizuwohnen. Später gab ich jedoch diesen Plan auf. Ich erhielt nämlich von meinem ehemaligen Intendanten, dem Baron von Reibnitz in Breslau, einen Brief, in welchem dieser im Namen einer ihm befreundeten Familie, der des Fürsten von Carolath, anfragte, ob ich wohl geneigt sei, die Sommermonate bei ihr auf ihrer Herrschaft Carolath in Schlesien zuzubringen? Die Fürstin wünsche, daß ihre beiden Töchter, deren eine Harfe, die andere Pianoforte spiele, von meiner Frau in der Musik unterrichtet würden. Man werde bemüht sein, mir und meiner Familie den Aufenthalt auf ihrem reizend gelegenen Schlosse so angenehm als möglich zu machen. Er, der Baron, sei auch eingeladen und werde sich unendlich freuen, wenn ich die Einladung annehme, um einmal wieder mit mir zusammen sein zu können.

Weil das Frühjahr und der Sommer nun ohnehin wenig geeignete Jahreszeiten sind, um Concerte zu geben und Dorette und die Kinder sich von dem Aufenthalte in Carolath viel Vergnügen versprachen, so sagte ich gern zu. Ich beeilte daher die Voranstalten zu unserer Abreise, um noch vor der schönen Jahreszeit einige Concerte in Breslau und der Umgegend geben zu können. Das nächste war der Verkauf unserer Möbeln und Hausgeräthe, der sehr schnell von statten ging, weil sich sogleich nach der Ankündigung eine Menge Käufer einstellten. Da unsere Einrichtung höchst elegant und dabei fast noch neu war, so überboten sich die Käufer und wir lösten daher eine Summe, die weit über unsere Erwartung ging. Diese sowie meine Wiener Ersparnisse, die noch in Papiergeld vorlagen, trug ich nun zu einem Banquier und setzte sie in Geld um. Kaum war dies geschehen, so wurde ganz Wien durch die Nachricht alarmirt, Napoleon sei von Elba entflohen, in Frankreich gelandet und mit Jubel begrüßt worden. Die Course fielen plötzlich so tief, daß wenn ich noch einen Tag länger mit dem Auswechseln meines Papiergeldes gewartet hätte, ich dadurch einen Verlust von mehr als fünfzig Dukaten erlitten haben würde.

Als ich den ersten Gedanken zu meiner großen Reise durch Europa faßte, kam mir auch der, ein Album anzulegen, auf dessen Blätter ich Compositionen aller der Künstler, deren Bekanntschaft ich machen würde, einsammeln wollte. Ich begann sogleich mit den Wienern und erhielt auch von sämmtlichen dortigen Componisten meiner Bekanntschaft kleine, eigenhändig geschriebene und größtentheils für mein Album eigens gefertigte Arbeiten. Der werthvollste Beitrag ist mir der von Beethoven. Es ist ein dreistimmiger Canon über die Worte aus Schillers „Jungfrau von Orleans": „Kurz ist der Schmerz, und ewig währt die Freude." Bemerkenswerth ist: 1) daß Beethoven, dessen Schrift, Noten wie Text, in der Regel fast unleserlich waren, dieses Blatt mit besonderer Geduld geschrieben haben muß; denn es ist sauber vom Anfange bis zum Ende, was um so mehr sagen will, da er sogar die Notenlinien selbst und zwar aus freier Hand, ohne Rostral, gezogen hat; 2) daß sodann nach dem Eintritte der dritten Stimme ein Takt fehlt, den ich habe ergänzen müssen. Das Blatt schließt mit dem Wunsche:

„Mögten Sie doch, lieber Spohr, überall, wo Sie wahre Kunst und wahre Künstler finden, gerne meiner gedenken, Ihres Freundes

Ludwig van Beethoven.

Wien, am 3. März 1815."

Ich habe für dieses Album auf allen meinen späteren Reisen Beiträge erhalten und besitze daher eine höchst interessante Sammlung kleiner Compositionen von deutschen, italienischen, französischen, englischen und holländischen Künstlern *).

*   *   *

Im Begriffe, von Wien zu scheiden, glaube ich nun noch einiges dort Erlebte nachholen zu müssen, was zu erzählen ich bisher keine Veranlassung fand. Zuerst in Bezug auf meinen Orchesterdienst. Dieser wurde mir einigemale dadurch sehr lästig, daß dieselbe Vorstellung an zwanzig bis dreißig Abenden hinter einander wiederholt wurde. Es geschah dies nicht nur mit zwei Mozart'schen Opern, dem „Don Juan" und der „Zauberflöte", die während meines Engagements neu besetzt und höchst glänzend ausgestattet wieder in Scene gingen, sondern auch ein Ballet, in welchem ich mehrere Violinsoli vorzutragen hatte, erlebte zur Zeit des Congresses eine zahllose Menge von Wiederholungen. Wie es hieß, erinnere ich mir nicht mehr, wohl aber, daß die vom Grafen Palffy aus Paris verschriebenen berühmten Tänzer, Duport und die Damen Bigottini und Petitaimée darin tanzten. An sich spielte ich nun zwar diese Soli nicht ungern, da das Publikum stets aufmerksam zuhörte und mir reichen Beifall spendete; ärgerlich war es mir aber, daß ich meine Tempi nach den Schritten der Tänzer abmessen mußte und daß ich meine Fermaten und Cadenzen nicht beliebig ausdehnen durfte, weil die Tänzer nicht im Stande waren, so lange in ihren Gruppirungen zu verharren. Es setzte daher manchen Wortwechsel mit dem Balletmeister, bis ich mich endlich fügen lernte. Die Monotonie meines Dienstes suchte ich mir dadurch einigermaßen zu versüßen, daß ich meine Soli immer reicher verzierte und aus-

---

*) Wir geben als Anlage des Buches eine Auswahl dieser Blätter als Facsimiles.

schmückte. Besonders war dies mit dem Troubadour aus „Johann von Paris" der Fall, der einem pas de trois in jenem Ballete untergelegt war. Es waren, wie in der Oper, drei Strophen, deren erste das Horn, die zweite das Violoncell und die dritte die Violine vorzutragen hatte. Ich verzierte meine Strophe anfangs sehr singbar. Als ich aber bemerkte, daß mir die Prima Donna, Demoiselle Buchwieser, bei der nächsten Aufführung der Oper meine Verzierungen, die sie sich gut gemerkt hatte, nachsang und damit großes Glück machte, so ärgerte mich dies, weil ich die Sängerin nicht leiden mochte, und ich verzierte daher von nun an in einer Weise, die sie mit der Kehle nicht nachahmen konnte.

Außer den genannten beiden Mozart'schen Opern erlebte aber auch noch eine dritte, eine neue Volks-Oper mit Musik von Hummel, durch einen sonderbaren Zufall, wie er wohl kein zweitesmal vorkommen wird, eine lange Reihe von täglichen Aufführungen. Sie hieß „die Prinzessin Eselshaut" und war von Seiten der Dichtung ein so erbärmliches Machwerk, daß sie trotz der hübschen Musik, die auch in fünf bis sechs Nummern großen Beifall fand, am Ende einstimmig und ohne allen Widerspruch ausgepfiffen wurde. Damit war sie nun nach Wiener Herkommen begraben. Hummel, der dirigirte, hatte sich auch schon gegen mich, der ihm zu Ehren vorspielte, ganz resignirt geäußert: „Wieder eine total verlorene Arbeit!" Als nun aber am folgenden Abend ein anderes Stück angesetzt werden sollte, wollte sich ein solches wegen Krankheit mehrerer Mitglieder bei Oper und Schauspiel, durchaus nicht auffinden lassen und man war daher zu einer Wiederholung der Oper genöthigt, selbst auf die Gefahr hin, dadurch Skandal im Theater zu erregen. Es wurde aber an jenem Abend, eben des erwarteten Skandals wegen, ungeheuer voll und man pfiff das Stück nach jedem Akt und am Schlusse von neuem aus. Die Musikstücke fanden aber noch mehr Beifall als das erstemal, und der Componist wurde sogar am

Ende, nachdem das Pfeifen verklungen war, mit Applaus heraus=
gerufen. Da die Krankheiten fortdauerten, so mußte noch ein
dritter Versuch gemacht werden, der ungefähr wie der vorige ab=
lief. Doch war die Opposition gegen das Stück schon geringer
und die Musik gewann sich immer mehr Freunde. So konnte
man ruhig fortfahren und es fanden sich auch an den folgenden
Abenden wieder neue Zuhörer in genügender Anzahl ein. Am
Ende wurde es Mode, hinein zu gehen, auf das Stück zu schimpfen
und die Musik zu loben. Hummel benützte das schnell und
gab einen Clavier=Auszug der beliebtesten Nummern heraus, der
reißend abging. So war es doch keine verlorene Arbeit, wie er
am ersten Abend gefürchtet hatte!

Nicht so glücklich war Pixis mit seiner Oper „der Zauber=
spruch". Sie erlag dem schlechten Buche, ohne daß die Musik sie
über Wasser zu halten vermochte, obgleich sie doch auch manche
gelungene Nummer enthielt. Sie gab zu einem ächten Wiener
Witze Veranlassung. Ein Freund des Componisten, welcher der ersten
Aufführung nicht hatte beiwohnen können, fragte einen Anderen,
der dort gewesen war: „Nun wie ist's mit der Oper von Pixis?"
— „Nix is!" war die Antwort.

Noch eines Wiener Erlebnisses kann ich hier erwähnen, weil
es zu denen gehört, die einen tiefen Eindruck hinterlassen und
deshalb dem Gedächtnisse nicht so leicht entschwinden. Es war
eine ungewöhnlich große Ueberschwemmung, wie sie dort vielleicht
nur einmal in jedem Jahrhundert vorkommt, veranlaßt durch das
Austreten des kleinen Flüßchens, „die Wien", an deren Ufer meine
Wohnung lag. Sie wurde damals so groß, weil auch die
Donau zugleich aus ihren Ufern trat und das Wasser der Wien
nun keinen Ausfluß mehr fand. Den Beginn der Ueberschwem=
mung hatte ich nicht bemerkt, weil ich bei einer Probe im Theater
beschäftigt war. Nach deren Beendigung fand ich die Straße, die zu
meiner Wohnung führte aber schon überschwemmte und ich erkannte,
daß ich mich beeilen müsse, um noch durchwaten zu können. Dem=

ungeachtet holte ich erst meinen Geigenkasten aus dem Orchester, weil ich voraussah, daß auch dieses unter Wasser gesetzt werden würde. Nun war die Fluth schon so gestiegen, daß mir das Wasser an einigen Stellen bis über die Knie reichte. Meine Familie und noch mehr die anderen Hausbewohner fand ich in der größten Bestürzung. Mein Hauswirth, der Tischler, flüchtete mit den Seinigen bereits in die Höhe durch meine Etage auf den Boden und suchte dort seine Sachen im Trocknen zu bergen. Seine Eile that Noth; denn das Wasser stieg so reißend schnell, daß es nach einigen Stunden fast bis zum ersten Stock reichte. Nun hatten die erschrockenen Bewohner der Vorstadt einen Anblick, wie sie ihn noch nicht erlebt hatten. Die brausenden Wogen führten in buntester Mischung die verschiedenartigsten Gegenstände herbei: Ackergeräth, Wagen mit Heu oder Holz beladen, Trümmer von Ställen, todtes Vieh, ja sogar eine Wiege mit einem schreienden Kinde, welches jedoch glücklich in einem Kahn gerettet wurde. Die Hausbesitzer, mit langen Stangen bewaffnet, waren bemüht, die vorbeischwimmenden Gegenstände fern zu halten, damit sie die Wände der Häuser nicht beschädigten; andere suchten dagegen mit Haken die Möbeln oder andere Hausgeräthe herbeizuziehen, um sie aufzufischen und zu den Fenstern herein zu bergen. Einige Stunden später, als solche Gegenstände nicht mehr vorbeiflossen, erschienen dann Kähne mit Lebensmitteln beladen, die in den überschwemmten Straßen guten Absatz fanden. Andere brachten gegen Abend die Beamten und Geschäftsleute aus der Stadt in ihre Wohnungen zu den ängstlich harrenden Familien. Da der Regen in Strömen herabfloß, so erhielt sich die Ueberschwemmung fortwährend in gleicher Höhe und es war bis zum Anbruch der Nacht noch kein Sinken des Wassers zu bemerken. So lange es hell blieb, war die Scene ganz unterhaltend; als aber die Nacht hereinbrach, wurde sie schauerlich. Das Tosen des Wassers und das Heulen des Sturmes ließen zu keiner Ruhe kommen; auch war es nicht rathsam sich niederzulegen, da man

nicht wiſſen konnte, was noch geſchehen werde. Ich bettete daher
meine Kinder angezogen neben mich auf mein Canapee. Da nun
auch Dorette neben ihnen bald eingeſchlafen war, ſo ſetzte ich
mich an meine Arbeit, eine neue Geſangs=Compoſition, um dem
Schlafe beſſer widerſtehen zu können. Es gelang mir auch ganz
gut. Doch hatte mich der Eifer im Schaffen einigemal an's
Clavier geführt, was meine Wirthsleute, die über mir auf dem
Boden die halbe Nacht auf den Knieen lagen und beteten, ſehr
übel nahmen. „Dieſer Lutheriſche Ketzer wird uns durch ſein
unchriſtliches Singen und Spielen in noch größeres Unglück
ſtürzen!" hatte die Frau heulend geklagt, wie das Kindermädchen
am anderen Morgen erzählte. Doch die Nacht verging ohne
weiteren Unfall, und bei Anbruch des Tages war das Waſſer
ſchon bedeutend gefallen. Indeſſen dauerte es noch bis zum
Abend, bevor es ſo weit abfloß, daß man wieder zu Fuß durch
die Straßen gehen konnte. Das Theater an der Wien mußte
aber acht Tage geſchloſſen bleiben, weil man ſo lange gebrauchte,
um alle Spuren der Ueberſchwemmung zu tilgen.

*   *

*

Nach einem wehmüthigen Abſchiede von dem lieben Wien,
wo wir ſo glückliche Tage verlebt hatten, trat ich mit meiner
Familie die große Reiſe am 8. März 1815 an. Mein Bruder
Ferdinand, deſſen Engagement beim Theater an der Wien noch
ein Jahr dauerte, blieb allein zurück. Nach Ablauf deſſelben
fand er in der Berliner Kapelle eine Anſtellung.

Unſer erſter Aufenthalt war in Brünn, wo wir Concert gaben.
Wie es ausfiel, erinnere ich mich nicht mehr, wohl aber, daß ich
mit der Orcheſter=Begleitung ſehr unzufrieden war. In dieſer
Hinſicht war ich freilich durch mein vortreffliches Orcheſter in
Wien ſehr verwöhnt worden.

Von Brünn gingen wir nach Breslau, wo wir im April eben=
falls zwei Concerte gaben; doch ohne zahlreichen Beſuch. Die Ver=

stimmung über den neu ausbrechenden Krieg und über die großen Opfer, die jeder Einzelne für die neuen Rüstungen darbringen mußte, war freilich damals so allgemein, daß es wohl nie einen ungünstigeren Zeitpunkt für Concert=Unternehmungen gegeben haben mag. In einer so musikalischen Stadt, wie Breslau von jeher war, fehlte es aber auch in jener kriegerischen Zeit nicht an eifrigen Musikfreunden, denen es Lebensbedürfniß war, Musik zu hören. Ich wurde daher häufig in Privatzirkel eingeladen, wo ich Gelegenheit fand, meine Wiener Compositionen aus der Tost'schen Mappe vorzutragen. Dieselben fanden großen An= klang, besonders die beiden Quintetten, die ich daher sehr oft wiederholen mußte. Auch schrieb ich auf den Wunsch meines Freundes, des Domkapellmeister Schnabel, ein Offertorium für eine Solo=Sopranstimme und Chor mit obligater Violine und Orchester, welches, wie das Verzeichniß meiner Compositionen besagt, am 16. April im Dom aufgeführt wurde, und bei welchem ich die Violinpartie übernahm. Da ich die Original=Partitur dort zurückließ und sie seit jener Zeit nie wiedergesehen habe, so vermag ich nicht zu sagen, ob die Composition Werth hat. Wahr= scheinlich befindet sie sich noch in der Dom=Bibliothek.

* *

*

An einem schönen Frühlingsabende kam ich mit den Meinigen in Carolath an. Da wir in der Nähe des Schlosses einen kleinen Fluß auf einer Fähre zu passiren hatten, so war unsere Ankunft im voraus bemerkt worden. Wir fanden daher bei unserer Ein= fahrt in den Schloßhof bereits die ganze fürstliche Familie am Fuße der Treppe versammelt und wurden von ihr auf das Freund= lichste bewillkommnet. Der Fürst selbst führte uns zu den für uns bestimmten Zimmern. Nachdem wir uns umgekleidet hatten, wurden wir zur Abendtafel gerufen. Der Fürst, ein etwas cere= moniöser, aber freundlicher und wohlwollender Mann von etwa achtundfünfzig bis sechzig Jahren, empfing uns am Eingange des

Speisesaales und stellte uns den übrigen Tischgenossen vor. Es waren die Fürstin, seine zweite Gemahlin, deren Schwester, eine für Poesie und Musik schwärmende Dame, seine beiden Töchter erster Ehe, liebenswürdige Mädchen von 15 und 17 Jahren und deren Hof=meister, Herr Kartscher, ein feingebildeter junger Mann. Die Unterhaltung bei Tische war, die etwas alterthümliche Förmlichkeit des Fürsten abgerechnet, zwanglos und lebhaft und zeigte mir, daß ich mich in einem gebildeten und für alles Schöne empfäng=lichen Zirkel befand. Auch Dorette war mit der Unterhaltung ihrer Nachbarn, des Fürsten und dessen Schwägerin, sehr zu=frieden, und die Kinder, deren sich die jungen Damen freundlichst angenommen hatten, fühlten sich vollends sehr glücklich. Die ganze Familie sah daher einem vergnügten Aufenthalt auf dem Schlosse entgegen.

Am anderen Tage begann sogleich die Hausordnung, die für die ganze Dauer unseres Dortseins mit wenigen Ausnahmen unverändert blieb. Vormittags, während Dorette den Prin=zessinnen Unterricht ertheilte, der ältesten auf der Harfe, der jüngsten auf dem Piano, gab auch ich meinen Kindern den ersten Musik=Unterricht. Nachher durften sie den Stunden beiwohnen, die der Hauslehrer den Prinzessinnen gab, und er war freundlich genug, seinen Unterricht, so viel es sich thun ließ, dem Fas=sungsvermögen der Kinder anzupassen. Unterdessen beschäftigten meine Frau und ich uns mit unseren eigenen Musikstudien oder ich componirte. Da die fürstliche Familie den Liedergesang sehr liebte, so gab mir dies Veranlassung, zwei Hefte Lieder zu schreiben, wozu mir die Schwester der Fürstin aus ihrer großen Gedicht=sammlung die Texte lieferte. Es befanden sich darunter auch einige Gedichte von Herrn Kartscher. Beide Hefte sind in Leipzig bei Peters als Op. 37 und 41 erschienen.

Waren dann die Arbeiten und Studien des Vormittags beendigt, so mußte zur Mittagstafel noch eine sorgfältige Toilette gemacht werden, da die fürstliche Familie dabei stets en parure erschien. Der Rest des Tages wurde der Geselligkeit und dem Vergnügen gewidmet. War das Wetter schön, so wurde der Kaffee im Schloßgarten eingenommen und gegen Abend ein Ausflug zu Wagen in die Umgegend gemacht. Sehr häufig war eine dem Fürsten gehörende Meierei unser Ziel, und es wurde dort, oder auch im Walde daneben ein ländliches Abendbrod servirt. War das Wetter trübe oder kam Besuch aus der Umgegend, so wurde Abends musicirt. Anfangs bestanden diese Musikpartien blos in dem, was ich und meine Frau auf Violine, Harfe und Piano zu hören gaben. Nachdem aber Herr von Reibnitz als Gast auf dem Schlosse angekommen war, wurde auch ein Versuch mit Quartettmusik gemacht. Der alte Kammerdiener des Fürsten, der in seiner Jugend Violoncell gespielt hatte, mußte sein Instrument wieder hervorsuchen, der Schulmeister des Ortes die Bratsche und Herr von Reibnitz die zweite Violine übernehmen. Ich hatte leider keine anderen Quartetten bei mir, als meine eigenen, die für solche Mitspieler allerdings nicht geschrieben waren. Der erste Versuch fiel daher auch sehr entmuthigend aus. Da die Anderen aber großen Eifer zeigten, so ließ auch ich es nicht an Geduld und Ausdauer fehlen und brachte es mit Hülfe vieler Proben endlich doch dahin, daß ich zwei meiner Quartetten der Gesellschaft zu hören geben konnte. Diese war in Kunstgenüssen nicht so sehr verwöhnt und nahm daher die Vorträge mit großem Beifall auf. Auch eine Polonaise, die ich damals schrieb (Op. 40, bei Peters) gefiel sehr und wurde bald ein oft begehrtes Lieblingsstück der Gesellschaft, vielleicht nur, weil man sie hatte entstehen sehen.

Nachdem in solcher, wenn auch etwas einförmigen, doch genußreichen Weise ich und die Meinigen die zwei ersten Monate unseres Aufenthaltes in Carolath verlebt hatten, verkündigte eines Mittags der Fürst mit einiger Feierlichkeit: er werde genöthigt sein, seine lieben Gäste auf einen Tag zu verlassen, da er wie jedes Jahr, so auch in diesem, am 24. Juni eine Reise nach Glogau machen

müſſe, um dem Johannisfeſte der Freimaurer beizuwohnen. Hierdurch
wurde ich veranlaßt, mich ihm, nach aufgehobener Tafel, als Frei=
maurer zu erkennen zu geben, worauf der Fürſt, freudig überraſcht,
mich ſogleich zur Mitreiſe einlud. Ich habe zu erzählen vergeſſen,
daß ich ſchon in Gotha Freimaurer geworden war, nach einem
Jahre dort den zweiten Grad des Ordens und wieder ein Jahr
ſpäter auf einer Reiſe, in Berlin, den dritten, den Meiſtergrad,
erhalten hatte. Da ich nun aber, weil in Oeſterreich die Maure=
rei verboten war, ſeit brittehalb Jahren keine Loge beſucht hatte,
ſo ſehnte ich mich, einmal wieder einer Brüderverſammlung bei=
zuwohnen. Es kam mir daher die Einladung des Fürſten zur
Mitreiſe nach Glogau ſehr gelegen.

Nun wurden glänzende Voranſtalten gemacht. Der große
Reiſewagen mit dem fürſtlichen Wappen wurde aus der Remiſe
gezogen und abgeſtäubt, ein Jäger und ein anderer Diener in die
Feſtlivree geſteckt und der Fürſt ſelbſt erſchien zum erſtenmal in
der Staatsuniform, mit dem Sterne auf der Bruſt. Früh am 24.
fuhren wir ab. Im Logenlokal angelangt, wurde der Fürſt durch
eine Deputation bewillkommnet, und auch ſein Gaſt, nachdem er ſich
legitimirt hatte, freundlichſt von den Brüdern begrüßt. Nach der
Arbeitsloge folgte eine glänzende Tafelloge, bei welcher ich mich den
muſikaliſchen Brüdern anſchloß, ihren Geſang leitete und auch
ſelbſt mit meiner kräftigen Baßſtimme einige Maurergeſänge ſo=
wie die „Heiligen Hallen“, aus der Zauberflöte vortrug. Ich
fand unter den muſikaliſchen Brüdern mehrere Bekannte von mei=
ner früheren Reiſe durch Schleſien, die eifrigſt bemüht waren, mich
durch Aufmerkſamkeiten zu ehren.

Auch der Meiſter vom Stuhl hieß den „berühmten Künſtler“
im Kreiſe der Brüder willkommen und dankte dem Fürſten, ihn
eingeführt zu haben. Dieſer ſchien ſehr froh, daß er mit ſeinem
Gaſte Ehre eingelegt hatte, denn er verdoppelte nach der Rück=
kehr nach Carolath ſeine, ohnehin ſchon großen Artigkeiten gegen

mich und meine Familie, so daß wir oft dadurch in Verlegenheit gesetzt wurden.

Nach einem weiteren, höchst vergnügten Aufenthalt von sechs bis acht Wochen, setzten wir unsere Reise über Dresden und Leipzig nach Gotha fort. Hier, nach einer fast dreijährigen Ab= wesenheit in die Heimath zurückgekehrt, fühlte sich Dorette so glücklich, daß ich nicht daran denken durfte, sobald wieder abzureisen. Ich ließ mich daher auf einige Monate daselbst häuslich nieder, und machte nur einige kleine Ausflüge in die Umgegend. Der erste war zu meinen Eltern nach Gandersheim, wohin mein Vater inzwischen als Land=Physikus versetzt war, und von da nach Hannover, wo ich Concert gab. Der zweite nach Frankenhausen, wo Bischoff wieder ein Musikfest veran= staltet hatte.

Hier beginnt eins meiner Tagebücher, welche ich ohne Un= terbrechung bis zur Rückkehr aus Italien fortgesetzt habe. Der Titel heißt: „Flüchtige Bemerkungen, auf einer musikalischen Reise", und das Buch beginnt:

Frankenhausen, den 19. Oktober 1815.

.... „In Hannover machten wir die interessante Bekanntschaft des Geigers und die höchst uninteressante des Menschen Kie= sewetter. Als Geiger zeichnet er sich durch ein kräftiges, sehr reines und selbst gefühlvolles Spiel aus, ohne jedoch, wie es mir scheint, wahres Gefühl für die Schönheiten der Kunst zu besitzen, als Mensch ist er der aufgeblasenste Windbeutel, der mir bis jetzt vorgekommen ist! Er dirigirte in unserm Concerte am 11. Ok= tober, aber ohne Sicherheit und Uebersicht.

Nach einer Pause von drei Jahren haben sich die Künstler Thüringens abermals hier versammelt, um nach dem schnell been= digten Kriege die nun vollendete Befreiung Deutschlands am Jahrestage der Leipziger Völkerschlacht auf eine der Tonkunst würdige Weise zu feiern. Heute, am ersten Tage des Musikfestes,

fand die Aufführung meiner Cantate, „das befreite Deutschland" und die des (Gottfried) Weber'schen „Te Deum" statt.
Da es mir als Componist nicht zusteht, das eigene Werk zu beurtheilen, so sei hier nur von dessen Aufführung die Rede. Die Besetzung der Solopartien war nicht durchaus gut, weshalb die
Arien und Ensemblestücke den wenigsten Effekt machten. Der
Chor und das Orchester aber waren vortrefflich, daher die Ouvertüre und sämmtliche Chöre eine große Wirkung hervorbrachten.
Am meisten gefielen: der Doppelchor der fliehenden Franzosen und
der sie verfolgenden Russen, das darauf folgende Dankgebet des
deutschen Volkes und der Schlußchor mit der Fuge. Ich machte
von neuem die Erfahrung, daß in einem großen Raume und bei
starker Besetzung die einfachsten Sachen, wenn sie anders in einem
edlen, würdevollen Style geschrieben sind, die größte Wirkung hervorbringen, daß dagegen reiche Figuren in der Instrumentirung und
schnell wechselnde Harmonienfolgen dort nicht an ihrem Platze sind.

Das Te Deum von G. Weber hat meinen Erwartungen,
die durch günstige Recensionen in öffentlichen Blättern sehr gesteigert waren, nicht ganz entsprochen. Es verräth zu sehr, daß
es nicht im Moment der Begeisterung, sondern mit kalter Spekulation geschaffen ist. Gleich der Anfang ist gesucht und als Einleitung zu einem Te Deum gewiß sehr unpassend. Wozu dieser
lange Paukenwirbel, der wie ein heranrollender Donner klingt?
Und nun vollends die folgende Fanfare von vier Trompeten und
Posaunen, der ähnlich, womit die Cavallerie auf die Parade
zieht?"

Den 20. Oktober.

„Am zweiten Tage fand ein Concert gemischten Inhaltes in
folgender Ordnung statt: Symphonie von Mozart (C-dur,) bei
feuriger und genauer Execution von hinreißender Wirkung! Ich
überzeugte mich heute, daß in einem großen Lokale und bei kräftiger Besetzung die vier Themen der Schlußfuge, da wo sie zum
Schlusse zusammentreten, von einem geübten Ohr recht gut ver-

Louis Spohr (1858)

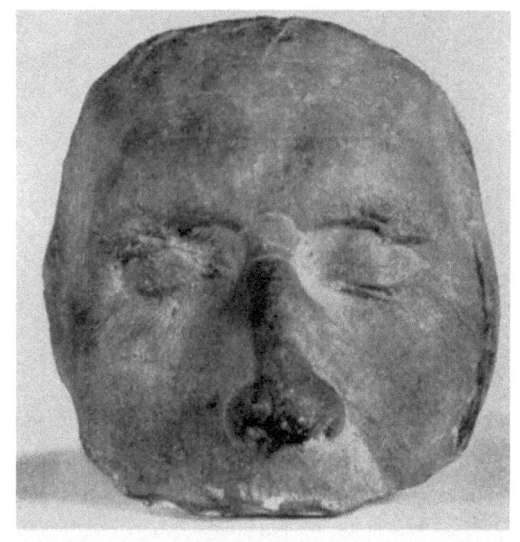

Totenmaske

standen werden können. Schien mir bisher diese Stelle mehr künstlich als effektvoll, so kam ich heute von diesem Irrthum zurück. 2) Violinconcert (E-moll) von mir. Ich machte heute wieder die Erfahrung, daß dem großen Haufen die Virtuosität weit mehr gilt, als das Compositionstalent. Alles schien entzückt von meinem Spiel und nur sehr Wenige erwähnten auch der Composition. 3) Italienische Arie mit Chor von Paer, vorgetragen von Herrn Strohmeyer. Diese Arie aus einem Oratorium „La Religione" ist in einem so unkirchlichen Style geschrieben, daß man sie mit verändertem Texte recht gut in eine Opera buffa einlegen könnte. Während die personifizirte Religion (die wohl auch schicklicher Sopran statt Baß sänge) sich in den gewöhnlichsten Opernmelodien, Rouladen und halsbrechenden Sprüngen ergeht, schreit der Chor dann und wann unisono und fortissime Santa! Santa! dazwischen, wie eine Räuberbande dem Reisenden das „Steh, das Leben oder die Börse!" zurufen würde. Da die Arie Hrn. Strohmeyer Gelegenheit darbot, seine schöne und kräftige Stimme, so wie seine Kehlfertigkeit zu hören zu geben, so fand sie großen Beifall. 4) Adagio und Potpourri für Clarinette von mir, vorgetragen von Herrn Hermstedt, ebenfalls sehr beifällig aufgenommen. Ich fand jedoch, und mehrere andere Musiker waren derselben Ansicht, daß Hermstedt, der im Technischen immer noch Fortschritte macht, seinen Geschmack nicht in gleicher Weise ausbildet. Sein Vortrag hat etwas Manierirtes, was an Caricatur streift. 5) Patriotischer Gesang nach der Melodie des „God save the king" mit Orchester und Orgelbegleitung von Methfessel. Das Publikum, an welches Texte ausgetheilt waren, stimmte mit ein."

Der arme Bischoff fand bei diesem dritten Frankenhäuser Musikfeste seine Rechnung nicht. Die Veranlassung zu dem entstandenen Deficit war wohl die Einquartierung russischer Truppen in der Umgegend, wodurch die Stadt- und Landbewohner vom Besuche des Festes abgehalten wurden. Da Bischoff nicht in der Lage war, das Deficit aus eigenen Mitteln decken zu können, so beschlossen die anwesenden Musiker auf meinen Vorschlag, die Kosten ihrer Hin= und Zurückreise selbst zu übernehmen und die dazu nöthige Summe durch ein in der Heimath zu gebendes Concert aufzubringen. Ich gab ein solches am 28. Oktober in Gotha, wobei mich Andreas Romberg, seit zwei Jahren Concertmeister daselbst, freundlichst unterstützte.

Gotha, den 29. Oktober.

Das Zusammenleben mit Andreas Romberg, dem gebildeten und denkenden Künstler, hat mir wieder viele genußreiche Stunden verschafft. Aber von neuem fand ich, daß er seine Compositionen unbeschreiblich kalt und trocken vorträgt, als wenn er die Schönheiten, die sie enthalten, selbst nicht fühle! Er spielte mehrere seiner Quartetten, die mir längst werth geworden sind, weil ich sie oft von Anderen gehört und selbst gespielt habe; aber der Geist, der sich in ihnen so deutlich ausspricht, daß ihn ein jeder der Geiger, von welchen ich sie bisher hörte, richtig auffaßte, scheint ihm selbst unbekannt geblieben zu sein, denn in seinem Vortrage war auch keine Spur davon zu entdecken! Auch war es mir auffallend, daß sich seine Vorliebe gerade zu solchen hinneigte, die mir die schwächsten zu sein schienen. Noch mehr wunderte ich mich aber, daß er die Tempi seiner Compositionen meinem Gefühle nach oft falsch nimmt und dadurch ihrer Wirkung sehr schadet; denn ich fand die Allegro's fast immer zu langsam und die Adagio's zu schnell.

Meiningen, den 31. Oktober.

Heute gaben wir hier Concert, welchem die Herzogin sowie ihr ganzer Hofstaat beiwohnten. Herr Wassermann, einer der geschicktesten meiner früheren Schüler, spielte mit mit meine Concertante.

Würzburg, den 10. November.

Ich machte hier die Bekanntschaft von zwei namhaften Künstlern, die der Herren Fröhlich und Witt. Ersterer, Professor an der Universität, liest Aesthetik und ist ein vielseitig gebildeter

Künstler, so wie ein eifriger Mitarbeiter an der Musikalischen
Zeitung. Als Recensent scheint er ziemlich gewissenhaft zu Werke
zu gehen, doch bemerkte ich, daß auch er, wie viele andere Recen=
senten, Urtheile über Werke niederschreibt, von denen ihm nicht
die Partitur zur Einsicht vorliegt. Wer es weiß, wie schwer es
selbst mit Hülfe der Partitur hält, ein Werk durch bloßes Lesen
kennen zu lernen, den muß es sehr wundern, daß diese Herren
ein solches übersehen wollen, indem sie die einzelnen Stimmen
neben einander legen und abwechselnd hineinblicken. Bei einem
vielstimmigen Werke reicht nicht einmal das Lesen der Partitur
hin, um ein sicheres Urtheil fällen zu können; man muß es auch,
und zwar gut ausgeführt, gehört haben!....

Witt ist Kapellmeister der ehemaligen großherzoglichen Hof=
kapelle, die, so wie auch das Sängerpersonal der Schloßkirche,
nach dem Anfall des Großherzogthums an Bayern, noch wie frü=
her fortbesoldet wird und bis jetzt vollzählig geblieben ist. Sie
ist sehr gut eingespielt und accompagnirte mir in unserem am
7. November gegebenen Concerte ganz zu meiner Zufrieden=
heit. Großen Genuß gewährte mir auch die Aufführung einer
Haydn'schen Messe in der Schloßkirche, die unter Witt's Lei=
tung vortrefflich executirt wurde. Herr Witt ließ mich am
Piano sein Oratorium, „die vier Menschenalter" hören. Da er
schlecht spielte und wo möglich noch schlechter sang, so wäre es vor=
eilig, nach dem, was ich hörte und in der Partitur nachlas, die
Wirkung beurtheilen zu wollen, die das Werk bei einer Aufführung
machen kann. Doch kam es mir ziemlich gewöhnlich, hin und
wieder fast trivial vor. Indessen zeigten die Fugen und einige
andere im strengen Style geschriebene Nummern von großer Ge=
wandtheit im Contrapunkt.

Nürnberg, den 16. November.

Die Musik scheint in der alten Reichsstadt wenig cultivirt zu
werden; denn das Orchester ist hier auffallend schlecht. In unserem

gestrigen Concerte fehlte es zwar weder an zahlreichen Zuhörern, noch an Beifall bei unseren Vorträgen, aber Alles, was das Orchester begleitete, wurde von diesem total verdorben.

Zur Ergänzung des Tagebuchs führe ich hier noch an, daß sich mir in Nürnberg der junge etwa vierzehnjährige Molique vorstellte und mich bat, ihm während meines Aufenthalts Unterricht zu geben, dem ich gern willfahrte, weil der Knabe schon damals Ausgezeichnetes für seine Jahre leistete. Da Molique sich seit jener Zeit durch fleißiges Studium meiner Violincompositionen immer mehr in meiner Spielweise ausbildete und sich daher Schüler Spohr's nannte, so habe ich dieses Umstandes noch nachträglich erwähnt.

München, den 12. December 1815.

Unser hiesiger Aufenthalt war reich an Kunstgenüssen. Schon den Tag nach unserer Ankunft hörten wir ein interessantes Concert, das erste der zwölf Winterconcerte, welche die königliche Kapelle jedes Jahr für ihre Rechnung gibt. Diese Concerte werden sehr besucht und verdienen es in hohem Grade. Das Orchester besteht aus der einfachen Harmonie, zwölf ersten, zwölf zweiten Violinen, acht Violen, zehn Violoncellen und sechs Contrabässen. Geigen und Bässe sind vortrefflich und die Blasinstrumente bis auf die Hörner ebenfalls. Man gibt in jedem Concerte eine ganze Symphonie (welches um so mehr zu loben ist, da es leider immer seltener wird, und dadurch das Publikum immer mehr den Sinn für diese edelste Gattung der Instrumental-Musik verliert); sodann eine Ouvertüre, zwei Gesang- und zwei Concertstücke. Da die Münchener Kapelle noch immer ihren alten Ruf als eine der ersten der Welt behauptet, so war meine Erwartung sehr gespannt; dennoch wurde sie durch die Ausführung der Beethoven'schen Symphonie in C-moll, womit dieses erste Concert eröffnet wurde, noch weit übertroffen. Es ist wohl kaum möglich, daß sie mit mehr Feuer, mehr Kraft und dabei größerer Zartheit, so wie überhaupt genauerer Beobachtung aller Nüancen von

Stärke und Schwäche ausgeführt werden kann! Sie machte daher auch mehr Wirkung, als ich ihr zutraute, obgleich ich sie schon oft, und selbst unter der Leitung des Componisten in Wien, gehört habe. Dennoch fand ich nicht Ursache, mein früheres Urtheil über sie zurückzunehmen. Bei vielen einzelnen Schönheiten bildet sie doch kein classisches Ganze. Namentlich fehlt sogleich dem Thema des ersten Satzes die Würde, die der Anfang einer Symphonie, meinem Gefühl nach, doch nothwendig haben muß. Dies bei Seite gesetzt, ist das kurze, leicht faßliche Thema allerdings zur thematischen Durchführung sehr geeignet und vom Componisten mit den übrigen Hauptideen des ersten Satzes auch sinnreich und zu schönem Effekt verbunden. Das Adagio in as ist theilweise sehr schön, doch wiederholen sich dieselben Gänge und Modulationen, obgleich immer reicher figurirt gar zu oft und werden dadurch zuletzt ermüdend. Das Scherzo ist höchst originell und von einer ächt romantischen Färbung, das Trio aber mit den polternden Baßläufen für meinen Geschmack gar zu barock. Der letzte Satz mit seinem nichtssagenden Lärm, befriedigt am wenigsten; die Wiederkehr des Scherzo darin ist jedoch eine so glückliche Idee, daß man den Componisten darum beneiden muß. Sie ist von hinreißender Wirkung! Wie schade, daß der wiederkehrende Lärm diesen Eindruck so bald verwischt!

In diesem ersten Concerte hörten wir auch noch Herrn Rovelli, einen jungen, erst kürzlich engagirten Geiger, ein Concert von Lafond in C-moll vortrefflich und mit allgemeinem Beifall executiren. Dieser junge Künstler, Schüler von Kreutzer, verbindet mit den Vorzügen der Pariser Schule auch das, was den Eleven gewöhnlich abgeht, Gefühl und eigenen Geschmack. Die Vorzüge jener Schule bestehen in einer sorgfältigen Ausbildung des Technischen, worüber aber die eigentliche Kunstbildung sehr oft vernachlässigt wird. Bei Herrn Rovelli ist dies jedoch nicht der Fall; denn er ließt gut vom Blatt und weiß zu begleiten, wie ich später bei meinen Quartetten die Erfahrung machte.

Madame Bamberger aus Würzburg, von deren schönen Altstimme und guten Schule ich schon dort so viel Rühmliches gehört hatte, sang auch in diesem Concerte, schien aber ängstlich, woher es wahrscheinlich kam, daß sie so oft Athem schöpfte und die Töne so wenig trug.

Im zweiten Abonnements-Concerte hörten wir Herrn Flad, der ein Oboeconcert sehr ausgezeichnet vortrug. Er hat einen schönen Ton und geschmackvollen Vortrag. Herr Legrand dagegen, der das Romberg'sche Violoncell-Concert in E-moll spielte, scheint mir schon bergab zu gehen, denn es fehlt seinem Spiel sowohl Ausdauer als sichere und reine Intonation. Eine Ouvertüre aus Romeo und Julie, von Steibelt, erhebt sich nicht über das Gewöhnliche.

Im dritten Abonnements-Concert wurde meine Symphonie in Es-dur unter der feurigen und umsichtigen Direction des Herrn Concertmeister Maralt ganz vortrefflich gegeben und machte hier noch mehr Wirkung als in Frankenhausen, wo ich sie vor vier Jahren zum erstenmal hörte. Herr Musikdirektor Fränzl spielte sein altes Violinconcert in C-dur mit Janitscharen-Musik. Die Composition desselben ist in dem süßlich-faden Geschmack der Pleyel'schen Epoche und kann jetzt unmöglich noch gefallen. Eben so veraltet ist auch sein Spiel, von dessen früheren Vorzügen nur noch das Feuer übrig geblieben ist, das ihn aber jetzt oft zur Undeutlichkeit und unreinen Intonation fortreißt. Obgleich dies auch heute der Fall war, so wurde ihm doch wie rasend applaudirt. Dies hätte einem Fremden von dem Geschmack der Münchener leicht einen übeln Begriff beibringen können, hätte man nicht gesehen, wie eine kleine Anzahl seiner persönlichen Freunde das Publikum durch heftiges Klatschen und Bravo-Schreien mit fortzureißen wußte. So sehr man es nun auch einem Künstler, der früher excellirte, gönnen kann, wenn er auch in späteren Jahren noch Beifall findet, so wird ihn dies doch gar zu leicht verleiten, den Zeitpunkt zu überschreiten, wo er aufhören sollte, öffentlich aufzutreten.

Im vierten Abonnements = Concerte spielte ich mit Herrn Rovelli meine Concertante, um der Forderung zu genügen, nach welcher jeder fremde Künstler, der von der Kapelle bei seinem Concerte unterstützt sein will, verpflichtet ist, in einem der Abonnements = Concerte aufzutreten. Noch nie hörte ich meine Concertante besser. Herr Rovelli hatte seine Stimme auf das Genaueste eingeübt und spielte meisterhaft. Eben so gut wurde begleitet Eine besonders schöne Wirkung machte das Adagio mit den drei obligaten Violoncells.

Vogler's berühmte Ouvertüre zu „Castor und Pollux" entsprach nicht meiner Erwartung. Sie fängt zwar feurig und kräftig an, erlahmt aber gegen das Ende, und selbst dieser Anfang wirkt nur durch den Lärm der Blechinstrumente.

Am dritten December spielten wir bei der Königin im Cabinet, wo außer ihr und dem Könige nur noch einige wenige Auserwählte des Hofes zugegen waren. — Beide Monarchen schienen großes Interesse an unserem Spiele zu nehmen, denn sie überhäuften uns mit Artigkeiten. Außer uns spielte noch Madame Dulcken, eine ausgezeichnete Virtuosin, mit ihrer Tochter und Schülerin ein Rondeau von Steibelt für zwei Pianoforte.

Am sechsten war unser öffentliches Concert im Redoutensaale, welches die Königin ebenfalls mit ihrer Gegenwart beehrte, eine Auszeichnung, die seit mehreren Jahren keinem fremden Künstler zu Theil wurde. Es war mir eine große Freude, meine Compositionen einmal wieder so gut vorgetragen zu hören.

Im Museum fand ich die Musikalische Zeitung und in dieser einen Bericht über das letzte Frankenhäuser Musikfest, der auch eine Beurtheilung meiner Cantate: „Das befreite Deutschland", enthält. Diese bringt so viel Seichtes und Falsches über dieses Werk, daß ich große Lust hätte, darauf zu antworten, hätte ich

mir nicht, seit meinem Wiener Federkriege mit Mosel, fest vorge=
nommen, nie wieder eine Antikritik zu schreiben.

Würzburg, den 26. Dezember.

Auf der Reise von München hierher haben wir binnen zehn
Tagen wie im Fluge vier Concerte in vier verschiedenen Städten
gegeben, die, im voraus arrangirt und zahlreich besucht, eine reiche
Erndte abwarfen; am 16. in Nürnberg, am 18. in Erlangen,
am 22. in Bamberg und gestern, am ersten Weihnachtstage, hier.
Es war aber auch eine arge Anstrengung, besonders für Dorette,
das ewige Aus= und Einpacken, Probiren und Concertiren! Nun
wollen wir uns ein wenig Ruhe gönnen. — Vorgestern gab ich
Herrn Professor Fröhlich die drei Wiener Quartetten, die Rom=
berg dedicirt sind, zu hören, hauptsächlich in der Absicht, damit er
sie in der Musik=Zeitung recensire. Sie gingen gut zusammen
und verfehlten daher eines vortheilhaften Eindruckes auf die Zu=
hörer nicht.

Frankfurt a. M., den 14. Januar 1816.

Unser hiesiger Aufenthalt war sehr arm an Kunstgenüssen.
In der langen Zeit kein einziges Concert außer dem unserigen,
nicht eine Privatmusik! Während wir vor acht Jahren bei un=
serem ersten Hiersein kaum die Zeit fanden, allen Aufforderungen
zu Musikpartien Genüge zu leisten, fällt es jetzt keinem der Frank=
furter Musikfreunde (wenn's deren überhaupt noch gibt) ein,
unsere Talente auch nur ein einziges Mal dazu in Anspruch zu
nehmen.

Auch das Theater bot nicht viel Erfreuliches dar, und nur
eine einzige, für uns neue Oper, nämlich „Carlo Fioras", von
Fränzl, wurde gegeben. — Madame Graff bewährte sich in
dieser Oper und als Gräfin in Figaro's Hochzeit als eine Sän=
gerin von vortrefflicher Schule, mit Gefühl und Geschmack begabt.

Das übrige Gesangperſonal iſt unbedeutend, das Orcheſter aber vortrefflich und ſeines alten Ruhmes würdig.

Am zwölften gaben wir Concert im rothen Hauſe. Madame Graff ſang die große Scene aus „Fauſt" ganz vortrefflich. Das Orcheſter accompagnirte mit Liebe und großer Genauigkeit.

Einen an Muſik ſehr reichen Tag brachten wir bei André in Offenbach zu. Ich fand ihn auf einem neuen Steckenpferde, das er mit noch größerm Selbſtgefallen herumtummelt, wie ſeine früheren. Es heißt: Deklamation! Er hat die feſte Ueberzeugung und äußert ſie auch mit edler Offenherzigkeit, daß außer ihm noch kein Componiſt, von Mozart an bis Bornhard, es verſtanden hat, ein Lied richtig zu deklamiren, und, wie es ſich gehört, in Muſik zu ſetzen. Er hat ſich deshalb der verwaiſten Kunſtgattung erbarmt und eine Menge Muſterlieder geſchrieben! — Er hatte von meinen neuen Liedern gehört und bat mich, ſie zu ſingen. Aber ſchon nach dem zweiten fand er einen Vorwand, zu den ſeinigen überzugehen. Fräulein von Goldner, ſeine Schülerin, ſang ſie und zwar hinreißend ſchön. Es iſt nicht zu leugnen, daß ſie richtig deklamirt und mehrere von ihnen in neuer und intereſſanter Weiſe aufgefaßt ſind. Werden ſie nun überdies noch ſo meiſterhaft vorgetragen, wie dies von Fräulein von Goldner geſchieht, ſo iſt die Wirkung allerdings groß. Ich geſtand ihm das gern zu, verhehlte ihm aber auch nicht, was ich daran auszuſetzen fand. Dies iſt vornehmlich, daß er der richtigen Deklamation ſehr oft Form, Rhythmus und Melodie aufgeopfert hat. Um den Fehler vieler Lieder=Componiſten, die ſich zu ſtreng an den Rhythmus der Dichtung binden, zu vermeiden, iſt er in den entgegengeſetzten gefallen. Er wechſelt in mehreren dieſer Lieder, um nur jeder Sylbe die ihr gebührende Dauer und ihren Accent zu verſchaffen, mehrere Male die Taktart und zerſtört dadurch ſowohl den Rhythmus, als die Melodie. So kann der Zuhörer nicht folgen und fühlt ſich unbefriedigt. Ferner hatte ich auszuſtellen, daß die Clavierbegleitung bei den meiſten dieſer Lieder zu obligat ist und die Aufmerksamkeit vom Gesange abzieht. Einige klingen wie selbstständige Clavier-Phantasien, denen der Gesang ange=paßt ist.

Die Selbstgefälligkeit, mit der Andrè diese Lieder zu hören gab, war völlig unerträglich. Er holte z. B. ein altes Lied von Schulze: „O selig, wer liebt", herbei, sang es karikirt, um es ins Lächerliche zu ziehen und ließ dann von Fräulein von Goldner das seinige über denselben Text vortragen. „Aha", sagte Jemand aus der Gesellschaft, „Sie zeigen uns erst den Schat=ten, damit das Licht nachher um so größere Wirkung macht!"

Mich verdroß diese Mißhandlung eines alten würdigen Com=ponisten so sehr, daß ich mich nicht enthalten konnte zu sagen:

„Lieber Andrè, Sie scheinen zu vergessen, daß es Ihrem Liede eben nicht zur Ehre gereicht, wenn es erst einer Folie be=darf; daß dieses Schulze'sche Lied vor länger als fünfundzwanzig Jahren componirt ist, wo die Ansichten über Liedercomposition von den jetzigen sehr verschieden waren; daß die Melodie, die uns jetzt veraltet vorkommt, damals neu war, und daß Sie für Ihren Zweck am Ende doch keine glückliche Wahl getroffen haben, da dieses Lied bei aller Einfachheit der Form und Melodie, dennoch richtig deklamirt ist und in der Wiederholung des: O selig, wer liebt, am Ende jeder Strophe etwas Tiefempfundenes ent=hält, weshalb es sehr zweifelhaft ist, ob unsere Lieder nach fünf=undzwanzig Jahren noch so viel Vergnügen gewähren werden, wie es dieses Lied, wenn es gut gesungen wird, noch immer ver=mag."

Andrè schien doch etwas beschämt und äußerte sich von da an viel bescheidener. Ich wollte ihm nun, wie er gewünscht hatte, einige meiner Wiener Quartetten und Quintetten zu hören geben; es wurde aber so schlecht accompagnirt, daß ich bald davon ab=stand und es bei dem ersten bewenden ließ.

Nach Tische gab uns Herr Aloys Schmitt in einer freien

Phantasie auf dem Piano „eine Seefahrt mit Sturm". Obgleich diese von Wölffl zuerst versuchte Spielerei nicht übel war, so hätte ich doch von einem so ausgebildeten Clavier-Virtuosen lieber etwas Gediegeneres und Solideres zu hören gewünscht.

Abends führte uns André zu Herrn Ewald, einem großen Musikfreunde, bei dem sich die Offenbacher Sing-Akademie versammelt hatte, um ihm drei von ihr sorgfältig eingeübte Compositionen zu hören zu geben. Es waren: „Die drei Worte", von Schiller, in Musik gesetzt von Aloys Schmitt, ein patriotischer Chor von André und „die Bürgschaft", von Schiller, ebenfalls von Aloys Schmitt componirt, alles mit Clavierbegleitung. Der Chor zählte ungefähr achtundvierzig Stimmen und die Ausführung war sehr gelungen. Zu bedauern war nur, daß das Lokal nicht geräumiger war. Die Musik zu den „drei Worten" gefiel mir sehr. Sie verräth ein großes Talent für solche Gesangs-Compositionen. Auch das Gedicht eignet sich recht gut dazu. Weniger das zweite: „Die Bürgschaft." In diesem hat der Componist die redend eingeführten Personen unter die verschiedenen Solostimmen vertheilt; es klingt aber sehr sonderbar, von diesen auch das singen zu hören, was der Dichter erzählt. Ebenso willkürlich ist dem Chor sein Antheil am Texte zugetheilt. Zu leugnen ist aber nicht, daß einige Eintritte desselben von außerordentlicher Wirkung sind, wie z. B. der, wo es heißt: „Und unendlicher Regen gießet herab", und später, wo der erschöpfte Wanderer das Rieseln einer Quelle hört. Das ganze Gedicht ist überhaupt mit vieler Phantasie aufgefaßt und wiedergegeben, nur leidet die Musik an Formlosigkeit durch zu häufiges Wechseln des Tempo's und der Taktart. Auch ist das Wiederholen einzelner Worte, die für sich keinen Sinn geben, sehr zu tadeln und klingt oft wahrhaft komisch. Die vierhändige Clavierbegleitung ist so reich an Figuren, Passagen und Modulationen, daß sie sich ohne bedeutende Vereinfachung nicht für's Orchester umschreiben ließe. Der Chor von André zeichnete sich durch nichts aus.

Zum Schlusse ließ uns Herr Hasemann vom Frankfurter Orchester, der als Violoncellist mir am Morgen mein Quartett und
zwar weit besser als die Uebrigen accompagnirt hatte, noch seine
Virtuosität auf der Baßposaune bewundern. Er blies Variationen
über das bekannte Lied: „Mich fliehen alle Freuden". Es macht
jedoch auf den Zuhörer von Geschmack einen unangenehmen
Eindruck, wenn ein Instrument, seinem Charakter zuwider, zu etwas gezwungen wird, was ihm nicht natürlich ist."

Darmstadt, den 9. Februar.

Durch eine Krankheit meiner guten Dorette zu einem beinahe
vierwöchentlichen Aufenthalte gezwungen, habe ich Zeit genug gehabt, die hiesigen Musikzustände kennen zu lernen. Viel Erfreuliches läßt sich davon nicht sagen. Der Großherzog liebt die Musik zwar sehr und verwendet große Summen darauf; diese Liebe
ist aber einseitig, egoistisch und beschränkt sich nur auf Theatermusik.
Er findet nämlich seine Freude daran, in den Opernproben den
Musikdirektor und Regisseur in eigener Person zu machen; er dirigirt daher nicht nur das Orchester an einem auf dem Theater
befindlichen Pulte, sondern ordnet auch alles auf der Bühne an.
Da er sich in beiden Posten für unfehlbar hält und weder dem
Kapellmeister noch dem Regisseur die geringste Einwendung gegen
seine Anordnungen gestattet, so ist es natürlich, daß viele Miß-
griffe geschehen. Denn obgleich er unter den Großherzögen wohl
der beste Operndirektor sein mag, so ist damit doch noch nicht gesagt, daß er ein guter sei! Er beweis't dies schon in der Wahl
der Werke, die er auf seinem Theater geben läßt. Da er es so
reich dotirt hat, daß die Regie auf den Geschmack des Publikums
behufs der Einnahme keine Rücksicht zu nehmen braucht, so könnte
sie ein Repertoir von lauter gediegenen und werthvollen Werken
schaffen, ließe er ihr nur die Auswahl. So trifft er diese aber
selbst und es wird daher nicht nur viel Mittelmäßiges gegeben,
sondern auch manches Vortreffliche ganz ausgeschlossen, wie z. B.

die Cherubinischen Opern, weil sie der Großherzog nicht leiden kann. Allenfalls läßt er „den Wasserträger" noch passiren, doch auch nur den ersten Akt. Auch die Mozart'schen Opern schei= nen ihm nicht mehr zu behagen; denn als vor einigen Tagen einmal wieder der „Don Juan" an die Reihe kam, nachdem dreißig Abende vorher nichts als die „Athalie" von Poißl probirt worden war, und das Orchester von der tödtlichen Langenweile befreit, die ihm jene Oper gemacht hatte, das erste Finale mit großer Begeisterung executirte, äußerte er laut gegen den Kapell= meister gewendet: „Nach der Poißl'schen Oper will der „Don Juan" doch nicht mehr schmecken!" —

Das Sologesang=Personal könnte bei den großen Gehalten, die der Großherzog zahlt, ein viel besseres sein, als es, mit weni= gen Ausnahmen, wirklich ist; man behauptet aber, er wolle nur mittelmäßige Talente, damit sie sich um so williger seinen An= ordnungen fügen. Der Chor (dreißig Frauen und dreißig Männer) ist sehr ausgezeichnet. Auch das Orchester ist sehr zahlreich und zählt mehrere sehr tüchtige Künstler unter seinen Mit= gliedern; doch ist auch viel Mittelgut darunter. Auf das Ensemble desselben und besonders auf das pianissimo thut sich der Groß= herzog viel zu gut; doch bleibt in Bezug auf reine Intonation und auf Deutlichkeit noch manches zu wünschen übrig. Kein Orchester der Welt ist so geplagt wie dieses; denn sämmtliche Mitglieder desselben müssen jeden Abend, den Gott werden läßt, von sechs bis neun oder zehn Uhr im Theater zubringen. Jeden Sonntag ist Oper, an zwei anderen Tagen jeder Woche Schauspiel; an den vier übrigen Tagen hält der Großherzog seine Opernproben. Nur wenn er durch Krankheit verhindert ist, fallen sie aus. Dann werden auch keine Opern gegeben. Unlängst war er wegen eines Uebels am Bein genöthigt, mehrere Wochen das Zimmer zu hü= ten; in dieser Zeit durfte weder eine Probe gehalten, noch eine Oper gegeben werden. Er schien zu glauben oder wollte es glau= ben machen, daß ohne ihn nichts einstudirt werden könne.

Es gewährt einen seltsamen Anblick, den alten, schon ganz krumm gewachsenen Herrn in Uniform mit dem Stern auf der Brust hinter dem Pulte den Takt geben zu sehen, oder wie er den Chor und die Statisten ordnet, bald dieses, bald jenes zu erinnern hat, oder dem Orchester piano oder forte zuruft. Verstände er dies nun Alles, so würde es keinen besseren Operndirektor geben; denn er hat nicht nur viel Eifer und Ausdauer, sondern auch in seiner Eigenschaft als Großherzog die nöthige Autorität. So reicht seine Partiturkenntniß aber nicht weiter, als um allenfalls die Violinstimme nachlesen zu können, und da er in seiner Jugend einmal Violine gespielt hat, so quält er die armen Geiger ewig mit seinen Erinnerungen, ohne daß dadurch etwas gebessert wird! Unterdessen können die Sänger so falsch oder geschmacklos singen, wie sie wollen, oder die Blasinstrumente können einen Takt vor oder nach sein, — er merkt es nicht!

Eben so ist es mit seinen Anordnungen auf dem Theater, doch da kann der Regisseur unbemerkt noch nachhelfen, während dem Kapellmeister auch nicht die kleinste Rüge der vorfallenden Fehler gestattet ist. Daß daher die Opern trotz der vielen Proben dennoch nicht gut gehen und in der Regel um so schlechter, je mehr Proben stattgefunden haben, findet seine Erklärung in Obigem, sowie darin, daß Sänger und Orchester am Ende vor Abspannung und Ueberdruß nicht mehr Acht geben können. So ging es auch mit der Oper „Athalie" von Poißl, die während unserer Anwesenheit jeden freien Abend probirt wurde und bei deren endlicher Aufführung nach 30 Theaterproben doch noch Fehler, sowohl auf dem Theater, als im Orchester vorfielen.

Von der Musik dieser Oper läßt sich nicht viel Rühmliches sagen. Sie ist zu gewöhnlich, zu oft schon dagewesen. Mehrere Musikstücke sind den allgemein bewunderten von Mozart und Cherubini nachgebildet, ohne daß dadurch etwas Anderes gewonnen wäre, als daß sie an jene erinnern, so z. B. der Priestermarsch, der mit seinen einzelnen Paukenschlägen ganz dem der Zauber-

flöte während der „Feuer= und Wasserprobe" gleicht. Ebenso das
Schluß=Allegro des ersten Aktes, welches auffallende Reminiscen=
zen aus dem Finale des „Don Juan" enthält, u. dgl. m. Der
erste Akt wird noch durch den Umstand besonders langweilig, daß
so viel langsame Tempi und Gebete unmittelbar auf einander fol=
gen, so wie es denn überhaupt der Oper an Leben und Bewe=
gung fehlt.

Der Großherzog, der die Musik dieser Oper sehr schön findet,
vielleicht nur, weil sie ein Baron gemacht hat, erlebte den Ver=
druß, zu sehen, daß sie das Publikum sehr langweilte, was auch
selbst in der Nähe seiner Loge laut geäußert wurde. Dies brachte
ihn so auf, daß er ganz laut sagte: „Allen Leuten, die diese
herrliche Oper nicht begreifen, sollte man die Thüren des Thea=
ters verschließen!" Wenn es wahr ist, was man sich hier erzählt,
daß er seine Hofdiener und Offiziere zum Theaterbesuche zwingt,
indem er ihnen vom Gehalte den Betrag für das Theater=
Abonnement ohne weiteres abziehen läßt, so könnte er seine
Drohung leicht wahr machen, indem er sie von dieser Frohnde
befreite!

Da uns der Großherzog zu einem öffentlichen Concerte die
Mitwirkung der Kapelle verweigerte, weil er sie, wie es in der
Antwort auf mein Gesuch hieß, keinen Abend im Theater entbeh=
ren könne, so waren wir schon im Begriffe abzureisen, ohne in
Darmstadt gespielt zu haben, als uns die Direktion des Casino
den Antrag machte, in ihrem Lokal aufzutreten, wofür sie uns ein
Honorar von zwanzig Karolinen offerirte. Dies nahmen wir an.
Ich spielte mit D o r e t t e eine Sonate, zwei Concertsätze mit Cla=
vierbegleitung, und D o r e t t e schloß mit der Phantasie in C-moll.
Wir hatten ein sehr empfängliches Publikum. Den Geigern des
Orchesters, die mich gern gehört hätten, und Herrn B a c k o f e n,
dem früheren Lehrer meiner Frau, den ihre jetzige Virtuosität in
hohem Grade interessirt haben würde, war es aber nicht gestattet,
unter den Zuhörern zu sein; denn der Großherzog hatte Abends

vorher bei der Probe im Theater gesagt: „Daß mir morgen Abend
ja Niemand fehlt!"

Heidelberg, den 11. Februar.

Trotz der großen Kälte, die seit voriger Nacht herrscht, haben
wir heute Nachmittag den Schloßberg erstiegen, um die wunder=
schöne Ruine des Schlosses von neuem zu bewundern. Ich habe
mich gefreut, daß man sie seit acht Jahren nicht weiter hat ver=
fallen lassen, daß man vielmehr Sorge trägt, sie so, wie sie jetzt
ist, zu erhalten. Die Aussicht über die Stadt nach Mannheim
und in das Neckarthal ist selbst im Winter entzückend schön!

Carlsruhe, den 26. Februar.

Unser hiesiger Aufenthalt hatte dadurch, daß wir alte Be=
kannte vorfanden, viel Angenehmes. Auch bot er manchen Kunst=
genuß. Gute Orchestermusik hörten wir zwar nicht; denn die
Kapelle ist, obgleich in neuerer Zeit mehrere ausgezeichnete Künst=
ler engagirt wurden, noch immer sehr mittelmäßig. Einige gute
Mitglieder können die Schwächen der Uebrigen nicht verdecken.
Dagegen hörten wir zwei gute Sängerinnen; Demoiselle Bah=
renfels und Madame Gervais. Erstere sang am 21., als wir
bei der Großherzogin im Cabinet spielten, eine Arie und einige
Tage früher die Sopran=Soli in Romberg's „Glocke", die von
einer Dilettanten=Gesellschaft im Museum recht gut gegeben wurde.
Demoiselle Bahrenfels besitzt eine schöne Stimme, guten Ge=
schmack und viel Geläufigkeit, überladet aber ihren Gesang zu sehr
mit Verzierungen. Madame Gervais, die auch ausgezeichnete
Schauspielerin ist, hörte ich in Weigl's artiger Oper: „Adrian van
Ostade", wo sie besonders eine Cavatine sehr schön vortrug. Dann
hörten wir sie in unserem Concerte am 24. die große Scene aus
„Faust" mit allgemeinem Beifalle singen. Sie hat ebenfalls eine
schöne Stimme, gute Schule, viel Gefühl und große Geläufigkeit,
verziert aber auch zu viel und am unrechten Ort und detonirt
dann und wann. . . .

Meine Quartetten und Quintetten gab ich viermal zu hö=
ren, zweimal bei Herrn von Eichthal und einmal bei den
Herren Freidorf und Brandt. Sie wurden mir von den Her=
ren Fesca, Viala, Bönlein und von Dusch vortrefflich ac=
compagnirt. Fesca spielte auch ein neues Quintett seiner Com=
position, das sehr viel Neues und Schönes enthielt. Im letzten
Satze war jedoch manches gar zu gesucht.

Straßburg, den 6. März.

Es drängt mich zuerst von dem zu reden, was jedem Reisen=
den noch vor seiner Ueberfahrt über den Rhein in die Augen fällt,
— ich meine den Münster! Weit jenseits Kehl sahen wir seine
kolossale und doch zierliche Gestalt schon hoch in die Lüfte ragen.
Er ist so oft und gut, (am poetisch'sten wohl in Baggesen's Reise)
beschrieben worden, daß ich mich nicht daran versuchen werde.
Aber das muß ich aussprechen, daß früher nie Etwas so sehr das
Gefühl des Erhabenen und Heiligen in mir erweckt hat, als die=
ser wundervolle Bau! Welch' edle Form, welche Zierlichkeit, wel=
cher Reichthum in der Ausschmückung und welch' imposante Größe
sind da vereinigt! Man hat Alles, was zur Zeit der Revolution
von den Bilderstürmern am Münster beschädigt wurde, wieder her=
gestellt, und die neuen Bildsäulen, die man an die Stelle der
zertrümmerten setzte, haben mehr Kunstwerth, als die alten, die
damals verschont geblieben. Ueberhaupt wird das Gebäude sehr sorg=
fältig erhalten und es sind für dessen äußere Reparaturen allein
jährlich 20,000 Franken ausgesetzt. Solche Sorgfalt ist bei diesem
Bau wegen seiner Zierlichkeit aber auch doppelt nothwendig, da die
geringste Beschädigung leicht größere und gefährlichere nach sich
ziehen könnte; denn selbst der gigantische Thurm hat nicht ein=
mal eine rundumlaufende Grundmauer, sondern ist auf Pfeiler
gesetzt, zwischen welchen tief im Grunde ein schiffbarer Kanal
hindurchfließt. Auf halber Höhe, da wo der Bau sich in zwei
Hälften trennt, von denen leider nur die eine vollendet wurde,

ist nun vollends Alles so luftig, zierlich und durchsichtig, daß hier, wo immer ein Pfeiler den andern trägt, die geringste Beschädigung, würde sie nicht alsbald ausgebessert, leicht den Einsturz des ganzen Thurmes herbeiführen könnte.

Nachdem wir den kühnen Riesenbau lange genug bewundert hatten, erregte der Telegraph, der auf dem Kirchendache seine Arme emporstreckt, unsere Aufmerksamkeit. Es wurde gerade telegraphirt und die Leichtigkeit und Schnelligkeit der Bewegungen ergötzte uns sehr. Da wir den Mechanismus kennen zu lernen wünschten, so stiegen wir hinauf, kamen aber erst oben an, als eben aufgehört wurde und sahen nur noch die Depesche in den sonderbaren Zeichen naß auf dem Papiere stehen. Ich hätte gern gewußt, ob diese Zeichen, deren es höchstens vierundzwanzig sein können, die Buchstaben oder einzelne Worte oder ganze Sätze bedeuteten und richtete deshalb einige Fragen an den Telegraphisten. Er gab aber wenig Auskunft, entweder weil er nicht durfte oder selbst nichts wußte, was das Wahrscheinlichste ist, da nur der Direktor den Schlüssel zu den Zeichen besitzen soll. Nach seiner Behauptung bedeutet jedes Zeichen ein Wort. Dies ist aber sehr unwahrscheinlich, da man mit vierundzwanzig Wörtern doch nicht ausreichen würde, auch wenn das dazwischen Fehlende größtentheils errathen werden könnte. Daß ihm übrigens die Bedeutung von einem oder einigen Zeichen bekannt sein müsse, bewies er dadurch, daß er um uns den Mechanismus zeigen zu können, das signe d'attention machte, wodurch angefragt wird, ob im Laufe des Tages noch eine Depesche zu erwarten sei, und daher jeder Telegraphist auf seinem Posten bleiben müsse. Dieses Zeichen wurde sogleich vom nächsten Telegraphen abgenommen, wie wir durch das in der Wand befindliche Fernglas sehen konnten und dann ebenfalls vom folgenden, der auch noch, obwohl weniger deutlich, zu erkennen war. Nach sieben oder acht Minuten kam aus Paris die Antwort zurück: „Es muß Jeder auf seinem Posten bleiben." Dieses Zeichen nahm nun auch unser Telegraph ab, und dann standen sie alle

wieder in Ruhe. Der Mechanismus ist sehr einfach. Drei große
Räder im Zimmer des Telegraphisten, über welche aus Messing-
draht geflochtene Schnüre laufen, setzen die drei Gelenke des Telegraphen in Bewegung. Kleinere, an den großen befestigte Räder bewegen einen kleineren Telegraphen im Innern des Zimmers, an welchem der Maschinist sieht, ob die Zeichen oben auf
dem Dache richtig gemacht werden. Ein dritter mäßig großer Telegraph, der außerhalb des Zimmers gegen die Wohnung des Di-
rektors gerichtet ist, dient dazu, diesem die Zeichen, die aus Paris
ankommen, sogleich mitzutheilen. Das Ganze ist sehr sinnreich
und macht dem menschlichen Verstande alle Ehre. Die Telegraphisten haben einen beschwerlichen Dienst. Sie müssen vom ersten
Morgengrauen an bis zum Anbruche der Nacht auf ihrem Posten
sein. Die geringste Nachlässigkeit wird ohne weiteres mit Dienst-
entlassung bestraft.

Ich lernte in Straßburg drei ausgezeichnete Künstler und viele
passionirte Musikfreunde kennen. Erstere sind: Herr S p i n d l e r,
Kapellmeister am Münster, Nachfolger von P l e y e l, der diese
Stelle früher bekleidete, Herr B e r g, Pianofortespieler und Componist und Herr K u t t n e r, ebenfalls Pianist und Sänger. Von
S p i n d l e r's Kirchen-Compositionen wird besonders ein Requiem
sehr gelobt, von seinen dramatischen Arbeiten eine Oper: „Das
Waisenhaus." S p i n d l e r schickte die Partitur und das Buch
dieser Oper, welches letztere ebenfalls sein Eigenthum war, an
die Direktion des Wiener Hoftheaters. Sie wurde nicht angenommen und unter dem Vorwande zurückgeschickt, daß die Gesangpartien nicht für das dortige Personal paßten. Man hatte aber
vom Buche diebischer Weise eine Abschrift genommen, und W e i g l
componirte es nun ebenfalls noch einmal. Da ihm kurz vorher
seine „Schweizerfamilie" großen Ruhm verschafft hatte, so verbreitete sich dieses neue Werk bald über alle deutschen Theater,
während S p i n d l e r's Composition bis jetzt nur in Straßburg
gegeben worden ist. Es wurde ihm jedoch die Genugthuung zu

Theil, daß die Weigl'sche Composition, die im vorigen Jahre von einer deutschen Opern=Gesellschaft hier gegeben wurde, bei weitem nicht so gefiel wie die seinige. Spindler ist ein unterrichteter und dabei äußerst bescheidener Künstler. Unter den passionirten Musikfreunden steht Herr Advokat Lobstein oben an. Er ist Direktor eines gut eingerichteten Liebhaber=Concertes. Das stark besetzte Orchester desselben besteht größtentheils aus Dilettanten, und Compositionen, die nicht zu schwer sind und die sie oft genug probirt haben, gehen nicht übel. Da in Frankreich noch aus der Revolutionszeit ein Gesetz besteht, nach welchem jeder Concertgebende, wenn er sein Concert affichirt und eine Kasse macht, den fünften Theil der Einnahme an die Theater=Direktion des Ortes abgeben muß, so machte mir Herr Lobstein den Vorschlag, ein Concert im Lokal und am Tage des Liebhaber=Concertes zu geben, wodurch ich der Abgabe entging. Das Concert wurde nur unter der Hand bekannt gemacht, war aber demungeachtet so besucht, daß über hundert Menschen in dem nicht kleinen Saale keinen Platz mehr finden konnten. Dies, sowie der enthusiastische Beifall, den unser Spiel fand, veranlaßte mich, noch ein zweites öffentliches Concert zu geben, nachdem ich mich vorher mit der Theater=Direktion über eine fixe Abgabe von achtzig Franken verständigt hatte; es war jedoch, wahrscheinlich wegen des zu drei Franken erhöhten Eintrittspreises, nicht ganz so zahlreich besucht, wie das erste. Das Orchester war in beiden Concerten dasselbe, halb aus Dilettanten und halb aus Künstlern zusammengesetzt; die Saiten=Instrumente ziemlich gut, die Blas=Instrumente größtentheils sehr schlecht. Da nun in meinen Compositionen letztere viel beschäftigt sind, so wurden sie auch arg mißhandelt. Meine Quartetten und Quintetten, die ich häufig in Privat=Gesellschaften spielte, wurden mir dagegen sehr gut accompagnirt. Besonders zeichneten sich dabei die Herren Baxmann, (erster Violoncellist des Theater=Orchesters) und Nani (Violinist) vortheilhaft aus. Obgleich die Straßburger in der Musikbildung den Bewohnern der größeren deutschen Städte bedeutend nachstehen und von unserer neuesten Musik und deren Geist noch wenig kennen und wissen, so scheinen sie doch meine Compositionen sehr zu goutiren. Mein hiesiger Aufenthalt diente daher dazu, daß meine Compositionen, von denen hier nur wenige gekannt waren, nun häufig verlangt und von den Musikhändlern verschrieben werden.

Während unserer Anwesenheit in Straßburg gaben die Herren Berg und Kuttner gemeinschaftlich ein öffentliches Concert, in welchem sie sich Beide als sehr fertige Clavierspieler zeigten, Herr Berg aber auch als talentvoller Componist. Es wurde von ihm eine Ouvertüre, ein Clavier = Concert und Variationen für zwei Pianoforte gegeben. Besonders gefiel mir das Allegro der Ouvertüre wegen seines natürlichen Flusses und der guten Durchführung des Thema's. Herr Berg ist aber doch nicht frei von der Krankheit aller modernen Componisten, die immer nur nach Effekten jagen und darüber versäumen, ihre Ideen gehörig durchzuführen.

Wir besuchten einigemale das Theater und fanden die Oper, mit Ausnahme der ersten Sängerin, Madame Dufay, sehr schlecht, das Lustspiel und Vaudeville aber sehr gut. Ich überzeugte mich von neuem, wie sehr die Franzosen in den beiden letzten Gattungen den Deutschen überlegen sind. Die hiesige Truppe, die allgemein für sehr mittelmäßig gilt, gibt ihr Lustspiel mit einer Rundung und Genauigkeit, wie man es nur sehr selten auf den besten deutschen Theatern findet.

Münster, bei Colmar, den 26. März.

Seit beinahe vierzehn Tagen sind wir hier in einer kleinen Fabrikstadt in den Vogesen bei einem reichen Fabrikbesitzer, Herrn Jacques Hartmann zu Besuch. Unser Wirth, der ein leidenschaftlicher Musikfreund ist, war von Herrn Kapellmeister Brandt in Carlsruhe benachrichtigt worden, daß wir auf unserer Reise

Colmar paſſiren würden. Von Straßburg aus hatte er den Tag
der Durchreiſe erfahren; er verlegte uns daher den Weg und
zwang uns mit freundlicher Gewalt, ihm nach Münſter in ſein
Haus zu folgen. Dort mit Anbruch der Nacht angelangt, wur=
den wir von ſeiner Familie auf das Herzlichſte bewillkommnet und
ſogleich durch den Garten in einen hell erleuchteten Concertſaal
geführt, der ringsum mit den Namen unſerer großen Componiſten
geſchmückt war, unter welchen, wahrſcheinlich ſeit heute, der mei=
nige auch ein beſcheidenes Plätzchen gefunden hatte. Die Kapelle
des Herrn Hartmann war ſchon aufgeſtellt und empfing uns bei
unſerem Eintritt mit einer gar nicht ſchlecht executirten Ouvertüre.
Das Orcheſter beſteht aus der Familie des Herrn Hartmann
und aus einem Theile der in ſeiner Kattun=Fabrik angeſtellten
Beamten, Künſtler und Arbeiter. Da er, ſo viel es ſich thun
läßt, nur ſolche annimmt, die muſikaliſch ſind, ſo iſt es ihm ge=
glückt, faſt ein vollſtändig beſetztes Orcheſter zuſammenzubringen,
das nicht zu ſchwere Compoſitionen, die es fleißig eingeübt hat,
ganz erträglich executirt.*) Herr Hartmann ſelbſt iſt Virtuos
auf dem Fagott und beſitzt ſchönen Ton und viel Fertigkeit.
Seine Schweſter und ſeine Tochter ſpielen Pianoforte. Letztere,
ein Kind von acht Jahren, iſt der Glanzpunkt dieſes Dilettanten=

---

*) Von dem Vorſpieler des Orcheſters, einem Beamten der Fabrik, erwarb
ich damals eine Geige von Lupot in Paris. Ich war von dem vollen und kräftigen Ton dieſes Inſtrumentes, das damals erſt dreißig Jahre alt war, ſo frap-
pirt, daß ich dem Beſitzer ſogleich einen Tauſch mit einer italieniſchen Geige, die
ich in Braunſchweig gekauft und auf meinen erſten Reiſen geſpielt hatte, antrug,
der gern eingegangen wurde. Ich gewann die Geige bald ſo lieb, daß ich ſie
meiner bisherigen Concertgeige, einer alten deutſchen von Buchſtetter, vorzog
und von nun an auf allen meinen Reiſen ſpielte. — — — —
Erſt im Jahre 1822, nachdem bereits meine Kunſtreiſen als Geiger aufgehört hatten, ∗kaufte ich von Madame Schlick in Gotha mein jetziges Inſtru-
ment, eine Stradivari, und überließ, von dem Concertmeiſter Matthaei in
Leipzig dringend gebeten, dieſem die Geige von Lupot, die im Laufe der Jahre
ſehr gut geworden und zu großer Berühmtheit gelangt war. Dieſer ſpielte ſie
bis zu ſeinem Tode, wo ſie dann in den Beſitz des Concertmeiſters Ullrich kam.

Orchesters. Sie spielt bereits sehr schwere Compositionen mit bewunderungswerther Fertigkeit und Genauigkeit. Mehr noch wie dieses überraschte mich ihr feines musikalisches Gehör, womit sie, (vom Piano entfernt), die Intervallen der verwickeltsten und vollgriffigsten, dissonirenden Accorde, die man ihr anschlägt, erkennt, und die Töne, woraus diese bestehen, in ihrer Folge nennt. Aus diesem Kinde wird gewiß einst, wenn es gut geleitet wird, eine ausgezeichnete Künstlerin werden.*) Nachdem die Familie sich producirt hatte, gaben auch wir eins unserer Duette zu hören und hatten ein sehr dankbares und begeistertes Auditorium.

Herr Hartmann läßt nicht leicht einen ausgezeichneten Künstler durch das Elsaß passiren, ohne ihn aufzufangen und hat deshalb schon viele von ihnen bei sich gesehen, unter Anderen Rudolpho, Kreutzer, Durand, Turner, Bärmann und die Gebrüder Schunke. Gewiß waren Alle eben so zufrieden mit ihrem Aufenthalte in seinem Hause, wie wir; denn es gibt keinen artigeren und zuvorkommenderen Wirth, als Herrn Hartmann. Von den beiden zuerstgenannten Künstlern erzählte er mir folgendes, was sie hinlänglich characterisirt. Kreutzer gab zu Straßburg im Theater ein sehr besuchtes Concert. Nach dem ersten Theile ließ er sich die Einnahme auszahlen und verspielte sie sogleich am Roulette im Foyer bis auf den letzten Sous. Nun wurde er zum zweiten Theile des Concerts gerufen und mußte nachträglich verdienen, was bereits verspielt war. Durand machte es noch ärger! Herr Hartmann hatte für ihn ein Concert in Mühlhausen arrangirt und begleitete ihn selbst dahin. Durand verlor sich sogleich in ein Bierhaus, und es hielt schwer, ihn von da wegzubringen, um die Probe zu halten. Bei dieser vermißte er seinen Bogen, den er zu Colmar vergessen hatte. Er erklärte, ihn holen zu müssen, weil er sonst am Abend nicht spielen könne. Herr Hartmann gab ihm seinen Wagen und er=

---

*) Leider ist sie noch vor ihrer vollständigen Entwickelung jung gestorben.

mahnte ihn zu baldiger Wiederkehr. Die Zeit des Concertes rückte heran, aber Durand war noch nicht zurück. Das Publikum versammelte sich, die Musiker stimmten ein, — doch der Concertgeber fehlte immer noch! Nachdem eine halbe Stunde gewartet war und das Auditorium bereits unruhig wurde, ließ Herr Hartmann die Ouvertüre spielen. Da Durand aber noch nicht erschien, so mußte er endlich vortreten und die Abwesenheit des Concertgebers verkünden. Höchst unwillig auf diesen verließ das Publikum den Saal. Spät am Abend kehrte der Kutscher mit dem vergeblich Erwarteten zurück und erzählte seinem Herrn, daß er ihn mehrere Stunden lang in allen Kaffee= und Wirthshäusern Colmar's vergeblich gesucht und endlich in einem Bierhause gefunden habe, wo er im lustigen Verkehr mit anderen Gästen das Concert total vergessen hatte.

Vor drei Tagen gaben wir in Colmar ein sehr besuchtes Concert, welches Herr Hartmann durch seine dortigen musikalischen Freunde im voraus hatte arrangiren lassen. Da das Orchester, welches fast ganz aus Dilettanten bestand, sehr schlecht war, so mußte ich darauf verzichten, eigene Compositionen vorzutragen und im Accompagnement leichtere von Rode und Kreutzer wählen. Nach der Sonate, welche ich mit meiner Frau vortrug, wurde uns aus einer Loge ein Lorbeerkranz zugeworfen, an welchem das folgende Gedicht befestigt war:

Couple savant dans l'art heureux
Qui fit placer au rang des Dieux
L'antique chantre de la Grèce
D'un instrument melodieux
Et de la harpe enchanteresse
Quand les accords delicieux.
Nous causant une double ivresse,
Faut-il, que les tristes apprêts
D'un depart qui nous désespère,
Mêlent d'inutiles regrets
Aux charmes que Votre art opère!
Ah! près de nous il faut rester!
Quelle raison pour s'en défendre?

A nos vooux, si S p o h r veut se rendre,
Il pourra, j'ose l'attester,
Se lasser de nous enchanter,
Jamais nous lasser de l'entendre.

Par E. C. (outerèt); habitant de Colmar.

Im zweiten Theile des Concertes ließ sich auch Herr Hartmann mit Variationen für das Fagott von Brandt hören. Er
schien sehr befangen, blies aber doch recht gut. Die Einnahme
war für eine so kleine Stadt sehr bedeutend. Den Tag nach dem
Concerte aßen wir zu Mittag beim General Frimont, Com-
mandeur der österreichischen Truppen im Elsaß. Wir lernten unseren Wirth als einen höchst artigen und jovialen Mann kennen.
Er hat sich durch Gerechtigkeitsliebe, strenge Mannszucht und zu-
vorkommend=artiges Wesen die Liebe der Colmarer in hohem
Grade erworben. — Abends kehrten wir hierher zurück.

Gestern erhielt ich von Musik=Direktor Tollmann in Basel,
dem Herr Hartmann im voraus unsere Ankunft meldete, die
Nachricht, daß er ein Concert für uns schon auf nächsten Sonntag den 31. arrangirt habe. Wir müssen daher von unserem lieben Wirthe und den Seinigen scheiden. Doch haben wir versprechen müssen, wo möglich im Sommer noch einmal hieher zurückzukehren.

Die Kattunfabrik des Herrn Hartmann haben wir, von
ihm geführt, mehreremale besehen. Sie ist sehr bedeutend und
liefert Waaren, die hinsichtlich ihrer geschmackvollen Muster selbst
den englischen vorgezogen werden. Sie beschäftigt über tausend
Menschen und unter diesen ausgezeichnete Künstler als Zeichner
und Kupferstecher. Es werden alle Sorten Kattune verfertigt,
ordinäre mit Handdruck, feine mit Walzendruck und Möbelkattune,
sowie Tapeten mit großen und kleinen Kupferstichen verziert. Letztere hauptsächlich für Ost=Indien und China. An den Kupferplatten zu dieser Gattung arbeiten die Künstler oft Jahre lang. Die
Bilder sind größtentheils Copien berühmter Gemälde. Der Mechanismus, womit die Kupferplatten auf Zeuge abgedruckt werden,

ist ein Geheimniß der Hartmann'schen Fabrik, das den Fremden nicht gezeigt wird. Bei uns, als ungefährlich, wurde eine Ausnahme gemacht. Auch eine künstliche Maschine zum Farbenreiben wurde hier erfunden, und ist bis jetzt die einzige ihrer Art. Das an Fabriken so reiche Elsaß ist mit der neuen Regierung, die für Belebung der Industrie nichts thut, sehr unzufrieden und hängt noch mit ganzer Seele an dem verbannten Kaiser. Es erklärt sich dies leicht, wenn man weiß, daß in der glänzenden Zeit des Kaiserreichs die Fabriken hiesiger Gegend in einem außerordentlichen Flor waren, der hauptsächlich durch die Continental-Sperre, welche die englischen Waaren vom Festland abhielt, veranlaßt wurde. Die Hartmann'sche Fabrik beschäftigte damals mehr als 3000 Menschen. Jetzt, wo wieder ganz Europa mit englischen Fabrikaten überschwemmt ist, haben die hiesigen Fabriken ihre Arbeiten bedeutend einschränken müssen. Man äußert aber auch seine Unzufriedenheit mit der jetzigen Regierung unverhohlen und sagt ganz laut, daß nur der günstige Zeitpunkt abgewartet würde, um das jetzige Joch wieder abzuschütteln. Wahr ist es, daß viel Gemeinnütziges, wie Kanal- und Straßen-Bauten, Preisvertheilungen zur Beförderung der Industrie, Kunstanstalten, z. B. das Conservatorium der Musik zu Paris, als verhaßte Ueberbleibsel der Revolution und Kaiserregierung, theils beschränkt, theils unterbrückt worden sind. Dies hat viel böses Blut gesetzt und die neue Regierung sehr verhaßt gemacht. Man würde es daher ganz gern sehen, wenn sich das Gerücht bestätigte, daß das Elsaß an Oesterreich abgetreten werden soll.

Basel, den 2. April.

Herr Tollmann, ein guter Geiger und Direktor, dabei der gefälligste und dienstfertigste Mensch, der mir je im Leben vorgekommen ist, hatte bereits mit Hülfe des hiesigen Musikvereins Alles zu unserem Concerte arrangirt. Es war nur noch beim regierenden Bürgermeister die Genehmigung einzuholen, daß der

Eintrittspreis bis zu einem halben Laubthaler erhöht werden durfte. Diese wurde sogleich ertheilt. Herr Tollmann führte mich zu den Vorstehern des Musikvereins, die ich als artige und gebildete Leute kennen lernte. Sie widerlegten siegreich das Gerücht, welches im Elsaß coursirt, der Baseler sei kalt und unhöflich, gewohnt, den Besuch von Fremden vor der Thüre abzufertigen. Ich wurde von Allen, die ich besuchte, mit Artigkeit und selbst mit Auszeichnung aufgenommen. Da das Orchester mit Ausnahme von vier oder fünf Künstlern nur aus Dilettanten besteht, so war das Accompagnement meiner Solo-Piecen besonders von Seiten der Blas-Instrumente fürchterlich. Wie ist der arme Tollmann zu beklagen, der solche Musik das ganze Jahr anhören muß! Und doch sollen, wie er behauptet, die Orchester in den übrigen Schweizer-Städten noch schlechter sein. Ist dem so, so steht es um die Musik in der Schweiz noch erbärmlicher, wie im Elsaß. Die guten Leute hier ergötzen sich noch an Compositionen, die man in Deutschland schon zur Zeit der Pleyel'schen Epoche ungenießbar fand. Mozart, Haydn und Beethoven kennen die Meisten kaum dem Namen nach. Aber Freude haben sie an der Musik und das Beste ist, sie sind leicht zu befriedigen. Denn so schlecht auch alle Orchestersätze in unserem Concerte executirt wurden, die Leute waren doch zufrieden und fanden, das Orchester habe sich diesmal besonders ausgezeichnet. Selbst eine Bravour-Arie von Wenzel Müller, die ein Dilettant jämmerlich herausquälte, fanden sie köstlich. Die Einnahme war bei wenigen Kosten sehr bedeutend.

Zürich, den 10. April.

Auf dem Wege von Basel hierher haben wir, wie jeder Reisende, der aus Deutschland kommt, nun hinlänglich die Erfahrung gemacht, daß man in der Schweiz zwar bequemer, aber auch noch einmal so theuer reise, wie dort. Man findet hier in jedem Wirthshause, selbst in denen der kleinsten Dörfer, ein vollständiges und gut zubereitetes Mittags- oder Abendessen; der Preis dafür

ist aber auch durch die ganze Schweiz ein halber Laubthaler für
jede Person. Ebenso sind alle übrigen Bedürfnisse zwar gut,
aber auch sehr theuer. Mit dem Fuhrwesen ist's fast noch schlim=
mer. Die kurze Strecke von Basel hierher abgerechnet, gibt es
nirgends in der Schweiz Extrapost, und man ist daher genöthigt,
entweder mit der Diligence oder mit Miethpferden zu reisen.
Beides ist sehr theuer. Zwei Miethpferde kosten für den Tag
drei Laubthaler, und es müssen die Tage, wo sie zurückgehen, mit=
bezahlt werden.

Auch hier existirt ein Musikverein. Diese Vereine in den
Schweizer=Städten sind eine große Wohlthat für den reisenden
Künstler, denn sie übernehmen sehr willfährig das Arrangement
seines Concertes. Das unserige fand schon am vierten Tage nach
der Ankunft statt; wir hatten außer unserem Spiele nichts da=
bei zu thun. Das Accompagnement war freilich auch wieder sehr
schlecht, und ich litt um so mehr dabei, da ich mich unglücklicher=
weise hatte bereden lassen, ein Concert eigener Composition zu
wählen. Bei der Probe brachte ich es durch unzähliges Wieder=
holen der schwierigsten Stellen zwar dahin, daß es wie Musik
klang; am Abend war das Orchester aber so consternirt, daß es
Alles wieder über den Haufen warf! Zum Glück schien das
Auditorium davon nichts zu merken, denn es äußerte seine große
Zufriedenheit über Alles, was es hörte.

Die Einnahme war noch brillanter, als in Basel.

Es leben hier zwei Künstler, die auch in Deutschland gekannt
sind. Der eine, Herr Nägeli, Besitzer einer Musikhandlung,
Componist des in ganz Deutschland gesungenen Liedes: „Freut
euch des Lebens!" hat sich in neuerer Zeit durch seine Gesang=
lehre nach Pestalozzi'schen Grundsätzen einen Namen gemacht.
Er mag als Theoretiker und musikalischer Schriftsteller große Ver=
dienste besitzen, im praktischen Theile der Tonkunst und in der
Geschmacksbildung scheint er es aber nicht weit gebracht zu haben;
denn drei seiner Schülerinnen, die er uns als seine besten bezeich=

nete, von denen die eine eine Arie, die beiden anderen ein Duett in unserem Concerte vortrugen, sangen mit schlechter Methode und sehr geschmacklos.

Der andere Künstler ist Herr Liste, der hier für einen vorzüglichen Clavierspieler und Lehrer gilt, er ist durch Clavier-Compositionen bekannt. Er brachte mir drei- und vierstimmige Männergesänge zur Ansicht, die mir in Melodie, Harmonie und Stimmführung sehr gefielen.

Zürich hat eine reizende Lage. Aus unserem Zimmer, im Gasthofe „zum Raben" können wir einen großen Theil des See's übersehen. Das Ankommen und Abgehen der Schiffe gibt diesem Theile der Stadt sehr viel Leben.

Bern, den 20. April.

Wir haben bei sehr schönem Wetter eine äußerst angenehme Reise hierher gemacht. Auf einer Anhöhe, eine Stunde von hier, erblickten wir zum erstenmale, seit wir die Schweiz betreten, die ganze herrliche Alpenkette völlig rein und in ihrer ganzen Majestät. Wir begrüßten sie mit Jubel! Wie sehnen wir uns, diesen Gebirgen noch näher zu kommen! —

Die Berner Musikgesellschaft nahm sich ebenfalls des Arrangements unseres Concertes thätigst an und überhob mich aller lästigen Geschäfte. Der Besuch desselben war wieder zahlreicher, als er hier je bei einem Concerte eines fremden Künstlers stattfand; die Einnahme wegen des hier gebräuchlichen niederen Eintrittspreises aber nicht so bedeutend, wie in Zürich. Das Orchester ist hier wo möglich noch schlechter, als in Basel und Zürich, und das Publikum noch ungebildeter, mit Ausnahme sehr Weniger. An der Spitze des Orchesters steht ein Bruder von Carl Maria von Weber, der, wie man mir sagt, ein guter Theoretiker sein soll. Als Geiger und Direktor ist er sehr schwach. Unter den Dilettanten und Mitgliedern der Musikgesellschaft zeichnen sich durch ihren gebildeteren Geschmack für Tonkunst besonders aus: die

Profefforen Meißner und Jahn und der Statthalter Herr=
mann. Der erstgenannte ist Kapellmeister der Gesellschaft und
ein ganz guter Violoncellist.

Da die Jahreszeit schon zu weit vorgerückt ist, um mit Er=
folg in den übrigen Schweizer=Städten noch Concerte geben zu
können, so wollen wir die Reise dahin für jetzt aufgeben und uns
gleich in einer schönen Gegend des Berner Oberlandes zur Ruhe
begeben, deren Dorette zu völliger Wiederherstellung ihrer Gesund=
heit so dringend bedarf. Unsere hiesigen Bekannten empfahlen
uns dazu ein Dorf in der Nähe von Thun. Wir machten gestern
in Eduard's *) Gesellschaft eine Fahrt dahin und fanden Alles
unseren Wünschen so angemessen, daß wir schon übermorgen ganz
hinziehen werden. Das Dorf heißt Thierachern und liegt auf dem
schönsten Punkte der Erde, den wir bis jetzt sahen. Wir mietheten
im Wirthshause zwei Zimmer und werden, vermöge eines mit
dem Wirthe abgeschlossenen Contraktes, für diese, eine Remise für
unseren Wagen, sowie für Frühstück und Mittagsessen zusammen
wöchentlich zwei Karolinen bezahlen. Wir Alle sind voller Sehnsucht
nach diesem Paradiese und freuen uns auf die dortige ländliche
Ruhe. Ich denke sie hauptsächlich dazu zu benutzen, um mir neue
Violin=Compositionen mit recht einfacher, leichter Begleitung für
Italien zu schreiben, weil dort die Orchester nach allen Nachrichten
noch schlechter sein sollen, als die der Provinzial=Städte Frankreichs.
Eduard hat versprochen, uns oft zu besuchen und dann mit uns
Partien in die himmlische Umgegend zu machen.

Bern, die schönste der Schweizer=Städte von allen, die wir
bisher sahen, liegt auf einer mäßigen Anhöhe, im Mittelpunkt
eines länglichen, engen Thales. Die Aar, ein reißender, klarer
Gebirgsstrom, umfließt sie auf drei Seiten. Die Berge, die sie
umgeben, sind nicht so hoch, um die Aussicht von der Stadt nach

---

*) Eduard Henke, wie erwähnt, der jüngste Bruder meiner Mutter, damals
Professor an der Universität Bern; später zu Halle.

den Alpen zu verdecken. Besonders ausgedehnt und hinreißend schön ist diese von der Plateform, einem geräumigen, viereckigen, mit Kastanien und Ruhebänken besetzten Platze neben der Haupt= kirche. Sowie man sich auf die Mauer lehnt, die ihn auf der Südseite einfaßt, erblickt man tief unter sich zwischen Felsen die schäumende Aar, über ihr im Mittelgrunde lachende Wiesen, mit Gebüsch bewachsene Anhöhen und reiche mit Obstbäumen umge= bene Dörfer, und im Hintergrunde die majestätische Alpenkette mit ihren ewig beschneieten Gipfeln! Die Berner sind aber auch nicht wenig stolz auf diesen Platz und es ist gewöhnlich ihre erste Frage an die Fremden: „Waren Sie schon auf der Plateform?"

Die Häuser der Stadt sind sämmtlich massiv gebaut und haben nach der Straße offene Bogengänge, unter denen man die ganze Stadt trockenen Fußes durchwandern kann. Unter diesen Bogengängen befinden sich die Gewölbe der Kaufleute und Hand= werker.

Thierachern, den 26. April.

Seit drei Tagen sind wir hier in unserem herrlichen Dörf= chen und genießen so recht in vollen Zügen die ersten Frühlings= tage in dieser über alle Beschreibung reizenden Gegend. An Ar= beit wird noch nicht gedacht, denn schon am frühen Morgen drängt es uns in's Freie. Wir haben bereits wohl eine Meile im Um= fange unser Dörfchen umkreis't und immer neue Schönheiten ent= deckt. Als Führer dient uns eine Spezialkarte der Schweiz, die ich in Bern kaufte und auf welcher sich alles Merkwürdige aufgezeichnet findet. Die Lage unserer Wohnung ist über alle Begriffe schön; sie liegt auf einer Anhöhe, von der man die Gegend nach allen Seiten überblicken kann. Unsere Zimmer führen auf einen langen offenen Altan, der die ganze Breite des Hauses einnimmt und vom Hauptdache überdeckt ist. Man nennt hier diese offenen Gänge, die sich fast an allen Häusern befinden, Lauben. Auf dieser Laube, wo wir bei den bisherigen schönen Tagen jeden Morgen unser Frühstück einnahmen, haben wir die ausgedehnteste

Aussicht über Wiesen und Gebüsch nach Thun und seinem alter=
thümlichen Schlosse; dann rechts über den See bis zur Alpen=
kette mit den weißen Spitzen der Jungfrau, des Eiger und Schreck=
horn.   Noch weiter rechts grün bebuschte Anhöhen mit von Frucht=
bäumen umgebenen Dörfern, und dahinter die furchtbare Felsen=
kette vom Niesen bis zum Stockhorn.   Und fast jeden Tag bieten
diese Gebirge neue von den früheren verschiedene Ansichten dar.
Bald sind die vorderen Berge mit einer schweren Wolkenmasse
bedeckt und die hinteren schauen in einer Höhe, wo man sich gar
nichts Festes mehr denken kann, majestätisch darüber her; bald
stehen die vorderen in Klarheit da, und nur die höchsten Spitzen
sind in Wolken eingehüllt.   Ganz entzückend ist aber der Anblick
dieser mit Schnee bedeckten Berge am Abende, kurz nach Untergang
der Sonne.   Wenn das Thal schon ganz in Dunkel gehüllt ist
und die Lichter von Thun über den See herüberschimmern, glänzen
sie noch immer im schönsten Rosenlichte, das sich, wenn die Dun=
kelheit zunimmt, in eben so schönes Blau verwandelt.   Es ist ein
Anblick, von dem man sich gar nicht losreißen kann!

Den 16. Mai.

Wir haben nun angefangen, unsere Zeit zwischen Vergnügen
und Arbeit zu theilen.   Vormittags, während ich componire, gibt
D o r e t t e den Kindern Unterricht im Rechnen, Schreiben, Geo=
graphie u. s. w.; Nachmittags unterrichte ich dieselben im Clavier=
spiel und Gesange.   Dann geht es rasch hinaus in's Freie.   Er=
laubt das Wetter einen weiten Ausflug, so nehmen wir unser fru=
gales Abendessen in irgend einem Dorfwirthshause oder bei einem
Küher (so nennt man hier die Hirten) ein und kehren erst spät
am Abende zurück.   Ist das Wetter nicht zuverlässig, so gehen wir,
mit Schirmen bewaffnet, wenigstens bis Thun, erkundigen uns
auf der Post nach Briefen aus der Heimath, holen uns für Regen=
tage Unterhaltung aus der Leihbibliothek und kaufen unsere kleinen
Bedürfnisse ein.   Die tägliche Bewegung in der herrlichen, reinen,

balſamiſchen Luft ſtärkt unſeren Körper, erheitert unſeren Geiſt
und macht uns froh und glücklich. In ſolcher Stimmung arbeitet
es ſich auch leicht und ſchnell, und ſchon liegen mehrere Arbeiten
vollendet vor mir, nämlich ein Violinconcert in Form einer Ge-
ſangs=Scene und ein Duett für zwei Violinen.

Einer muſikaliſchen Naturmerkwürdigkeit, die wir auf unſeren
Spaziergängen bemerkten, muß ich doch erwähnen. Es gibt hier
Kukucke, die nicht wie die unſerigen ihren Namen in einem Ter-
zenfall abſingen, ſondern noch ein drittes „kuk“ dazwiſchen ſticken
und ſich folgendermaßen vernehmen laſſen:

Kukukkuk.   Kukukkuk.

Ob dies eine von der unſerigen verſchiedene Art iſt, habe ich
nicht erfahren können, wohl aber, daß es jedes Jahr hier ſolcher
Kukuckule gibt.

Noch etwas anderes, was mich als Muſiker noch mehr inter-
eſſirt, habe ich hier wahrgenommen. Der Knecht aus unſerem
Hauſe und einige Mägde aus der Nachbarſchaft, die jeden Sonntag Abend vor unſerm Fenſter ihre Sing = Akademie halten, into-
niren in ihren Liedern ganz ſo, wie ein Blechinſtrument die Töne
gibt, wenn die ſtopfende Hand nicht nachhilft, nämlich die Terze
ein wenig zu hoch, die Quarte noch höher und die kleine Septime
bedeutend zu tief. Es ergibt ſich daraus, daß dieſe Intonation
dem menſchlichen Ohr natürlich iſt, wenn es nicht von Jugend
auf an das temperirte Tonſyſtem gewöhnt iſt. Dieſen Naturſän-
gern würde unſere Tonleiter eben ſo falſch klingen, wie uns die
ihrige. Es iſt aber doch höchſt merkwürdig und faſt beunruhi-
gend, daß wir von der uns von der Natur gegebenen Tonleiter
abweichen mußten, um unſeren jetzigen Reichthum der Harmonie
zu gewinnen. Denn ohne unſer temperirtes Tonſyſtem würden wir
auf die nächſten Tonarten beſchränkt ſein und den enharmoniſchen

Verwechselungen (dem haut goût der modernen Harmonie) ganz entsagen müssen. Und doch scheint sich mir die Musik, durch dies Abweichen von der Natur, erst zur eigentlichen Kunst zu erheben, während alle anderen Künste sich begnügen müssen, die Natur zu kopiren, und selbst dann, wenn sie idealisiren, der Natur doch alles Einzelne nachbilden müssen. Die Lieder dieser Natursänger haben manches Eigenthümliche, und wenn ich erst den hiesigen Dialekt, der viel Aehnlichkeit mit dem Allemannischen hat, besser verstehen lerne, werde ich versuchen, einige davon aufzuschreiben.

Den 4. Juni.

Gestern sind wir von dem ersten größeren Ausfluge, auf dem wir, von schönem Wetter begünstigt, recht viel Genuß hatten, vergnügt zurückgekehrt. Wir waren in Kandersteg, einem hoch im Gebirge gelegenen kleinen Dorfe, sieben bis acht Stunden von hier entfernt. Ich hatte dazu unseres Wirthes einspänniges Rietwägeli gemiethet und machte selbst den Kutscher. Die Karte war wieder unser Führer. Unser Weg ging zuerst am rechten Ufer des Thuner See's entlang bis Spiez. Hinter Gwatt überschritten wir die Kander auf einer überbauten hölzernen Brücke, die sich hoch und kühn über den breiten und reißenden Strom in einem einzigen Bogen höchst kunstreich wölbt. Man hat vor etwa hundert Jahren die Kander in den See geleitet und dadurch das schöne Thal von Glütsch bis Thierachern, welches wegen der Ueberschwemmungen in jedem Frühjahre wüst und unbebaut lag, in herrliche Wiesen und fruchtbare Felder umgestaltet. Es war dies aber eine Riesen=Arbeit, da man einen hohen Berg durchstechen mußte. Von der Mitte der Brücke sieht man aus schwindelnder Höhe hinab auf die über Felsen schäumende Kander und zugleich an thurmhohen Ufern hinauf. Von Spiez dreht sich der Weg rechts um den majestätischen Riesen und führt durch ein fruchtbares und reich angebautes Thal nach Frutigen, einem lebhaften Flecken. Hier öffnet sich ein zweites Thal, aus welchem die Kander her=

vorbricht. In diesem düsteren, furchtbaren Felsenthale, das oft kaum breit genug für das Bett des Flusses und den Weg ist, beginnt nun das Steigen. Auf beiden Seiten himmelanstrebende Felsen, die an vielen Stellen so über den Weg hängen, daß es ganz finster und schaurig wird. Dazu das Gebrause der über Felsen herabrauschenden Kander und der vielen Wasserfälle, die sich auf beiden Seiten des Thales oft von einer Höhe von mehr als hundert Fuß herabstürzen. Sobald wir nach und nach höher kamen, kehrten wir auch immer mehr in den Frühling zurück. Die Kirschbäume, die bei Thierachern schon vor vier Wochen blühten, standen jetzt hier in der ersten Blüthe. Weiter hinauf hörten aber alle Fruchtbäume auf, und nachdem wir den letzten steilen Berg vor Kandersteg überschritten hatten, sahen wir nur noch verkümmerte Tannen. Das Dorf, aus kleinen, hölzernen Hütten bestehend, die, ohne von Gärten und Bäumen umgeben zu sein, weit von einander zwischen den Felsenblöcken liegen, gewährt einen traurigen Anblick. Der Schnee, der hier neun Monate liegt, war kaum geschmolzen, und die Wiesen, auf welchen mageres Vieh nach Futter suchte, hatten noch die traurig=gelbe Farbe des Winters. Auf allen den himmelanstrebenden Felsen, die das Thal von Kandersteg umgeben, lag noch hoher Schnee, aus welchem unzählige kleine Bäche hervorquollen und schäumend herabstürzten. Von hier aus steigt der Weg nur noch drei Stunden bis zur Gemmi und führt dann steil hinab zum Leuker Bad, dessen heiße Quellen im Spätsommer sehr besucht sind. Da in Kandersteg die Fahrstraße aufhört, so müssen sich die Badegäste, die nicht gut zu Fuß sind, von Trägern oder auf Maulthieren hinüberschaffen lassen, und mit diesem mühevollen Geschäft ernähren sich auf kümmerliche Weise die meisten Bewohner des Dörfchens.

Wir übernachteten in Kandersteg und kehrten am folgenden Tage zurück. Eine angenehme Empfindung war es, so nach und nach aus dem Winter wieder in den Frühling und Sommer zurückzukehren.

Den 1. Juli.

Vor einigen Tagen habe ich fünf neue Werke zum Stich an Herrn Peters in Leipzig geschickt. Es sind zwei Sammlungen Lieder, drei Duetten für zwei Violinen, das siebente Violin-Concert und eine große Polonaise für Violine mit Orchester, 37.—41. Werk. Die Duetten und ein Lied sind neu; die anderen Lieder, die ich schon im vorigen Sommer in Carolath schrieb, habe ich zum Theil umgearbeitet und die Polonaise neu instrumentirt.

Nach reiflicher Ueberlegung haben wir beschlossen, die Reise in Italien ohne unseren Wagen zu machen, da man dort ohnehin am wohlfeilsten und sichersten mit einem Vetturino fährt. Die nächste Veranlassung zu diesem Entschlusse war die Besorgniß, daß die erneute Anstrengung auf dem nervenangreifenden Instrumente die Gesundheit meiner guten Dorette von neuem zerrütten könnte und ihr und uns dadurch der langersehnte Genuß der herrlichen Reise verbittert werden würde. Da wir also die Harfe und einen Theil unseres Gepäckes bis zu unserer Wiederkehr in Verwahrung bei unserem Wirthe zurücklassen werden, so bedürfen wir auch des Wagens nicht und ersparen zugleich den weiten Umweg auf der Fahrstraße bis zum Genfer See und durch die ganze Länge des Wallis-Thales. Damit Dorette aber als Künstlerin nicht ganz in Unthätigkeit versinke, werde ich mehreres für Violine und Pianoforte theils neu schreiben, theils aus älteren Sachen arrangiren, was wir dann in Italien, wo es sogar an einem guten Quartett-Accompagnement fehlen soll, sowohl in Privatzirkeln wie auch öffentlich vortragen können. Als Vorbereitungen zur nächsten Winterreise kann ich auch noch einer Verbesserung an meiner neu erworbenen Geige erwähnen. Durch vielfältige Versuche mit Stimme und Steg habe ich es endlich dahin gebracht, daß sie auf der Quinte, wo sie bisher hart und spröde war, nun eben so zart anspricht, wie auf den anderen Saiten. Diese Veränderung des Instrumentes ist nicht ohne Einfluß auf den Styl der neuen Violin-Compositionen, sowie auf meine Vortragsweise geblieben! So gewiß ist es, daß das Instrument auf die Methode des Spielers in gleicher Weise Einfluß übt, wie die Stimme auf die des Sängers. Indem man sich bemüht, die Schwäche des Instrumentes zu verdecken und seine Vorzüge hervorzuheben, wird man vorzugsweise das ausführen, was das Instrument am leichtesten hergibt, und so wird sich die ganze Spielweise nach und nach der Eigenthümlichkeit des Instrumentes unterordnen und anpassen. Man kann daher aus den Compositionen eines Virtuosen nicht blos die Eigenheiten seines Spieles, sondern auch die seines Instrumentes erkennen.

Den 1. August.

Wir haben wieder einige weitere Excursionen in die Umgegend gemacht. Zuerst waren wir vor vierzehn Tagen in Bern, um beim Professor Jahn, der uns in Gesellschaft seiner Frau und Eduard's einigemal hier besucht hat, den erbetenen Gegenbesuch zu machen. Wir verlebten einen höchst vergnügten Tag mit unseren Berner Freunden. Schon seit einem Monat hofften wir auf beständiges Wetter, um einen Ausflug über den See zu machen; bei der naßkalten Witterung dieses Sommers gab es aber bisher nicht drei völlig helle Tage hinter einander. Endlich schien es sich bessern zu wollen! Die Berge, die wir seit langer Zeit nicht mehr ganz unverhüllt gesehen hatten, traten am Freitag Abend in majestätischer Klarheit hervor. Am Sonnabend blieb der Horizont völlig klar. Da nun auch der hohe Stand des Barometers auf dauernd gutes Wetter schließen ließ, so wurde beschlossen, am folgenden Morgen früh die Reise anzutreten. Ein heiterer Himmel erfüllte uns beim Erwachen mit den schönsten Erwartungen, und unter dem Jubel der Kinder bestiegen wir unser Rietwägeli. In Thun miethete ich bis Neuhaus ein Extraschiff, welches uns über die ganze Länge des Sees führte. Diese Fahrt an dem schönen, stillen Sonntagsmorgen, gewährte unendlichen Genuß. So auf dem grünen durchsichtigen Wasserspiegel dahin zu schweben, an den üppig bewachsenen Ufern entlang, im Hintergrunde die majestätische Alpenkette, deren beschneite Gipfel in unergründlicher Tiefe des See's erzitterten, das feierliche Geläute der Glocken, die zum Gottesdienste riefen, alles war entzückend und stimmte uns zur reinsten Freude. In Neuhaus, wo wir nach einer dreistündigen Fahrt landeten, nahm uns sogleich einer der dort haltenden Miethkutscher in Beschlag. Wir ließen uns von ihm nach Lauterbrunn fahren. Der Weg führt über das kleine, ärmliche Städtchen Untersee, um einen vorspringenden Berg in ein tiefes Thal, dem von Frutigen nach Kandersteg ähnlich, doch nicht völlig so wild und öde. Fast am Ende dieses Thales, nachdem es sich nach und nach ziemlich hoch erhoben hat, liegt Lauterbrunn. Sobald wir uns um die letzte vorspringende Felsenwand herumgebogen hatten, lag der Staubbach in seiner ganzen Herrlichkeit vor uns. Das Wasser stürzt von einer ungeheuren Höhe an einer senkrechten Felsenwand herab und zerstiebt so ganz in Staub, daß man eher eine Masse feinen Schuttes, als Wasser zu sehen glaubt. Die Umgebung dieses Naturwunders ist seiner würdig. Im Hintergrunde des Thales Felsenwände, über die ebenfalls kleine Wasserbäche herabstürzen; über ihnen ein grünlicher Gletscher und neben diesem lang hingestreckt die Wengern Alp, über welche die Jungfrau majestätisch herüberragt. Wir waren so glücklich dies ganze, herrliche, erhabene Bild bei unserer Ankunft noch bei heiterem Wetter überschauen zu können. Bald nachher trübte sich aber zu unserem Leidwesen der Himmel, und schon während wir im Wirthshause unser Mittagsessen einnahmen, fiel Hagel und Regen in Strömen herab. Gegen Abend klärte es sich wieder etwas auf. Wir beeilten uns daher, einen Spaziergang durch's Dorf nach dem Wasserfalle zu machen, fanden aber, daß unser früherer Standpunkt zur Seite günstiger war, als der dicht vor ihm. Lästig war uns das viele Betteln unter allerlei Vorwand. Der Eine bot kleine Erz= und Quarzstücke, der Andere Krystalle zum Verkauf an. Zwei erwachsene Mädchen hatten sich an den Weg gestellt und heulten ein Duett, wofür sie ein Geschenk in Anspruch nahmen. Bald trieb uns der wieder beginnende Regen in's Wirthshaus zurück, aus dessen Fenstern wir den Wasserfall noch in einer dritten Ansicht genossen.

Den 12. August.

Soeben kehren wir von Freiburg zurück, wo wir dem Schweizer Musikfeste beiwohnten. Herr Nägeli, der Präsident der Schweizer Musik-Gesellschaft, lud uns schon in Zürich dazu ein und trug mir die Direktion desselben an, die ich auch gern acceptirte. Er hatte aber damals nicht bedacht, daß die Statuten der Gesellschaft ausdrücklich verbieten, daß ein Fremder und Nicht-Mitglied des Vereins die Direktion führe. Wir erhielten daher von dem Kapellmeister der Gesellschaft (das ist hier in der Schweiz nicht Der, der die Musik leitet, sondern Der, welcher die Corre-spondenz führt, die Logis besorgt, die Orchester-Erhöhung auf-schlagen und die Eintrittskarten drucken läßt) zwar eine freund-liche Einladung, dem Feste beizuwohnen, von der Direktion war aber nicht die Rede. Statt dessen bat er mich, bei der Violine mitzuwirken. Da ich aber auf mündliche und schriftliche Anfragen, ob ich das diesjährige Musikfest dirigiren werde, immer mit Ja geantwortet und dies sich weiter verbreitet hatte, so konnte ich nun nicht gut eine untergeordnete Rolle bei dem Feste übernehmen. Ich lehnte daher die Mitwirkung ab, schrieb aber, daß wir als Zuhörer dem Feste beiwohnen würden. Am 6. fuhren wir auf unserem Rietwägeli bei hellem, freundlichen Wetter hinüber. Bei unserer Ankunft in Freiburg wurden wir, obgleich ich die Mitwir-kung abgelehnt hatte, doch ebenso wie die Mitglieder der Gesellschaft in einem Privathause einlogirt und fanden dort Eintrittskarten zu allen Proben und Aufführungen sowie zu einem bal paré, auch Textbücher zur „Schöpfung", französisch und deutsch, und für mich eine Einladung zu den Sitzungen der Gesellschaft. . . . Da das Wetter sehr schön war, so beschlossen wir mit den Kindern einen

Spaziergang nach der berühmten Eremitage zu machen, die eine Stunde von Freiburg entfernt in einem engen, wilden Felsenthale an der Saane liegt. Es war dies die Wohnung eines frommen Klausners, die er sich vor vielen Jahren in dieser einsamen Gegend in den Sandstein=Felsen gehauen hatte. Sie besteht jetzt, nachdem sie sein Sohn und Nachfolger erweitert hat, aus einer Kapelle mit einem Glockenthurme, der 86 Fuß hoch durch den Felsen gehauen ist, fünf oder sechs Zimmern, einer Küche mit einem Rauchfang, der dieselbe Höhe, wie der Thurm hat und mehreren Verbindungsgängen. Sämmtliche Räume in recht gefälligen, architektonischen Verhältnissen sind durch Aushöhlen des kolossalen, senkrechten Felsens gewonnen und haben nirgends, selbst nicht in den Fensteröffnungen, Stützen von Mauerwerk. Man muß nicht nur die enorme Geduld und Ausdauer der beiden Erbauer, sondern auch ihre Geschicklichkeit und ihren Sinn für schöne Verhältnisse bewundern.

Die Kapelle ist noch jetzt recht hübsch verziert, und in dem Thurme ertönen noch zuweilen die Glocken, um die Frommen der Umgegend zur Messe zu rufen. Die übrigen Räume hat sich nach dem Tode des letzten Klausners eine arme Bauernfamilie zugeeignet, welche in ihnen zu allen Jahreszeiten eine gesunde und bequeme Wohnung besitzt.

Wir aßen in einem nah gelegenen Wirthshause zu Mittag und kehrten gegen Abend zur Stadt zurück. Hier erfuhren wir, daß während unserer Abwesenheit eine Deputation der Musikgesellschaft in unserer Wohnung war, um mir anzukündigen, daß ich am anderen Morgen in der zweiten Sitzung zum Ehrenmitgliede aufgenommen werden würde. Zugleich hatten die Herren nochmals gebeten, daß ich bei der Violine vorspielen wolle. Ich war froh, daß meine Abwesenheit mich der Unannehmlichkeit überhoben hatte, abschlägig antworten zu müssen. Um nicht von neuem bestürmt zu werden, schlich ich mich heimlich in die Kirche und hörte, hinter einem Pfeiler versteckt, der Probe zu.

Es ging sehr schlecht und ich freute mich daher, nicht dabei zu sein. Schon nach der ersten Abtheilung mußte ich mich, um nicht gesehen zu werden, entfernen.

Als ich am anderen Morgen in der Sitzung erschien, wurde ich mit Beifall empfangen. Der Präsident kündigte mir an, daß die Anwesenden mich einstimmig zum Ehrenmitgliede ihrer Gesellschaft ernannt hätten, fügte manches Schmeichelhafte für mich hinzu und erwähnte auch auf ehrende Art unserer Musikfeste in Frankenhausen. Ich dankte ihm und der Gesellschaft mit einigen Worten und nahm dann den mir angewiesenen Platz ein. Man war eben in der Wahl des Präsidenten und der übrigen Beamten für nächstes Jahr begriffen und bestimmte dann nach einigen Debatten Zürich zum Versammlungsort der nächsten Zusammenkunft.

Nachmittags drei Uhr fand die Aufführung der „Schöpfung" statt. Das Lokal war für die Wirkung der Musik überaus günstig, auch das Orchester sehr gut aufgestellt, doch leider auf der, der Orgel entgegengesetzten Seite, so daß diese nicht benutzt werden konnte. Das mitwirkende Personal, das bei früheren Zusammenkünften aus mindestens dreihundertfünfzig Personen zusammengesetzt war, zählte diesmal kaum zweihundert, und da die größere Hälfte den Chor bildete, so war das Orchester, namentlich bei den Chören, viel zu schwach, so daß man es öfter gar nicht hörte. Da es überdies auch recht schlecht war, so gingen besonders das Chaos und die accompagnirten Recitative höchst erbärmlich. Die Geiger intonirten unerträglich falsch und die Bläser, besonders die Hörner und Trompeten, brachten zuweilen Töne hervor, die allgemeines Gelächter erregten. Tollmann dirigirte mit Festigkeit und Umsicht, nahm aber leider viele Tempi total falsch, fast alle Arien zu langsam und die Chöre zu schnell. Am meisten vergriff er die Stelle nach dem Chaos: „Und der Geist Gottes u. s. w.", die er völlig wie ein Allegro nahm. Der Chor war gut eingeübt und sang kräftig und rein. Er bestand ausschließlich aus Deutsch=

Singenden. Unter den Solosängern waren aber zwei aus der französischen Schweiz, die in ihrer Muttersprache sangen, was sich komisch genug ausnahm, besonders im Duett, zwischen Adam und Eva, wo Letztere die Zärtlichkeiten ihres deutschen Adams französisch erwiederte. Den Zuhörern aus Freiburg fiel dies aber gar nicht auf, da in ihrer Stadt sich die Grenzscheide beider Sprachen befindet, und auf der einen Seite der Saane französisch, auf der andern deutsch gepredigt wird. Sämmtliche Einwohner verstehen und sprechen daher auch beide Sprachen. — Die Eva wurde von Madame Segni aus Lausanne gesungen, die eine sehr schöne Stimme besitzt, leider aber auch die für ein deutsches Ohr so unerträgliche Vortragsweise. Unter den deutschen Sängern waren auch einige gute Stimmen. Das zahlreich versammelte Publikum nahm die Musik ziemlich lau auf, und es war von dem Enthusiasmus, der uns in Frankenhausen so belebte, hier keine Spur zu erblicken.

Am neunten war Probe zum Concert. Da man es früher in einem kleineren Saale hatte geben wollen, diesen aber für die anwesenden Zuhörer unzureichend fand, so fehlte es nun an ausgeschriebenen Stimmen für das ganze Orchester. Es war daher bedeutend schwächer besetzt, als Tags zuvor, und man hörte die Unreinheit und die Stümperhaftigkeit desselben noch viel mehr. Wie konnte es bei einem ganz aus Dilettanten und besonders Schweizer=Dilettanten zusammengesetzten Orchester aber auch anders sein? Die leichtesten Sätze mußten sechs bis acht mal wiederholt werden, bevor sie nur leidlich gingen. Ich bewunderte fortwährend die unermüdliche Geduld des guten Tollmann, der aber auch, man muß es gestehen, ganz zum Direktor eines Schweizer Dilettanten=Orchesters geboren ist. — Um drei Uhr begann das merkwürdige Concert sogleich auf eine ohrzerreißende Weise mit der Ouvertüre aus „Iphigenie von Gluck.“ Die Trompeten stimmten einen Viertelton zu hoch und wurden demungeachtet zu dem mageren Orchester aus Leibeskräften geblasen. Hätte die

Ouvertüre noch etwas länger gedauert, so wäre jetzt schon ein großer Theil der Zuhörer zur Kirche hin ausgelaufen. Nun folgte eine lange Reihe von Dilettanten, theils Sänger, theils Instrumentalisten mit ihren Solo=Vorträgen. Einige darunter waren recht gut, namentlich zeichnete sich ein Herr aus Yverdun aus, der ein Harfen=Concert von Bochsa mit Fertigkeit und Geschmack vortrug. Auch Madame Segni, die Eva des vorigen Tages, sang diesmal, und zwar italienisch, recht gut. Ein Herr, dessen Namen ich eben so wenig weiß, wie die der übrigen Auftretenden, weil kein Programm ausgegeben wurde, blies auf einer Clarinette, die in Ton und Gestalt dem Bassethorn ähnlich ist, Variationen mit schönem Ton und vieler Fertigkeit. Im zweiten Theile des Concertes, den wir nicht abwarteten, da wir schon jetzt bis zum Ekel übersättigt waren, sollen sich noch ein Prediger aus Luzern in einem Flöten=Concert und der gute Tollmann in einem Violin=Rondo ausgezeichnet haben. Leider wußten wir nicht, daß Letzterer spielen würde, sonst hätten wir doch das Ende abgewartet. Dies waren also die Produktionen des in Deutschland so berühmten Schweizer=Musikvereins. Kapellmeister Conradin Kreutzer aus Stuttgart und seine Frau, eine Züricherin, deren Bekanntschaft wir hier gemacht hatten, saßen bei den Aufführungen neben uns, und es war uns angenehm, mit ihnen unsere Urtheile über das Gehörte austauschen zu können. Doch mußten wir dabei sehr über unsere Mienen wachen; denn wir wurden fortwährend von den Umsitzenden beobachtet, die den Eindruck, den ihre Musik auf uns mache, in unseren Zügen lesen wollten. Wurden wir nun um unser Urtheil befragt, was nicht selten und immer mit hervortretendem Nationalstolze geschah, so hielten wir uns vorsichtig in der Mitte zwischen Wahrheit und Schmeichelei, und kamen so, ohne Anstoß zu geben, glücklich durch.

Kreutzer vertraute mir, daß er nicht nach Stuttgart zurückkehren werde, weil ihm die dortige Despotie völlig unerträglich geworden sei. In gleicher Lage befänden sich dort meine früheren

Bekannten aus Wien, Romberg und Kraft; auch sie sehnten sich weg und bewürben sich um andere Anstellungen. — Mit Kreutzer und seiner Frau verlebten wir die meiste Zeit unseres Aufenthaltes in Freiburg. Wir aßen Mittags und Abends zusammen und machten bei dem fortwährend schönen Wetter häufige Spaziergänge in die reizende Umgegend. Zwar hatte die Gesellschaft auch einen Vereinigungspunkt im Schützenhause, wo die meisten Mitglieder aßen; da aber die Frauenzimmer ausgeschlossen waren, weil die Gesellschaft unverheirathete geistliche Herren unter sich hatte, so besuchten wir diesen Ort nicht ein einziges mal. Es soll dort aber auch ganz an der Geselligkeit und Heiterkeit gefehlt haben, die unsere Frankenhäuser Mahlzeiten so sehr würzten. — Der Ball, der am 8. in demselben Lokale stattfand, hatte auch nichts Anziehendes für uns, da wir sämmtlich nicht tanzten. Wir saßen unterdessen traulich zusammen beim Theetisch und unterhielten uns über früher Erlebtes. Kreutzer war eigentlich nur in der Absicht gekommen, um zum Schluß des Musikfestes ein Concert für seine Rechnung zu geben, da man ihm in Zürich gesagt hatte, die Gesellschaft werde in diesem Jahre nur eine Aufführung veranstalten. Er schien bei mir eine gleiche Absicht vorauszusetzen, denn er schlug mir vor, gemeinsame Sache zu machen. Ich hatte aber nicht daran gedacht, hier zu concertiren und nicht einmal meine Geige mitgebracht. Aber auch sein Concert kam nicht zu Stande, da die Gesellschaft selbst ein zweites gab, und so hatten wir keine Gelegenheit, das Spiel und die Compositionen dieses berühmten Künstlers zu hören.

Am 10. früh reis'ten wir ab, brachten den Nachmittag und Abend sehr vergnügt in Bern in Eduard's und Jahn's Gesellschaft zu und kehrten am 11. Vormittags hierher zurück.

Reise nach Mailand.

In Eduard's Gesellschaft, der seine Ferien zu einem kleinen Ausfluge nach Ober=Italien benutzen will, traten wir Sonntags den 2. September unsere Reise an. Um ein Uhr kamen wir nach Kandersteg, wo ich sogleich vier Pferde mit eben so viel Führern nahm, um uns über die Gemmi zu bringen. Auf dreien ritten Dorette, Emilie und Ida, das vierte trug unser Ge= päck. Eduard und ich zogen es vor, zu Fuß zu gehen. Eine Viertelstunde diesseits Kandersteg beginnt das Steigen und dauert ununterbrochen ziemlich steil wohl drittehalb Stunden. Dann führt der Weg um das Gemmihorn eine Strecke gerade aus, bis er sich eine Viertelstunde von Schwaribach von neuem erhebt. — Das Wetter war bisher recht freundlich gewesen; hier aber erreichte uns ein Hagelschauer, der sich bald in Regen auflöste und uns tüchtig durchnäßte. Da es überdies schon ziemlich spät war und wir die größere und beschwerlichere Hälfte des Weges noch vor uns hatten, so beredeten uns die Führer leicht, in Schwa= ribach zu übernachten. Dies ist freilich nur ein rohes Blockhaus und hat mit den Hôtels in den Thälern der Schweiz nichts ge= mein, als daß man hier so gut wie dort übertheuert wird. Da uns jedoch eins der beiden bewohnbaren Zimmer allein einge= räumt wurde, und wir darin außer einer reinlichen Streu für uns Männer ein großes Bett für Dorette und die Kinder fanden, so verbrachten wir doch die Nacht ganz erträglich. Etwas schauer= lich war uns freilich zu Muthe, als wir uns vor dem Einschlafen erinnerten, daß die Mordgeschichte in Werner's „Vierundzwan= zigstem Februar" hier vor sich geht.

In der Nacht war Schnee gefallen und es war daher bei unserem Aufbruch am anderen Morgen bitter kalt. Ich schickte deshalb drei Pferde zurück und ließ Dorette und die Kinder ebenfalls zu Fuß gehen, da ohnehin das Hinabsteigen in das

Leuker Bad nicht zu Pferde geschehen kann. Bei Schwaribach hört alle Vegetation auf, und selbst die schöne Alpenrose wird nicht mehr gefunden. Der Weg erhebt sich bis zum Daubensee nochmals sehr steil, führt dann an diesem, der zur Hälfte mit Eis bedeckt war, eine halbe Stunde lang durch ein ödes Thal hin, in welchem Grabesstille herrschte, zur letzten Steigung, die, weil sie über Schnee- und Eisfelder führte, die beschwerlichste von allen war. Oben angekommen war uns leider nur ein einziger Blick in den sich zu unseren Füßen öffnenden Abgrund vergönnt; denn einige Minuten später umhüllte uns ein Nebel, der kaum einige Schritte weit sehen ließ. Wir mußten nun blindlings dem Packpferde und dessen Führer folgen und uns ganz aneinander schließen. Der Weg führte unerhört steil zwischen Felsenklüften, ja einigemale zwischen senkrechten Felsenwänden hinab, in die ein schmaler Pfad gesprengt ist. Da wo er sich wendet, hängt der Hals des Pferdes über dem Abgrunde, und der Führer muß es an einem an der Ladung befestigten Strick oder gar am Schwanze mit aller Kraft halten, damit es nicht das Uebergewicht bekomme und hinabstürze. Hier ist der Blick in die Tiefe, den uns der dichte Nebel verhüllte, so schwindelerregend, daß viele Kranke, die zum Leuker Bad wollen, nicht den Muth haben, hinunter zu steigen, und vorziehen, nachdem sie schon das Ziel ihrer Reise im Auge haben, noch einen ungeheueren Umweg von vielleicht zwanzig Meilen über Bern, Freiburg, Lausanne und durch das Wallisthal zu machen.

Nachdem wir länger als eine Stunde bergab gestiegen waren und noch keine andere Vegetation gefunden hatten, als dann und wann ein in Felsspalten aufblühendes Veilchen, kamen wir plötzlich in eine Region, wo der Nebel aufhörte und uns nun ein überraschender Blick tief unter uns auf das Leuker Bad vergönnt war. Hier rasteten wir einen Augenblick, um uns von der höchst ermüdenden Anstrengung des so steilen Hinabsteigens ein wenig zu erholen. Doch bedurfte es noch vieler solcher Ruhepunkte, ehe wir das Bad um elf Uhr erreichten. Die Kinder allein waren nicht ermüdet und uns immer voraus.

Während wir uns in dem großen und gut eingerichteten Wirthshause erquickten, ließ ich andere Pferde holen, und neubelebt' setzten wir um zwei Uhr unsere Reise fort, Eduard und ich zu Fuß, Dorette und die Kinder reitend. Vorher besichtigten wir noch die Schwefelquelle, die vor dem Wirthshause kochend heiß aus der Erde quillt.

In Leuk war zur sofortigen Weiterreise durchaus kein Fuhrwerk aufzutreiben. Wir waren daher genöthigt, in dem schlechten Wirthshause, wohin uns unsere Führer gebracht hatten, zu übernachten. Dienstags früh, den 4., setzten wir mit zwei Einspännern unsere Reise bis Brieg fort, wo wir um Mittag ankamen. Das Wallisthal ist sehr schmal und wenig angebaut. Man sieht viele sumpfige Wiesen und nur wenige Mais- und Kartoffelfelder. In Brieg beginnt Napoleon's berühmte Simplonstraße, ein Riesenwerk, das nicht genug bewundert werden kann. Hier nahmen wir ein zweispänniges Fuhrwerk bis Domo d'Ossola. Die Straße ist in den Bergschluchten so künstlich hin und her geführt, daß sie sich nie mehr als fünf Zoll auf die Klafter erhebt, und daß schwer beladene Wagen ohne zu hemmen hinabfahren können. Besonders merkwürdig sind mehrere kolossale Brücken, die über tiefe Thäler und Felsenklüfte führen, so wie die Strecken des Weges, die durch den Felsen gesprengt sind und unterirdischen Gallerien gleichen. Einige davon sind so lang, daß sie das von beiden Seiten einfallende Licht nicht vollständig zu erleuchten vermag. Alle Stunde findet man ein Haus, in welches man sich bei plötzlich eintretendem ungestümen Wetter flüchten kann. Im dritten dieser Häuser ist die Post, im sechsten das Zollhaus, wo wir einige Laubthaler für Wegegeld bezahlen mußten. So ansehnlich diese Abgabe auch ist, so reicht sie doch nicht aus, um die Straße in gutem Stande zu erhalten, und man fürchtet, daß sie nach und nach verfallen werde. Was man schon jetzt im Auslande von diesem Verfall erzählt, ist jedoch ungegründet; denn wir fanden sie, einige von Lawinen weggerissene und noch nicht wieder hergestellte Barrièren abgerechnet, in gutem Zustande. Auf der höchsten Höhe hat man den Bau eines kolossalen Hauses begonnen, in dem viertausend Mann Truppen würden übernachten können, wenn es vollendet wäre. Der Bau ist aber seit Napoleons Sturz liegen geblieben und wird nun bald in Trümmer zerfallen. Weiter unten liegt das alte Hospiz, wo arme Reisende unentgeltlich verpflegt werden. Der Simplonpaß ist zwar nicht so hoch, wie der über die Gemmi, doch hört auch hier alle Vegetation auf, und selbst im Dorfe Simpeln, wo wir übernachteten, fanden wir es noch sehr winterlich.

Mittwoch der 5. September 1816 war der glückliche Tag, wo mein seit der frühesten Kindheit gehegter Wunsch, das Land zu sehen, „wo die Citronen blühen", endlich in Erfüllung gehen sollte. Nachdem wir noch zwei Stunden bergab gefahren waren, kamen wir an die lombardische Grenze und fanden uns bald mitten in den Süden versetzt. Nun sahen wir Wälder von süßen Kastanien und in den Gärten Feigen, Mandeln und prächtige Festons von Weinreben, die von einem Baum zum andern gezogen waren und voll der herrlichsten Trauben hingen. Mit jedem Schritte bergab nahm die Wärme zu; anfangs wohlthuend, doch bald recht lästig. Um Mittag kamen wir nach Domo d'Ossola, einer kleinen, aber hübschen Stadt. Hier wurden wir im Hôtel des Capello verde zum erstenmale auf gut italienisch geprellt und an die Vorsicht gemahnt, mit dem Wirthe im voraus über den Preis für die Bewirthung übereinzukommen. Nachmittags fuhren wir noch bis Laveno, welches dicht am Ufer des herrlichen Lago maggiore, den berühmten Inseln gegenüber liegt. Hier hatten wir zwar den Preis für unser Nachtlager im voraus bedungen, mußten aber doch, wie wir später erfuhren, die Hälfte zu viel bezahlen. Am 6. früh besuchten wir die so oft und enthusiastisch geschilderten Borromäischen Inseln, Isola Madre und Isola bella. Es ging uns aber damit wie mit anderen von exaltirten Reisenden gepriesenen Orten, sie befriedigten unsere überspannten Erwartungen nicht. Am besten gefiel es uns noch auf Isola Madre, wo wir zum erstenmale die kräftige südliche Vegetation an uralten, majestätischen Lorbeer-, Citronen-, Pomeranzen- und Feigenbäumen, sowie an anderen südlichen Gewächsen bewundern konnten. Freilich müssen diese Gewächse hier noch, so gut wie bei uns, im Winter bedeckt werden, um sie gegen den Frost zu schützen; ihr Wuchs ist aber doch viel kräftiger und die Früchte sind viel saftiger und größer, als die unserer Gewächshäuser. Auf Isola bella befindet sich ein großer, nicht ganz vollendeter und jetzt schon im Verfall begriffener Palast, der einige schöne Säle und in diesen mehrere vorzügliche Gemälde enthält. Den übrigen Raum der Insel nimmt die berühmte Gartenanlage ein, die sich vom Ufer des See's in zehn Terrassen erhebt. Das Innere wird durch Mauerwerk gestützt, das sich von Terrasse zu Terrasse in immer höheren Bogen wölbt. Die Anlage ist kolossal, aber in schlechtem altfranzösischen Style Besonders abstoßend und das Auge beleidigend sind die vielen schlechten Statuen auf den Gängen und an den Treppen. Die Terrassen sind mit Blumenbeeten und vielen noch südlicheren Gewächsen geschmückt, die in den Gewölben überwintert werden Alles stand im herrlichsten Flor und hauchte uns unbekannte Wohlgerüche entgegen. Von der Höhe der Anlage hat man eine weite, entzückende Aussicht nach den jenseitigen Ufern des See's, nach Palanza, Intra, Laveno und den schön geformten Bergen, welche die Aussicht begrenzen. So weit das Auge reichte, war Alles mit dem reinsten und dunkelsten Blau überwölbt und so hell erleuchtet, daß man die entferntesten Gegenstände deutlich erkennen konnte. Dies und die milde balsamische Luft gaben uns hauptsächlich das Gefühl, ein südliches Klima betreten zu haben. Bevor wir die Insel verließen, führte uns der Gärtner noch zu einer historischen Merkwürdigkeit, zu dem Namenszuge Napoleon's, den dieser kurz vor der Schlacht von Marengo in einen Lorbeerbaum eingeschnitten hatte.

Dasselbe Boot, das uns zu den Inseln brachte, führte uns noch sechs Stunden weiter zu dem am Ende des See's gelegenen kleinen Städtchen Sesto Calende. Auf dieser Fahrt hatten wir noch manche herrliche Ansicht der reizenden Ufer. Besonders gut nahmen sich Belgirate, Arona und die kolossale Statue von St. Carlo Borromeo aus. In Sesto Calende fanden wir schon ganz den italienischen Schmutz und die einem deutschen Gaumen so widrige Oelkocherei. Am 7. machten wir dann mit einem Mailändischen Kutscher die letzte Tagereise bis Mailand durch flache, uninteressante Gegenden und kehrten in einer Pensione Suizzera ein, die uns wegen der deutschen Reinlichkeit empfohlen worden war.

Mailand, den 9. September.

Das Erste was wir gestern von Mailands Merkwürdigkeiten besahen, war der Dom. Dieses prächtige Gebäude, an welchem nun beinahe fünfhundert Jahre fast ununterbrochen gearbeitet wird und welches doch immer noch nicht vollendet ist, kommt im Style und der Architectur dem Straßburger Münster am nächsten, ist in der Form aber doch sehr verschieden von jenem. Es hat die Gestalt eines länglichen Kreuzes; da, wo die beiden Linien zusammenlaufen, steht der Hochaltar und über ihm wölbt sich eine majestätische Kuppel, auf welcher der zierliche Thurm in Form einer Pyramide erbaut ist, die auf ihrer Spitze eine kolossale bronzene Statue der h. Jungfrau trägt. Unzählige andere, gothisch durchbrochene und mit Nischen und Statuen verzierte Pyramiden ruhen theils auf den Pfeilern der äußeren Mauern, theils auf dem mit Marmorplatten belegten Dache und erheben sich immer mehr, je mehr sie sich dem Thurme nähern. Auf der Spitze einer jeden derselben prangt die Statue irgend eines Heiligen. Der ganze Bau vom Grunde an bis zur höchsten Spitze ist von weißem, polirten Marmor, welcher bei Baveno am Lago Maggiore gebrochen und auf dem Ticino=Kanal hierher gebracht wird. Während Napoleon's Regierung ist mit großem Eifer gearbeitet worden und nicht nur die Facade des Haupteinganges (die nur bis zur Höhe der Thür geführt war), sondern auch alle Pyramiden der äußeren Mauer vollendet worden. Auf den ersten Blick und von unten angesehen, scheint das Gebäude jetzt voll= endet; steigt man aber auf das Dach und den Thurm, so sieht man, wie viel noch fehlt.

Die Pfeiler und Nischen sind im gothischen, die Thüren und Fenster im römischen Style, und die Statuen griechisch bekleidet. Alle Bildhauerarbeiten, deren es an kleinen und größeren Statuen, an Haut= und Bas=Reliefs, an Arabesken und anderen Verzie= rungen eine ungeheure Menge an diesem prachtvollen Bau gibt, sind von berühmten Meistern, und es scheint mir, daß die neuen Arbeiten die alten noch an Schönheit und Correktheit übertreffen.

Das Innere der Kirche ist wegen der gemalten Fenster etwas finster, aber deswegen und bei der imposanten Größe und Höhe nur um so mehr zur Erregung religiöser Gefühle geeignet. Unter den vielen, im Inneren der Kirche befindlichen Statuen wird die von Carl Borromeo am meisten geschätzt. Sie soll dadurch einen großen Kunstwerth besitzen, daß an ihr alle Muskeln, Sehnen, Adern und hervorstechenden Knochen zu sehen sind. Von der Gallerie des Thurmes hat man eine weite Aussicht, gegen Norden von den Schweizer=Alpen und gegen Süden von den Apenninen begrenzt. . . .

Abends besuchten wir das Theater della Scala, wo man „la statua di bronza", eine Oper semiseria von Soliva, einem jungen Componisten, Eleven des hiesigen Conservatoriums, gab. Die Größe und Schönheit des Hauses überraschte uns bei un= serem Eintritte. Es ist nach dem St. Carlo=Theater in Neapel das größte in Italien und hat ein großes Parterre und sechs Reihen Logen über einander, faßt aber doch nur, weil man sehr verschwenderisch mit dem Platze umgegangen ist, etwas über 3000 Menschen. Der Eintrittspreis ist auf allen Plätzen derselbe: nämlich zwei Lire di Milano. Das Orchester ist sehr stark besetzt, vierundzwanzig Violinen, acht Contrebässe, eben so viel Violoncell's, alle gewöhnlichen Blas=Instrumente, Posaunen, Baßhorn, türkische Musik u. s. w., und für das große Lokal dennoch kaum stark genug. Die Ausführung übertraf sehr meine Erwartung; sie war rein, kräftig, präcis und dabei sehr ruhig. Herr Rolla, ein durch seine Compositionen auch im Auslande bekannter Künstler, dirigirte bei der ersten Geige. Außer ihm ist weiter keine Leitung, weder am Piano, noch mit dem Taktirstabe, sondern blos noch ein Souffleur mit der Partitur, der den Sängern den Text souffirt und den Choristen nöthigenfalls den Takt gibt. Die Composition der Oper ist mehr im deutschen, als im italienischen Geschmacke, und man hörte sehr deutlich, daß der junge Componist sich mehr unsere deutschen Tonsetzer, besonders Mozart, zum Vorbilde genommen hat, als seine Landsleute. Die Orchesterpartie ist nicht so untergeordnet, wie gewöhnlich in italienischen Opern, sondern recht hervorstechend gearbeitet; zuweilen ist sie es sogar zu sehr und deckt den Gesang. Es ist daher zu verwundern, daß die Oper so sehr gefallen hat, indem man diesen Genre immer noch nicht sehr liebt. Freilich haben die gut gearbeiteten Ensemble= Stücke und Finale das Glück der Oper nicht gemacht, sondern einige kleine, unbedeutende Cantabile's, die von den Sängern gut vorgetragen wurden. Diese waren es auch heute allein, was mit Aufmerksamkeit angehört wurde. Während der kräftigen Ouvertüre, mehreren sehr ausdrucksvoll accompagnirten Recitativen und allen Ensemble=Stücken war ein Lärm, daß man kaum etwas von der Musik hörte. In den meisten Logen wurde in Karten gespielt und im ganzen Hause überlaut gesprochen. Es läßt sich für einen Fremden, der gern aufmerksam zuhören möchte, nichts Unausstehlicheres denken, als diesen infamen Lärm; indessen ist von solchen Leuten, die dieselbe Oper vielleicht dreißig bis vierzig

mal sehen und die das Theater nur der Gesellschaft wegen be=
suchen, keine Aufmerksamkeit zu erwarten, und es ist schon viel,
daß sie nur einige Nummern ruhig anhören. Zugleich kenne ich
aber auch nichts Undankbareres, als für ein solches Publikum zu
schreiben, und man erstaunt, daß sich gute Componisten noch
dazu hergeben. Nach dem ersten Akte der Oper wurde ein großes,
ernstes Ballet gegeben, welches durch Kunstfertigkeit mehrerer
Tänzer und Tänzerinnen und durch die Pracht der Dekorationen
und Costüme sich ebenfalls zu einem imposanten Schauspiel erhob.
Da es beinahe eine Stunde dauerte, so hatte man die erste
Hälfte der Oper ganz vergessen. Nach dem zweiten Akte der Oper
wurde noch ein komisches, nicht viel kürzeres Ballet gegeben, so
daß die ganze Vorstellung von acht bis zwölf Uhr dauerte. Welche
Arbeit für die armen Musiker!

Den 14. September.

Gestern Abend besuchten wir ein Concert, welches ein Pro-
fessore di Oboa, Ferlendis aus Venedig, gab. Er trat mit
einem Concerte von eigener Arbeit auf. Composition und Spiel
waren gleich erbärmlich. Man kann sich keinen schlechteren Ton
und keine größere Geschmacklosigkeit im Vortrage der Passagen
und des Gesanges denken, als dieser Professor di Oboa besitzt.
In Deutschland wäre er sicher ausgepfiffen worden; hier wurde
er von den Freibillets nothdürftig beklatscht. Im zweiten Theil
blies Luigi Beloli ein Horn=Concert von eigener Composition.
Diese erhob sich zwar nicht über das Mittelmäßige, die Ausfüh=
rung war aber sehr vorzüglich. Beloli besitzt einen wunderschönen
Ton, viel Fertigkeit und einen gebildeten Geschmack. Um uns
von der abscheulichen Oboe den guten Eindruck nicht verwischen
zu lassen, warteten wir das Uebrige des Concertes nicht ab.

Den 16. September.

Daß die Italiener eine sehr musikalische Nation sind, sieht
man daran, daß ihre Bettler immer singend oder spielend Almosen

erbitten. Da sind Gesellschaften von vier bis fünf solcher Musiker, die des Abends vor den Kaffeehäusern eine gar nicht üble Musik machen, gewöhnlich von einer prächtig geputzten Sängerin begleitet, die auch nachher einsammelt; oder es sind drei Sänger, die mit Begleitung einer Guitarre dreistimmige Sachen und kleine Canon recht gut singen; oder auch solche, die einzeln ihr Heil versuchen, blinde Geiger oder Flötenbläser, oder Sänger, die entweder gar kein Accompagnement haben, oder sich mit dem Tambourin begleiten; sogar alle, die etwas zum Verkaufe herumtragen, bieten ihre Waaren singend aus. Gestern stieß uns noch ein närrisches Subjekt der ersteren Art auf. Er hatte sich von einem Peitschenstiele, von dessen einem Ende zum anderen er eine Saite gezogen hatte, ein merkwürdiges Instrument gemacht. Oben war die Saite durch eine Kugel von Pappe gezogen, aus deren Oeffnung ein großes Bouquet gemachter Blumen als Verzierung des Ganzen hervorragte. In der rechten Hand hatte er einen Violinbogen, mit welchem er den einzigen Ton, den sein Instrument hat, hervorbrachte. Das bewunderungswürdige Talent dieses Künstlers bestand darin, daß er in einer sich immer wiederholenden Melodie, zu deren Grundton sein Instrument die Quinte gab und die folglich nie in der Tonika, sondern immer in der Dominante schloß, allen Vorübergehenden oder vor der Thür Sitzenden die artigsten Complimente improvisirte, wofür ihm dann die Geschmeichelten selten Geschenke versagten, welche er in seinem Hute einsammelte, ohne jedoch den Gesang zu unterbrechen. In diesem recitativartigen Gesange, bei welchem sein Instrument die Stelle des Orchesters vertrat, lobte er bald die Gestalt, bald den Anzug der Vorübergehenden, und an dem wohlgefälligen Lächeln der Gelobten und an ihrer Freigebigkeit sah man, daß er ihre schwache Seite recht gut zu treffen wußte.

Heute Mittag haben wir wieder einem Concerte beigewohnt, welches die Società del Giardino gab. Es sangen die beiden Damen Marcolini und Fabré ein Duett von Rossini. Erstere ist eine in Italien berühmte Altistin, die eine schöne Stimme und viel Geläufigkeit besitzt; sie singt aber immer etwas zu tief, wodurch mir ihr Gesang sehr verleidet wurde. Signora Fabrs ist die Prima donna vom großen Theater, die eine besonders schöne Höhe und einen gebildeten Vortrag hat. Obgleich beide Sängerinnen hinsichtlich der Stimme und der Kunstfertigkeit auf gleicher Höhe stehen, so trug der Sopran doch auch hier den Sieg über den Alt davon, wie denn eine Viola nie neben einer Violine gefallen kann. Im zweiten Theile wurde noch ein Duett von Paccini, eine Cavatine von Bonfichi und ein Rondo von Paer gesungen. Alles wurde auf dieselbe Art und mit den schon tausendmal gehörten Verzierungen verbrämt vorgetragen, mochte es komisch oder ernst sein. Die Compositionen waren fast durchgehends fade und ohne inneren Zusammenhang, und der Gesang oft durch nichtssagende Figuren in den Instrumenten gestört und verdeckt.

Den 17. September.

So eben haben wir die hiesige Mosaik-Fabrik gesehen. Die bedeutendste Arbeit, an der schon zwölf Jahre unaufhörlich gearbeitet wird, ist Leonardo da Vinci's Abendmahl, welches in derselben Größe wie das Original (die Figuren in Lebensgröße) in Mosaik copirt wird. Man hat es in zwölf Stücke getheilt, wovon ein jedes etwa drei Ellen in der Länge und eben so viel in der Breite hat. Sämmtliche Stücke sind nun vollendet, aber erst einige polirt; diese (aber nur vom Plafond) hatten viel Glanz; die mit den Figuren waren etwas matt in den Farben, wenigstens gegen die gute Copie des Gemäldes, nach welcher man gearbeitet hatte; vielleicht gewinnen sie aber noch an Leben, wenn erst die Politur vollendet sein wird. Buonaparte hatte dieses Werk bestellt, welches nun auf Kosten des österreichischen Kaisers vollendet wird. Da täglich acht Dukaten an die Arbeiter gezahlt werden, so kostet es bis jetzt schon an Arbeitslohn 34,960 Dukaten. Außer dieser kolossalen Arbeit sahen wir im

Magazin viele kleine Mosaiken von ausgezeichneter Schönheit zum Verkauf ausgestellt.

Den 19. September.

Heute wohnten wir dem Concerte im Conservatorium bei, zu welchem uns der Graf Saurau Billets gegeben hatte.

Was ich von der inneren Einrichtung des Conservatoriums habe erfahren können, ist Folgendes: Die Professoren, deren vier für den Gesang, einer für Violine, einer für Violoncell, einer für Contrebaß und noch einige andere für die Blas=Instrumente angestellt sind, beziehen ihren Gehalt von der Regierung. Diese zahlt auch Wohnung und Kost für zwölf Eleven, sechs Knaben und sechs Mädchen. Alle Uebrigen, von denen einige im Conservatorium wohnen, andere aber nur die Lehrstunden besuchen, müssen für Alles bezahlen. Die Mailänder sollen der Anstalt sehr entgegen sein; sie hat in diesem Augenblick auch kaum dreißig Eleven.

Den 22. September.

Ich besuchte heute auf einen Augenblick eine Art von Uebungs=Concert, wo die hiesigen Dilettanten unter Rolla's Direktion Symphonien, besonders von deutschen Meistern, executiren. Die Saiten=Instrumente sind größtentheils mit Dilettanten besetzt, die Blas=Instrumente aus dem Theater della Scala. Man hatte bereits die alte Symphonie aus D-dur von Mozart und einige Ouvertüren von italienischen Meistern gemacht und war eben beschäftigt, eine von den großen Haydn'schen Symphonien (B-dur) einzuüben. Man gab sie zwar ziemlich genau, aber ohne piano und forte und überhaupt etwas roh. Indessen ist die Anstalt, die überdies in ganz Italien die einzige ist, sehr zu loben, weil durch sie die hiesigen Musikfreunde doch Gelegenheit finden, mit unseren herrlichen Instrumental=Compositionen bekannt zu werden. Wenn ich nicht irre, so findet dieses wöchentliche Uebungs=Concert im Hause eines Herrn Motto statt, der auch eine schöne Sammlung vorzüglicher Violinen besitzen soll. Ueberhaupt existiren hier

viele vorzügliche Instrumente. Ein Herr Caroli besitzt zwei
sehr schöne Strabivari, Rolla ebenfalls eine von großer Schön=
heit; ein Graf Gozio de Solence hat in seiner zahlreichen
Sammlung von vorzüglichen Geigen unter vielen anderen von
Amati, Guarneri und Guardagnini auch vier Stra=
divari, auf denen noch gar nicht gespielt ist und die, ob=
gleich sehr alt, aussehen, als ob sie eben erst fertig geworden
wären. Zwei von diesen Geigen sind aus dem letzten Lebens=
jahre des Künstlers, von 1773, wo er ein Greis von dreiund=
neunzig Jahren war. Man sieht es den Geigen aber auch gleich
an, daß sie ein zitternder Greis mit unsicheren Händen ge=
schnitzt hat; die beiden anderen sind aber aus der besten Zeit des
Künstlers, von 1743 und 1744, und von großer Schönheit. Der
Ton ist voll und stark, aber doch noch neu und hölzern, und sie
müssen wenigstens, um vorzüglich zu sein, zehn Jahre gespielt
werden.

Den 28. September.

Gestern Abend fand unser Concert im Theater della Scala
statt. Das Orchester blieb auf seinem gewöhnlichen Platze; die
Sängerin aber, Dorette und ich nahmen bei unseren Pro=
duktionen den Platz unter dem Proscenium ein, zwischen der Gar=
dine, die herabgelassen blieb, und dem Orchester. Das Haus,
obgleich vortheilhaft für Musik, verlangt doch bei seiner gewaltigen
Größe einen sehr kräftigen Ton und ein großes, einfaches Spiel.
Auch ist es schwer, mit einem Geigenton da zu genügen, wo
man immer nur Stimmen zu hören gewohnt ist. Diese Betrach=
tung und die Ungewißheit, ob die Art meines Spieles und meine
Composition auch den Italienern gefallen würde, machte mich
bei diesem ersten Debüt in einem Lande, wo man mich noch nicht
kennt, etwas furchtsam; da ich indessen schon nach den ersten Takten
bemerkte, daß mein Spiel Eingang fand, so schwand diese Furcht
bald, und ich spielte nun völlig unbefangen. Auch hatte ich die
Freude zu sehen, daß ich in dem neuen, in der Schweiz geschrie=

benen Concerte, welches die Form einer Gesangs=Scene hat, den
Geschmack der Italiener sehr glücklich getroffen habe und daß be=
sonders alle Gesangstellen mit großem Enthusiasmus aufgenommen
wurden. Dieser lärmende Beifall, so erfreulich und aufmunternd
er auch für den Solospieler ist, bleibt doch für den Componisten
ein gewaltiges Aergerniß. Es wird dadurch aller Zusammenhang
gestört, die fleißig gearbeiteten Tutti bleiben völlig unbeachtet
und man hört den Solospieler in einem fremden Tone wieder
anfangen, ohne daß man weiß, wie das Orchester dahin modulirt
hat. — Außer dem Concerte spielte ich mit Dorette den neuen
Potpourri für Piano und Violine und einen zweiten mit Be=
gleitung des Orchesters. Letzteren mußte ich auf allgemeines Ver=
langen wiederholen. Das Orchester, dasselbe wie in der Oper,
accompagnirte mir mit vieler Aufmerksamkeit und Theilnahme.
Besonders aber gab sich Rolla große Mühe. Meine Ouver=
türe aus „Alruna" wurde zu Anfang des zweiten Theiles zwar
kräftig, aber nicht ohne Fehler executirt. Das Orchester ist an
zu viele Proben gewöhnt, als daß es etwas nach einer einzigen
ganz fehlerfrei ausführen könnte. Madame Castiglioni, Contre=
Altistin, für den nächsten Carneval als Supplement nach Venedig
engagirt, sang im zweiten Theil eine Arie mit schöner Stimme
und guter Schule und wurde mit allgemeinem Beifalle belohnt.
Es hatte mir unendlich viel Mühe gemacht, diese beiden Gesangstücke
zu erhalten, weil die Sänger vom großen Theater, von denen
einige gern gesungen hätten, die Erlaubniß dazu von dem Im=
pressario nicht bekommen konnten, und alle übrigen Sänger von
Bedeutung, die sich hier aufhalten, entweder auch schon Skripturen
gemacht hatten, oder es nicht wagen wollten, auf der Scala auf=
zutreten. Die Impressarien verlangten anfangs den fünften Theil
der Einnahme für die Bewilligung des Theaters; durch Ver=
mittelung des Gouverneur, Grafen Saurau, wurde diese Ab=
gabe mir aber erlassen.

Nach dem Concerte wurde ich von allen Seiten aufgefordert,

ein zweites zu geben; da aber nächsten Freitag, dem einzigen freien Tage in jeder Woche, des Kaisers Namenstag ist, an welchem der Gouverneur eine große Festivität gibt und wir nicht Lust haben, unseren Aufenthalt noch um vierzehn Tage zu verlängern, so will ich dieses zweite Concert lieber bis zu meiner Rückkehr versparen und jetzt gleich nach Venedig gehen. Das erste hat mir übrigens nicht viel mehr als die Concert=Unkosten, die sich auf fünfzig Dukaten belaufen, eingetragen.

Vor einigen Tagen besuchten wir die Bildergallerie in der Arena; das Lokal ist das schönste, was wir je sahen. Es besteht aus drei großen Salons, die das Licht von oben erhalten, einer langen Gallerie und zwei Kabinetten. In der Gallerie befinden sich Gemälde al fresco, die man in den Kirchen zu Mailand ge= sammelt, mit der Wand herausgenommen und hier in die Mauer wieder eingesetzt hat. Es sind darunter einige von hohem Kunst= werthe, von denen man auch schon Copien und Kupferstiche besitzt. In den Sälen hat man die Gemälde nach ihrer Zeitfolge geordnet und unter einem jeden den Meister angegeben. In dem ersten befinden sich die aus der ältesten, in dem mittleren die aus der späteren und in dem dritten Saale die aus der neuesten Zeit. Doch sind, so viel ich weiß, keine Werke noch lebender Künstler aufgehängt. In den Kabinetten hat man die kleineren Gemälde ausgestellt. Vor allen verdient ein Raphael, der zwar aus seiner früheren Zeit, als er noch im Styl seines Meisters arbeitete, aber doch von unendlicher Schönheit ist, den ersten Preis. Es ist dies die Verlobung der h. Jungfrau mit Joseph. In der Mitte steht der Rabbi in ernster, würdevoller Stellung, der sie einsegnet, ihm zur Linken Joseph, eine männliche Figur mit dunkelem Haar und Bart, mit Freundlichkeit der Jungfrau den Ring an den Finger schiebend, und zur Rechten die Holdselige, in jungfräu= licher Scham sanft erröthend. Unter den anderen Figuren zeichnet sich noch ein Jüngling aus, der vor dem Knie einen Stab zer= bricht. Die Zeichner bewundern die Verkürzung der gebückten

Stellung. Anfangs fallen die scharfen Umrisse der Figuren un=
angenehm auf; so wie man sich aber durch längeres Anschauen
ein wenig daran gewöhnt hat, wird man von dem hohen Aus=
druck in Gesicht und Stellung unwiderstehlich hingerissen. Von
besonderer Schönheit sind auf diesem wie auf allen Raphael=
schen Gemälden Hände und Füße.

Venedig, den 5. Oktober.

Montag den 30. September traten wir in Gesellschaft von zwei
liebenswürdigen polnischen Grafen, deren Bekanntschaft wir in
Mailand gemacht hatten, und eines Malers, der von einer Reise
nach Sicilien eben zurückkam, unsere Reise hierher an. Ich hatte
für mich und meine Familie einen Vetturino bis Padua für
sieben Louisd'or gedungen, für welchen Preis er auch Abendessen
und Nachtlager bezahlen mußte. . . .

Der Weg nach Brescia bietet wenig Abwechselung dar.
Brescia ist eine alte Stadt, in der nicht viel Sehenswerthes ist;
sie liegt aber in einer reizenden Gegend am Abhange eines mit
Landhäusern und Weinstöcken bedeckten Berges. Wir machten
einen Spaziergang durch die Stadt, in der uns nichts Merk=
würdiges auffstieß, als ein Weinstock, der die Façaden von fünf
Häusern bis unter das Dach bedeckte und allenthalben voll der
schönsten Trauben hing. Einer der Polen, Graf Zozymola,
hatte unter der Zeit einen Besuch bei Signora Mulonatti ab=
gestattet, einer der vorzüglichsten jetzt lebenden Contre=Altistinnen,
deren Bekanntschaft er in Florenz, wo sie vor einigen Monaten
sang, gemacht hatte. Sie ruht jetzt bei ihrem Cavaliere servente,
einem Grafen Secchi, der ein herrliches Haus in Brescia und
ein noch schöneres Landgut in der Umgegend besitzt, von den Be=
schwerden der letzten Monate aus und wird während des Carnevals
hier in Venedig für ein Honorar von 10,000 Franken und ein
Benefice wieder von neuem auftreten. Ihr Anbeter, ein Mann
von großem Vermögen und vielen Kenntnissen, hat sein ganzes

Leben dem Dienste seiner Donna gewidmet, während seine beiden
älteren Brüder sich als Generale in französischen Diensten großen
Ruhm erworben haben. Er begleitet sie seit zehn Jahren allent=
halben hin, wo sie singt, besorgt ihre Geschäfte und huldigt allen
ihren Launen. Seine einzige etwas ernstere Beschäftigung ist,
ihre Geschichte zu schreiben, d. h. ihre Triumphe über andere
Sängerinnen und ihre Liebesaventüren. Einmal im Jahre liefert
sie ihm die schriftlichen Daten zu letzteren, das sind die Originale
der erhaltenen Liebesbriefe, und ob er gleich sehr eifersüchtig ist,
so bringt sie dennoch den guten Narren dahin, daß er diese Briefe
selbst copirt und mit den gehörigen Erläuterungen in ihre Ge=
schichte einträgt. Sie hat auch einen Mann und von ihm
zwei Kinder, die sie sehr lieben soll. Dieser Mann spielt nun
vollends eine erbärmliche Figur; er hält sich immer in einer ge=
wissen Entfernung und harret mit gespannter Aufmerksamkeit der
Winke seiner Gebieterin. Graf Secchi hat bis diesen Augen=
blick weder Rom, noch Neapel gesehen, weil seine Dame in diesen
Städten noch nicht gesungen hat und ihm schwerlich die Er=
laubniß ertheilen würde, ohne sie dorthin zu reisen.

Zwischen Brescia und Verona führt der Weg einige Stunden
am Garda=See her, dessen schön bewachsene, mit Landhäusern
reich besetzte und von Bergen eingeschlossene Ufer die schönsten An=
sichten darbieten, welche uns für die Einförmigkeit der vorigen
Tagereisen reichlich entschädigten. Am äußersten Ende des See's,
noch halb im Wasser, liegt Peschiera, eine kleine, unansehnliche
Stadt von einigen Häusern, aber mit großen, weit ausgedehnten
Festungswerken. Von da bis Verona ist der Weg wieder sehr
einförmig. Bei unserer Ankunft erfuhren wir, daß eine Harfen=
und Clavier=Virtuosin aus Neapel im Theater Concert geben
würde, und nahmen uns vor, dieses zu besuchen. Durch die
Langsamkeit der Aufwärter, die unser Abendessen eine Stunde später
brachten, als wir es bestellt hatten, wurden wir aber daran ver=
hindert. Abends um elf Uhr beim herrlichen Mondenschein be=

suchten wir noch die Arena, von allen Denkmalen ehemaliger
römischer Größe das am besten erhaltene. . . . Wir stiegen bis
zum höchsten Sitze, der in der Höhe schon den größten Gebäuden
der Stadt gleichkommt, und hatten da einen herrlichen Ueberblick
über das ganze kolossale Werk. Wir dachten uns die gewaltige
Steinmasse mit den alten Römern besetzt, wie sie den Siegern
unten Beifall zujauchzen, und verloren uns in Betrachtungen über
die Hinfälligkeit aller Erdengröße und in Vergleichungen zwischen
dem ehemaligen kräftigen Volke und den jetzigen Bewohnern dieses
herrlichen Landes. An der einen Seite des Ovals sieht man
noch die Gefängnisse, wo die Verbrecher aufbewahrt wurden, die
man den wilden Thieren vorwarf. Auch existirt noch die Vor-
richtung, durch welche binnen wenig Minuten der Circus unter
Wasser gesetzt werden kann, um Kämpfe und Wettrennen in
Böten zu halten. Bei der Anwesenheit des österreichischen Kaisers
hat man dem Volke das Schauspiel eines Wettrennen zu Fuß
und zu Pferd erneuert. Auch haben wir etwas Aehnliches in
Mailand gesehen, von dem ich zu reden vergessen habe. Napoleon
hat nämlich auf dem Foro Buonaparte einen Circus auf römische
Art bauen lassen, dessen äußere Wand auch aus einer Mauer mit
mehreren Aufgängen besteht; die Sitze im Inneren sind aber nur
von Rasen; es sind deren etwa zwölf, und doch haben 25—30,000
Menschen Platz. An der einen breiten Seite steht ein schönes
Gebäude mit einer prächtigen Colonnade nach dem Inneren zuge-
kehrt, von wo in der Breite des Gebäudes steinerne Sitze bis
zum Circus hinablaufen. In dieser modernen Arena, die auch
unter Wasser gesetzt werden kann, wurden dem Volke zur Zeit der
Krönung Napoleon's zum Könige von Italien, bei freiem
Eintritte, die ehemaligen römischen Spiele aufgewärmt. Eine
dritte, aber verminderte Auflage für Geld fand an dem Tage vor
unserer Abreise statt. Zuerst traten achtzehn Wettläufer in römischem Costüm auf, die auf ein gegebenes Trompetenzeichen
ziemlich schwerfällig nach dem Ziele liefen. Der Sieger erhielt

eine Fahne, an der oben ein Lorbeerkranz hing. Den beiden, die nach ihm zuerst angekommen waren, wurden ebenfalls Siegeszeichen zuerkannt. Dann versuchten zwölf Reiter ihr Heil. Mehrere fielen schon beim ersten Chock von den Pferden, und alle ritten so er= bärmlich, daß sie nur Gelächter und Mitleiden erregten. Nachdem die Sieger ebenfalls beschenkt waren, kamen die Curse zu Wagen, die aber ein neues und interessantes Schauspiel darboten. Die sechs Wagenführer hatten kleine zweiräderige römische Wagen, wie man sie auf alten Münzen abgebildet sieht, bestiegen, und jagten mit ihren Pferden, deren zwei vor jeden Wagen gespannt waren, auf ein gegebenes Zeichen im gestreckten Galopp davon; am Ende der Bahn beim Umkehren überstürzte sich einer mit sammt den Pferden ein paarmal, doch ohne Schaden zu nehmen. Die anderen umkreis'ten die Bahn dreimal, und die Sieger erhielten ebenfalls ihre Ehrenzeichen. Nun begann der große Triumphzug. Dreißig bis vierzig Oboisten in römischem Costüm mit türkischer Musik, einen Marsch aus der Oper „Johann von Paris" blasend, eröff= neten ihn. Dann kamen die Wettläufer mit Lanzen in den Händen, und endlich ein großer, mit vier Ochsen bespannter römischer Triumphwagen mit sämmtlichen Siegern. Man hatte die schön geputzten Ochsen auf römische Art neben einander gespannt; die guten Thiere waren aber nicht daran gewöhnt und wollten nicht vom Fleck; endlich sah man sich genöthigt, sie so zu spannen, wie sie es vor ihrem Mistwagen gewohnt waren, und nun ging es herrlich. Hinter ihnen kamen die unglücklichen Reiter und Wagenlenker, die den Zug beschlossen. Das Costüm aller dieser Leute und Thiere war gut gewählt, und wenn man nicht rund im Cirkel die moderne beau monde und zwischen den Wett= rennern dann und wann einen dreieckigen Hut, der ihre Spiele anordnete, gesehen und die türkische Musik mit dem Marsch aus der „Aline" gehört hätte, so konnte man wohl Augenblicke lang sich einbilden, da unten die alten Römer zu sehen. So sorgten aber diese verkleideten Soldaten und Fiaker mit ihren erbärmlichen

Pferden schon ohne das durch ihre Ungeschicklichkeit dafür, daß eine solche Täuschung nicht stattfinden konnte.

Am 3. früh mußten wir uns von unseren lieben Reisegefährten trennen, die nun auf einer anderen Straße durch Tyrol nach München ihre Reise fortsetzten. Wir übernachteten in Vicenza, einem abscheulich schmutzigen Neste; unsere Fenster gingen auf eine einsame Straße, in welcher Schmutzhaufen der ekelhaftesten Art die Luft so verpesteten, daß es kaum auszuhalten war. Dergleichen trifft man übrigens auch in den größten Städten und auf den prächtigsten Plätzen. Besteigt man eine einsame Treppe, oft von schönstem Marmor in den größten Palästen, so muß man sich ja genau in der Mitte halten, weil man sich sonst beschmutzen würde, und selbst dem Mailänder Dom kann man sich auf verschiedenen Seiten gar nicht nähern, weil hohe Haufen von Unrath es verhindern. Dieses Uebermaß von Unreinlichkeit, in der die Italiener fast allen anderen Nationen den Rang streitig machen, herrscht auch in den meisten Zimmern und Küchen. Ein Holländer müßte, dächt' ich, hier verzweifeln!

Am 4. Mittags kamen wir nach dem alten, unansehnlichen Padua, wo wir bis Abends 8 Uhr verweilten. Dann setzten wir unsere Reise auf der Diligence zu Wasser fort. Beim Einsteigen in die Barke that ich, vom unsicheren Mondlichte getäuscht, einen Fehltritt und fiel ins Wasser; im Fallen ergriff ich aber glücklicherweise den Bord der Barke und wurde sogleich wieder hinaufgezogen. Den Schrecken und die Mühe des Umkleidens abgerechnet, war dieser Fall von keinen übeln Folgen. Die Barke ist für vierundzwanzig bis dreißig Personen sehr bequem eingerichtet und geht, von einem Pferde im stärksten Trabe gezogen, sehr schnell. Die letzte Hälfte des Kanales ist auf beiden Seiten mit den prächtigsten Landhäusern und Gärten wie übersäet, die jetzt von den reichen Venetianern bewohnt werden. Besonders zeichnet sich der Palast des ehemaligen Vicekönigs aus, in dem der Gouverneur Graf Goes während der schönsten Jahreszeit wohnt. Wir bedauerten sehr, diese reiche Gegend in der Nacht passiren zu müssen; aber selbst beim Mondenscheine gewährt sie schon einen herrlichen Anblick. Früh um fünf Uhr, wie noch alles todt in Venedig war, kamen wir an und traten in der Albergo della Scale ab.

Venedig, den 10. Oktober.

So wenig Venedig im Ganzen genommen meinen Erwartungen entsprochen hat, so sehr bin ich doch durch die Schönheit einzelner Gegenden der Stadt überrascht worden. Besonders imponirt der Markusplatz. Die tausendjährige, im orientalischen Style erbaute Markuskirche mit ihren fünf Kuppeln, ihren unzähligen Statuen und herrlichen, im Goldgrunde glänzenden Mosaikgemälden, der kolossale Glockenthurm mit seiner Pyramide, der weithin in's adriatische Meer den Schiffern zum Merkzeichen dient, die drei herrlichen, fast im gleichen Style erbauten großen Gebäude, die den Platz auf drei Seiten einschließen, das rege Leben unter den Arkaden, die reichen Kaufgewölbe und die geschmackvoll dekorirten Kaffeehäuser, in und vor denen man von Morgens 8 Uhr bis tief in die Nacht die elegante faullenzende Welt beiderlei Geschlechts versammelt sieht; die vielen sich da ewig umhertreibenden Musikanten, Taschenspieler, Improvisatoren, Guckkastenträger; das Heer der Bettler, die in den abschreckendsten Gestalten voller Schmutz und Ungeziefer zwischen den reichgekleideten Spaziergängern herumkriechen und diese bis in's Innere der Kaffeehäuser verfolgen; das sich durchkreuzende Geschrei der vielen Verkäufer von Erfrischungen und der Ausrufer, die bald Regierungs-Decrete ablesen, bald die in den verschiedenen Theatern am Abende zu gebenden Stücke ankündigen: dies Alles zusammengenommen bildet ein so buntes Gemälde, daß der Fremde sich wochenlang daran ergötzen kann.

Geht man dann auf den zweiten Platz, der bei der Kirche mit dem ersten zusammenhängt, auf der Ostseite vom ehemaligen Dogenpalaste und auf der Westseite von der Fortsetzung eines der drei großen Gebäude eingeschlossen wird, so eröffnet sich ein neues, von dem vorigen ganz verschiedenes Schauspiel. Vor sich hat man den Hafen, der mit Gondeln, Barken und kleineren und größeren Handelsschiffen wie übersäet ist; zur Linken den mit prächtigen Gebäuden und Kirchen eingefaßten Quai, der sich bis zum Giardino publico hinzieht, gegenüber das auf einer kleinen Insel liegende Kloster, in dessen schöner Kirche der letzte Papst erwählt wurde, und zur Rechten, jenseits des großen Canals, die mit einer majestätischen Kuppel gezierte Kirche von San Giorgio Maggiore, umgeben von anderen prächtigen Gebäuden. Hat das Auge sich an diesen Gegenständen gesättigt, so wird es von den näheren Umgebungen angezogen, von dem bunten Menschen=Gewühl auf den steinernen, hochgewölbten Brücken, die über die vielen Canäle führen, welche von hier aus die Stadt durchschneiden; von dem Ein= und Ausladen der größeren Schiffe, dem Einsteigen der eleganten und nicht eleganten Welt in Gondeln und Barken zu Spazierfahrten oder Geschäfts=reisen; von den sonderbar gestalteten Fischen und Muschelthieren, die hier zum Verkauf aufgeschichtet sind, und von vielen anderen auffallenden Dingen, die einer Seestadt eigen. Hat man dies Alles gesehen, so kehrt man gern auf den Marcusplatz zurück und findet da wieder neue Gegenstände zu bewundern. Betrachtet man die Kirche nun genauer, so ziehen zuerst die vier kolossalen Pferde von Bronze über dem Haupteingange den Blick auf sich, weniger ihres Kunstwerthes wegen, denn sie sind eben nicht von den schönsten Verhältnissen, sondern um ihres Alters und ihrer Schicksale willen. Von den Venetianern bei der Eroberung von Constantinopel erbeutet, wurden sie als Siegestrophäen über dem Haupteingange der Marcuskirche aufgestellt und behaupteten ruhig diesen Platz, bis sie die Franzosen nach der Eroberung von Italien mit nach Paris nahmen. Von dort kamen sie nebst allen anderen aus Italien entführten Kunstschätzen nach der Eroberung von Paris durch die Alliirten wieder hierher zurück und wurden unter dem Jubel von

ganz Venedig wieder auf ihren alten Platz gestellt. Außer diesen
Pferden befinden sich an der Markuskirche aber noch viele andere
Siegesdenkmale der Venetianer: Statuen, Basreliefs, Arabesken,
Säulen und Capitäler aus Griechenland, Aegypten und den Raub=
staaten, und es ist an diesem Gebäude zu bewundern, daß es,
aus so vielen in dem verschiedensten Geschmacke gearbeiteten
Einzelnheiten zusammengesetzt, doch ein so schönes harmonisches
Ganze ausmacht. Vor der Kirche sind drei hohe, roth angestrichene
Mastbäume aufgepflanzt, die an Festtagen mit langen, bis auf
die Erde reichenden, seidenen Wimpeln prangen; die aus Bronze
gegossenen Fußgestelle sind mit schönen Basreliefs verziert.

Auf dem zweiten Platze nahe am Wasser stehen zwei kolossale
Säulen aus ägyptischem Granit, jede Säule aus einem einzigen
Steine gehauen. Die eine trägt einen aus Erz gegossenen ge=
flügelten Löwen, der auch mit in Paris war, die andere auf
einem Krokodile den Schutzpatron des h. Theodor.

Das Innere der Markuskirche ist nicht weniger prächtig,
als das Aeußere. Wände, Nischen und Kuppeln sind ganz mit
Mosaikgemälden bedeckt, unter denen zwar einige von geringem
Kunstwerthe sind; bei den meisten ist aber Composition, Zeichnung
und Colorit sehr vorzüglich und alle haben einen ächten Gold=
grund, der trotz seines hohen Alters noch wie neu glänzt. Man
wird aber auch hier bald von ganzen Rotten von Bettlern um=
ringt, die so kläglich über Hunger schreien und so ekelerregend
aussehen, daß man Gott dankt, wenn man sich, mit Aufopferung
einiger Kupfermünzen, in's Freie gerettet hat. Man kann über=
haupt keine Minute in irgend einer Gegend der Stadt gehen,
ohne von Bettlern angesprochen zu werden, und es sollen deren
an 25,000 hier Hunger leiden. Denn hungern müssen sie, weil
die Venetianer sehr selten einem Armen etwas geben, und die
Fremden es auch bald überdrüssig werden, immer die Hand in
der Tasche zu haben. Jetzt leben die Armen zwar sehr wohlfeil
von gekochten oder vielmehr gebratenen Kürbissen, die an allen

Straßenecken feilgeboten werden und wovon ein handgroßes Stück einen Centesimo kostet.

Entfernt man sich vom Platze, so findet man wenig Erfreuliches mehr. Denn da man in Venedig weder reitet noch fährt, so sind die Straßen so eng, daß oft nicht zwei Menschen nebeneinander gehen können. In dem lebhaftesten Theile der Stadt, ohnweit vom Ponte rialto, ist daher das Gedränge auch so groß, daß man sich kaum durcharbeiten kann. Bei der Unreinlichkeit der Italiener, die allen Unrath in die Kanäle schütten, bei dem pestilenzialischen Gestank der halbverfaulten Seefische und Schalthiere und den ekelhaften Ausbünstungen der Werkstätten der meisten Handwerker ist es sehr natürlich, daß man in diesen engen Straßen das ganze Jahr lang nicht ein einzigesmal reine Luft einathmet.

Statt der Wagen bedient man sich hier der Gondeln, die man zu einem billigen Preise haben kann. Sie haben alle ein Verdeck von schwarzem Tuche, welches ihnen ein trauriges Ansehen gibt. Zur Zeit der Republik herrschte ein solcher Luxus in Verzierung der Gondeln, daß die Regierung es nöthig fand, die noch jetzt übliche Bedeckung vorzuschreiben. Die Gondoliere sind im Rudern und Lenken sehr geschickt, und wenn auch das Gedränge in den Canälen noch so groß ist, so fahren sie doch in größter Geschwindigkeit an einander vorbei, ohne anzustoßen. Nimmt man ihrer zwei, so fährt man so schnell, wie ein Pferd Trab laufen kann. Da die Häuser außer der Hauptthür nach dem Wasser hin auch einen Ausgang nach der Straße haben, so kann man zwar auch zu Lande allenthalben hinkommen; doch muß man wegen der Brücken so viele Umwege machen, daß man zu Wasser noch einmal so schnell an Ort und Stelle kommt.

Den 12. Oktober.

Heute genossen wir bei hellem Wetter die einzig herrliche Aussicht vom Markusthurme, den man auf einem schneckenförmigen

Aufgange ohne Treppenstufen sehr bequem ersteigen kann. Der Anblick ist wirklich hinreißend! Auf der einen Seite sieht man über die gewaltige Häusermasse nach dem festen Lande, in der Ferne die Schneegebirge von Friaul, auf der anderen Seite den Hafen mit seinem mannigfaltigen Leben, die Inseln bedeckt mit schönen Kirchen und Gebäuden und im Hintergrunde die offene See. Ich erinnere mich nicht, je eine so schöne Thurmaussicht gehabt zu haben, es wäre denn die vom Thurme der Michaelis= kirche in Hamburg.

Um vier Uhr besuchten wir die zum Findelhause gehörige Kirche, wo von den weiblichen Findlingen eine Messe gegeben wurde. Das Orchester und der Chor waren ausschließlich von jungen Mädchen besetzt; eine alte Musiklehrerin schlug den Takt, eine andere accompagnirte auf der Orgel. Es gab da mehr zu sehen als zu hören, denn Composition und Ausführung waren gleich schlecht. Die Mädchen hinter den Geigen, Flöten und Hörnern nahmen sich sonderbar genug aus; die Contrabassistin konnte man leider nicht sehen, weil sie hinter einem Gitter versteckt war. Unter den Stimmen gab es einige gute und eine besonders merk= würdige, die bis zum dreimal gestrichenen g sang; der Vortrag aber war von Allen abscheulich.

Wir haben die Bekanntschaft mehrerer Musikfreunde gemacht, der beiden Grafen Tomasini und der Herren Contin, Fili= gran und mehrerer Anderer, deren Namen ich nicht weiß. Die beiden Ersteren sind mir im Arrangement meines Concertes sehr behülflich und wenn ich bei der für die Geschäfte so schlechten Jahreszeit, wo sich alle Personen von Bedeutung auf dem Lande befinden, ein erträgliches Concert mache, so habe ich es ihnen zu danken.

Heute besuchte uns auch ein deutscher Künstler, Herr Aib= linger, ein Münchener und Schüler von Winter, der aber schon seit sechzehn Jahren in Benedig wohnt. Er ist Clavier= spieler und Componist und scheint viel wahren Sinn für seine

Kunst zu haben. Wenigstens klagte er uns fast mit thränenden Augen, daß ihm in diesem Lande alle Möglichkeit genommen sei, mit seinen deutschen Kunstverwandten gleichen Schritt in der Kunst zu halten, weil ihm fast nie das Glück werde, ein bedeutendes deutsches Werk zu hören, und daß ihm bei seinem Enthusiasmus für Musik fast das Herz zerspringe, durch seine Verhältnisse an eine Stadt gebunden zu sein, wo man seit sechszehn Jahren immer dasselbe Wasser wiederkaue, während die Deutschen inzwischen so manches classische Werk hätten entstehen sehn. Er kennt unsere neuere gute Musik nur höchst unvollkommen aus Clavier-Auszügen, die er sich mit vieler Mühe und großem Kostenaufwande zu verschaffen gewußt hat. Ich habe später von seinen Arbeiten gesehen, die es sehr bedauern lassen, daß er in dieses Sibirien der Kunst verschlagen worden ist. Um mir einen Begriff davon zu geben, wie wenig hier Kunst und Künstler, selbst bei Herren, die sich gern das Ansehen von Mäcenen geben möchten, gewürdigt werden, erzählte er mir eine Anecdote, die Bärmann aus München, der mit der Harles vorigen Winter hier war, mit einem derselben passirt ist. Graf Herizo nämlich, ein sehr reicher Cavalier, der im Winter wöchentlich einmal Akademien bei sich gibt und dazu oft zweihundert Zuhörer einladet, ließ Bärmann durch einen Dritten ersuchen, in einer derselben zu spielen. Letzterer hatte nun bereits selbst eine öffentliche Akademie angekündigt und lehnte in der Voraussicht, daß es ihm schaden würde, wenn er sich an einem anderen Orte zuvor hören ließe, die Einladung ab, versprach aber, nach seiner Akademie dort zu blasen. Am Tage derselben gab aber Graf Herizo eins seiner gewöhnlichen großen Concerte, in welchem „die Schöpfung", ich glaube zum erstenmale in Venedig, aufgeführt wurde, und Bärmann hatte so wenig Zuhörer, daß er zu den Concert-Unkosten noch vierzig Francs zulegen mußte. Acht Tage später wiederholte Graf Herizo demungeachtet seine Einladung an Bärmann, wofür dieser jetzt aber ein Honorar von zwölf Louisd'or verlangte. Nach manchen

Debatten wurde solches zwar zugestanden, Bärmann erfuhr
jedoch zugleich, daß man sich vorgenommen habe, ihm einen Possen
zu spielen. Um dem auszuweichen, sagte er von neuem schriftlich
ab und machte mit der Harles eine Lustreise auf das feste Land.
Nach seiner Zurückkunft kam ein Freund des Grafen Herizo,
fragte nach der Ursache, warum er nicht habe blasen wollen und
versicherte, als er sie erfahren, auf Ehre, daß dem nicht so sei
und Bärmann nicht das Geringste zu befürchten habe, worauf
dieser also seine Zusage für das nächste Concert gab. Er wurde mit
vieler Artigkeit vom Grafen Herizo empfangen und die Musik
begann. Nach einer Stunde, als schon sechs Musikstücke gemacht
waren, wurde Bärmann begierig zu erfahren, wann denn die
Reihe an ihn kommen würde; er bat sich daher von seinem Nachbar
ein Programm aus und fand ganz am Ende sämmtlicher Musikstücke,
die wenigstens noch zwei Stunden dauern mußten, folgende Worte:
„Wenn es die Zeit erlaubt, wird auch Herr Bärmann ein
Concert blasen.“ Man denke sich seine Wuth! Graf Herizo
würde ihm am Ende des Concertes laut gesagt haben: „Heute
haben wir keine Zeit Sie zu hören, vielleicht ein andermal!“ und
so wäre er auch um das Honorar geprellt gewesen. Bärmann
schlich sich nun sogleich fort, hatte aber dabei noch das Unglück, die
beiden Ausgänge zu verwechseln und statt auf die Straße, gerade
in den Canal zu laufen. Glücklicherweise kamen ihm die dort
haltenden Gondoliere zu Hülfe und zogen ihn alsbald wieder heraus.
Halb todt vor Aerger und Erkältung kam er nach Hause. Am an=
deren Morgen wurde er vom Grafen Herizo vor die Polizei ge=
fordert. Der Polizeidirektor hatte indessen, nachdem ihm die Sache
von Bärmann auseinander gesetzt war, Muth genug, diesem Recht
zu geben und dem Grafen Herizo seine Unart zu verweisen.
Bärmann hielt es unter solchen Umständen jedoch für gerathen,
seine Abreise zu beschleunigen, weil einige verdächtige Kerle
sich nach seinen nächtlichen Ausgängen erkundigt hatten. Auch
der Harles ging es übel. In der ersten Oper gefiel sie zwar

ziemlich und nur ihre schlechte Aussprache tadelte man; bei der
ersten Vorstellung der zweiten Oper wurde sie aber gleich bei ihrer
ersten Scene durch lautes Reden, Räuspern und Lachen der Zuschauer so decontenancirt, daß sie mitten in ihrer Arie davonlief
und wie todt hinter den Coulissen niederfiel. Sie bekam einen
geschwollenen Hals und konnte während des Winters nie wieder
etwas anderes als die parlanten Recitative singen. Alle Ensemblestücke und beide Finale wurden ohne sie gesungen und doch mußte
sie sich, da sie kein Supplement hatte, jeden Abend dem Publicum
zur Schau stellen. Zu loben ist es, daß die Impressarien ihr keine
Chikanen machten und sie vertragsmäßig bezahlten.

Den 15. Oktober.

Es gibt hier zwei Dilettanten = Concerte. Das eine unter
der Direktion des Grafen Tomasini findet alle vierzehn Tage
in dem Saale des Theaters Fenice statt. In dem, welchem
ich beigewohnt habe, sang Therese Sessi, die ehemals in Wien
engagirt war, zwei Arien, ein Duett und ein Quartett mit vielem
Beifall in ihrer alten Manier, die sich weder gebessert, noch ver-
schlimmert hat. Außer ihr erregte noch ein Dilettant, der mehrere Buffosachen in der ächt italienischen, etwas karikirten Manier
sang, die Aufmerksamkeit der Zuhörer. Alles Uebrige, besonders
Composition und Ausführung der Ouvertüre, war wie gewöhnlich
in Italien höchst erbärmlich.

Das andere ist ein bloßes Uebungs=Concert und findet alle
acht Tage unter der Direktion von Herrn Contin statt. Das
Orchester mit Ausnahme einiger Blas=Instrumente und der Baß-
sisten besteht aus lauter Dilettanten und man executirt größtentheils Symphonien und Ouvertüren von deutschen Meistern. An
ein eigentliches Studium dieser Werke ist aber nicht zu denken;
man ist froh, wenn man sie, ohne stecken geblieben zu sein,
heruntergerissen hat. An dem Tage, wo ich gegenwärtig war,
wurde erst eine uralte Symphonie von Krommer gemacht, worauf

die aus Es-dur von Andreas Romberg folgte. Zum Beschluß
ersuchte man mich, die zweite von Beethoven in D-dur zu
dirigiren, was ich nicht ablehnen konnte. Ich hatte aber meine
liebe Noth; denn man war ganz andere tempi gewohnt, als ich
nahm und schien gar nicht zu wissen, daß es Nüancen von Stärke
und Schwäche in der Musik gibt, denn Alles arbeitete, strich und
blies beständig aus Leibeskräften, so daß mir die Ohren noch
die ganze Nacht von dem höllischen Lärm wehe thaten. Das
Gute hat indessen dieses Uebungs=Concert, daß die Venetianischen
Musikfreunde mehrere unserer classischen Instrumental=Compo=
sitionen, wie die Ouvertüre aus „Don Juan" und der „Zauber=
flöte", die sie bis jetzt noch nicht kennen lernten, zu hören
bekommen und, wenn auch nur dunkel, fühlen lernen, daß
die Deutschen in dieser Gattung von Composition ihnen un=
geheuer überlegen sind. Sie sagen dies zwar selbst, glauben es
aber nicht recht und gestehen es nur ein, um nachher desto un=
genirter ihre Ueberlegenheit im Gesange und der Gesang=Com
position (!!) herauszustreichen zu können. Die Selbstzufriedenheit
der Italiener bei ihrer Geistesarmuth ist überhaupt unerträglich
habe ich ihnen etwas von meinen Sachen vorgespielt, so glauben
sie mich nicht glücklicher machen zu können, als wenn sie mir ver=
sichern, es sei im ächt italienischen Geschmacke.

Den 16. Oktober.

Heute Vormittag besuchten wir in Gesellschaft von drei Schlesiern
den ehemaligen Palast des Dogen. Zuerst erregte die sogenannte
goldene Stiege unsere Aufmerksamkeit. Bis zum ersten Stocke
führt sie außerhalb des Gebäudes, ist von herrlichem Marmor
und mit kolossalen Statuen von schönen Verhältnissen geziert;
bis zu dem zweiten und dritten Stocke führt sie im Inneren, ist
da an den Seiten mit Basreliefs in Marmor, an der Decke mit
vergoldeter Stuccatur und kleinen Fresco=Gemälden und in den
Nischen mit schönen Statuen reich ausgestattet. Dann sahen wir

eine ganze Reihe von Sälen und Zimmern, die wahrhaft grandios verziert waren, die Wände in Oel und die Decken von den besten Meistern gemalt, und dazwischen die reichsten und schönsten Sculptur-Verzierungen, die ich je gesehen. Die Gegenstände dieser Gemälde sind fast ausschließlich Momente aus der venetianischen Geschichte, Danksagungen der Dogen an die h. Jungfrau für erhaltene Siege, oder Ueberreichung der Schlüssel einer von den Venetianern belagerten Festung u. dgl. m. So geschmacklos bei den meisten dieser Gemälde die Zusammenstellung der himmlischen und irdischen Personen auch sein mag, so vortrefflich ist doch die Ausführung und Gruppirung im Einzelnen, besonders bei denen von Paul Veronese. Ueberhaupt gibt es meiner Ansicht nach keine passendere und würdevollere Verzierung eines fürstlichen Palastes als diese, wo mit den Thaten der Nation zugleich der Name des geschickten vaterländischen Künstlers verewigt wird. Wie wenig Sinn hat man in unserer Zeit für diese Art von Patriotismus! Wo ist auf Veranstaltung eines Fürsten bis jetzt etwas von den neuesten Heldenthaten der Deutschen gemalt worden? und wie sehr bedürften doch die jetzigen Künstler einer solchen Aufmunterung und Unterstützung! Und doch rede ich hier nur von Malern und Bildhauern; Dichter und Musiker hätte man ebenfalls auffordern sollen, die Thaten der Deutschen Nation zu verewigen.

Zuletzt sahen wir den großen Bibliotheksaal, der einen wahren Schatz von Gemälden und antiken Statuen enthält. Von der Gallerie dieses Saales hat man eine entzückende Aussicht über den Hafen. — Um einen Vergleich zwischen der ehemaligen Art, Paläste zu verzieren und der neueren machen zu können, ließen wir uns die Zimmer im Gouvernements-Gebäude zeigen, die sich der frühere Vicekönig hatte einrichten lassen. Wir fanden sie zwar niedlich und bequem, aber welch' ein Unterschied zwischen der ernsten Pracht jenes alten Palastes und der faden Zierlichkeit von diesem neuen! Anstatt der Basreliefs von Marmor und der reich

vergoldeten Stuccatur=Verzierungen in jenem fanden wir hier
gemalte, statt der Gemälde von berühmten Meistern, Arabesken
von Schmierern hingesudelt, und sogar Tapeten von Papier oder
Seide.

Den 17. Oktober.

Gestern ist Paganini von Triest wieder hierher zurück=
gekommen und hat also, wie es scheint, sein Projekt, nach Wien
zu gehen, vor der Hand aufgegeben. Heute früh kam er zu mir,
und so lernte ich denn, endlich diesen Wundermann persönlich
kennen, von dem mir, seit ich in Italien bin, fast jeden Tag
vorerzählt wurde. So wie er, hat noch nie ein Instrumentalist
die Italiener entzückt, und ob sie gleich die Instrumental=Aka=
demien nicht sehr lieben, so hat er doch deren in Mailand mehr
als ein Dutzend und hier ebenfalls fünf gegeben. Erkundigt man
sich nun näher, womit er denn eigentlich sein Publikum bezaubere,
so hört man von den Nicht=Musikalischen die übertriebensten Lob=
sprüche, daß er ein wahrer Hexenmeister sei und Töne auf der
Violine hervorbringe, die man früher auf diesem Instrumente nie
gehört habe. Die Kenner hingegen meinen, daß ihm zwar eine
große Gewandtheit in der linken Hand, in Doppelgriffen und
allen Arten von Passagen nicht abzusprechen sei, daß ihn aber
gerade das, was den großen Haufen entzücke, zum Charlatan er=
niedrige und für seine Mängel, — einen großen Ton, einen langen
Bogenstrich und einen geschmackvollen Vortrag des Gesanges, —
nicht zu entschädigen vermöge. Das aber, womit er das italienische
Publikum hinreißt und wodurch er sich den Namen des „Unerreich=
baren", den man sogar unter sein Portrait setzt, erworben hat,
besteht nach genauer Erkundigung in einer Reihe von Herrlich=
keiten, welche in den finsteren Zeiten des guten Geschmackes
der weiland so berühmte Scheller in kleinen Städten, auch
wohl Residenzen, Deutschlands zum Besten gab, und die damals
eben so sehr von unseren Landsleuten bewundert wurden, nämlich
in Flageolet=Tönen, in Variationen auf einer Saite, wobei er,

um noch mehr zu imponiren, die drei übrigen Saiten von der Geige herabzieht, in einer gewissen Art pizzicato von der linken Hand ohne Hülfe der rechten oder des Bogens hervorgebracht, und in manchen der Geige unnatürlichen Tönen, als Fagott=Ton, Stimme eines alten Weibes u. dgl. m. Da ich den Wundermann Scheller, dessen Wahlspruch war: „Ein Gott! Ein Scheller!" nie gehört habe, so möchte ich wohl Gelegenheit haben, Paganini in seiner eigentlichen Manier zu hören, um so mehr, da ich voraussetze, daß ein so sehr bewunderter Künstler auch reellere Verdienste besitzen müsse, als die, von welchen die Rede war. Die Veranlassung zu seiner jetzigen Virtuosität soll eine vierjährige Gefangenschaft gewesen sein, zu der er verurtheilt wurde, weil er seine Frau im Jähzorn erdrosselte. So erzählt man wenigstens ganz laut in Mailand und auch hier. Da er sich, bei ganz vernachlässigter Erziehung, weder mit Schreiben, noch mit Lectüre zu unterhalten wußte, so lehrte ihn die Langeweile alle die Kunststückchen ausdenken und einüben, wodurch er jetzt Italien in Erstaunen setzt. Er hat sich durch sein ungefälliges und unartiges Betragen mehrere der hiesigen Musikfreunde zu Gegnern gemacht und diese erheben mich, nachdem ich ihnen bei mir etwas vorgespielt habe, bei jeder Gelegenheit auf Kosten Paganini's, um ihm weh zu thun, was nicht allein sehr ungerecht ist, indem man zwei Künstler von so ganz verschiedener Manier nie in Parallele setzen soll, sondern auch nachtheilig für mich, weil es alle Anhänger und Bewunderer Paganini's zu meinen Gegnern macht. Seine Widersacher haben einen Brief in die Zeitungen einrücken lassen, in welchem sie sagen, daß ich ihnen durch mein Spiel die Manier ihrer Veteranen im Violinspiel, Pugnani und Tartini, zurückgerufen habe, deren große und würdevolle Art die Violine zu behandeln in Italien ganz verloren gegangen sei und der kleinlichen und kindischen Manier ihrer heutigen Virtuosen habe Platz machen müssen, während die Deutschen und Franzosen diese edle, einfache Spielweise dem Geschmacke der neuesten Zeit anzupassen gewußt hätten. Dieser Brief, der ohne mein Wissen in die heutige Zeitung eingerückt ist, wird sicher eher nachtheilig als vortheilhaft für mich beim Publikum wirken, denn die Venetianer sind nun einmal der festen Ueberzeugung, daß Paganini nicht einmal zu erreichen, viel weniger zu übertreffen sei.

Den 19. Oktober.

Gestern fand unser Concert statt und war besuchter, als ich gehofft hatte, da Alles, was nur die Kosten eines Land=Aufenthaltes aufbringen kann, oder durch sehr dringende Geschäfte nicht an die Stadt gebunden ist, sich auswärts befindet, und ich von allen meinen vielen Adreßbriefen nur den einzigen an den Gouverneur, Grafen Goes, bis jetzt habe abgeben können. Es lohnt sich übrigens nicht der Mühe, Empfehlungsbriefe an Italiener zu überbringen; denn sie nutzen zu gar nichts. Ein frostiges Erbieten zu Diensten, die sie nicht leisten wollen, ist Alles, was man davon hat. Doch ich muß wieder auf das Concert zurückkommen. Es war im Theater St. Luca, nach Fenice dem größten und schönsten in Venedig. Der Besitzer, Herr von Vendremi, hat es mir unter der Bedingung überlassen, daß ich ihm von dem Verkaufe der Logen, die nicht Eigenthümern gehören, zwei Drittel abgeben solle. Es existirt nämlich in ganz Italien der sonderbare Gebrauch, daß die Logen auf immer, so lange das Haus steht, an Partikuliers verkauft werden, wobei sich der Eigenthümer des Hauses aller Rechte auf dieselben begibt. Doch müssen diese Logenbesitzer ihren Eintrittspreis am Eingange eben so gut bezahlen wie jeder Andere. Dieser ist für das ganze Haus derselbe und immer ein sehr geringer; mit den Logen, die dem Besitzer des Theaters bleiben, wird dann Wucher getrieben, und sie werden bei sehr besuchten Vorstellungen zuweilen mit mehreren Carolinen bezahlt. Gestern waren von den Logen nur wenige genommen, so daß Herr von Vendremi nicht viel gewonnen hat. An der Kälte des Publikums beim Anfang meines Spieles merkte ich sogleich, daß man gegen mich eingenommen sein müsse; nach und nach thauete es aber doch auf und am Ende des Concertes war der Beifall so allgemein, daß ich wiederholt hervorgerufen wurde. Alles Folgende, was ich spielte, fand nun weit leichter Eingang und wurde eben so rauschend wie in Mailand beklatscht.

Heute ist denn auch ein sehr günstiger Bericht über das gestrige Concert in der Zeitung erschienen, in welchem zwar in Beziehung auf jenen Brief gesagt wird, daß es ungerecht und einseitig sei, eine Manier über die andere erheben zu wollen und daß in der Kunst kein Monopol für irgend ein Genre existiren dürfe, in welchem man aber auch von mir unter anderem sagt, „daß ich die italienische Lieblichkeit mit aller Tiefe des Studiums, welche unserer Nation eigen sei, verbinde, und daß man mir den ersten Rang unter den jetzt lebenden Geigern einräumen müsse“, Lobsprüche also, mit welchen der eitelste Künstler zufrieden sein könnte.

Den 20. Oktober.

Heute früh war Paganini bei mir, um mir viel Schönes über das Concert zu sagen. Ich bat ihn sehr dringend, mir doch nun auch einmal etwas vorzuspielen, und mehrere Musikfreunde, die eben bei mir waren, vereinigten ihre Bitten mit der meinigen. Er schlug es uns aber geradezu ab und entschuldigte sich mit einem Sturze, dessen Folgen er noch in den Armen spüre. Nachher, als wir allein waren und ich nochmals in ihn drang, sagte er mir, seine Spielart sei für das große Publikum berechnet und verfehle bei diesem nie seine Wirkung; wenn er mir aber etwas spielen solle, so müsse er auf eine andere Art spielen und dazu sei er jetzt viel zu wenig im Zuge; wir würden uns aber wahrscheinlich in Rom oder Neapel treffen, dann wolle er sich nicht länger weigern. Ich werde also wahrscheinlich von hier abreisen müssen, ohne den Wundermann gehört zu haben.

Heute früh hatten wir beim Ausgange ganz unvermuthet die Freude, Meyerbeer und seine ganze Familie anzutreffen.

Er ist jetzt von einer Reise durch Sicilien zurückgekommen, um seinen Eltern, die ihn in fünf Jahren nicht gesehen hatten, ein Rendezvous zu geben, und wird auch von hier über Florenz und Rom nach Neapel zurückkehren, um bei Eröffnung des neuen St. Carlo=Theaters gegenwärtig zu sein. Es war mir ein wahrer Genuß, mich wieder einmal mit einem gebildeten deutschen Künstler über Gegenstände der Kunst unterhalten zu können. Sein Bruder gab mir die erfreuliche Nachricht, daß meine Oper „Faust" in Prag gegeben worden sei. Sie hatten auf ihrer Durchreise einer Probe beigewohnt. Ich sehe nun mit Sehnsucht näheren Nach= richten über die Aufführung entgegen.

Im Theater St. Moise wohnten wir der ersten Aufführung der alten Oper „Don Papirio" bei, die vom Sänger=Personal und Orchester mit vieler Genauigkeit eingeübt war. Die erste Sängerin, Madame Marchesini, schon etwas passirt, zeichnete sich an diesem Abend durch guten Vortrag und gewandtes Spiel sehr vortheilhaft aus. Auch der Buffo, dessen Namen ich nicht weiß, war sehr ergötzlich.

Bologna, den 25. Oktober.

Montag Abends spät reis'ten wir mit dem „Courier" von Venedig ab. Da der Wind sehr günstig war, so machten wir die erste Hälfte der Wasserreise bis dahin, wo man aus den Lagunen in den Canal einfährt, sehr schnell. Zweimal mußten wir eine kleine Strecke der offenen See passiren, den großen und den kleinen Hafen von Chiozza nämlich, wo denn bei der heftig tobenden See unsere Barke so gewaltige Bewegungen machte, daß Dorette und die Kinder förmlich seekrank wurden. Ich entging diesem Uebel nur dadurch, daß ich mich auf das Verdeck an die freie Luft setzte. Als wir dann in den Kanal und später in den Po eingelaufen waren, wo die Barke von Pferden gezogen wurde, ging es langsam und ruhig genug, so daß sich auch die Patienten bald erholten.

Da man mir hier sagt, daß die Reichen der Stadt noch auf

dem Lande und selbst in der vortheilhaftesten Jahreszeit kaum die Concert-Unkosten zu gewinnen sind, so werden wir darauf Verzicht leisten, hier Concert zu geben und morgen früh mit dem Betturino unsere Reise nach Florenz fortsetzen.

Florenz, den 28. Oktober.

Die Reise hierher über die Apenninen war bei sehr schönem Wetter äußerst angenehm. Die Berge, obgleich bedeutend hoch, sind doch fast bis zu ihrer Spitze bewachsen und die Bäume und Gebüsche prangen jetzt in ihrem Herbstkleide mit den schönsten Farben. Einen höchst reizenden Anblick gewährt das Thal, in welchem Florenz liegt. Man glaubt in das Paradies hinabzusteigen, wenn man alle die herrlichen Gärten und Landhäuser von oben übersieht.

Den 2. November.

Florenz entspricht nicht ganz den Erwartungen, die von exaltirten Reisebeschreibern erregt werden. Man nennt Dresden das deutsche Florenz, ehrt es aber dadurch nicht sehr. Die Lage von Dresden sowohl, als die Stadt selbst, sind ungleich schöner. Der Arno ist ein schmutziger, unansehnlicher Fluß und kann sich mit der majestätischen Elbe gar nicht vergleichen. Die vier Brücken, die darüber führen und beide Theile der Stadt verbinden, sind zwar fest und gut, aber weder so lang, noch so elegant wie die Dresdener. Auch hat Florenz weder so schöne Gebäude, noch so schöne Plätze, wie Dresden und übertrifft dieses nur im Reichthum an allen Arten von Kunstwerken. Deren gibt es aber auch so viele hier, daß man kaum Zeit genug finden kann, sie alle zu sehen. Auf dem Platze vor dem alten Palaste stehen mehrere Gruppen kolossaler Statuen in Marmor und Bronze von den berühmtesten älteren Meistern, die diesen übrigens unansehnlichen und unregelmäßigen Platz für den Kunstkenner zu einem der interessantesten der Welt machen. Eine Gruppe in Marmor, den Raub einer Sabinerin vorstellend, hat uns besonders entzückt.

Von diesem Platze hat man nicht weit zu der Kathedrale, einem kolossalen Gebäude mit einer Kuppel, die in Hinsicht auf Umfang und Höhe der auf der Peterskirche in Rom wenig nachgeben soll. Das Aeußere derselben ist ein wenig bunt und nicht sehr geschmackvoll; die Wände sind mit Marmortafeln von verschiedenen Farben belegt, die allerlei Muster bilden. Neben der Kirche steht ein sehr hoher viereckiger Glockenthurm, der auf dieselbe Art verziert ist. Noch gehört dazu eine, zwar von ihr abgesonderte, aber in demselben Style erbaute Taufkapelle mit einer ebenfalls ziemlich hohen Kuppel. An dieser befinden sich die berühmten Thüren von Bronze, von denen Michel Angelo gesagt hat, sie verdienten am Eingange in die Wohnung der Seligen zu stehen, denn für jedes irdische Gebäude wären sie zu schön. Es sind deren drei, und davon zwei in gleichem Styl gearbeitet und verziert. Die einzelne aber ist die bei weitem schönste und hat weit größere Basreliefs als die beiden anderen. Man kann in der ganzen Welt nichts Schöneres in Gruppirung, Zeichnung, Perspective, Zartheit und Reinheit der Ausarbeitung sehen, als diese Basreliefs.

In einer anderen Kirche sahen wir eine Reihe von Grab= mälern, unter denen uns die von Michel Angelo, Nardini und Alfieri besonders interessirten. Auf dem Grabmale des Ersteren befindet sich seine von ihm selbst gearbeitete Büste so wie drei weibliche Figuren (von einem seiner Schüler), welche die drei Künste personificiren, in denen er excellirte: Baukunst, Malerei und Bildhauerkunst, seinen Tod betrauernd. Wie sehr ehrt es die Künstler, die sich solche prächtige Ehrendenkmale ver= dienten, und wie sehr auch ihre Zeitgenossen, die sie ihnen setzten! Wo findet man etwas dem Aehnliches in Deutschland? Wo haben Mozart und Haydn ihre Ehrensäulen? Man weiß in Wien nicht einmal, wo sie begraben liegen.

Am Tage unserer Ankunft und seitdem fast jeden Abend be=
suchten wir das Theater in der Via della Pergola. Man gibt
jetzt eine Oper von Rossini, „L'Italiana in Algeri", und ein
großes Ballet. Rossini ist jetzt der Lieblings=Componist der
Italiener und mehrere seiner Opern, z. B. „Tancred", „Il Turco
in Italia" so wie die obige sind fast in allen italienischen Städten
mit ausgezeichnetem Beifall gegeben worden. Ich war daher
froh, nachdem ich in Mailand und Venedig seine Compositionen
schon so vielfältig hatte loben hören, endlich selbst etwas von
ihm zu vernehmen. Diese Oper hat aber nicht ganz meine Er=
wartungen befriedigt; erstlich fehlt ihr, was aller anderen italie=
nischen Musik fehlt, Reinheit des Styles, Charakteristik der Per=
sonen und vernünftige Berechnung der Länge und Kürze der
Musik für die Scene. Diese unerläßlichen Eigenschaften für eine
Oper, die man classisch nennen will, hatte ich übrigens gar nicht
erwartet, weil man sie in einer italienischen Oper gar nicht ver=
mißt. Man ist ja schon daran gewöhnt, dieselbe Person bald
im tragischen, bald im komischen Style singen und von einer
Bäuerin dieselben pompösen Gesang=Verzierungen zu hören, wie
von einer Königin oder Heldin, bei der leidenschaftlichsten Si=
tuation eine der spielenden Personen allein viertelstundenlang singen
zu hören, während die anderen im Hintergrunde spazieren gehen,
oder, halb in den Coulissen, mit ihren Bekannten reden und scherzen.
Wohl habe ich aber Eigenschaften erwartet, die Rossini's Arbeit
vor der seiner Collegen auszeichnen würden, Neuheit der Ideen
nämlich, Reinheit der Harmonie zc.; aber auch hiervon habe ich nicht
viel gefunden. Was den Italienern in Rossini's Opern neu
erscheint, ist es uns nicht, indem es größtentheils in Deutschland
schon längst bekannte Ideen und Modulationen sind, z. B. der
Vorhalt im Basse beim Anfang des beliebten Duettes im
ersten Akte:

den mir die Muſiker in Florenz als etwas ganz Neues, von Roſſini Erfundenes vorrühmten. In Mailand, wo ich daſ= ſelbe Duett in einem Concerte hörte, hatte man es wahrſcheinlich zu hart gefunden und den fünften und ſechſten Takt ſo geändert:

Oder auch folgende Modulation im Finale des erſten Aktes:

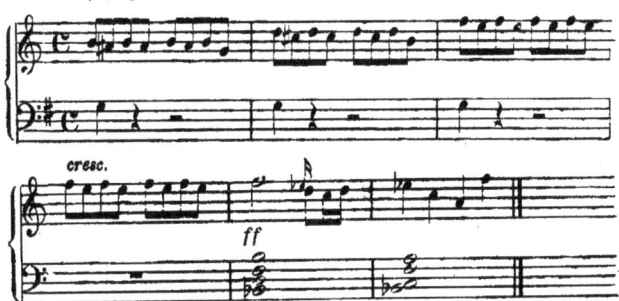

Reinheit der Harmonie ſucht man bei ihm auch eben ſo ver= gebens, wie bei allen anderen neueren italieniſchen Componiſten, und Quintenfolgen, wie dieſe, habe ich mehrere gehört:

In Beobachtung des Rhythmus und in voller Benutzung des Orchesters zeichnet er sich aber vor seinen Landsleuten aus. Die Instrumentirung ist indessen im Vergleich mit der unserigen, von Mozart zuerst eingeführten, noch immer sehr mangelhaft und die Italiener kleben da immer noch zu sehr am Alten. Die Bratschen und Fagotte gehen fast durch die ganze Oper col Basso und die Clarinetten und Oboën im Unisono. Da in den meisten italienischen Orchestern bei sechs bis acht Contra=bässen nur ein einziges, gewöhnlich nicht einmal vorzügliches Violoncell ist, so kennt man die seit Mozart übliche Be=nutzung der Violoncelle zu Mittelstimmen, die, gut angebracht, eine so herrliche Wirkung macht, hier noch gar nicht; auch weiß man aus den Blas=Instrumenten bei weitem den Effekt nicht zu ziehen, wie in Deutschland. Am meisten hat es mich aber ge=wundert, in diesen Opern zuweilen einen sehr holprichten Gesang zu hören, da ein fließender und für die Stimme dankbarer und gut berechneter Gesang die einzige lobenswerthe Eigenschaft der neueren italienischen Opern=Musik ist und für alle übrigen Schwächen und Fehler einigermaßen entschädigen muß. Die beiden folgenden Stellen sind mir am meisten aufgefallen, die erste in einer Arie der Prima Donna, die zweite im ersten Finale, wo sie mehr=mals wiederkehrt.

Beide Stellen sind neben dem, daß sie unsangbar sind, auch gewaltig fade, und die zweite besonders ist bei der ziemlich langsamen Bewegung und da sie öfters wiederkehrt, völlig unerträglich.

Unter den Sängern dieser Oper zeichnet sich nur die Prima Donna, Madame Georgi, aus. Sie hat eine volle, kräftige Stimme von seltenem Umfange, von ＿ bis ＿ Ihre Partie ist für einen Contre-Alt geschrieben und sie kann daher ihre Höhe nur in Verzierungen zu hören geben; ob sie gleich Kraft genug in der Tiefe besitzt, so würde ihr eine tiefe Sopran-Partie doch noch mehr zusagen. Sie hat ebenfalls, wie fast alle Sänger, die wir bis jetzt in Italien gehört haben, die Untugend, zu viel zu coloriren und weiß aus ihrer herrlichen Stimme nicht den gehörigen Vortheil zu ziehen. Da sie überdies, wie man es recht deutlich hört, nichts aus sich selbst nimmt, sondern alles ihr einstudirt werden muß, so bekommt man ihre Verzierungen, die sich Note für Note jeden Abend wiederholen, bald so überdrüssig, daß man sie ohne Widerwillen nicht mehr hören kann. Sie war ehemals blos Dilettantin und singt jetzt erst auf dem dritten

Theater; dafür aber ist sie schon eine recht gewandte Schau=
spielerin.

Das Ballet, welches jeden Abend zwischen den beiden Akten
der Oper gegeben wird, ist das prächtigste von allen, welche ich bis
jetzt sah. Es heißt, glaube ich, „Die Zerstörung des occidenta=
lischen Reiches" und zeichnet sich dadurch vorzüglich aus, daß
immer große Massen von Menschen in Thätigkeit sind und die
kühnsten und überraschendsten Gruppen bilden. Es ist mit einer
außerordentlichen Genauigkeit einstudirt und wird auch jeden
Abend mit derselben Präcision gegeben. Zuletzt kommt ein Ca=
vallerie=Gefecht vor, was indessen immer ein wenig steif und
linkisch aussieht.

Den 8. November.

Gestern Abend fand unser Concert im Theater della Pergola statt. Der Großherzog, dem ich einen Brief von seinem
Bruder Rudolph gebracht habe und der mich einigemale sehr
gnädig bei sich empfangen hat, beehrte es in Gesellschaft seiner
ganzen Familie mit seiner Gegenwart. Das zwar nur kleine,
aber auserwählte Publikum war sehr animirt und ließ sich durch
die Gegenwart des Großherzogs, der wie gewöhnlich mit einem
Applaudissement empfangen wurde, nicht abhalten, auch mir seinen
Beifall laut zu erkennen zu geben. Die Musik machte sich in
dem großen sonoren Theater sehr gut; das Accompagnement war
aber nicht das beste. — Heute sind eine Menge Aufforderungen
an mich gelangt, in nächster Woche ein zweites Concert zu geben,
von dem man mir einen besseren Erfolg verspricht. Ich will den
Versuch wagen, obgleich der Großherzog, der morgen seinem
Bruder Rainer bis Pisa entgegen reis't, nicht hier sein wird.
Das gestrige Concert hat mir, das Geschenk vom Großherzog ab=
gerechnet, nicht mehr als die Abendunkosten eingetragen, da diese
wie immer bedeutend waren, der Eintrittspreis nur drei Paoli
betrug und ich auch wieder nicht über eine einzige Loge disponiren

konnte. Ein sehr vortheilhafter Bericht über mein Concert ist heute Nachmittag in der Zeitung erschienen.

Den 12. November.

Da wir jetzt mehreremale die Gallerie besucht und alles darin Enthaltene mit Aufmerksamkeit betrachtet haben, so will ich auch einige Worte, nicht über die darin sich befindenden einzig herrlichen Kunstwerke, denn die sind schon oft und vortrefflich geschildert worden, sondern über den Eindruck niederschreiben, den dieselben auf mich gemacht haben. Zuerst muß ich die in Italien gar nicht gewöhnliche Humanität loben, mit der die Gallerie dem Publicum geöffnet ist. Man findet am Eingange in vier bis fünf Sprachen angeschlagen, daß es den Aufsehern der Gallerie bei Verlust ihres Amtes verboten ist, das geringste Geschenk anzunehmen. Ob sie dieses nun gleichwohl nicht allzu streng befolgen, so ist man doch vor aller zudringlichen Bettelei, von der man in Italien überall verfolgt wird, an diesem durch die Kunst geheiligten Orte völlig sicher und kann sich dem Genusse ruhig hingeben.

Ich habe mir zu meiner Nach-Erinnerung das Lokal aufgezeichnet und die Plätze bemerkt, wo die Kunstwerke stehen, die den größten Eindruck auf mich gemacht haben. Da ich mich nie weder eines Führers noch eines Buches bediene, um die Merkwürdigkeiten einer Stadt aufzufinden (ich mag mir nicht vorschreiben lassen, was ich bewundern soll, und mich nicht des Vergnügens berauben, die durch den Ruf mir bekannten Kunstwerke in einer Gallerie selbst aufzufinden), so ist es leicht möglich, daß ich mich in mancherlei geirrt habe. Am ersten Tage besah ich lange und aufmerksam die Kunstwerke, die in der Gallerie selbst befindlich sind, ehe die Zimmer, in welchen sich das Auserwählte befindet, geöffnet wurden. Ich bin noch jetzt darüber froh, da ich später. nachdem ich das Vollendetste der Kunst gesehen hatte, mich nie mehr bei den in der Gallerie aufgestellten Kunstwerken verweilen mochte. Eine Ausnahme hiervon macht die Gruppe des Laokoon, die ich immer mit erneuetem Genuß gesehen habe. Als nun das Heiligthum der Kunst geöffnet wurde, erblickten wir zuerst die berühmte Mediceische Venus, deren vollendete, über alles reizende Formen durch einen hinter ihr hängenden großen roth= sammetnen Vorhang noch mehr gehoben werden. Mit ihr in der= selben Rotunde befindet sich das Höchste, was bis jetzt durch Meißel und Pinsel hervorgebracht ist, der Apoll von Belvedere *) und der Johannes, von Raphael. Es gewährt einen ganz eigenen Genuß, in diesen drei Kunstwerken das höchste Ideal menschlicher Schönheit bewundern zu können. Nach wiederholtem Betrachten und langem Schwanken hat bei mir aber doch der Johannes den Preis davon getragen. Etwas Reizenderes und zugleich Edleres wie die ganze Gestalt dieses Jünglings kann sich die lebhafteste Einbildungskraft nicht denken. Ein wenig hat zu dem Siege auch wohl der Umstand beigetragen, daß der Apoll sowohl wie die Venus in dreiviertel Lebensgröße sind, eine Pro= portion, die mir nicht ganz glücklich gewählt zu sein scheint, da den Figuren, so nahe an der wahren Größe, immer etwas zu fehlen scheint, was, wenn sie kleiner wären, nicht der Fall sein würde. Der Apoll hat doch eine, wohl ein wenig zu weibische Schönheit, was nicht von mir allein, sondern auch von meiner Frau und mehreren anderen Anwesenden bemerkt wurde. In diesem Zimmer befinden sich noch eine Menge anderer Meister= werke, unter denen mir ein Kopf von Raphael, die Venus von Titian und eine Fechtergruppe in Marmor den meisten Genuß gewährt haben. Von den in den Seitenzimmern nach den Schulen geordneten Gemälden hat mir ein weiblicher Kopf von Carlo Dolce am meisten gefallen; doch kehrt man nach kurzem Verweilen immer wieder zu den Perlen der ganzen Samm= lung zurück.

---

*) Es ist der Apollino. Diesen Irrthum hat Spohr selbst später be= richtigt.

Auf der anderen Seite des Gebäudes befindet sich in zwei Zimmern die Sammlung der Bronzen, unter denen der berühmte auffliegende Merkur die meiste Bewunderung erregt. In einem anderen Saale ist eine Sammlung von Nioben, unter denen auch herrliche Kunstwerke sind. Außerdem sahen wir noch unzählige Portraits von berühmten Meistern, größtentheils von ihnen selbst gemalt.

Den 13. November.

Hinter der Residenz des Großherzogs befindet sich ein großer Garten, den man, ich weiß nicht warum, Boboli nennt. Er ist am Sonntage und Donnerstage für Jedermann offen. Am vorigen Sonntage, wo wir ihn zum zweitenmale besuchten, hörten wir nachher in der Hof=Kapelle die Messe. Der Großherzog, der eine Sammlung von drei= bis vierhundert Messen von den berühm= testen Meistern aller Zeiten besitzt, hatte diesmal eine von Michael Haydn zur Aufführung gegeben; sie wurde ziemlich genau exe= cutirt, doch war man genöthigt, ein sehr einfaches Solo für Tenor=Posaune auf der Bratsche zu spielen. Die Musiker fragten mich nachher, ob wir in Deutschland Posaunisten hätten, die solche Soli vortragen könnten!

Auf dem Rückwege machte uns unser Lohnbedienter auf den in bedeutender Höhe geführten bedeckten Gang aufmerksam, der von der Residenz durch mehrere Straßen bis an das Wasser, dann über eine der Arno=Brücken quer über den Fluß und noch durch einige Straßen bis zum Regierungs=Gebäude führt, in welchem sich auch die Gallerie befindet. Der Großherzog bedient sich dieses wenigstens eine Viertelstunde langen Ganges, um trockenen Fußes die Geheimeraths=Versammlungen zu besuchen.

Den 15. November.

Unser gestriges Concert war nicht besuchter, als das erste und hat uns folglich nichts eingetragen. Ich habe mich nun über= zeugt, daß für einen Instrumentalisten auch unter den günstigsten

Umständen, wenigstens in Florenz, nichts zu gewinnen ist, und zwar 1) weil die Italiener die Instrumental-Musik zu wenig achten und lieben und 2) der Eintrittspreis im Verhältniß mit den bedeutenden Unkosten viel zu gering ist. Als etwas Merkwürdiges muß ich mir notiren, daß ein Theil des Orchesters, namentlich alle Geiger, keine Bezahlung genommen haben, was von Leuten, die von ihrem täglichen Gewinne leben müssen, und besonders von Italienern, die sich Alles, wo möglich dreidoppelt, bezahlen lassen, allerdings zu verwundern ist. Uebrigens wurde mein Spiel gestern mit noch größerem Beifalle aufgenommen, als das erstemal. Madame Georgi sang die beliebte in ganz Italien nachgesungene Cavatine aus „Tankred" von Rossini mit folgendem Thema sehr vorzüglich:

Zu tadeln war wieder, daß sie das Thema bei seiner Wiederkehr so verzierte, daß vom ursprünglichen Gesange nichts zu erkennen war. Herr Sbigoli, erster Tenorist am Theater della Pergola, der auch schon im ersten Concerte mitgewirkt hatte, sang wieder zwei Arien mit guter Schule und vieler Anstrengung, aber wenig Stimme. Er ließ sich ebenfalls, wie die Sänger in Venedig und Mailand, die in meinen Concerten gesungen haben, bezahlen, begnügte sich aber mit der sehr mäßigen Summe von einem Carolin für jedes Concert.

Wir machten heute Nachmittag noch zu guterletzt eine Wanderung an die Porta Romana, um dort das durch seine Entstehung merkwürdige Fresco-Gemälde zu sehen, welches sich an einem kleinen, unansehnlichen Hause befindet. Man erzählt davon Folgendes: Die Medicis hatten die berühmtesten Maler der damaligen Zeit aus Rom verschrieben, um die Kapelle, glaube ich, al fresco malen zu lassen. Die Florentiner Maler erfuhren dies erst den Tag vor der Ankunft der Fremden, und eifersüchtig über den Vorzug, den jene erhielten, beschlossen sie, ihnen wenigstens zu zeigen, daß sie eben so tüchtig zu der Arbeit gewesen wären, wozu jene berufen waren. Sie vereinigten sich daher und malten in einer einzigen Nacht beim Scheine der Lichter dieses große Fresco=Gemälde, wovon jetzt zwar nur noch wenige Spuren da sind, die aber doch hinlänglich die Vortrefflichkeit der Arbeit be=zeugen können. Da das Haus, in welchem sich dieses Gemälde befindet, so gelegen ist, daß es durchaus den ersten Blick des zum Thore Hereinkommenden auf sich ziehen muß, so bemerkten die fremden Maler auch sogleich das vor wenigen Stunden erst fertig gewordene Kunstwerk, und da damals die Bescheidenheit unter den Künstlern noch nicht so selten war wie heutigen Tages, so kehrten sie auf der Stelle wieder um und ließen den Medicis sagen: sie begriffen nicht, warum man sie verschrieben habe, da es in Florenz Künstler gebe, die in einer einzigen Nacht ein so vorzügliches Kunstwerk zu Stande bringen könnten, wie sie ge=sehen hätten. Man übertrug nun natürlicherweise die Arbeit den Florentinern.

Wir haben unsere Abreise auf morgen festgesetzt. Einiges Merkwürdige, wie z. B. das Grab der Medicis, welches wir noch nicht sehen konnten, müssen wir bis zu unserer Zurückkunft ver=schieben.

Rom, den 22. November.

Gestern Abend sind wir endlich nach einer langen und un=angenehmen Reise in der ehemaligen Hauptstadt der Welt ange=kommen. Unangenehm war die Reise 1) durch die Langsamkeit unseres Vetturino, der außer uns, die wir das Innere seines Wagens für zwölf Louisd'or inclusive Nachtlager und Abend=essen gemiethet hatten, noch in dem sogenannten Cabriolet drei andere Reisende aufgeladen hatte, folglich nur Schritt fahren konnte; 2) durch die rauhe Witterung und die für Italien be=deutende Kälte, gegen die man in den Nachtquartieren so wenig

Schutz findet, weil Fenster und Thüren immer handbreit offen
stehen, die Fußböden von Stein und die gewöhnlich sehr
hohen Zimmer durch ein Kaminfeuer nicht zu erwärmen sind;
3) durch die Aermlichkeit und Unsauberkeit dieser Nachtquartiere
selbst und 4) durch die uninteressanten und öden Gegenden, durch
welche die Straße führt. Man hat die Wahl zwischen zwei Wegen.
Der eine längere, aber interessantere, über Perugia hat sieben,
der kürzere über Siena sechs Tagereisen. Wir haben den letz=
teren gemacht. Bis Siena ist er nicht ohne Interesse, auch
ist es eine reinliche und hübsche Stadt, die überdies den Ruf
hat, daß man dort das reinste Italienisch spricht. Von da an
führt der Weg aber durch lauter öde Gegenden. Man sieht
weder Häuser noch Bäume, nur dann und wann die trau=
rigen Denkmale römischer Justiz, das sind: lange Pfähle mit
daran hängenden Armen und Beinen von Räubern und Mördern.
Wie in einem Lande, wo der Boden ungedüngt zwei Ernten
gibt, die eine von Korn, die andere von türkischem Weizen, die
Menschen durch Hungersnoth zu Räubereien gezwungen werden
können, ist unbegreiflich; und doch ist dem so. So lange Ueberfluß
an Getreide ist, sind alle Straßen sicher, sobald der Hunger wüthet,
hilft die strengste Mannszucht nichts. Unter französischer Regierung
war es bei Galeerenstrafe verboten, ein Messer bei sich zu tragen;
zog Jemand bei einem Streite wider seinen Gegner ein Messer,
so wurde er als Mörder betrachtet und ohne Gnade aufgehängt.
Durch solche Maßregeln wurde die öffentliche Sicherheit bald
hergestellt und lange Zeit hörte man nichts von Mordthaten.
Jetzt, wo zwar jene Verbote noch fortdauern, über ihre Befolgung
aber nicht streng gewacht wird, fängt die Unsicherheit schon wieder
an; selbst in den einsamen Straßen der Stadt darf man es nicht
wagen, allein zu gehen.

Ehe wir in ein Wirthshaus fahren durften, mußten wir auf
die Douane, wo unsere Koffer und übrigen Gepäcke auf das Ge=
naueste visitirt wurden. Für meine Violine, obgleich sie alt und

zu meinem eigenen Gebrauche ist, mußte ich eine Abgabe von sieben Paoli zahlen.

Den 5. Dezember.

Dies ist die erste Musik, die wir in Rom gehört haben und seitdem so oft wieder hörten, daß ich sie leicht habe aufschreiben können. In der Zeit des Advents, wo alle öffentliche Musik verboten ist, die Theater geschlossen werden und eine wahre Todtenstille herrscht, kommen ganze Züge von Dudelsack-Virtuosen aus dem Neapolitanischen, spielen erst vor allen Heiligenbildern und sammeln sich dann in den Häusern und auf den Straßen einen Zehrpfennig. Gewöhnlich sind sie zu zweien, wovon der eine den Dudelsack und der andere die Schalmei spielt. Die Musik ist bis auf einige unbedeutende Abweichungen von allen dieselbe und es soll ihr eine uralte heilige Melodie zu Grunde liegen. So wie sie jetzt von den Leuten ausgeführt wird, klingt sie ziemlich profan. In einer gewissen Entfernung angehört, macht sie sich indessen doch nicht übel; die Partie des Dudelsackes gibt ungefähr den Effekt, als wenn drei Clarinetten geblasen werden, die der Schalmei klingt wie eine etwas derbe Oboë. Auffallend ist die reine Stimmung sowohl des Dudelsackes an sich, wie auch zu der Schalmei. Wo man jetzt auch geht, in welcher Gegend der Stadt es auch sei, hört man die obige Musik.

Am vorigen Sonntag führte mich der Prinz Friedrich von Gotha in die berühmte Sixtini'sche Kapelle, wo ich zum erstenmale den Papst, umgeben von allen Cardinälen, im höchsten kirchlichen Prunke sah und seinen berühmten Sängerchor hörte. Bin ich anders organisirt wie andere Reisende, oder sind durch Reisebeschreibungen meine Erwartungen immer zu hoch gespannt, mich hat weder die Musik, noch das Lokal, noch die kirchliche Ceremonie erfreut und ergriffen. Der Sängerchor bestand etwa aus dreißig Personen, die sich ziemlich derb und ungeschlacht zu vernehmen gaben. Die Soprane, größtentheils schon ziemlich alte Männer, sangen recht oft falsch, überhaupt war die Intonation nichts weniger als rein. Den Anfang machten uralte zweistimmige Melodien, die von den Sängern mehr deklamatorisch herausgestoßen als gesungen wurden. Hierauf folgten dann vierstimmige, im gebundenen Style geschriebene und mit kanonischen Eintritten versehene Sachen, deren Compositionen mir sehr würdevoll, im ächten alten Kirchenstyle und für das Lokal wohl berechnet schienen. Die Ausführung war zwar richtig, aber wie gesagt zu derb und nicht besser, als man sie von unseren meisten deutschen Sing-Chören in ähnlicher Weise hören könnte. Es wechselten drei-

und vierstimmige Soli mit den Chören ab; einigemal hörte
man auch das, durch nach und nach eintretende Stimmen bewirkte
crescendo und das auf die entgegengesetzte Art hervorgebrachte
diminuendo, welches bei dem berühmten Miserere am Char=
freitag eine so hinreißende Wirkung hervorbringen soll. Auch
heute war es nicht ohne Wirkung; man kann dies aber ebenfalls
von jedem gut eingesungenen Chor mit gleichem Erfolge hören.
Das Lokal ist allerdings für einfachen, langsamen Kirchengesang
äußerst vortheilhaft, indem es dort sehr schallt und die Stimmen
recht in einander fließen; ich kenne aber in Deutschland mehrere
Kirchen, z. B. die Schloß=Kapelle in Würzburg und die katho=
lische Kirche in Dresden, wo die Musik noch besser klingt. Auch
habe ich mich von neuem überzeugt, daß Vokal= und Instrumental=
Musik vereint auch in der Kirche weit effektvoller ist, als reine
Vokal=Musik, die immer etwas monoton bleibt und wegen ihrer
beschränkten Grenzen ermüdend wird. In der päpstlichen Kapelle
ist aber nie Instrumental=Musik, als der kirchlichen Etiquette zu=
wider. Was endlich die Ceremonien betrifft, die, den Berichten
der Reise=Beschreibungen nach, am Charfreitage so herzerhebend
und den Effekt der Musik unendlich verstärkend sein sollen, so
war dies am Sonntag durchaus nicht der Fall; im Gegentheil
fiel manches vor, was einem unbefangenen Zuschauer lächerlich
vorkommen mußte, z. B. das wie auf ein Kommandowort oft
wiederholte Abnehmen der kleinen rothen Käppchen der Cardinäle,
die täppische Ungeschicklichkeit von mehreren ihrer Diener beim
Nachtragen der langen violetten Schleppen und beim Zureichen
und Wiederabnehmen der Käppchen u. dgl. m. Auch hat es mich
jedesmal empört, wenn ich sah, daß die Messe lesenden Geistlichen
und der Prediger, ehe er die Kanzel bestieg, sich vor dem Papste
niederwarfen und ihm den rothen Pantoffel küßten, wo jedesmal
vorher zwei Diener, auf ein Knie niedergelassen, ihm den großen
Mantel auseinanderbreiteten und den Priesterrock aufhoben, so
daß er den Fuß zum Kusse aufheben konnte. Auch reichte ihm

keiner seiner Diener irgend etwas, z. B. das Schnupftuch, ohne vorher niederzuknien. Heißt das nicht die Menschheit entwürdigen!

Das berühmte jüngste Gericht von Michel Angelo und alle übrigen Fresko=Gemälde, womit die Kapelle ausgeschmückt ist, haben schon sehr gelitten und sind vom Rauche geschwärzt worden. Doch sieht man von ersterem, welches die ganze Wand hinter dem Altar einnimmt, noch immer genug, um die ungeheuere Com=position und den Meisterpinsel des Künstlers in der Ausführung bewundern zu können.

Nach der Messe wurde vom Papste im Gefolge aller Car=dinäle das Sakrament in die Paulinen=Kapelle gebracht, welche, von unzähligen Lichtern erleuchtet, auf den ersten Blick einen imposanten Eindruck machte. Da wir früher dort waren, so hörten wir den Gesang des Sänger=Chores, der dem Zuge voran ging, nach und nach immer näher kommen, was ein schönes crescendo bildete. Ein stilles Gebet, wobei Alles auf den Knieen lag, beschloß hier die Ceremonie.

Es existiren in Rom zwei Privat=Musiken. Die eine, eine Art von Sing=Akademie, findet jeden Donnerstag im Hause ihres Stifters, des Gesang= und Clavier=Lehrers Sirletti, statt. Es versammeln sich bei ihm etwa dreißig bis fünfunddreißig Sänger, größtentheils Dilettanten, unter denen einige sehr schöne Stimmen sind, wie z. B. die von Madame Vera (geb. Häser) und von Signore Moncade, Tenorist. Wir waren bis jetzt zweimal dort. Am ersten Tage gab man uns Deutschen zu Ehren Mozart's Requiem, und zwar recht kräftig und rein; besonders gut wurden alle Soli und das Quartett gesungen. Madame Vera mit ihrem herrlichen, sonoren Organ, mit ihrer festen Intonation und ihrem schönen Tragen der Stimme, sang ihre Partie ganz untadelhaft. Besonders rein und gut wurde auch die große, sehr schwierige Fuge gesungen. Das einzige Störende bei dieser Aufführung, die mir außerdem großen Genuß gewährt haben würde, war Herrn Sirletti's Clavier=Accompagnement aus der Partitur. Ich hätte es wohl nicht besser erwarten sollen; denn wo wollte ein italienischer Gesang= und Clavier=Meister die Harmonie-Kenntniß hernehmen, um eine Mozart'sche Partitur übersehen und richtig spielen zu können? Da man mir aber im voraus seine tiefen (!) Kenntnisse der Harmonie gerühmt hatte, so erwartete ich es doch etwas besser. Er griff mitunter so barbarische Harmonien, daß Mozart, wenn er sie gehört hätte, sich noch im Grabe umgewendet haben würde. Nach dem Requiem sang man ein mir unbekanntes Stück von Händel und zum Schlusse das Halleluja; letzteres besonders kräftig und rein.

Am vorigen Donnerstag wurden zwei= und dreistimmige Psalmen von Marcello gesungen. Diese Psalmen, welche die Italiener als classische Meisterwerke betrachten, von denen vor einigen Jahren eine Pracht=Ausgabe mit langen Commentaren über die Schönheiten jedes einzelnen Psalms herausgekommen ist, haben mir zwar recht gut gefallen, so etwas Ausgezeichnetes fand ich aber nicht daran; ich bin im Gegentheil überzeugt, ob ich gleich die deutschen Werke dieser Gattung nicht sehr kenne, daß wir Compositionen der Art von Bach und Anderen besitzen, die diesen bei weitem vorzuziehen sind. Sie scheinen mir besonders in der Form vernachlässigt, entfernen sich oft lange von der Haupt-Tonart und schließen sogleich nach der Wiederkehr in die Tonika sehr unbefriedigend. Die dreistimmigen fangen gewöhnlich mit Sopran und Tenor an, und bei der Wiederholung tritt dann erst der Baß ein; diese dritte Stimme war aber nie wesentlich und klang immer wie ein Orchester=Grundbaß; doch waren einige darunter, wo die Stimmen canonisch geführt sind, und diese zeichneten sich auch sehr aus. Im Ganzen war aber die Stimm-führung und Modulation sehr monoton und dieselben Eintritte und Vorhalte kehrten in allen wieder. Auch bei diesen Psalmen war das Accompagnement von Herrn Sirletti wieder sehr störend, und besonders unangenehm fiel mir eine unreine Voll=griffigkeit auf, die bei diesen einfachen, dreistimmigen Sachen

doppelt am unrechten Plaße war. Dabei hat er, wie alle Ita=
liener, die ich bisher accompagniren hörte, die verwünschte Mode,
die Baßnoten in der rechten Hand zu verdoppeln, was bei einigen
Accorden, z. B. $^6/_5$=Accord, auf dem Leittone völlig unerträglich
klingt. Daß auf diese Art bei dem Auflösen überdies Oktaven
entstehen müssen, scheint die Herren nicht sehr zu kümmern und
ihre Ohren nicht zu beleidigen. Unangenehm fiel es mir auch
auf, daß einige anwesende Deutsche sich so entzückt stellten; wozu
sollen diese Grimassen? Die Italiener könnten wahrhaftig glauben,
wir hätten in Deutschland so etwas Gutes noch nicht gehört.
Wann werden doch die Deutschen einmal aufhören, die blinden
Bewunderer und Affen der Fremden zu sein!

Die zweite Privat=Musik findet jeden Montag bei Signor
Ruffini, Besißer der großen Darmsaiten = Fabrik, statt. Es
werden da Opern vor einem Auditorium von 200—250 Personen
ebenfalls von Dilettanten als Concert aufgeführt. Die Sänger
stehen auf einer kleinen Erhöhung, das aus vier Violinen, Viola,
Violoncell, Contrabaß, zwei Clarinetten, zwei Hörnern und
einem Fagott bestehende Orchester ist rund herum auf ebenem Boden
placirt. Am vergangenen Montag, wo der Prinz Friedrich
uns dort einführte, wurde eine alte Opera buffa von Paisiello
gegeben. Die Wahl war für eine Concert=Musik eben nicht die
beste. Eine komische Opern=Musik kann nur in der Scene, mit
der dazu gehörigen Handlung verbunden, den beabsichtigten Effekt
machen; diese schien mir aber auch noch außerdem ziemlich gehaltlos
und fade. Die Ausführung war von Seiten der Sänger und
des Orchesters gleich schlecht, nur Herr Moncade mit seiner
schönen Tenorstimme zeichnete sich aus. Zwischen beiden Akten
blies ein Dilettant das erste Allegro eines Clarinett=Concertes mit
vieler Fertigkeit und ziemlich gutem Ton, aber höchst geschmack=
losem Vortrage. Er bestätigte von neuem die schon früher von
mir gemachte Bemerkung, daß die italienischen Virtuosen und
Dilettanten ihr ganzes Bestreben dahin gerichtet sein lassen, sich

mechanische Fertigkeit zu erwerben, daß sie sich aber in Hinsicht eines geschmackvollen Vortrages sehr wenig nach den guten Mustern bilden, die ihnen ihre besseren Sänger sein könnten, während unsere deutschen Instrumentalisten gewöhnlich einen sehr gebildeten und gefühlvollen Vortrag besitzen, den sie ohne jene Vorbilder aus sich selbst schöpfen müssen.

Den 7. December.

Da sich uns in Rom eben so wenig wie in den anderen italienischen Städten große Musik-Kunstgenüsse darbieten (sogar hier im Augenblick noch weniger, weil alle Theater geschlossen sind), so müssen wir uns auch, gleich allen anderen Reisenden, an die Erzeugnisse der Baukunst, Malerei und Bildnerei aus der früheren blühenden Zeit italienischer Kunst halten. Von diesen gibt es nun freilich hier einen Reichthum wie in keiner anderen Stadt der Welt. Wohin man geht, in den Straßen, auf den Plätzen, in den Palästen, Kirchen und Gärten, allenthalben sieht man Säulen, Obelisken, Statuen, Basreliefs und Gemälde. Zuerst durchwanderten wir die Straßen, um die Ueberbleibsel altrömischer Baukunst kennen zu lernen. Das ehrwürdige Pantheon, das Forum Romanum mit seinen Triumphbögen und Säulen, und besonders das Colosseum haben uns mit Erstaunen, Bewunderung und Ehrfurcht erfüllt. Dann bestiegen wir das Capitol, sahen den Tarpejischen Felsen und tausend andere durch die Römische Geschichte interessant gewordene Plätze und Gegenstände.

Am folgenden Tage kamen wir zu des unsterblichen Michel Angelo Meisterwerke, der Peterskirche. Mehrere Reisende, deren Erwartungen von diesem Riesengebäude bei eigener Ansicht nicht befriedigt worden waren, hatten die meinige sehr herabgestimmt, und daher kam es vielleicht, daß es auf mich einen gewaltigen Eindruck machte. Schon der Vorplatz mit den im Halbzirkel geführten Säulengängen, dem Obelisken und den zwei colossalen Springbrunnen imponirt gewaltig. Betritt man dann aber das Innere der Kirche, so wird man von Erstaunen und Be-

wunderung über die Pracht der Ausschmückung hingerissen. Ohne
überladen zu sein, enthält sie einen Reichthum von Mosaik=
Gemälden, Statuen und Basreliefs, daß man wochenlang zu
thun hat, um alle einzelnen Kunstwerke zu sehen. Da alle diese
Sachen im schönsten Verhältnisse zu einander stehen und colossal
wie der ganze Bau sind, so täuscht man sich im ersten Augenblicke
gewaltig über die Größe der Kirche. Betrachtet man dann aber
die einzelnen Gegenstände genauer und findet z. B., daß die
Engelchen, die das Weihwasser=Becken halten, in der Nähe gesehen größer sind, als der längste preußische Grenadier, so findet
man die Angaben der Baukünstler, die sie ausgemessen haben,
glaublicher, nach welchen z. B. der Straßburger Münster recht
bequem in der Kuppel stehen könnte, ohne mit der Spitze des
Thurmes höher, als in die Laterne zu reichen. Indessen muß
man doch das Innere der Kuppel selbst ersteigen, um sich von
der Richtigkeit der anderen Angaben zu überzeugen, daß z. B. die
Feder des h. Petrus acht Fuß lang sei, daß vier Menschen
bequem neben einander auf dem Gesimse herumgehen können
u. dgl. m.

Aus der Kirche gingen wir ins Vatikanische Museum. Der
Reichthum der darin befindlichen Kunstschätze und Alterthümer
und die Größe und Pracht des Lokales übersteigt alle, auch die
gespanntesten Erwartungen. Zuerst betritt man eine lange Gal=
lerie, in welcher auf beiden Seiten in die Mauer altrömische
Inschriften und Gedenksteine eingesetzt sind, welche wenig Interesse
für uns hatten. Dann kamen wir in eine zweite Gallerie, in
welcher sich eine unzählige Menge von Statuen, Köpfen und
Bruchstücken befinden. Nun betraten wir das berühmte Belvedere,
wo rings um einen runden, offenen Hof, in dessen Mitte sich ein
Springbrunnen befindet, eine Menge von Nischen, Zimmern und
Sälen mit das Kostbarste enthalten, was die alte und neue
Kunst hervorgebracht hat. Zuerst sahen wir in einer der Nischen
den berühmten Apoll von Belvedere, dessen Gestalt noch

immer als das höchste Ideal einer kräftigen, männlichen Schönheit betrachtet wird. Durch einen Irrthum, der mir wohl zu verzeihen ist, da ich, wie schon gesagt, mich nie eines Führers noch Buches bediene, hatte ich in der Gallerie zu Florenz jene etwas zu weibische Figur für den allgemein bewunderten Apoll von Belvedere genommen. Jene Statue, die auch von ausgezeichneter Kunstschönheit ist, wird, wie ich nun belehrt worden bin, der Apollino genannt. In einer zweiten Nische sahen wir die berühmte Gruppe von Laokoon und seinen Söhnen, in einer dritten drei Meisterwerke von Canova: einen Perseus und zwei römische Fechter. Der Perseus ist eine wunderschöne Figur, aber augenscheinlich dem Apoll nachgebildet; denn der Kopf so wie die Haltung des Körpers und des Mantels gleichen jenem auffallend. Der eine der Kämpfer soll mehr einem englischen Boxer, als einem römischen Fechter ähnlich sehen; so urtheilen wenigstens die Schüler und Anhänger Thorwaldsen's, welche überhaupt Canova die allerdings tadelnswerthe Eitelkeit nicht verzeihen können, daß er seine Werke, als die einzigen modernen, in ein Museum von Antiken aufgestellt hat. Urtheilt man aber ohne persönliche Rücksichten, so muß man eingestehen, daß er, besonders im Perseus, ein herrliches Kunstwerk geschaffen hat, und daß es hunderte von Antiken im Museum gibt, die diesem an Kunstschönheit nicht gleichkommen.

In einem der Zimmer findet man eine Menge Thiere, einzeln und in Gruppen, von Marmor und anderen noch kostbarern und seltenern Steinarten von der vollendetsten Arbeit. Ich wüßte unter all' dem Vortrefflichen nichts Einzelnes herauszuheben, ohne dem Uebrigen zu nahe zu treten. In anderen Zimmern gibt es Vasen von ungeheurer Größe, aus ägyptischem Granit und Porphyr, Schalen, Brunnen und Sarkophage mit Basreliefs, Arabesken und anderen Verzierungen, sowie Statuen in allen Größen. Ein zweirädriger römischer Wagen, wie sie bei Wettrennen gebräuchlich waren, mit zwei unvergleichlich schönen Pferden, hat uns besonders gefallen. Die Pracht der Säle, Ro=

tunden, Zimmer und Treppen geht über Alles, was wir bis jetzt sahen. Der Fußboden besteht fast nur aus antiker Mosaik und die Decken sind mit den herrlichsten Fresko=Gemälden geziert.

Aus dem Belvedere führen zwei prächtige Treppen eine Etage höher wieder in eine lange Gallerie. Dann betritt man die Zimmer, in welchen die nach Raphael'schen Zeichnungen gewirkten Tapeten aufgehängt sind. Auf diesen soll nun freilich nicht blos das Colorit schlecht sein, wie gewöhnlich auf Tapeten, sondern auch die Zeichnung verfehlt, so daß sie von den Kunstkennern wenig geschätzt werden. Aus der Composition und ganzen Anordnung leuchtet indessen doch Raphael's Geist hervor.

Nun kommen die berühmten Stanzen von Raphael, die von Malern und Kunstkennern für das Kostbarste und Schönste nicht blos in Rom, sondern in der ganzen Welt gehalten werden. Eins dieser Zimmer hat er ganz allein vollendet; in den anderen rühren nur einzelne Figuren von ihm selbst her; das Uebrige haben seine Schüler und Freunde nach seinen Zeichnungen und unter seiner Aufsicht gemalt. Die Gemälde sind weit besser er= halten, als z. B. die in der Sixtinischen Kapelle und können bei der Sorgfalt, mit der man sie jetzt bewahrt, noch Jahr= hunderte lang die Bewunderung der Kenner auf sich ziehen. Es ist indessen doch ein betrübender Gedanke, daß beinahe das Voll= endetste, was der Raphael'sche Geist und Pinsel geschaffen hat, hier auf der Wand klebt und mit dem Ruin der Mauer zu Grunde gehen muß. Es ist daher zu loben, daß diese Gemälde so häufig kopirt und in Kupfer gestochen werden, damit doch etwas übrig bleibt, wenn das Original einmal ganz vernichtet ist. Doch darf dies nicht auf eine Art geschehen, wie zur Zeit der französischen Regierung von den jungen Pariser Akademikern, die ihr Papier, um die Contouren durchzuzeichnen, mit Wachs auf die Wand geklebt oder gar aufgenagelt haben, wodurch besonders von der einen Wand eine Menge Kalk abgesprungen ist. Jetzt sind eiserne Bar= rieren gezogen, so daß man sich den Wänden nicht mehr nahen kann.

Der Ausgang aus diesen Zimmern führt in die Raphael=
schen Logen, unter welchen man freie Säulen= und Bogen=Gänge
am Aeußeren des Gebäudes versteht. Der vom Meister selbst
dekorirte ist jetzt mit Glasfenstern verschlossen, um ihn gegen die
zerstörenden Einwirkungen der Witterung zu schützen, die übrigen
aber sind offen. In der Raphael'schen Loge sind auch nur
vier kleine Gemälde von ihm selbst; alles Uebrige ist nach seinen
Zeichnungen von Anderen gemalt. Am Ende der Gallerie steht
in einer Nische Raphael's Büste, die aber nicht ganz ähnlich
sein soll.

Den 9. December.

Bei einem zweiten Besuche, den wir gestern dem Museum
machten, sahen wir auch das Zimmer, in welchem sich die be=
rühmtten Oelgemälde von Raphael befinden. Das vorzüglichste
davon ist wohl ohne Zweifel die Transfiguration, über die schon
so viel geschrieben und gestritten ist. Die Kunstkenner sind nicht
einig unter sich, ob sie die Composition eine gelungene oder
verfehlte nennen sollen. Einige behaupten, sie bestehe aus zwei
abgesonderten Gruppen, die gar nicht zusammen paßten, andere
dagegen sagen, Alles sei im schönsten Einverständniß. Wir über=
ließen uns dem Genuß, ohne uns um den Streit der Aesthetiker,
der von ein paar Anwesenden erneuert wurde, zu bekümmeren.
Es ist höchst interessant, hier drei Raphael'sche Gemälde aus
verschiedenen Zeiten bei einander zu sehen. Das älteste, aus
seiner Jugendzeit, hängt neben einem Gemälde seines Lehrers
Perugino und ist auch ganz in dessen Manier mit den harten
Umrissen und der ängstlichen, fast symmetrischen Gruppirung gemalt.
Das aus der mittleren Zeit (eine Madonna mit dem Kinde und
einige andere Figuren, der Dresdener in der Gruppirung sehr
ähnlich) zeigt schon den eigenen Geist, der sich von den Formen
des Lehrers losgemacht hat. Im dritten, der „Transfiguration",
seinem letzten bedeutenden Werke, bewundern wir den zur Voll=
endung gereiften Künstler.

Den 12. December.

Da wir ein paar Zimmer bewohnen, die gar nicht geheizt
werden können, so haben wir in den letzten acht Tagen, wo be=
ständig die Tramontana (Nordwind) wehete, ziemlich viel von
der Kälte gelitten, obgleich es in Rom nur einigemale gereift,
bis jetzt aber noch nicht Eis gefroren und eben so wenig geschneiet
hat. Heute früh beim Aufstehen fanden wir aber, daß unsere
Fenster außerhalb geschwitzt hatten, und beim Oeffnen derselben
quoll uns eine laue, feuchte Luft entgegen; die Windfahnen be=
lehrten uns, daß der Sirocco (Südwind) wehe. Nun umwölkte
es sich aber auch bald und heute Nachmittag regnet es bereits.
Die Tramontana hingegen bringt gewöhnlich das hellste, be=
ständigste Wetter. Da Rom sehr feucht und schmutzig ist,
so sehnt man sich bald nach diesem zurück und erträgt lieber
ein wenig Kälte, als die ungesunde Feuchtigkeit. Sie soll be=
sonders im Frühjahre, wenn es anfängt warm zu werden, völlig
unerträglich sein und gefährliche Fieber erzeugen, besonders jen=
seits der Tiber, in der Gegend des Vatikans, wo schon mancher
Fremde, der diese Gegend der Stadt wegen Wohlfeilheit der
Quartiere bewohnte, sein Grab gefunden hat. Ueberhaupt soll
Rom in den heißen Monaten sehr ungesund sein wegen der die
Luft verpestenden Ausdünstungen der Gestorbenen, die man hier
nach alter Sitte in den Gewölben der Kirche beisetzt. So oft
nun ein solches Gewölbe geöffnet wird, was fast jeden Tag einmal
geschieht, bringt ein Gestank heraus, dem die Lebenden im Inneren
ihrer Paläste nicht einmal entfliehen können. Zur Zeit der fran=
zösischen Herrschaft wurden die Todten außerhalb der Stadt be=
graben, kaum kehrte aber die päpstliche Regierung zurück, so hörte
diese wohlthätige Einrichtung wieder auf. Jetzt werden die Ge=
storbenen oft schon acht bis zehn Stunden nach ihrem Verscheiden
(denn länger als vierundzwanzig Stunden darf ein Todter hier
nicht unbegraben bleiben) auf eine Bahre gelegt, mit unbedecktem
Kopfe, Brust und Füßen am Tage über die Straße in die Kirche

getragen, dort vor dem Altare niedergesetzt und für sie, wenn nämlich die Hinterlassenschaft dazu hinreicht, eine Todtenmesse gelesen, und dann werden sie ohne Sarg durch eine über den Gewölben befindliche Oeffnung hineingestürzt. Daß auf diese Art mancher Scheintodte mitbegraben werden muß, läßt sich leicht denken. Wirklich hat sich vor einigen Jahren ein solcher Fall ereignet. Ein armer Mann, den man wenige Stunden nach seinem scheinbaren Ableben ins Gewölbe hinabstürzte, erwachte von dem Falle und verlebte unter halb verwes'ten Leichen zwei schreckliche Tage. Dann wurde glücklicherweise der Haupt-Eingang zum Gewölbe geöffnet, um dieses auszuräumen, und der arme Teufel war gerettet und lebt in diesem Augenblicke noch.

In keiner Stadt der Welt, glaube ich, gibt es einen grelleren Abstich zwischen der luxuriösesten Pracht und dem hülflosesten Elend, als hier. Auf den Marmortreppen der Paläste, unter den Statuen, für die Tausende bezahlt sind, an den Altären der Kirchen, die mit goldenen Zierrathen und Geräthen überladen sind, überall sieht man halbverhungerte Bettler liegen, die nach Brod winseln und an Kohlstrünken oder Citronenschalen nagen, die sie aus dem Kehricht aufgesucht haben. Anfangs hielt ich dies für einen Kunstgriff, um die Fremden zum Mitleid zu bewegen; später habe ich mich aber überzeugt, daß viele Arme sich tagelang mit solcher schrecklichen Kost erhalten müssen, wenn sie nicht Hungers sterben wollen. Die Römer, von Jugend auf an den Anblick dieses Elends gewöhnt, geben höchst selten ein Almosen (allenfalls in die Bettelbüchse eines wohlgenährten Mönches, der für sein Kloster einsammelt), und die Fremden werden auch bald hartherzig, wenn sie sehen, daß sie, sobald sie einem Armen etwas geben, sogleich von zwanzig anderen bestürmt werden. Zwar gibt es manche darunter, die nur aus Faulheit betteln, aber auch viele, die wirklich ganz untüchtig zum Erwerbe sind. Auch in diesem Stücke lobe ich mir mein deutsches Vaterland, wo jeder Arme doch wenigstens Kartoffeln und Brot hat und der Fall, daß ein solcher mitten unter seinen reichen Mitmenschen vor Hunger umgekommen wäre, unerhört ist.

Gestern Abend fand unser Concert statt. Da man mir die Erlaubniß verweigerte, in der Zeit des Advents ein öffentliches Concert im Theater zu geben, so war ich genöthigt, dasselbe in einem Privathause ohne öffentliche Ankündigung zu veranstalten. Der Prinz Piombino bewilligte mir dazu einen Saal im Palast Ruspoli und der Graf Apponyi, österreichischer Gesandter, verschaffte mir eine bedeutende Anzahl Subscribenten, so daß dies das erste Concert in Italien war, welches mir einen ziemlich bedeutenden Gewinn gebracht hat. Der Eintrittspreis war ein Piaster (beinahe ein Laubthaler), das Orchester aus den besten Musikern Roms zusammengesetzt, war demungeachtet das schlechteste von allen, die mir bis jetzt in Italien accompagnirt haben. Die Unwissenheit, Geschmacklosigkeit und dummdreiste Arroganz dieser Menschen geht über alle Beschreibung. Nüancen von piano und forte kennen sie gar nicht; das möchte noch hingehen, aber jeder Einzelne macht Verzierungen, wie's ihm einfällt, Doppelschläge fast auf jeden Ton, so daß ihr Ensemble mehr dem Lärm gleicht, wenn ein Orchester präludirt und einstimmt, als einer harmonischen Musik. Zwar verbat ich mir zu wiederholtenmalen jede Note, die nicht in den Stimmen steht; es ist ihnen aber das Verzieren so zur anderen Natur geworden, daß sie es gar nicht lassen können. Der erste Hornist z. B. blies einmal im Tutti statt der einfachen Cadenz

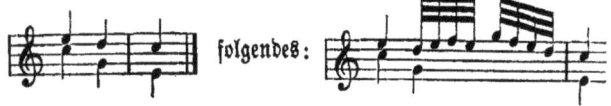

folgendes:

Die Clarinetten blasen vielleicht zu gleicher Zeit

statt

und nun denke man sich die Figuren der Geigen, die der Com=
ponist vorgeschrieben hat, so kann man sich einen Begriff von dem
verworrenen Lärm machen, den ein solches Orchester für Musik
ausgibt. Dabei sind sie so wenig musikalisch und so ungeübt im
Notenlesen, daß wir ein paarmal beinahe umgeworfen hätten.
Auch hier wieder gefiel mein Concert in Form einer Gesangs=
Scene am meisten und man machte mir weit mehr Lobes=
erhebungen über die Art, wie ich den Gesang vortrug, als über
die Besiegung von großen Schwierigkeiten. Ein Tenorist aus der
päpstlichen Kapelle, für den ich nur mit großer Mühe die Er=
laubniß zum Mitwirken erlangen konnte, sang ein Duett mit De=
moiselle Funk aus Dresden und eine sehr schöne Arie von Ros=
sini, das Beste von diesem Componisten, was ich bis jetzt hörte.

Den 20. December.

Gestern Abend wohnte ich einer kleinen Privat=Musik beim
Grafen Apponyi bei. Es wurde vor wenig Zuhörern viel gute
Gesang=Musik am Piano gemacht. Am ausgezeichnetsten waren ein
Duett aus einer Passion von Paisiello, von der Häser und
der Gräfin Apponyi hinreißend schön gesungen, eine Arie von
Zingarelli mit Chor, für die Häser geschrieben und von ihr
in höchster Vollendung vorgetragen, und ein Duett von Rossini,
von der Gräfin und Herrn Moncade gesungen. Die Häser
sang mit so viel Gefühl und mit einer solchen Reinheit, wie ich
sie früher nie gehört habe. Ihre herrliche, klangreiche Stimme,
die in einem Lokale, wo es schallt, fast zu grell klingt, besonders

in den höchsten Tönen, machte gestern in einem Zimmer, wo
Tapeten und Teppiche den Schall dämpften, eine herrliche Wir=
kung. Es stehen ihr alle Nüancen vom zartesten Hauche bis zur
größten Stärke zu Gebot, und sie weiß sie meisterlich zu nützen.
Ihre ehemals in Dresden bewunderte Geläufigkeit der Kehle hat
sich zwar verloren, doch ist ihr noch genug davon geblieben, um
alle Gesang=Verzierungen mit Leichtigkeit und Eleganz machen
zu können. Das einzige, was ich bei ihrem Gesange vermisse,
ist der in neueren Zeiten so sehr vernachlässigte Triller. Moncade
ist ein Sänger mit schöner, kräftiger Bruststimme und geschmack=
vollem, wenn auch nicht sehr gefühlvollem Vortrag. Außer diesen
sangen noch der Prinz Friedrich von Gotha eine Arie und
ein Baffist ein paar Buffonaden.

Sirletti's Musikpartien habe ich auch zweimal wieder
besucht. Vor acht Tagen wurden einige Sätze aus dem Requiem
und das Halleluja wiederholt; die übrige Zeit war aber ganz
den Psalmen von Marcello gewidmet. In Hinsicht dieser letz=
teren finde ich mein früheres Urtheil immer mehr bestätigt. In
der Pracht=Ausgabe dieser Psalmen steht auch eine Lebensbe=
schreibung Marcello's, in welcher die Veranlassung angegeben
wird, warum er von der Theater=Composition, der er früher aus=
schließlich ergeben war, auf einmal zur Kirchen=Composition über=
ging. Er hatte nämlich beim Besuch einer abgelegenen Kirche in
Venedig das Unglück, durch eine schlecht bedeckte Oeffnung in ein
unterirdisches Todten=Gewölbe zu fallen und mußte da lange ver=
weilen, bis sein Hülferufen gehört wurde. Dieser Unfall stimmte
ihn so ernst, daß er von da an nur religiöse Musik schreiben
wollte.

Auch Ruffini's Musiken habe ich wieder besucht und eine
tragische Oper von einem jungen, frühe gestorbenen Componisten
gehört, die von vielem angeborenen Talent, aber auch gänzlichem
Mangel an Studium zeugte. Die Sänger thaten sich in dieser
Oper mehr wie in der früher gegebenen hervor, das Orchester war

aber eben so unerträglich. Ich saß neben dem ehemals so aus=
gezeichneten Sänger Crescentini (der aber jetzt seine Stimme
ganz verloren haben soll, obgleich er kaum fünfzig Jahre alt
sein wird) und hatte die Freude, sein Urtheil über den jetzigen
Musikzustand Italiens ganz mit dem meinigen übereinstimmend
zu finden. Sein Gespräch verrieth den vorurtheilsfreien, gebildeten
Künstler. Er klagte mir, daß in der neueren Zeit die gute Ge=
sangschule, das einzige, wodurch sich die Italiener ausgezeichnet
hätten, immer seltener werde, und daß er besonders bei seiner
letzten Zurückkunft nach Italien (ich glaube er war in Paris) einen
so verdorbenen, frivolen Geschmack vorgefunden habe, daß keine
Spur die ehemalige, einfach große Methode seiner Zeit mehr ver=
rathe. Auch ihm, der in Deutschland und in Frankreich viel gute
Musik gehört hat, ist die Fadheit und Incorrektheit der neueren
italienischen Musik ein Gräuel.

Den 23. December.

Jetzt, da wir uns dem Feste nähern, wird die Bettelei, von der
man hier immer schon geplagt ist, ins Große getrieben. Wo man
sich sehen läßt, wird Jedem ein glückliches Fest gewünscht, und
man muß den Beutel ziehen. Diese Bettelei kommt zwar um Neu=
jahr auch in Deutschland vor, doch bei weitem nicht so allgemein
wie hier. So kommen z. B. die Bedienten aller der Herrschaften,
bei denen man sich nur ein einzigesmal hat blicken lassen, und
betteln; ja sogar außer dieser Zeit werden die Fremden von ihnen
in Contribution gesetzt. Hat man dem Herrn Visite gemacht,
so kommt der Bediente am anderen Morgen und bittet um ein
Geschenk. Da man nicht unter drei Paoli geben kann, so ist es
ein theurer Spaß, viel Adreßbriefe hier abzugeben. Die armen
Teufel sind freilich sehr schlecht bezahlt und müssen zu solcher
Bettelei ihre Zuflucht nehmen, wenn sie nicht verhungern wollen.

Gestern ist Meyerbeer mit seiner Mutter hier angekommen.
Er hat in Florenz einen Brief von C. M. von Weber erhalten

und mir aus demselben die erfreuliche Nachricht mitgetheilt, daß
meine Oper „Faust“ in Prag bereits zweimal mit ausgezeichnetem
Beifalle gegeben worden ist.

Den 25. December.

Gestern Abend wohnten wir einer Funktion in der Sixtinischen Kapelle als Vorbereitung zum heutigen Feste bei. Ich hatte
mir viel Wirkung davon versprochen, fand mich aber sehr getäuscht.
Die Erleuchtung machte nicht den geringsten Effekt, weil die Kapelle bald so mit Lichterdunst erfüllt war, daß man nicht zehn
Schritte weit deutlich sehen konnte. Statt der vierstimmigen Gesänge, auf die ich gehofft hatte, recitirte der Sängerchor nur eine
ewig lange Litanei von Gebeten im Unisono ohne alle Melodie
etwa so:

Dies fast ohne Unterbrechung anderthalb Stunden anzuhören,
war die größte musikalische Pönitenz, die ich je habe erleiden
müssen. Endlich während eines stillen Gebetes erfrischte uns ein
vierstimmiger Sologesang, bei dem sich wieder die herrliche Sopran-
Stimme von neulich auszeichnete. Gleich darauf ging es aber von
neuem los, und nun zogen wir vor, uns lieber mit der größten
Anstrengung durch's Gedränge hindurchzuarbeiten, als dies länger
anzuhören.

Heute früh sahen wir endlich das Oberhaupt der katholischen
Kirche im höchsten kirchlichen Pomp die Messe in der Peterskirche
lesen. Der Hochaltar unter der Kuppel, von seiner gewöhnlichen
Hülle entkleidet, strotzte von Gold und Edelsteinen; die Geistlichen
und Cardinäle in die reichsten Goldstoffe gekleidet, die Leibwache
in ihrer glänzenden Uniform, die Schweizer-Garde in hellpolirten,
altdeutschen Harnischen, mit einem Worte, Alles, was den Papst
umgab, trug dazu bei, diese Funktion zu dem glänzendsten Schau-
spiele zu machen, was je in einer Kirche aufgeführt worden ist.

Denn mehr als ein Schauspiel war es den Umstehenden nicht; keine Spur von Rührung oder Erhebung unter all' den vielen tausend Zuschauern! Den Anschein eines zur Belustigung aufgeführten Schauspieles gewann es auch noch dadurch, daß für die anwesenden hohen Herrschaften: den König von Spanien, die Königin von Etrurien, die Prinzen von Preußen und Gotha und Andere, eine reich decorirte Loge erbaut war, und daß sich auf Amphitheatern die elegante Welt von Rom im höchsten Staate präsentirte. Einen sonderbaren Contrast mit dieser Pracht bildete der in Lumpen und Schmuz eingehüllte Janhagel, der sich bis an den Hochaltar vorgedrängt hatte. Da sich die Funktion sehr in die Länge zog, und das, was die Sänger dabei sangen, weder sehr interessant war, noch auch bei dem Lärm in der Kirche deutlich gehört werden konnte, so zogen wir es vor, bei dem milden, hellen Wetter lieber einen Spaziergang zu machen, kehrten aber noch zeitig genug in die Kirche zurück, um die Prozession, den Schluß der ganzen Handlung, zu sehen. Voraus ging eine Abtheilung der Leibwache, hinter dieser wurde der Cardinalshut auf einem Schwerte getragen; dann kamen die Cardinäle, und endlich der Papst auf einem reich verzierten Tragsessel oder Throne von acht Geistlichen getragen; ihm zu beiden Seiten zwei große Fächer von weißen Straußfedern; dann alle Geistlichen und zuletzt die übrige Leib- und Schweizer-Wache. Der Papst, dieser ehrwürdige 75jährige Greis, dem man die Erschöpfung vom Fasten und der langen, ermüdenden Funktion auf seinem blassen, rührenden Gesicht sehr deutlich ansah, ertheilte während dieser Prozession mit kraftloser Handbewegung dem Volke den Segen. Dieses zeigte dabei aber keine Spur von Devotion; Niemand knieete; Alles lachte und lärmte während der ganzen Funktion. Der Zug ging durch eine Seiten-Kapelle in den Vatikan. Die ungeheuere Größe der Kirche konnte man heute bei der unzähligen Menschenmenge erst recht bemerken. Es dauerte eine halbe Stunde, bis die Menschen durch drei große Thore ausgeströmt waren.

Den 27. December.

Gestern endlich wurden die Theater wieder eröffnet, nachdem sie ein halbes Jahr geschlossen waren. Im Theater Argentino, dem größten und schönsten, gab man Rossini's „Tancred", im Theater Valle eine neue Opera buffa von Signore Pietro Romano: „Il quiproquo." Da „Tancred" eine alte Oper ist, von der die erste Aufführung nicht mehr Interesse hat, als die folgenden, so überredete mich Meyerbeer leicht, mit ihm in's Theater Valle zu gehen, während meine Frau und die Kinder mit Madame Beer das Theater Argentino besuchten. Vor der Oper wurde eine Farce in Prosa gegeben, die unseren „Proberollen" nachgebildet war. Dann kam der erste Akt der Oper, dessen Text wir bald als eine Bearbeitung des „Nouveau seigneur de village" erkannten. Das Sujet, obgleich ein wenig in die Länge gezogen, war weder so albern, noch so langweilig, wie gewöhnlich die der italienischen Opern. Desto fader und gewöhnlicher ist aber die Musik. Herr Romano hat den jetzt so sehr beliebten Rossini zum Vorbild genommen und so copirt oder vielmehr abgeschrieben, daß das Parterre alle Augenblick „bravo, Rossini!" rief. Dabei ist seine Musik so incorrekt, daß ein an reine Harmonie gewöhntes Ohr sie nicht ohne Ekel hören kann. Das hat ihr zwar hier nichts geschadet, desto mehr aber der Mangel an Feuer und Lärm, welch' letzteren die Italiener eben so sehr wie die Franzosen und Deutschen lieben. Nur ein einzigesmal nach einem Duett rief ihm das Parterre das beglückende „bravo, Maestro!" zu, wofür er sich dann auch gleich sehr demüthig bedankte. Alles Uebrige wurde aber gleichgültig angehört, und beim Schlusse der Oper äußerte sich weder Beifall, noch Mißfallen. Die Sänger waren noch sehr unsicher und pudelten ohne Aufhören. Madame Georgi, die Prima Donna, im vorigen Carneval der Liebling des Publikums, gefiel gestern eben nicht sehr und hatte den Aerger zu sehen, daß die Seconda Donna, die übrigens nicht schlecht sang, nach ihrer Arie im zweiten Alte herausgerufen wurde, welche Ehre ihr den ganzen Abend nicht widerfahren war. Sie gab ihren Aerger darüber dadurch zu erkennen, daß sie den Rest ihrer Partie nun ganz gleichgültig und mit halber Stimme sang, schadete dadurch aber dem letzten Finale sehr und war vielleicht Veranlassung, daß die Oper so kalt ausging und daß man heute in der Stadt sagt, sie habe mißfallen. Das Orchester, größtentheils aus den Professoren (!) bestehend, die ich in meinem Concerte hatte, spielte roh, unrein und ohne alle Nüancen.

Heute früh war wieder eine kleine Privat-Musik beim Grafen Apponyi. Es wurden fast nur Sachen aus Rossini's Opern gesungen, von welchen mir ein Terzett aus „Elisabeth", wenn ich nicht irre, wegen der guten Stimmführung am meisten gefiel. Je mehr ich von Rossini's Compositionen höre, desto mehr bin ich geneigt, theilweise in das allgemeine Urtheil mit einzustimmen, das ihn für den ausgezeichnetsten der neueren italienischen Componisten und für einen Reformator des Geschmackes im Opernstyle ausgibt. Mayer ist indessen billigerweise wohl auszunehmen und hat, wenn auch nicht so viel Phantasie wie Rossini, doch sicher mehr Kenntnisse und ästhetisches Gefühl. Daß es Letzterem an Kenntniß der Harmonie, an Charakter-Zeichnung, an Sinn zur Unterscheidung des ernsten und komischen Styles und des Schicklichen für die Sinne fehlt, bemerkte ich schon in Florenz nach Anhörung der „Italiana in Algeri." Indessen hat Rossini einiges ganz Neue erfunden, was aber, weil es neu, deswegen noch nicht gut ist, z. B. sein blumiger Gesang, wie ihn Meyerbeer sehr charakteristisch nennt, der eigentlich nichts anderes ist, als die bisher auf einen Vokal gesungenen Passagen mit untergelegten Sylben, wie in einer Arie aus der „Italiana":

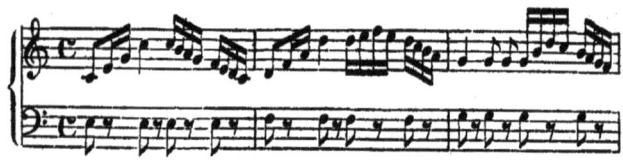

ober in einem Duett zwischen Tenor und Baß in derselben Oper, wo die zweite Gesangstimme sehr unsangbar und mehr einem Orchesterbaß, als einem Gesangbaß ähnlich ist: *)

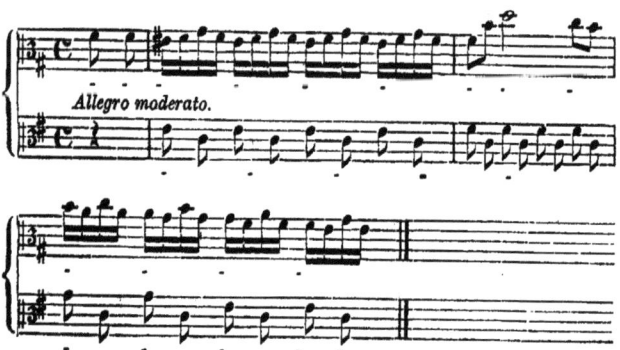

So oft solche süße Sächelchen von den Sängern gut vorge= tragen werden, wie heute besonders von Moncade, bricht das Auditorium in lautes Entzücken aus, weshalb auch die ita= lienische Musik immer mehr in einen bloßen Ohrenkitzel ausartet und Sänger und Componist immer mehr verlernen auf das Herz zu wirken; so wie ich denn ohne Uebertreibung behaupten kann, daß ich von all den Compositionen, die wir bisher in Italien gehört haben, auch nicht ein einzigesmal ergriffen worden bin, eine oder zwei Stellen in der „Testa di bronzo" abgerechnet, und daß mich von allen Sängern, die wir bis jetzt hörten, die Häser

*) Da ich den Text nicht weiß, so habe ich die Sylben mit Punkten bei= gefügt.

allein in einem Duett aus der alten Paſſion von Paiſiello auf einige Secunden gerührt hat. Ebenfalls neu, von Roſſini zuerſt gebraucht, iſt auch die Art, wie er die parlanten Stellen in der Opera buffa, die man bisher gewöhnlich auf einen Ton, oder doch nur auf ganz nahe liegenden Intervallen ſchrieb, ſolchen Geſangſtellen unterlegt, die man bis jetzt nur legato vorzutragen pflegte, wie z. B. im Anfange des obigen Duettes:

So bekannt auch dieſer Anfang iſt (er ähnelt dem Anfang eines Finale in einem Haydn'ſchen Quartett aus Es-dur):

ſo iſt die Art, ihm auf dieſe Weiſe den Text unterzulegen, doch völlig neu; ob aber gut, iſt noch die Frage; mir klang er wenigſtes immer wie traveſtirt, als wenn man z. B. auf einem ſingenden Inſtrumente einen Geſang, der einen gefühlvollen Vortrag erlaubt, zum Scherze ſo karikirt vorträgt, daß er Lachen ſtatt Rührung erregt. Wenigſtens würde kein Inſtrumentaliſt von Geſchmack den obigen Geſang staccato vortragen.

Noch etwas Roſſini Eigenthümliches ſind folgende und ähnliche crescendo-Paſſagen, die faſt in allen ſeinen Muſikſtücken vorkommen und das italieniſche Publikum immer zum Entzücken hinreißen, z. B. in der Ouvertüre aus der „Italiana":

Auf ähnliche Art geht es noch eine Weile fort, bis endlich auch das Publikum mit dem stärksten forte in ein wüthendes Händeklatschen und Bravo-Rufen losbricht. Denn einem solchen crescendo kann es so wenig widerstehen, daß auch die unglücklichen Nachahmer von Rossini, wie z. B. Herr Romano, in der vorgestrigen Oper sich damit einen stürmischen Beifall zu erzwingen wissen. Daß solche Stellen oft sehr unrein und widrig durch durchgehende Noten sind, brauche ich nicht erst zu erinnern; finden sich doch sogar in der berühmten, in ganz Italien bewunderten Cavatine aus „Tancred", die heute auch gesungen wurde, gleich in den ersten Takten die abscheulichsten Oktaven zwischen dem Baß und der zweiten Oboe, die ich je gehört habe.

Das endliche Resultat meines Urtheils über Rossini wäre
also, daß es ihm zwar keineswegs an Erfindung und Geist fehle
und er mit diesen Eigenschaften, wenn er in Deutschland wissen=
schaftlich ausgebildet und durch Mozart's classische Meisterwerke
auf den einzig richtigen Weg geleitet würde, leicht einer der vorzüg=
lichsten Gesang=Componisten unserer Zeit hätte werden können,
daß er aber, so wie er jetzt schreibt, die italienische Musik um
keinen Schritt weiter, sondern wohl eher zurückbringen wird. Um
neu zu sein, entfernt sich Rossini immer mehr von dem einfach
großen Gesange der älteren Zeit und bedenkt nicht, daß er die
Stimme ganz ihres Reizes und Vorzugs beraubt und wahrhaft
herabwürdigt, wenn er sie zu Passagen und Rouladen zwingt,
die jeder mittelmäßige Instrumentalist viel reiner und besonders
zusammenhängender machen kann, weil er nicht nöthig hat,
allemal auf der dritten oder vierten Note eine Sylbe auszusprechen.
Mit seinem blumigen Gesange, so sehr derselbe auch gefällt, ist er
also auf dem Wege, allem eigentlichen Gesange, der ohne das
schon sehr selten in Italien ist, den Garaus zu machen, wobei ihm
der verächtliche Troß der Nachahmer, die hier so gut wie in
Deutschland ihr Unwesen treiben, aus allen Kräften beisteht.

Den 29. December.

Gestern Abend hörte ich denn auch in Gesellschaft Meyer=
beer's den „Tancred" im Theater Argentino. Eine erbärm=
lichere Vorstellung habe ich kaum je erlebt. Die Sänger sind
bis auf die älteste Paris höchst mittelmäßig; die Prima Donna,

die jüngere Paris, ist noch ganz Anfängerin, der Bassist unter
aller Kritik, das Orchester schlechter, als in der kleinsten deutschen
Provinzialstadt, mit einem Worte, es ist ein zusammengelaufenes
Volk, wie man sie in ganz Italien nicht schlechter hätte auftreiben
können. Gnade Gott dem Componisten, dessen Werk in solche
Hände fällt! Sie entstellen es so, daß man es gar nicht wieder
erkennen kann. Die einzige Person, die sich auszeichnete, ist die
älteste Paris, die in der Rolle des „Tancred" eine kräftige, ge=
sunde Contre=Altstimme und einen gebildeten Vortrag zeigte. Es
wäre ungerecht, die Composition nach einer solchen Vorstellung
beurtheilen zu wollen, um so mehr, da man viele Nummern weg=
gelassen und dafür andere eingelegt hatte. Das Ballet, welches
man zwischen beiden Akten gab, war des Uebrigen vollkommen
würdig: ein seriöses Ballet, von lauter Grotesk=Tänzern auf=
geführt! Doch waren unter diesen einige Männer, die sich durch
Kraft, Gewandtheit und Sicherheit in Sprüngen allerlei Art sehr
auszeichneten.

Wir haben seit acht Tagen wieder viel Interessantes gesehen:
das Capitolini'sche Museum, in welchem der sterbende Fechter und
mehrere ägyptische Statuen — letztere weniger durch Kunstschön=
heit als Sonderbarkeit bemerkenswerth — uns am meisten gefielen;
die Bildergallerie im Palast Doria, die unter vielen anderen
ausgezeichneten Gemälden auch vier himmlische Landschaften von
Claude Lorrain besitzt; eine andere im Palast Colonna,
wo ein wunderschöner Kopf von Raphael hängt; die schön und
reich verzierten Kirchen von St. Maria maggiore und St. Giovanni Laterano u. s. w. Vor dem Portale der letzteren hat
man eine ausgedehnte Aussicht nach der Gegend von Albano,
welche durch die antiken Wasserleitungen, die das Auge meilen=
weit verfolgen kann, und durch andere Ueberbleibsel altrömischer
Baukunst etwas sehr Romantisches erhält.

Am Sonnabend bestiegen wir bei heiterem Wetter die
Kuppel der Peterskirche. Zuerst geht es in einem schnecken=

förmigen Gange ohne Stufen bis auf das Dach der Kirche. Dort
angelangt, glaubt man sich wieder in den Straßen einer Stadt;
denn der Boden ist gepflastert und eine Menge Häuser, von denen
einige sogar bewohnt sind, und die vielen kleinen und größeren
Kuppeln hindern den Blick in die Ferne. Geht man dann freilich
bis zu den kolossalen Statuen, die über dem Portale der Kirche
stehen, so sieht man, auf welcher Höhe man sich schon befindet.
Das Pflaster auf dem Platze vor der Kirche gleicht einer feinen
Mosaik, und die Menschen, die darauf herumkriechen, kleinen
Puppen. Betrachtet man die Kuppel von hier aus, so gleicht sie
einem selbstständigen ungeheuern Gebäude; man hat auch von
der ersten inneren Gallerie sehr hoch zu steigen, bis man zur
zweiten gelangt, wo dann erst die Wölbung der Kuppel anfängt.
Der Blick von diesen Gallerien, besonders von der zweiten, in
die Kirche hinunter ist ganz einzig und wirklich schaurig. Die
hundert Lampen, die gerade unter der Kuppel am Eingange
der unterirdischen Kapelle brennen, fließen wie in eine Flamme
zusammen, und die Menschen erscheinen wie wandelnde schwarze
Punkte. Von der zweiten Gallerie steigt man dann zwischen der
inneren und äußeren Kuppel auf hölzernen Treppen bis zur La=
terne, von wo man noch einmal einen schwindelerregenden Blick
in die Tiefe der Kirche hat. Hier geht es wieder auf stei=
nernen Wendeltreppen bis in ein ziemlich geräumiges Zimmer,
welches in der Spitze der Laterne angelegt ist, und dann zuletzt
noch auf einer eisernen Leiter durch den Stiel zum Knopf,
in welchem zwölf bis sechszehn Personen bequem Platz haben.
Wagehälse können auch noch auf einer Leiter außerhalb des=
selben bis zum Kreuze steigen; wir begnügten uns aber bis in
den Knopf gewesen zu sein. Die Aussicht von den äußeren Gal=
lerien ist über alle Beschreibung prächtig und mannigfaltig.
Unten das stolze Rom mit seinen unzähligen Palästen, Ruinen,
Säulen und Obelisken; rund umher die Villen mit den maje=
stätischen Pinien; in weiteren Umkreisen die Berge bei Tivoli und

Albano, über welche Schneegebirge hervorragen, und ganz im
Hintergrunde gegen Westen das mittelländische Meer, welches sich
zu der Tageszeit, in der wir den Thurm bestiegen, wie ein feuriger Streifen am Himmel präsentirte. Nachdem wir lange diese
entzückende Aussicht genossen hatten, stiegen wir wieder hinab
und fanden, daß uns zwei Stunden sehr schnell im Besteigen der
Kuppel vergangen waren.

Auch die große Säule auf Piazza Colonna haben wir erstiegen und von ihrer Spitze, die weit über alle Häuser hin-
wegragt, eine der schönsten Uebersichten von Rom und seinen
nahen Umgebungen genossen.

Den 30. December.

Daß es den Italienern auch in der neueren Zeit nicht an
glücklichen Anlagen für das Studium der schönen Künste fehle,
ja, daß sie darin im Ganzen genommen die nordischen Nationen
übertreffen, davon habe ich mich überzeugt. Fast alle ihre Sänger
haben ein glückliches Ohr für Intonation und die Gabe, das Me-
lodiöse gleich nachzusingen, ungeachtet nur sehr wenige davon, selbst
unter den Theater-Sängern, das, was wir Musik nennen,
besitzen, ja die Meisten kaum einmal die Noten kennen. In der
letzten Musik bei Apponyi sollte ein Canon von Cherubini gesungen werden. Man forderte auch Moncabe dazu auf, von dem
man mir gesagt hatte, er gehöre ebenfalls zu den Sängern, welche
die Noten nicht kennen, obgleich er früher sogar Theater-Sänger
war. Da er sich willig dazu hergab, etwas zu singen, was er
nicht kennen konnte, so glaubte ich schon, jene Beschuldigung sei
falsch. Auch ging anfangs Alles sehr gut. Die Gräfin trug den langsamen, aus acht Takten bestehenden Gesang zuerst vor und Moncabe wiederholte ihn mit all' den kleinen Verzierungen, die sie
gemacht hatte, Note für Note. Als sodann aber seine zweite Stimme
anfing, konnte er nicht weiter, ließ sich indessen nicht irre machen,
und sang frischweg nach dem Gehöre, was denn freilich einige-

mal nicht sehr Cherubinisch klang. Als nun aber auch der
dritte Sänger, der ebenfalls keine Musik hatte, nach seinem ersten
einfachen Gesange beim Eintritt in die zweite Stimme selbst zu
componiren anfing, wurde die Confusion und Disharmonie so
groß, daß man aufhören mußte. Beide Sänger äußerten, ohne
verlegen darüber zu sein, sie hätten gehofft, es würde gehen;
ähnlich wie jener Engländer, welcher, da man ihn fragte, ob er
Violine spiele, zur Antwort gab: „Es ist sehr möglich, ich habe es
noch nicht versucht!"

Auch gibt es hier nicht selten unter dem rohen Haufen des
Volkes ausgezeichnete Genies für bildende Kunst, die frühzeitig
durch das Anschauen der öffentlichen Kunstwerke geweckt werden.
So erregt schon seit einem Jahre und länger ein Straßenjunge
die Aufmerksamkeit der hiesigen Maler durch sein außerordent-
liches Talent für ihre Kunst. Dieser Knabe, ohne je den geringsten Unterricht gehabt zu haben, zeichnet mit Kohle auf die
weißen Wände der Häuser große historische Entwürfe, und es ist
fast keine Straße hier, wo man nicht von seinen Kunstwerken
sehen kann. Bald wählt er Madonnen oder Legenden, bald
römische Triumphzüge zum Gegenstand. Nirgends hat er aber
etwas Vorhandenes copirt oder sich selbst wiederholt; immer
schafft seine Phantasie etwas Neues. Einige unter diesen Zeichnungen verdienen wegen des Reichthums der Composition von
oft mehr als dreißig bis vierzig Figuren und der Correctheit
der Zeichnung große Bewunderung. Am merkwürdigsten scheint
mir aber die Sicherheit, mit der er seine Ideen entwirft. Da sieht
man keine doppelte Striche in den Contouren oder etwas Weg-
gewischtes; alles steht sogleich ganz rein da. Wenn er zeichnet, ist
er immer von einer Menge Menschen umgeben, die seiner Geschicklichkeit mit Vergnügen zusehen; er ist aber so vertieft in sein
Werk, daß er auf die umstehenden Zuschauer und ihre Bemerkungen nicht achtet. Man hat mir erzählt, daß Canova diesen
Knaben zu sich genommen hatte, um sein Talent auszubilden;

diese geordnete Lebensart gefiel ihm aber nicht, und er entfloh bald wieder.

Den 1. Januar 1817.

Das neue Jahr fängt sehr unangenehm für uns an. Heute früh wurde Emilie plötzlich krank. Der Arzt glaubt, sie werde das Scharlachfieber bekommen; sollte dies der Fall sein, so werden wir unsere Abreise nach Neapel, die auf den 7. festgesetzt war, noch wenigstens um vierzehn Tage verschieben müssen. Zu der Unannehmlichkeit, hier noch länger zwecklos und in Unruhe zu verweilen, kommt auch noch, daß wir nun unsere Landsleute, mit denen wir die Reise gemeinschaftlich machen wollten, allein reisen lassen und die am 12. d. M. stattfindende Eröffnung des St. Carlo-Theaters in Neapel versäumen müssen. Als Entschä-digung für letzteres werden wir indessen die neue Oper von Rossini, die er für das Theater Valle schreibt, hören und das Debüt der Madame Schönberger im Theater Argentino noch hier erleben.

Den 8. Januar.

Nicht allein Emilie, auch Ida ist vom Scharlachfieber angesteckt worden, und die Abreise kann nun sicher vor dem 20. nicht stattfinden. Beide Kinder waren einige Tage recht krank und meine gute Dorette hat viel Unruhe und Besorgniß gehabt. Ich habe mich dadurch aufgeheitert und unterhalten, daß ich einige Räthsel-Kanons erfand und nun angefangen habe, mir ein neues Solo-Quartett zu schreiben.

Ich hätte so gern Rossini's Bekanntschaft gemacht; vor Beendigung seiner Oper ist aber nicht daran zu denken. Der Impressario, bei dem er wohnt, läßt ihn weder ausgehen, noch Besuch zu ihm hinein, damit er seine Arbeit nicht vernachlässige. Sollte seine Oper nicht vor unserer Abreise noch in Scene gehen, so werde ich ihn wahrscheinlich gar nicht zu sehen bekommen.

Den 18. Januar.

Die Kinder sind früher wieder hergestellt, als wir gehofft hatten, und wir haben übermorgen zu unserer Abreise nach Neapel bestimmt.

Am vorigen Donnerstag war ich wieder bei Sirletti und gestern in der Morgenmusik beim Grafen Apponyi; an beiden Orten wurde aber nichts aufgeführt, was einer besonderen Erwähnung werth wäre, mit Ausnahme eines schönen Quartetts von Mayer und eines Duetts aus einer komischen Oper von Fioravanti. Mayer zeichnet sich doch durch Gewissenhaftigkeit in der Harmonie, durch Regelmäßigkeit des Rhythmus und eine gute Stimmenführung in mehrstimmigen Sachen vor allen neueren Italienern sehr vortheilhaft aus. Das Duett von Fioravanti war mir deswegen merkwürdig, weil es ebenfalls mit dem neueren sogenannten blumigen Gesange ausgeschmückt ist, woraus ich sehe, daß Rossini nicht der erste und einzige ist, der sich dessen bedient. Ich fange überdies an, günstiger von ihm zu urtheilen, sobald er sich nicht über die Grenzen der komischen Oper hinaus wagt und seine Musik so graziös ausgeführt wird, wie von der Gräfin Apponyi und Moncade.

Am 20. Januar reis'ten wir von Rom ab. Die Campagna di Roma ist hier zwar eben so wenig angebaut, wie auf jener Seite; der Weg bis Albano hat aber dadurch viel Interesse, daß man allenthalben auf Alterthümer stößt. Besonders geben die häufigen Ueberreste von drei oder vier altrömischen Wasserleitungen der Gegend ein sehr romantisches Ansehen. Eine der Wasserleitungen, die am wenigsten beschädigt war, ist in späteren Zeiten ausgebessert worden und dient noch jetzt dazu, Rom von dieser Seite her mit Wasser zu versehen.

Während unser Vetturino in Albano fütterte, erstieg ich den Berg, auf dessen Anhöhe der Albaner See sich befindet. Die Aussicht über denselben nach Rom hin ist entzückend schön. In der Tiefe zu seinen Füßen hat man den See mit den hohen, steilen,

reich mit Buschwerk und Bäumen bewachsenen Ufern; auf der
rechten Seite ein langes Gebäude, deſſen Beſtimmung ich nicht
kenne; links auf dem hohen, ſcharfen Ufer ſieht man Caſtel Gan=
dolfo liegen und in weiter Entfernung die Häuſermaſſe von Rom.
Die Form des See's und ſeine hohen, ſteilen Ufer zeigen deutlich,
daß er durch das Einſtürzen eines ausgebrannten Kraters ent=
ſtanden iſt.

Der Weg von Albano bis zu dem kleinen, ſchmutzigen
Städtchen Velletri, wo wir unſer erſtes Nachtquartier nahmen,
bietet viel Abwechslung dar.

Am zweiten Tage kamen wir durch die pontiniſchen Sümpfe,
die ſich von Velletri bis Terracina vierundvierzig Miglien weit
erſtrecken. So traurig und öbe, wie wir ſie erwarteten, fanden
wir ſie nicht, weil man doch immer den Blick auf's Gebirge zur
Linken hat und hin und wieder ſogar einigen Anbau findet. Auch
beleben die häufigen Heerden von Ochſen, Büffeln, Schweinen
und in trockenen Gegenden auch von Schafen die einförmige Ebene
einigermaßen. Häuſer ſieht man aber ſehr ſelten und die Bewohner
haben immer ein bleiches, ungeſundes Ausſehen. In der heißen
Jahreszeit ſind die Ausbünſtungen der Sümpfe ſelbſt für ſchnell
Durchreiſende ſehr gefährlich, beſonders wenn man ſich dem Schlafe
überläßt, zu welchem man durch die Einförmigkeit des Weges
ſehr gereizt wird. Erſt vorigen Sommer hat ein junges Mädchen,
die der Verſuchung zu ſchlafen nicht widerſtehen konnte, hier den
Tod eingeathmet und iſt ſchon drei Tage nach ihrer Ankunft in
Neapel von einem bösartigen Fieber hingerafft worden. Aehnliche
Fälle ſind im Sommer gar nichts Seltenes.

In Torre a tre ponti, einem einzelnen Wirthshauſe, wo die
Bewohner alle wie eben aus dem Grabe erſtanden ausſahen,
machten wir Mittag und bekamen delikates Fleiſch und Braten
von wilden Enten und Gänſen, deren es ungeheuere Schwärme in
den unangebauten Gegenden der Sümpfe gibt.

Terracina, wohin wir mit Anbruch der Nacht kamen, hat

eine äußerst reizende Lage. Die Stadt liegt hoch auf wilden Felsen; wir blieben aber unten dicht am Meere in einem sehr vorzüglichen Gasthause. Aus unseren Fenstern hatten wir den Blick auf's Meer und genossen am anderen Morgen den einzig herrlichen Anblick der aufgehenden Sonne. Dicht unter unseren Fenstern rauschte die Brandung, ungeachtet der Wind den Tag über nicht heftig gewesen war. Die Luft war so mild, wie nach einem warmen Sommertage in Deutschland, und wir sahen noch spät bei Mondenschein den Fischern zu, die kühn durch die Brandung schifften, um ihre Netze auszuwerfen.

Am anderen Morgen hatten wir die wegen Räuber gefährlichste Strecke der ganzen Reise zu passiren. Zwischen Terracina und Fondi führt man nämlich in einer wenig bewohnten Gegend fast immer zwischen lauter halbhohem Gebüsch, wo sich das Räubergesindel leicht verstecken und aus dem Hinterhalte die Reisenden und ihre Escorte niederschießen konnte. Hier wurden denn auch die meisten Räubereien begangen und erst kürzlich wieder Reisende angefallen. Nun hat aber die Regierung endlich ernstliche Maßregeln ergriffen. Wir fanden einige hundert Bauern beschäftigt, alle Büsche zu beiden Seiten des Weges abzuhauen und zu verbrennen. Es begegneten uns starke Abtheilungen Soldaten, die das Gesindel in ihren Schlupfwinkeln aufsuchen sollen. Man hat sie auch schon zu zwanzig bis dreißig eingebracht und nach kurzem Prozeß aufgehängt. Diesseits der neapolitanischen Grenze fanden wir alle Viertelstunde ein Piquet von zehn Soldaten, die am Wege bivouakiren und während der Nacht Patrouillen ausschicken.

In Fondi, einem ärmlichen, schmutzigen Neste, wo wir von Bettlern beinahe zerrissen wurden, sahen wir die ersten großen Citronen=, Pomeranzen= und Orangen=Gärten. Wir machten einen Spaziergang durch die Stadt und ergötzten uns an dem Anblick der herrlichen Bäume, die ganz voll der schönsten Früchte hingen. In den Gärten und auf dem Markte sahen wir frisches Gemüse: Blumenkohl, Savoyen=Kohl, Möhren u. s. w. Um

Mittag aber war die Hitze so groß, daß wir den Schatten suchen mußten.

Die Nacht blieben wir in Molo di Gaëta, einem ebenfalls dicht am Meere liegenden Städtchen. Aus den Fenstern unseres Wirthshauses sahen wir Abends die Fischer bei Fackelschein auf den Fang ausfahren. Zwischen Molo und St. Agata fanden wir manche immergrüne Gewächse, die man selbst im nördlichen Italien nicht kennt, und auf den Felsen mehrere Arten Aloe, die man bei uns in den Gewächshäusern zieht. Andere, auch bei uns einheimische Gebüsche hatten schon ihr erstes Grün getrieben. Am Wege dufteten Veilchen und in den Feldern die Blüthe von Feldbohnen.

Capua, wo wir unser letztes Nachtquartier nahmen, ist eine hübsche Stadt mit schönen Gebäuden. Wir aßen Abends mit ein paar österreichischen Offizieren, die unter anderem erzählten, daß man auch in Capua die Menschen nicht begrabe, sondern in eine, eine Viertelstunde von der Stadt entfernte Höhle stürze, die unergründlich tief sei und auf ihrem Grund mit dem Meere zusammenhängen müsse, indem man nach langer Zeit das Hineingeworfene ins Wasser fallen höre.

Der Weg von Capua nach Neapel ist der uninteressanteste der ganzen Reise. Man sieht zu beiden Seiten des Weges nichts anderes, als hohe Maulbeerbäume mit Weinranken, beide jetzt ohne Blätter. Nachmittags um zwei Uhr kamen wir endlich in dem langersehnten Neapel an und fanden ein von unseren deutschen Landsleuten für uns bestelltes Logis zu unserer Aufnahme bereit.

Ende des ersten Bandes.

Nachwort

Die Selbstbiographie von Louis Spohr, von der 1860, ein Jahr nach dem Tode des Meisters, der erste und 1861 der zweite Band bei G. H. Wigand (Kassel und Göttingen) erschien, ist ähnlich wie Karl Loewes gleichartiges Werk und sogar noch Wagners „Mein Leben" ein Nachfahre der zahlreichen selbstverfaßten Lebensbeschreibungen, die sich im ausgehenden 18. Jahrhundert auf musikliterarischem Gebiet aus dem lehrhaften Mitteilungsbedürfnis des Zeitalters der Aufklärung und aus dem stetig wachsenden, auf soziale Höherstellung hindrängenden Standesbewußtsein der Musiker ergeben hatten. Sie hat mit den besten dieser älteren Selbstbiographien die Freude an einer über die Schilderung persönlicher Schicksale hinausgreifenden Kritik allgemeiner künstlerischer Zeitverhältnisse gemein, überragt sie aber durchweg durch erzählerisches Geschick und literarische Gewandtheit. Nach einer Erklärung der Herausgeber der Selbstbiographie – man vergleiche Seite 315 des 2. Bandes – wäre Spohr anläßlich seines 25jährigen Kapellmeisterjubiläums gleichsam zufällig auf den Gedanken gekommen, seinen Werdegang für die Allgemeinheit zu erzählen. Jedoch schon die Tatsache, daß er sich dabei nicht nur auf zahlreiche weit zurückliegende Tagebücher, sondern auch auf systematische selbstbiographische Aufzeichnungen, die seit 1822 entstanden, stützen konnte, läßt erkennen, daß eine gewisse Neigung zu schriftstellerischer Auseinandersetzung mit seiner Kunst ihm überhaupt wie so manchem seiner romantischen Kunst- und Zeitgenossen wesenseigentümlich war. Nicht umsonst hatte er sich ja auch seit Jahrzehnten immer wieder von Fall zu Fall als Mitarbeiter der Leipziger Allgemeinen Musikzeitung betätigt. So bedeutete ihm offenbar auch die Abfassung der Selbstbiographie doch mehr als nur das Eingehen auf eine augenblickliche Anregung.

Jedenfalls blieb er zunächst 6 Jahre hindurch – von 1847 bis 1853 – neben seiner anstrengenden Berufstätigkeit und seinem unermüdlichen tonsetzerischen Schaffen der neuen literarischen Arbeit treu. Augenscheinlich reizte es ihn vor allem, von seinem Werdegang und seinen Wanderjahren zu erzählen. Die Schilderung dieses Lebensabschnittes, der mit der Berufung des noch nicht ganz 38jährigen nach Kassel schließt, bildet sowohl, was den Umfang wie die Lebendigkeit und Frische des Stils anlangt, den Hauptteil der Selbstbiographie. Die nun noch folgenden Jahrzehnte der Seßhaftigkeit im Dienste des Kasseler Hofes bedeuteten dagegen dem Erzähler Spohr keine sehr dankbare Aufgabe mehr. Darum brach er hier – auf Seite 156 des 2. Bandes – die Arbeit zunächst ab. Er nahm sie dann zwar 1858, also fünf Jahre später, noch einmal auf und führte die Erzählung bis zu den Ereignissen des Jahres 1838 weiter. Allein man merkt deutlich, daß er die ehemalige fließende, ungezwungene Darstellungsweise nun nicht mehr so recht zu finden wußte. Schließlich erlahmte seine Arbeitslust überhaupt: die Selbstbiographie blieb unvollendet und mußte, um für die Herausgabe abgerundet zu erscheinen, von Spohrs Angehörigen auf Grund von Notizen, Briefen und ähnlichen Dokumenten zu Ende geführt werden.

Bei ihrem Erscheinen bedeutete sie ein Erinnerungsstück an die vielleicht angesehenste deutsche Musikerpersönlichkeit damaliger Jüngstvergangenheit. Denn als solche war Spohr etwa ein Menschenalter hindurch fraglos verehrt worden. In den Jahren zwischen 1830 und 1850 galt er als „die" musikalische Größe Deutschlands, um nicht zu sagen Europas, in dem gleichen Maß etwa wie in unserm Jahrhundert Richard Strauß. Wenn auf musikalischem Gebiet ein autoritativer Rat einzuholen war, wandte man sich an ihn. Wenn eine glänzende musikalische Festgemeinschaft, ein maßgebendes Preisrichterkollegium gebildet werden sollte: Spohr mußte dabei sein. Kaum mehr vorstellbar sind die Triumphe, die er bei Aufführung seiner Oratorien in England gefeiert hat.

Daß diesem Glanz dann ein jähes Vergessen folgte, war begründet durch die umstürzende Neuwendung, die das deutsche Musikleben durch den Sieg der Neuromantiker Wagner und Liszt und nicht minder auch durch den im Schaffen von Brahms aufblühenden Neuklassizismus erfuhr. Die gewandelten musikalischen Ideale dieser kämpferischen Zeit ließen vieles vor ihr Liegende schnell veraltet erscheinen, obwohl gerade Spohr selbst und seine Musik bei beiden Führern dieser neuen musikalischen Zeit, bei Wagner und Brahms, in hohen Ehren stand. Bekannt ist ja das Bekenntnis zu Spohr, das Wagner verschiedentlich in seinen Schriften niedergelegt hat, weniger bekannt, daß auch Brahms Spohrs Musik sehr liebte und beispielsweise den Druck der „Jessonda"-Partitur im Petersverlag durchsetzte. Aber das konnte angesichts der allgemeinen Geschmackswandlung die Abkehr von Spohrs Schaffen, die sich bis zur Jahrhundertwende in Riesenschritten vollzog, nicht aufhalten.

Heute, abermals ein reichliches halbes Jahrhundert später, sind wir
Spohr wieder wesentlich näher gekommen. Zwar sucht unsere Zeit ihr
musikalisches Ideal, weit über die Romantik zurückgreifend, vornehmlich in einer Erneuerung barocker Stilformen. Allein die im
Zusammenhang damit aus Übereifer manchmal gepredigte Abkehr
von der Musik des 19. Jahrhunderts überhaupt hat sich in Wirklich-
keit glücklicherweise nicht vollzogen. Im Gegenteil: man beginnt die
Entdeckerfreude gerade auch auf vergessene und halb vergessene
Meister dieser Zeit und Stilepoche auszudehnen. Und im Zusammenhang damit scheint nun auch für die Musik Spohrs ein neuer
Morgen anzubrechen. So hat vorerst zum mindesten der Rundfunk
mit seinem großen Musikbedürfnis Spohrs Schaffen wieder erstaunlich und erfreulich häufig zu Ehren gebracht. Nun sollen die besten
und gangbarsten Instrumentalwerke des Meisters auch in einer im
Bärenreiter-Verlag vorbereiteten Neuausgabe wieder allgemein zugänglich gemacht werden.

So mag es durchaus zeitgemäß erscheinen, wenn mit vorliegender
Ausgabe auch Spohrs Selbstbiographie, die seit langem nur noch
im Antiquariatsbuchhandel zu haben war, dem allgemeinen Bücher-
markt wieder zugeführt wird. Einmal, um von ihm persönlich als
einem, der im vollsten Sinne des Wortes „den Besten seiner Zeit
genug getan", Kunde zu geben, und sodann – und das ist das noch
Wichtigere und Fruchtbarere –, um für seine ganze Zeit und damit
für das heute nur zu oft leichtfertig unterschätzte 19. Jahrhundert
aufklärendes Zeugnis abzulegen.

Spohrs Leben, so wie es die Selbstbiographie erscheinen läßt, ist ja
gemessen an dem manches anderen Namhaften aus den Gebieten von
Kunst und Wissenschaft, verhältnismäßig ruhig und einfach verlaufen, obschon ihm die Buntheit der Gesichte wandernden Virtuosen-
tums keineswegs fehlt. Am 5. April 1784 zu Braunschweig als Sohn
eines Arztes geboren, gewinnt Spohr die ersten Anregungen seines
schon früh sich zeigenden Talentes aus der Hausmusikpflege im kunst-
sinnigen Elternhaus. Unter Zustimmung des Vaters durch ver-
ständige Lehrer zum Künstlerberuf vorgebildet, kann er schon mit
15 Jahren, 1799, als Geiger in die Hofkapelle des Herzogs von
Braunschweig eintreten. Drei Jahre später erschließt ihm eine
Studienreise nach Rußland, die er mit seinem Lehrer, dem Violinvirtuosen Franz Eck, unternimmt, die große Welt. Eine erste selb-
ständige Kunstreise im Jahre 1804 legte den Grund zu seinem

eigenen Ruhm als Violinspieler und Komponist und verschafft ihm die Konzertmeisterstelle in Gotha (1805). Dort findet er in der jugendlichen Harfenvirtuosin Dorette Scheidler die erste Lebensgefährtin, unternimmt weitere Konzertreisen, leitet 1810 und 1811 Musikfeste in Frankenhausen, 1812 ein solches in Erfurt und geht im gleichen Jahr nach Wien an das Theater an der Wien. Von dort aus führt ihn 1816 und 1817 eine Kunstreise nach Italien. Zwei Jahre Kapellmeistertätigkeit in Frankfurt a. M. folgen, 1820 ist er – nun schon Künstler von internationalem Ruf – in England, wo er glänzende Aufnahme findet. Kühler begegnet man ihm ein Jahr darauf in Paris, ohne ihm jedoch auch dort grundsätzliche Anerkennung vorzuenthalten. Nach kurzem Zwischenaufenthalt in Dresden erfolgt 1822 seine Berufung als Hofkapellmeister nach Kassel. Damit hat er – noch nicht 40 Jahre alt – die Wanderjahre abgeschlossen, und es folgen nun dreieinhalb Jahrzehnte Tätigkeit und Entwicklung als kurhessischer Hofmusikbeamter, nur unterbrochen von Urlaubsreisen, die sich aber nach wie vor und immer wieder zu neuen künstlerischen Triumphen – besonders in England – gestalten. Eine nochmalige Verheiratung nach dem Tode der ersten Gattin gibt auch seinem Familienleben neuen Auftrieb. Seine künstlerischen Verdienste finden durch die 1847 erfolgende Ernennung zum Generalmusikdirektor amtliche Anerkennung, kurz bevor eine immer mehr zunehmende Entfremdung zwischen ihm und seinem Landesherrn zur Verbitterung seiner letzten Lebensjahre und schließlich zu seiner vorzeitigen Pensionierung (1857) führt, zwei Jahre vor seinem am 22. Oktober 1859 erfolgten Tod.

Solche äußeren Ereignisse seines Lebens treten in der Selbstbiographie sehr lebendig greifbar und oft bis in kleinste Einzelheiten geschildert in Erscheinung. Von der Bedeutung seines Schaffens und von der Eigenart seiner Virtuosität ist dagegen mehr nur im Vorübergehen die Rede, obschon zum mindesten auf die Entstehung und Verbreitung einzelner Werke allerhand Licht fällt. Um ganz im allgemeinen Spohrs künstlerische Persönlichkeit als Träger der in der Selbstbiographie niedergelegten Schilderungen zu verstehen, muß man sich stets gegenwärtig halten, daß er einer Zeit angehörte, der die heute übliche „Arbeitsteilung" zwischen schaffendem und ausübendem Musiker noch fremd war. So ist Spohr in der dreifachen Eigenschaft als Virtuose, als Dirigent und als Komponist eine führende Größe des Musiklebens seiner Zeit gewesen. Wenn er in die Geschichte in

erster Linie als Komponist eingegangen ist, so liegt das daran, daß
geschaffene Werke dauern, ausübendes Musizieren dagegen mit dem
Augenblick verweht. Dennoch hat auch Spohrs Wirken als Geiger
geschichtliche Bedeutung gehabt und der Entwicklung der Violin=
technik in einem entscheidenden Augenblick die Wege gewiesen. Wie
er mit den Geigenschulen seiner Zeit verwachsen ist und deren ver=
schiedene Entwicklungslinien in seinem Stil zusammenführte, ist an
Hand seiner eigenen Erzählung klar geworden. Jedenfalls hat er
als Schüler Franz Ecks einerseits und als begeisterter Nachahmer der
Rodeschen Spielweise andrerseits die deutsche und die französisch=
italienische Richtung des Violinvirtuosentums seiner Zeit ver=
schmolzen.

An seiner eigenen Spielweise schätzte man damals die besonders
glückliche Vereinigung von Virtuosität und Gediegenheit, der jede
scharlatanhafte Effekthascherei fremd war. Sein Geigenton soll groß
gewesen sein, seine Sicherheit in Doppelgriffen und seine Weit=
griffigkeit erstaunlich. Einem glänzenden Staccato trat als beson=
derer Vorzug tiefbeseelter Gesangsvortrag im Adagio zur Seite. Ein
Abbild dieser Technik gibt außer seinen Violinkompositionen vor
allem seine 1831 erschienene einst sehr berühmte Violinschule.

Als Kapellmeister hat Spohr entscheidend für die Überwindung der
veralteten Doppeldirektion der ausgehenden Generalbaßzeit zu=
gunsten der heute üblichen Dirigierweise mit dem Taktstock gewirkt:
auch darüber unterrichten am besten seine eigenen Erzählungen mit
den daran zu knüpfenden Anmerkungen.

Dagegen werden ein paar ergänzende Worte über seine geschichtliche
Stellung als Komponist das Verständnis für einschlägige Andeu=
tungen in der Selbstbiographie weiter fördern. Auch hierfür hat er
freilich zum mindesten den entwicklungsgeschichtlichen Ausgangspunkt
selbst aufgewiesen: seine tiefe Verwurzelung in Mozarts Kunstideal,
die ihn zum bedeutungsvollsten Vermittler zwischen klassischem und
romantischem Stil werden ließ. Aus dieser Quelle stammt ein be=
sonderes Wahrzeichen der Spohrschen Musik, ihre Neigung zu chro=
matischen Führungen und Akkordbildungen, die andrerseits wieder
vorbereitend wurde für die kühnen Modulationen und Dissonanz=
wirkungen der Neuromantiker. Sehr mit Grund betont er darum in
der Selbstbiographie, daß er in seinen Kompositionen „reich zu mo=
dulieren" gewohnt sei.

Von seinen Werken blieben schon zu Lebzeiten die Opern mehr oder weniger auf Zeit- und Ortserfolge beschränkt. Nur „Faust" und „Jessonda" haben geschichtliche Bedeutung erlangt. Die „Faust"-Oper, von deren Entstehung in den Jahren des Wiener Aufenthaltes die Selbstbiographie so lebendig erzählt, ist neben Hoffmanns „Undine" und vor dem „Freischütz", eines der frühesten musikalischen Bühnenwerke rein romantischen Gepräges geworden, mit einer dämonischen Baritonpartie als Hauptrolle, einer spukhaften, einst vielbewunderten Walpurgisnacht-Musik, gestützt auf gewählte Orchesterkoloristik. „Jessonda", aus den Anfängen der Kasseler Zeit stammend, verwirklichte noch vor Webers „Euryanthe" die durchkomponierte, vom gesprochenen Dialog befreite Form und nahm in webender Chromatik die Orientstimmungen des „Oberon" vorweg.

Letzlich sind aber wie gesagt nicht Spohrs Opern, noch auch seine opernhaften von den Zeitgenossen ob mancher zarten romantischen Schönheiten und dankbaren Chorwirkungen allerdings schwärmerisch verehrten Oratorien das, was seine musikgeschichtliche Stellung bestimmt. Dies ist vielmehr seine Instrumentalmusik. Aber auch da sind Unterscheidungen zu machen. Die Sinfonien, so eigentümlich sie teilweise der gleichzeitig von Berlioz in die Wege geleiteten neuromantischen Programmusik sich zuneigen oder auch Schumannsche und Brahmssche Wirkungen vorwegnehmen, stehen zurück hinter Spohrs selbständig neben Schubert und Beethoven sich behauptender Kammermusik und mehr noch hinter den konzerthaften Geigenkompositionen. In Spohrs dreiunddreißig Streichquartetten, vier Doppelquartetten, sechs Streichquintetten, der Kammermusik mit Klavier, einem Oktett und dem besonders beliebten Nonett – das, wie die Selbstbiographie ersehen läßt, sein Entstehen einer Anregung des Wiener Musikmäzens Tost verdankte – fanden die Zeitgenossen jene glückliche Vereinigung von klassischer Formvollendung und besinnlicher romantischer Schwärmerei, die dem bürgerlichen Musikideal des 19. Jahrhunderts entsprach: eine sozusagen wohlerzogene Musik, die nicht durch die weltabgewandte Tiefe Beethovens oder durch die Kühnheiten jüngerer Romantiker schreckte, dafür mit einer dem deutschen Gemüt immer naheliegenden wehmutvollen weichen Empfindsamkeit bezwingend wirkte und in diesem Sinne auch ihrerseits ein Vorläufer der beschatteten und doch anmutenden Schwermut Brahmsschen Stiles war. Zweifellos bekunden sich in dieser Haltung von Spohrs Musik auch Charakterzüge seiner niedersäch-

sischen Herkunft. Das hat schon Philipp Spitta in einer geschicht-
lichen Studie richtig erkannt, in der er Spohrs Musik mit Höltys
und Storms Dichtkunst vergleicht. Daß dabei in den Streichquartetten durch bevorzugte Behandlung der ersten Violine Vir-
tuosentum auch in den Kammerstil herüberspielte, kam den Neigungen der Zeit ebenfalls entgegen, so wenig es sich eigentlich mit
dem Ideal des Streichquartettsatzes verträgt. Wie bewußt Spohr
aber diese Vorzugsstellung des ersten Quartettgeigers pflegte, zeigt
die in seinen Erzählungen von Quartettvorträgen wiederholt unter-
laufende Bemerkung, er sei von den Mitspielern mehr oder weniger
gut „begleitet" worden. Die Entwicklung ist über diese Art von
Quartettspiel freilich zugunsten möglichster Ausgewogenheit des Zu-
sammenspiels aller Stimmen hinweggegangen. Deshalb kam für die
Dauer der größte Erfolg und auch die stärkste entwicklungsgeschicht-
liche Auswirkung doch der eigentlichen violinistischen Virtuosenmusik
Spohrs zu: vor allem seinen zwölf Violinkonzerten, von denen das
Achte „in Form einer Gesangsszene", auch das Siebente in e-moll
und das Neunte in d-moll noch heute zum Spielgut unserer größten
Geiger zählen.

In der ganzen Art nun, wie Spohr in der Selbstbiographie von
seinen Erlebnissen und seinen Werken berichtet, liegt es begründet,
daß dabei außer von ihm selbst auch sehr viel von der Umwelt, in der
er lebte und wirkte, die Rede ist. Da Spohrs Schilderungen bis in
die frühesten Kinderjahre zurückreichen, als im Elternhause Hillersche
Singspiele gesungen wurden, und da er andrerseits auch als Greis
dem Musikleben durch lebendige Teilnahme verbunden blieb und
zuletzt noch um eine Aufführung von Wagners „Lohengrin" in Kassel
bemüht war, spiegelt sich diese ganz ungeheure Entwicklung in seiner
Selbstbiographie. Und vor allem dadurch wird diese zum weitum-
fassenden musikalischen Zeit- und Kulturbild.

So werden persönliche Erinnerungen an ungezählte kleine und fast
alle großen Musiker aus seinem Zeitgenossenkreise lebendig. Aber
auch geschichtliche Persönlichkeiten wie Goethe und Napoleon treten
in greifbare Nähe. Manches, was von den Zeitgenossen erzählt wird,
hat anekdotisches Gepräge, manches gewinnt darüber hinaus zeit-
geschichtliche Bedeutung, so etwa die Schilderung der Schwierigkeiten, mit denen die Verbreitung von Beethovens Musik selbst in
besten Musikerkreisen zu kämpfen hatte. Wertvoller aber noch als
die Erinnerungen an einzelne Persönlichkeiten und alle Urteile über

deren Werke sind die Zeitbilder aus dem Musikbetrieb, die Spohr entwirft. Vor allem kommt dabei die ungemein große Rolle zum Bewußtsein, die noch in den ersten Jahrzehnten des 19. Jahrhunderts die Hausmusik – kurz vor ihrem dann beginnenden Verfall – gespielt hat. Wir sehen, daß regelmäßiges Kammermusikspiel zur Selbstverständlichkeit nicht nur im Salon des Adligen, sondern auch im einfachen Bürgerhaus gehörte. Andrerseits finden wir manchmal jüngste Begriffe des Musikbetriebes schon verwirklicht, so in Spohrs Erzählung von jenem elsässischen Fabrikbesitzer, der nur musikalische Arbeiter einstellte, um aus ihnen eine – wie wir heute sagen würden – „Werkkapelle" zu bilden. Ebenso erscheint der Gedanke musikalischen Gemeinschaftsunterrichtes in den Schilderungen vorweggenommen, die Spohr in dem damals in London betriebenen Musikinstitut des aus Kassel gebürtigen Johann Bernhard Logier gibt. Von den Einblicken in die Geschichte des Dirigierens, die sich durch Spohrs Schilderungen ergeben, war schon die Rede. Im Zusammenhang damit fällt auch manches aufschlußreiche Wort über Orchestertechnik von damals. Auch auf diesem Feld hat Spohr verschiedentlich reformierend gewirkt, so vor allem als Widerpart der alten willkürlichen Verzierungslust der italienischen Orchestermusiker und Sänger, worüber in den Berichten aus Rom Lehrreiches zu lesen ist. Wenn Spohr in solchen Fällen scharfe Worte der Zurückweisung findet, so ist das nichts als der gesunde Ausdruck jener tiefen Ehrfurcht vor dem Werk und seinem Schöpfer, die sich heute im Begriff der Werktreue verkörpert. Gerade in diesen Dingen fühlen wir uns der Geistesrichtung Spohrs nahe verwandt. Ähnliches gilt für die Bekundung seiner Bemühungen um die Hebung der sozialen Geltung des Musikerstandes. Daß die Zeit, in der der deutsche Musiker – besonders sofern er an Fürstenhöfen Dienst tat – nur ein besserer Lakai war, um die Jahrhundertwende zu Ende ging, war der allgemeinen Umschichtung zu danken, die sich als Folge der französischen Revolution ergeben hatte. Den Aufstieg zur vollen Gleichberechtigung mit den oberen Gesellschaftskreisen setzten im Laufe des 19. Jahrhunderts Persönlichkeiten von der internationalen Geltung, der Allgemeinbildung und dem gewandten selbstbewußten Auftreten Spohrs durch. So sehen wir ihn schon als Knabe der Anmaßung eines herzoglichen Kammerdieners scharf und erfolgreich entgegentreten. Wir sehen, wie er später an deutschen und ausländischen Fürstenhöfen seine Würde als Künstler und als Mensch allen Standesvorurteilen gegenüber

geltend zu machen, auch dem Dünkel reicher Banausen manch kräftige
Abfuhr zu erteilen weiß. Gerade solche Episoden der Selbstbiographie – also etwa die Erzählung vom Württembergischen Königs-
hofe, wo man seinetwegen auf das während der Hofkonzerte übliche
Kartenspielen verzichten mußte, oder von der vornehmen Gesellschaft
beim Herzog von Chandos in England, in der er sich als Gleich-
berechtigter durchzusetzen wußte, lesen sich herzerfrischend durch den
idealen und gesund kämpferischen Geist, der aus ihnen spricht. Spohr
ist ja auch menschlich, ganz im Gegensatz zu dem zarten schwärmerischen
Geist seiner Musik, eine kraftvoll bejahende Persönlichkeit gewesen,
fast herkulisch in der hohen stattlichen äußeren Erscheinung, dabei ein
Freund jeder damals bekannten Leibesübung, ein vorzüglicher
Turner, Schwimmer, Schlittschuhläufer und begeisterter Wanderer.
Auch davon gibt die Selbstbiographie mit manchen Anekdoten Kennt-
nis. So lernen wir Spohr in jeder Hinsicht als aufrechten deutschen
Mann kennen, dem als solchen auch alle Ausländerei verhaßt war.
Nicht zuletzt unter diesem Gesichtspunkt gewinnen die Berichte von
seinen Reisen nach Rußland, Italien, Frankreich und England über
das sehr anregend Anekdotische und Länderkundliche hinaus grundsätzliche Bedeutung.

Bei der quellenmäßigen Auswertung solchen Inhaltsreichtums der
Spohrschen Selbstbiographie gilt es freilich in jedem Falle, sich mit
einigen persönlichen und zeitanschaulichen Bedingtheiten abzufinden.
So ist zunächst auf absolute Zuverlässigkeit jeder einzelnen Tatsachen-
angabe nicht zu rechnen. Ein „Hier irrt Spohr" erscheint in diesem
Sinne da und dort – manchmal nachweisbar, manchmal zumindest
vermutlich – angebracht zu sein. Es erklärt sich das aus der schon
geschilderten Entstehung der Selbstbiographie in späterem Lebens-
alter, derzufolge sich Spohr außer auf schriftliche Aufzeichnungen doch
auch oft nur auf sein Gedächtnis stützen konnte und dabei begreiflicherweise manchmal Erinnerungstäuschungen unterlag. Sodann ist bei
allen Betrachtungen Spohrs eine stark kritische Einstellung in Kauf
zu nehmen. Das gilt nicht nur von künstlerischen Urteilen, sondern
auch von der Bewertung der Landschaftseindrücke, Städtebilder oder
von der Einschätzung menschlicher Charaktere und ähnlichem. Spohrs
Selbstbiographie ist dadurch gelegentlich wohl gar in den Verruf der
Nörgelsucht gekommen. Allein es handelt sich dabei eher um eine gewisse Naivität unbefangener, an das verstärkte Gewicht des gedruckten
Wortes nicht denkender Offenherzigkeit. Außerdem spielt auch hier

zweifellos die raffiſche Eigentümlichkeit der niederſächſiſchen Abſtam-
mung Spohrs eine Rolle. Wie in Zügen ſeines Schaffens, ſo
berührt ſich Spohr auch in dieſer ſchwerblütig kritiſchen Einſtellung
mit ſeinem niederſächſiſchen Kunſtgenoſſen Brahms.

Letzlich iſt wohl überhaupt die Erklärung für alles, was uns an der
Einſtellung der Selbſtbiographie zuſagt oder auch nicht zuſagt, darin
zu ſuchen, daß Spohr trotz der langen Dauer ſeines Lebens doch
ſtets ein Kind der Mozart-Zeit geblieben iſt, ein Menſch des 18. Jahrhunderts, ein Klaſſiziſt, dem die Romantik mehr eine zeitübliche
Technik als eine Lebens- und Kunſt-Anſchauung bedeutete. So ver-
ſtehen wir ſeine Begeiſterung für den „erſten" Beethoven, ſeine kühle
Zurückhaltung ſchon gegenüber dem „zweiten" und ſeine völlige Ab-
lehnung des „dritten", ſo auch ſeine geringe Meinung von Carl
Maria von Weber, ſeine Bevorzugung Simon Mayrs vor Roſſini
und ſeine Überſchätzung manchen Kleinmeiſters aus dem Epigonen-
tum des Mozart-Kreiſes. Daß Spohr auch alle Vorausſetzungen
fehlten, ſich bei ſeinen Urteilen geſchichtlich einzuſtellen, wird ebenfalls
mehr als einmal deutlich.

Freilich darf dabei etwas ſehr Weſentliches nicht überſehen werden,
was in der Selbſtbiographie mehr nur im Vorübergehen zum Ausdruck kommt, daß Spohr nämlich für manches, was er theoretiſch
ablehnte, doch praktiſch eintrat, wenn er nur den ihm unerläßlich
ſcheinenden Ernſt künſtleriſchen Strebens darinnen fand. In ſolchen
Fällen ſiegte über alle kritiſchen und kunſtanſchaulichen Bedenken
ſeine menſchliche Vornehmheit und ein wenig wohl ſeine Experi-
mentierluſt, die er ja auch im eigenen Schaffen gelegentlich bekundete.
Aus dieſer Einſtellung erklärt ſich namentlich ſein vielbeachtetes Eintreten für Richard Wagner. Natürlich zeigte aber Spohr ſolche prak-
tiſche Einſatzbereitſchaft mit noch geſteigerter Energie, wenn er mit
ganzem Herzen dabei ſein konnte, wie etwa bei ſeinem Vorkämpfer-
tum für die erſten Streichquartette Beethovens. Gerade bei der
Bewertung von Spohrs Verhältnis zu Beethoven ſollte man jedenfalls mehr von ſolchen poſitiven Leiſtungen als von der Senſation
der negativen Werturteile ausgehen.

Daß auch ſolche Dinge, die in der Selbſtbiographie mehr zwiſchen
als in den Zeilen zu leſen ſind, der Beachtung nicht entgehen, dafür
ſuchen in unſerer Ausgabe die Anmerkungen Sorge zu tragen. Und
damit wären ſchließlich die Geſichtspunkte ins Blickfeld gerückt, nach
denen das vorliegende Buch geſtaltet iſt. Dieſes ſoll ſeinem Leſer,

vor allem auch dem fachmännischen Forscher, das Original voll und
ganz erſetzen. Darum ist der Text der Selbſtbiographie nicht nur un-
gekürzt, ſondern auch in der Seiteneinteilung und Gliederung als
völlig getreues Abbild des Urdrucks wiedergegeben. Man kann alſo
auch die Seitenzahl nach dieſer Ausgabe originalgetreu zitieren.
Sogar die – nicht ſehr zahlreichen – Druckfehler ſind beibehalten
und nur in den Anmerkungen berichtigt. Ein Vergleich mit der Hand-
ſchrift Spohrs war nicht möglich, da ſich dieſe in Privatbeſitz befindet
und in abſehbarer Zeit ſchwerlich zugänglich ſein wird. Doch ergaben
ſich daraus keinerlei Schwierigkeiten für die Richtigſtellung von
Fehlern des Originaldrucks.

Die Verwirklichung eines ungekürzten Abdrucks der Biographie
durfte auch durch die offenkundige Tatſache nicht hintan gehalten
werden, daß die einzelnen Teile der Darſtellung, wie erwähnt, nicht
gleichwertig ſind. Beſonders fällt der von den Angehörigen Spohrs
nachgetragene Schlußteil ſchon durch den ganzen Ton der Erzählung
eigentlich aus dem Rahmen. Während Spohr ſelbſt nämlich jedes
betonte Eigenlob ſtreng vermeidet, und ſich mit beſcheidenen Andeutungen der ihm beſchiedenen Erfolge begnügt, können ſich die
Verfaſſer des ergänzenden Schlußteiles der Selbſtbiographie in
wohlgemeinter Pietät an Lobeshymnen auf ihren Helden nicht genug
tun. Es trägt aber kaum zu einer Berichtigung der nachmaligen un-
gerechten Unterſchätzung Spohrs bei, wenn die Überſchätzung, die ihm
ein Teil der Zeitgenoſſenſchaft – beſonders das hyſteriſche, ſno-
biſtiſche Konzertpublikum in England – entgegenbrachte, derartig
unterſtrichen und als ſelbſtverſtändliche Norm hingeſtellt wird.

Aber Quellenwert ſteckt trotz allem auch in dieſen Ausführungen. So
ſind ſie dem Forſcher unentbehrlich und vermögen den praktiſchen
Muſiker und Muſikfreund immerhin zu fruchtbarem Nachdenken an-
zuregen.

Dieſen verſchiedenen Leſerkreiſen das Buch in ſeiner Geſamtheit noch
etwas näher zu bringen, iſt auch der Zweck der Anmerkungen. Soweit
ſich dieſe mit Perſönlichkeiten befaſſen, wollen ſie nur in kürzeſter
Form dartun, ob und wie der genannte Name geſchichtlich bekannt iſt,
allenfalls auch, wie weit ſich Spohrs Einſtellung mit anderen Auf-
faſſungen deckt. Wo über das von Spohr ſelbſt Mitgeteilte hinaus
noch Beziehungen zu ſeinem Lebens- und Schaffenskreiſen beſtehen,
ſind dieſe ergänzend angedeutet. Die mehr allgemein geſchichtlichen,
ſachlichen oder techniſchen Anmerkungen wollen ihren Gegenſtand

ebenfalls in gedrängtester Kürze nur so weit behandeln, wie dies zum
Verständnis, gegebenenfalls auch zur kritischen Bewertung des von
Spohr Gesagten notwendig ist. So werden die Anmerkungen dem
Kenner rasche Erinnerungshilfen, dem Laien knappe Erläuterungen
sein und beiden jedenfalls das allzu häufige Heranziehen von Nach-
schlagewerken ersparen. Die Gelegenheit, dabei auf die wichtigste
Spohr-Literatur zu verweisen, wurde tunlichst wahrgenommen.

Möge nun Spohrs Selbstbiographie erneut ihren Weg zu allen
finden, denen sie etwas zu sagen hat. Und das müßten angesichts der
weiten Kreise, die sie zieht, eigentlich recht viele sein.

Eugen Schmitz

Anmerkungen

1. **Spohrs Geburtshaus**
(Braunschweig, Spohrplatz 7) ist durch
eine Gedenktafel als solches gekenn-
zeichnet. Über Spohrs Vorfahren und
Nachkommen unterrichtet eingehend das
familiengeschichtliche Werk „Die Nach-
fahren des Ratsbaders und
Chirurgus Christoph Spohr
in Alfeld an der Leine (1604 –
1679)" von Oswald Spohr (Leipzig 1926). Zu vergleichen ist auch das
„Spohr'sche Familienbuch", herausgegeben von Dr. Ludwig Spohr in Karlsruhe (5 Hefte, 1909 – 1919). Die frühere Annahme, die Familie Spohr sei
aus Holland in Niedersachsen eingewan-
dert, hat sich nicht als stichhaltig erwiesen. Der bis jetzt bekannte älteste Ahn-
herr des Geschlechts, Christoph Spohr,
(1604 – 1679) ist in Ernsleben am Harz
geboren und war Ratsbader und Chirurgus in Alfeld an der Leine. Des-
gleichen sein Sohn Franz Spohr (1644 –
1709). Dessen Sohn Hartung Elias
Spohr (1679 – 1761), der Urgroßvater
unseres Meisters, wirkte als Pastor in
Deensen, der Großvater Georg Ludwig
Heinrich Spohr (1725 – 1805) desglei-
chen als Pastor in Woltershausen. Da
des Meisters Vater Arzt war, ist unter
Louis Spohrs nächsten männlichen Vorfahren der Künstlerberuf also nicht ver-
treten. Die Mutter, Großmutter und
Urgroßmutter waren Pastorentöchter, die
Ururgroßmutter stammte aus Handwer-
kerkreisen. Spohrs Vater, Medizinalrat
Dr. Karl Heinrich Spohr (1756 – 1843),
war ein seinerzeit sehr angesehener Vertreter der Heilkunde, dessen die zeitgenössischen Fachwerke verschiedentlich gedenken. Während seiner Studienzeit an
der Universität Leipzig freundete er sich
mit S. Ch. Friedr. Hahnemann, dem
später berühmten Begründer der Homö-
opathie, an, dessen erste Schriften unter
Spohrs Namen erschienen. Später hat
Medizinalrat Spohr neben seiner ärzt-
lichen Praxis selbst eine reiche schrift-
stellerische Tätigkeit entfaltet. Besonders
verdient machte er sich durch Übersetzung
bedeutender medizinischer Schriften des
Auslandes ins Deutsche. Daneben ver-
folgte er auch gesellige und schöngeistige
Interessen, zu denen regelmäßige Pflege
der Hausmusik gehörte. Für sein eigenes
Musizieren hatte er mit der Flöte das
Lieblingsinstrument der vornehmen Dilettanten der Rokokozeit gewählt.

I, 1. **Schwaneberger**, Johann Gott-
fried (1740 – 1804), ehemals bekannter
Komponist, jahrelang Hofkapellmeister in
Braunschweig.

I, 2. **Kalkbrenner**, Christian (1755
– 1806), Komponist von Opern und
Kammermusikwerken.

I, 2. **Dufour** (richtiger: Du Four)
war ein emigrierter adeliger Leutnant,
der später (1796) als Konzertmeister an
der Klosterschule in Holzminden Anstellung fand. 1802 dankte er ab, vermutlich,
um sich nach Frankreich zurückzubegeben.

I, 3. **Weiße**, Christian Felix, Leipzig,
gab 1775 bis 1782 die belehrende Wo-
chenschrift „Der Kinderfreund" heraus.

I, 3. **Hiller**, Johann Adam (1728 –
1804), Thomaskantor in Leipzig, bahnbrechender Meister des deutschen Sing-
spiels. Die Singspiele „Lottchen am
Hofe" (1767) und „Die Jagd" (1770)
gehörten zu seinen bekanntesten Werken.

I, 4. **Spohrs Großvater Georg
Ludwig Heinrich Spohr** (1729
– 1805) Pastor in Woltershausen, war
jedenfalls eine geistig hochstehende Persönlichkeit. An den gelehrten theologi-
schen Erörterungen seiner Zeit nahm er
verschiedentlich teil und geriet nach
Lessings Tod (1781) in eine wissenschaft-
liche Fehde mit Konrad Heusinger, dem
späteren Rektor des Katharinen-Gym-
nasiums in Braunschweig. Daß er auch
dichterische Begabung besaß, zeigt ein
1781 von ihm veröffentlichter Band
deutscher und französischer Lyrik. Sein
Enkel Louis war vom 1. Oktober 1796
bis zum 1. April 1797 sein Schüler im
Konfirmandenunterricht.

I, 5. Wranißky, Anton (1761 – 1820), gehörte zum Schülerkreis Haydns und Mozarts und war einer der angesehensten Violinlehrer Wiens. Die genannten Variationen waren ein bekanntes Virtuosenstück.

I, 5. Hartung, Karl August, Organist an der reformierten Kirche zu Braunschweig, Komponist von Liedern und Orgelwerken.

I, 7. Strohmeyer (Ottomeyer), Karl August (1779 – 1845), jahrzehntelang eines der hervorragendsten Mitglieder der Weimarer Oper (Baßbariton). Bei den Wanderungen des Schulchors durch die Stadt handelte es sich offenbar um die sogenannte „Kurrende", so heißt das seit der Humanistenzeit übliche Singen der Schüler auf Straßen und Plätzen gegen kleine Geldgeschenke. Ursprünglich der Pflege geistlicher Musik zugetan, hatte sich die Kurrende gegen Ende des 18. Jahrhunderts mehr und mehr verweltlicht. Man sang mit Vorliebe Stücke aus der modischen Opern- und Singspiel-Musik. Vergleiche die groteske Schilderung C. M. von Webers im 2. Kapitel seines autobiographischen Romanfragments „Künstlers Erdenwallen".

I, 7. Maucourt, Charles Louis, französischer Geiger, seit 1784 (?) Konzertmeister der Braunschweiger Hofkapelle, auch Komponist von Violinwerken.

I, 9. Carl Wilhelm Ferdinand, Herzog von Braunschweig, 1735 geboren, regierte von 1780 bis 1806, war ein hervorragender Heerführer in preußischen Diensten. Die Regierung Braunschweigs führte er mit kluger Sparsamkeit zum Besten seiner Untertanen. Er war auch musikalisch sehr begabt. In seiner Jugend ein Schüler des Braunschweiger Konzertmeisters C. A. Besch, ragte er als Geiger weit über den Dilettantismus hinaus. Leopold Mozart sagt von ihm, er .spiele so gut, daß ein Musikus von Profession dadurch sein Glück machen könne". Vgl. W. J. von Wasielewski „Die Violine und ihre Meister" (5. Auflage, Leipzig 1910, Seite 305 f.)

I, 12. Seidler, Ferdinand August (1778 – 1840), schon mit 10 Jahren in der Kgl. Kapelle zu Berlin als Geiger mitwirkend, später als Konzertspieler viel auf Reisen, seit 1816 wieder in Berlin.

I, 13. Pixis, Friedrich Wilhelm (1786 – 1842), trat schon mit 9 Jahren als Violinvirtuose auf und wirkte nach wanderreichem Leben als Dirigent und Konservatoriumsprofessor in Prag. Sein Bruder Johann Peter Pixis begleitete ihn auf den Konzertreisen als Pianist.

I, 13. Pleyel, Ignaz Joseph (1757 – 1831), Schüler Joseph Haydns, vielseitiger, aber seichter Modekomponist.

I, 14. Viotti, Giovanni Battista (1753 – 1824) einer der größten Geiger seiner Zeit, auch bahnbrechender Komponist auf dem Gebiete der Violinmusik.

I, 14. Eck, Johann Friedrich (– Spohr schrieb irrtümlich Ferdinand –) stammte aus der berühmten Mannheimer Geigerschule. Die Angaben von Spohr sind richtig. (1766 – 1809).

I, 14. Eck, Franz, 1774 in Mannheim geboren, war auch Mitglied der Münchner Hofkapelle und gab ebenfalls um eines Liebesabenteuers willen die dortige Stellung 1801 auf, um auf Kunstreisen zu gehen.

I, 14. Petersburg, im 18. Jahrhundert eine Hochburg der italienischen Oper, wandte sich um die Jahrhundertwende mehr und mehr dem Geschmack für französische und deutsche Musik zu. Da die glänzenden Verhältnisse der dortigen Aristokratie zu einer höchst freigebigen Kunstpflege führten, wurde Petersburg neben Paris und London ein Hauptziel reisender Virtuosen.

I, 18. Dussek, Johann Ladislaus (1760 – 1812), einer der frühesten Romantiker unter den Komponisten von Klaviermusik.

I, 19. Grund, Henriette (1782 – 1867), einer bekannten Hamburger Musikerfamilie entstammend, erregte noch im Wunderkindalter als Pianistin Aufsehen. Später bildete sie ihre Stimme aus und glänzte nun auch als Sängerin.

I, 20. Massoneau, Louis, von französischen Eltern in Kassel geboren, als Geiger in verschiedenen deutschen Orchestern tätig, um die Jahrhundertwende Konzertmeister an der Hamburger Oper, fleißiger Instrumental-, Kirchen- und Opernkomponist.

I, 23. Z. 4. Der Begriff des geistigen Eigentums war damals noch wenig entwickelt.

I, 23. Danzi, Franz (1763 – 1826), der Mannheimer Schule entstammend, war Kapellmeister in München, Stuttgart und Karlsruhe, vielseitiger Komponist, auch einer der Lehrer C. M. v. Webers.

I, 31. „Ariadne auf Naxos", Textdichtung von E. Brandes, Musik von Georg Benda (1775), eines der bahnbrechenden Werke der damals eine kurze Blüte erlebenden Kunstgattung des Melodramas.

I, 32. Cimatosa, Domenico (1749 – 1801), italienischer Opernkomponist.

I, 33. Kromer, Franz (1760 – 1831), fruchtbarer Komponist besonders von weitverbreiteter Kammermusik. Die Zahl seiner Quartette beläuft sich auf etwa 70. Er war zeitgenössischen Einflüssen sehr zugängig und hat in späteren Werken darum auch die Spohrsche Chromatik übernommen.

I, 34. Z. 12. Namen damaliger Geiger, von denen noch wiederholt die Rede sein wird. „Iwanowichi" ist offenbar ein Schreibfehler für Giornovichi.

I, 34. Giornovichi, Giovanni (1745 – 1804) hinterließ Violinkonzerte im französischen Geschmack mit besonders beliebten „Romanzen"-Sätzen.

I, 36. Sonaten für Klavier und Violine zählten damals zur „Musik für Klavier mit begleitenden Instrumenten". „Begleiter" war also nicht der Pianist sondern der Geiger. Von Beethoven waren bereits die Violinsonaten op. 12, op. 23 und op. 24 verbreitet.

I, 39. Devienne, François, französischer Flötenvirtuose und Komponist, gestorben 1803.

I, 42. Clementi, Muzio (1752 – 1832) Klaviervirtuose und Komponist, heute noch durch seine Sonatinen und sonstigen Übungsstücke bekannt.

I, 43. Field, John (1782 – 1837) als Klavierkomponist berühmt durch seine für Chopin vorbildlich gewordenen Nocturnen.

I, 44. Tietz, (auch Titz) August Ferdinand, geboren um 1762 in Niederösterreich, ausgebildet in Wien, seit etwa 1786 in Petersburg, Violinvirtuose und Komponist. Noch 1805 gedenkt die Allgemeine musikalische Zeitung seiner seelischen Erkrankung. In Nachschlagewerken wird er verschiedentlich mit dem Dresdner Geiger Ludwig Tietz (geb. 1774) verwechselt.

I, 45. Nur der Vater, J. G. Lévêque ist als Geiger und Komponist bekannt geworden.

I, 45. „Die beste vollständige Kapelle gehört dem Herrn geheimen Rat und Senateur Teplow, der nicht nur in hohem Grade Sinn für die Kunst hat, sondern fie auch auf der Violine sehr fertig übt", heißt es noch am 30. Oktober 1805 in einem Petersburger Bericht der Leipziger Allgemeinen musikalischen Zeitung.

I, 47. Fränzl, Ferdinand (1770 – 1833), Sohn des Mannheimer Geigers und Komponisten Ignaz Fränzl, reisender Violinvirtuose. Über sein Spiel gehen die Urteile sehr auseinander. Seine Kompositionen bekunden ihn als geschmackvollen Nachahmer Viottis.

I, 47. Berwald, Johann Friedrich (1787 – 1861), Sohn eines Stockholmer Hofmusikers, einer der namhaftesten Geiger Schwedens. Spohr ist durch die sachliche Vortragsweise nordischen Stils wohl zu einem zu scharfen Urteil verleitet worden.

I, 48. Fodor, Joseph (1752 – 1828), Violinschüler Franz Bendas, zuerst in Paris, dann – seit 1794 – in Rußland, fruchtbarer Violinkomponist.

I, 48. Romberg, Andreas (1767 – 1821), Geiger und vielseitiger Komponist, heute noch bekannt durch seine Vertonung von Schillers „Glocke" Von seinen 10 Sinfonien waren einige ehemals sehr verbreitet.

I, 49. S a r t i , Giuseppe (1729 – 1802), italienischer Opernkomponist, kam 1784 als Hofkapellmeister Katharinas II. nach Petersburg. Welches Oratorium Sartis Spohr meint, ist nicht festzustellen.

I, 49. Es gab 2 Violinvirtuosen mit Namen A l d a y , die Brüder waren. Gemeint ist hier vermutlich F. Alday, genannt „le jeune", ein Schüler und Nachahmer Viottis.

I, 52. Die russische Hornmusik wurde 1751 durch den Oberjägermeister Narischkin in Petersburg eingeführt. Sie ist eigentlich böhmischen Ursprungs, gewann aber bald die Bedeutung einer besonderen Gattung russischer Nationalmusik. Bei einer Siegesfeier im Jahre 1788 wurde im Petersburger Schloß ein Te Deum von Sarti mit einem solchen Hörnerorchester aufgeführt und durch Kanonenschüsse begleitet. Als Spohr die russische Hornmusik hörte, stand sie offenbar noch in Blüte. Die Bläserchöre vereinigten bis zu 60 Spielern. Sie geriet aber dann mehr und mehr in Verfall und verschwand schließlich im Verlauf der ersten Hälfte des 19. Jahrhunderts. Daß sie aber auch damals noch die Phantasie deutscher Komponisten befruchtete, zeigt ein für russische Hörner geschriebener Trauermarsch in A. F. Anackers einst berühmter Kantate „Bergmannsgruß"

I, 61. Von der nachfolgenden Erzählung ist so viel richtig, daß Franz Eck 1803 in Geisteskrankheit verfiel und auf Befehl des Zaren nach Nancy zu seinem Bruder geschickt wurde. Dieser brachte ihn in ein Irrenhaus nach Straßburg, wo er 1804 starb. Spohrs Angabe, er sei in Hamburg gestorben, beruht auf einer Verwechslung mit dem älteren Bruder Johann Friedrich Eck.

I, 66. R o d e , Pierre (1774 – 1830), Schüler Viottis, zeitweise einer der glänzendsten französischen Violinvirtuosen, aus Bordeaux gebürtig.

I, 67. Z. 13. Wahrscheinlich hat sich Spohr geirrt und meint das ehemals außergewöhnlich beliebte a-moll-Konzert Nr. 7.

I, 68. Ob Friedrich Ernst oder Philipp Friedrich B e n e k e gemeint ist, läßt sich nicht entscheiden. Beide waren namhafte Violoncellisten.

I, 69. Z. 2. Spohrs eigenhändiges thematisches Verzeichnis seiner Kompositionen befindet sich heute in Privatbesitz. Eine Abschrift wurde von dem Verfasser der vorliegenden Anmerkungen angefertigt. Ein Verzeichnis der Spohrschen Werke ohne Themenangabe bot H. M. Schletterer als Anhang seiner 1881 erschienenen Studie „L u d w i g S p o h r". (Nr. 29 der Sammlung musikalischer Vorträge, herausgegeben von Paul Graf Waldersee, Breitkopf & Härtel, Leipzig).

I, 71. T o u r t é , François (1747 – 1835), Bogenfabrikant in Paris, schuf den elastischen, verstellbaren Geigenbogen wie er bis heute in Gebrauch ist.

I, 71. S t a i n e r (richtiger: Steiner), Jakob (1621 – 1683), Tiroler Geigenbauer, angeblich ein Zögling der Cremoneser Geigenbauschule.

I, 71. R o c h l i t z , Johann Friedrich (1769 – 1842), hervorragender Musikschriftsteller, war 1798 – 1818 Herausgeber der damals führenden „Allgemeinen musikalischen Zeitung" in Leipzig.

I, 72. K ü h n e l , Ambrosius, hatte am 1. Dezember 1800 mit Franz Anton Hoffmeister in Leipzig einen Musikverlag gegründet, der nach seinem Tode 1813 an den Buchhändler Carl Friedrich Peters überging und sich allmählich zu der bekannten Weltfirma C. F. Peters entwickelte. Spohr hat mit dieser Firma und ihren Inhabern bis an sein Lebensende in Verbindung gestanden. Viele seiner großen Werke sind bei Peters erschienen. Aus seinem Briefwechsel mit dem Verlag hat die Leipziger Allgemeine musikalische Zeitung einige aufschlußreiche Stichproben veröffentlicht (Jahrgang 1867, Seite 290 und öfter). Das beste Bild von Spohrs Entwicklung als Geiger und von seiner Stellung in der Geschichte des Violinspiels gibt eine Dissertation: F o l k e r G ö t h e l , „D a s V i o l i n s p i e l L u d w i g S p o h r s. U n t e r B e r ü c k s i c h -

tigung geigentechnischer Probleme seiner Zeit" (Berlin 1935).

I, 75. Festa, Friedrich Ernst (1787–1826). damals noch im Wunderkindalter stehend, wurde später ein ausgezeichneter Virtuose und begabter Komponist.

I, 76. Sievers, Georg Ludwig Peter (geb. 1775) war später bekannter Mitarbeiter der „Allgemeinen musikalischen Zeitung" und der „Cäcilia", für die er unter anderem Musikberichte aus Rom und Paris schrieb.

I, 77. Türk, Daniel Gottlob (1756–1813), Komponist und namhafter Theoretiker, Lehrer des Balladenkomponisten Carl Loewe, Verfasser einer als Zeitdokument sehr wertvollen Klavierschule.

I, 78. Paër, Ferdinand (1771–1839), italienischer Opernkomponist. Die Oper „I fuorusciti" (deutsch: „Die Wegelagerer") war etwa 1804 erschienen, also damals ganz neu.

I, 78. Alberghi, Ignazio, Tenor der Dresdner Oper, auch Kirchenkomponist.

I, 78. Campagnoli, Bartholomeo (1751–1827) war 1797–1818 Konzertmeister des Leipziger Gewandhausorchesters.

I, 78. Z. 31. Dieses Lob Spohrs gilt dem alten Leipziger Gewandhaussaal, der 1781–1884 in Gebrauch stand.

I, 81. Damals lernten sich Spohr und Rochlitz persönlich kennen und blieben von da an bis zu Rochlitz' Tod in dauernder Verbindung. Spohr schrieb gelegentlich für die Leipziger Allgemeine musikalische Zeitung, und Rochlitz wurde der Textdichter von Spohrs Oratorien „Die letzten Dinge" und „Des Heilands letzte Stunden". Vgl. die Studie „Ludwig Spohr und Friedrich Rochlitz" von Ernst Rychnowsky in den Sammelbänden der Internationalen Musikgesellschaft, Jahrgang V, Seite 253 ff. Die nachstehend von Spohr zitierte Kritik steht in Jahrgang 7 der Allgemeinen musikalischen Zeitung (Seite 202). Sie enthält auch manches Schmeichelhafte

über Spohrs menschliche Persönlichkeit: diese Bemerkungen hat Spohr in seinem Zitat bescheidenerweise weggelassen.

I, 84. Radziwill, Fürst Anton Heinrich (1775–1833), ausgezeichneter Dilettant und Kunstgönner, schuf eine sehr bekannt gewordene Bühnenmusik zu Goethes „Faust".

I, 84. Romberg, Bernhard (1767–1841), Vetter von Andreas Romberg (s. oben). Violoncellvirtuose und Komponist. Vgl. Herbert Schäfer: Bernh. Romberg (Lübben, 1931).

I, 84. Möser, Karl, Geiger, Mitglied der Berliner Hofkapelle.

I, 84. Prinz Louis Ferdinand von Preußen (1772–1806), Neffe Friedrichs des Großen, Schüler Dussels, vorzüglicher Klavierspieler und begabter Komponist frühromantischer Richtung.

I, 86. Meyerbeer, Giacomo, eigentlich Jakob Liebmann-Beer (1791–1864), der später international erfolgreiche Opernkomponist.

I, 87. Nach Thayer-Riemanns Beethoven-Biographie (II, S. 446) war es nicht das erste öffentliche Auftreten des jungen Meyerbeer. Die Allg. musikalische Zeitung verzeichnet vielmehr schon mehrere frühere Konzerte von ihm.

I, 87. Reichardt, Johann Friedrich (1752–1814), Komponist und Musikschriftsteller, gab damals die „Berlinische musikalische Zeitung" heraus. Der Bericht über Spohrs Konzert steht in Nr. 24 des Jahrgangs 1805. Die von Reichardt neben hohem Lob gemachten Einwände betreffen außer der Freiheit im Tempo noch die betonte Nachahmung der Spielweise Rodes und eine gewisse Einförmigkeit des dynamischen Vortrags. An Spohrs Kompositionen wird allzu große Vorliebe für die Molltonarten getadelt. Das Konzert Spohrs hatte am 3. März 1805 im Saal des Kgl. Nationaltheaters stattgefunden.

I, 90. Ernst, Franz Anton, geb. 1745, seit 1778 Konzertmeister in Gotha, gest. 13. Januar 1805. Violinvirtuose, Komponist, auch bemüht um Verbesserung des Geigenbaus.

I, 95. Prinz Louis Ferdinand fiel bei Saalfeld am 10. Oktober 1806.

I, 95. Herzog Carl Wilhelm Ferdinand von Braunschweig wurde in der Schlacht bei Auerstedt durch einen Schuß des Augenlichts beraubt und auch sonst schwer verwundet. Man brachte ihn nach Braunschweig und dann nach Ottensen, wo er am 10. November 1806 starb.

I, 96. Von den genannten Musikern ist Joh. G. Heinrich Backofen bekannt als ausgezeichneter Harfenvirtuose, aber auch durch Verbesserungen im Bau der Holzblasinstrumente.

I, 96. Diese Andeutung Spohrs gemahnt an die damals noch übliche „Doppeldirektion durch den Konzertmeister am ersten Geigenpult und den Generalbaßspieler am Cembalo, wobei letzterer bei Gesangsstücken, ersterer bei reiner Instrumentalmusik führend zu sein pflegte. Reinhardt, Johann Christoph (gest. 1821) wirkte seit etwa 1788 am Hofe zu Gotha als Organist und Klavierspieler und wurde auch durch Liedkompositionen bekannt.

I, 96. Schlick, Johann Conrad, ausgezeichneter Cellist und Komponist, war seit 1777 Kammermusikus in Gotha. Seine Gattin Regina, geb. Strinasacchi, war eine namhafte Geigerin (1764–1823). Mozart schrieb für sie die Sonate KV. 454.

I, 96. Scheidler, Sophie Elisabeth Susanne, geb. Preyßing, seit 1776 Hofsängerin in Gotha, war damals bereits Witwe. Ihr Mann, der Violoncellist Johann David Scheidler, bekannt durch Lied- und Klavierkompositionen, war 1802 gestorben.

I, 96. Scheidler, Dorette, die nachmalige Gattin Spohrs, namhafte Harfenvirtuosin, ist am 2. Dezember 1787 in Gotha geboren und am 20. November 1834 in Kassel gestorben.

I, 96. Z. 28. Die damals entstandene Gesangsszene für Sopran „Oskar!" und die c-moll-Sonate für Violine und Harfe blieben ungedruckt.

I, 101. Z. 24. Es ist die Arie „Non temer amato bene", die Mozart 1786 für

die Primadonna Storace und sich selbst komponiert hatte (K. V. 505).

I, 103. Z. 20. In eigenartiger Form lebt in dieser Maßnahme Spohrs die sogenannte „Scordatura" des 17. Jahrhunderts wieder auf, die durch Änderung der gewöhnlichen Stimmung der Saiteninstrumente besondere Spiel- und Klangwirkungen erstrebte.

I, 105. Henke, H. Wilh. Eduard war 1781 geboren, gewann später, namentlich als Strafrechtslehrer, großen wissenschaftlichen Ruf und starb 1869 in Halle a. d. S. als Professor der dortigen Universität und Geheimer Justizrat.

I, 105. Z. 10. Schlacht bei Jena und Auerstedt am 14. Oktober 1806, Sieg Napoleons über die Preußen.

I, 106. Z. 26. Trotzdem dachte Spohr damals an die Veröffentlichung einzelner Szenen aus der „Prüfung". In Briefen an den Verleger Kühnel in Leipzig (Januar und Juni 1807) bietet er diesem solche an, darunter eine Sopranarie mit konzertierender Violine. Über diesen ersten Opernversuch Spohrs vgl. einen Aufsatz von Eugen Schmitz im Archiv für Musikforschung, VII, S. 84.

I, 107. Spohr, Emilie (1807 bis 1895), heiratete 1828 den Kasseler Fabrikbesitzer Johann Wilhelm Zahn. Sie siedelte mit diesem dann nach New York über, kehrte aber später nach Deutschland zurück. Siehe Band II, Seite 343.

I, 108. Nadermann, Name einer Familie von Harfenisten und Harfenbauern in Paris.

I, 109. Z. 20. Das Konzert des Ehepaars Spohr in Weimar, das zu der geschilderten ersten Begegnung Spohrs mit Goethe und Wieland führte, fand am 20. Oktober 1807 statt. Vgl. W. Bode „Die Tonkunst in Goethes Leben", Bd. 2, Seite 15.

I, 113. Winter, Peter (1745–1825), seit 1778 in München wirkend. Sein Hauptwerk „Das unterbrochene Opferfest" (1796) war jahrzehntelang auf deutschen Bühnen heimisch.

I, 114. Friedrich I. seit 1797 Herzog, seit 1806 von Napoleons Gnaden König von

Württemberg, gest. 1816, in der Geschichte bekannt als begabter, aber selbstsüchtiger und gewalttätiger Herrscher.

I, 117. Z. 16. Wahrscheinlich hat Spohr damals auch die neuen Streichquartette op. 29 von Danzi kennen gelernt. Diese zeigen schon jene Neigung zu chromatischer Führung der Mittelstimmen, der Spohr alsbald selbst in zunehmendem Maße huldigen sollte. Vgl. Hans Glenewinkel, „Spohrs Kammermusik für Streichinstrumente" (Dissertation, München 1912) Seite 129.

I, 117. Z. 23. Eine Oper „Der Beherrscher der Geister" von Weber gibt es nicht. Es ist dies nur der Titel einer Ouvertüre, die sich als Neubearbeitung der verloren gegangenen Ouvertüre zu einer Oper „Rübezahl" darstellt. Diese Oper „Rübezahl" hatte Weber 1804/05 in Breslau komponiert, aber nicht vollendet. Es erscheint merkwürdig, daß Weber, der während der Stuttgarter Zeit unter dem Einflusse Danzis schon an seiner 1810 beendeten Oper „Silvana" arbeitete, Stilproben aus dem aufgegebenen Breslauer Jugendwerk zu hören gegeben haben soll. Vielleicht ist Spohr eine Verwechslung der Titel unterlaufen, und er hat Musik aus der „Silvana" kennen gelernt. Sein ablehnendes Urteil ist nicht verwunderlich angesichts der Tatsache, daß er später nicht einmal den „Freischütz" gelten ließ.

I, 118. Cramer, Wilhelm. geborener Mannheimer, Schüler von Stamitz, seit 1772 in London gest. 1799, berühmter Violinvirtuose. Seine Frau war Harfenspielerin und Sängerin.

I, 119. Z. 18. Diese Anlage ist kennzeichnend für die Neigung der Romantiker zum „Leitmotiv", das heißt zur thematischen Vereinheitlichung durch Wiederkehr bereits gebrachter melodischer Gedanken.

I, 124. Jagemann, Karoline, Tochter eines Weimarer Bibliothekars, seit 1797 Schauspielerin und Sängerin am Weimarer Theater. Der Herzog machte sie als Frau von Heygendorff zu seiner Nebenfrau. Als solche gewann sie

große Macht am Theater. In „Altuna" sollte sie jedenfalls die Titelpartie fingen, die in schwierigen Koloraturen bis zum viergestrichenen g ansteigt, indessen Strohmeyer (s. Anm. zu S. 7) die Partie des Ritters Bruno, des Heldenvaters der Oper, zugedacht war, eine beinahe unfreiwillig komisch mit Koloraturen ausgestattete Baßpartie.

I, 123. Z. 7. Spohr widmete Frau von Heygendorff auch die Sechs deutschen Lieder, die später als op. 25 erschienen. Sie enthalten zwei Dichtungen von Goethe: „Gretchen am Spinnrad" und „Zigeunerlied".

I, 126. Z. 8. Tatsächlich ist „Altuna" ein sehr eigenartiges Denkmal frühromantischen Opernstils mit leitmotivischen Ansätzen und einem großen Melodram. Vgl. über das Werk einen Aufsatz von Eugen Schmitz in der Zeitschrift der Internationalen Musikgesellschaft, Jahrgang XIII, Seite 293ff. Über Spohrs weitere Entwicklung als Opernkomponist unterrichtet eine Dissertation von Rudolf Wassermann, „Ludwig Spohr als Opernkomponist" (Rostock 1910). Ergänzend ist zu vergleichen: Siegfried Goslich, „Beiträge zur Geschichte der deutschen romantischen Oper zwischen Spohrs „Faust" und Wagners „Lohengrin" (Schriftenreihe des Staatl. Instituts für deutsche Musikforschung, Band I, Leipzig 1937).

I, 126. Talma, François Joseph (1763 bis 1826) und Mars, Anna Françoise (1749 bis 1847), hervorragende Mitglieder des Théâtre français in Paris.

I, 128. Emil Leopold August, Herzog von Sachsen-Gotha und Altenburg, regierte von 1804–1822. Als Bewunderer Napoleons trat er erst im November 1813 nach der Schlacht bei Leipzig zu den Verbündeten über.

I, 129. Spohr, Ida (1808–1881), später Gattin des Kasseler Architekten Prof. Johann Wolff.

I, 130. Z. 21. Kühnel war, wie Glenewinkel a. a. O. bemerkt, selbst ein eifriger Quartettspieler und hat die Quartette wohl auch aus eigenem künstlerischem Interesse zurückbehalten. Sie scheinen trotzdem erst etwas später erschienen zu sein. Im ersten Quartett fällt eine thematische Episode des Adagios auf, die erstaunlich an das chromatische Sehnsuchtsmotiv des „Tristan" gemahnt, das bei Spohr dann bekanntlich erneut deutlich in einer Romanze in der Oper „Der Alchymist" anklingt.

I, 131. Herzog Emil Leopold August von Gotha war ein Schöngeist und Sonderling, der Kriegsdienst und Jagd verabscheute, dafür aber dichtete, zeichnete, Musik trieb und vorzüglich tanzte. Jean Paul sagte von ihm: „Hätte er ein Herz, sein Dichterkopf wäre der größte". Goethe nannte ihn „angenehm und widerwärtig zugleich". Von dem oft recht absonderlichen Treiben an seinem Hof hat Max Maria v. Weber in der Biographie seines Vaters C. M. v. Weber ein lebendiges Bild entworfen. Weber weilte im Jahre 1812 wiederholt als Gast des Herzogs in Gotha und war dabei viel auch in Gesellschaft Spohrs. Daß dieser dieses Zusammensein gar nicht erwähnt, ist kennzeichnend für die nur mäßige Wertschätzung, die er Webers Künstlertum entgegenbrachte.

I, 133. Hermstedt, Johann Simon (1778 – 1846), einer der berühmtesten Klarinettenvirtuosen, später Hofkapellmeister in Sondershausen. Vgl. eine Monographie von E. Eberhardt (Sondershausen 1940).

I, 133. Gerber, Ernst Ludwig, Hoforganist in Sondershausen. Sein wertvolles Tonkünstlerlexikon erschien 1791/92 in erster, dann 1812 – 14 in erweiterter zweiter Auflage. In dieser steht der erwähnte Artikel über Spohr.

I, 133. Z. 16. Das erste Klarinettenkonzert Spohrs op. 26 steht nicht in e-moll, sondern in c-moll.

I, 134. Reichardt, Johann Friedrich (s. oben S. 87) war 1807 Hofkapellmeister des Königs Jérôme in Kassel geworden, konnte sich aber als zu wenig französenfreundlich nicht halten. Der ihm 1808/09 für eine Reise nach Wien gewährte Urlaub war die Brücke zur Entlassung. Reichardts „Vertraute Briefe, geschrieben auf einer Reise nach Wien…" (2 Bde., Amsterdam 1810) gedenken in Band 1, Seite 26 f. auch des Zusammentreffens mit Spohr. Er spricht da aber nur in Tönen höchsten Lobes von Spohrs Geigenspiel und Kompositionen, darunter auch von der „Alruna".

I, 135. Z. 9. Spohr hat sich Reichardts Kritik aber offenbar doch zu Herzen genommen, denn bei der Veröffentlichung des Quartetts (op. 15 Nr. 2) hat er das Adagio gestrichen, so daß das Werk im Druck nur dreisätzig vorliegt.

I, 140. Z. 7. Es ist die f-moll-Arie der Berta „Langsam schleichen mir die Stunden".

I, 141. Schnabel, Joseph Ignaz (1767 – 1831), seit 1805 Domkapellmeister in Breslau.

I, 143. Z. 19. König Friedrich Wilhelm I. und Königin Luise.

I, 145. Romberg, Andreas (s. S. 48) wurde 1815 Spohrs Nachfolger in Gotha. Vgl. Kurt Stephenson, Andreas Romberg (Hamburg 1938).

I, 145. Schwencke, Christian Friedrich Gottlieb (1767 – 1822), Kantor in Hamburg, Komponist, Mitarbeiter der Allgemeinen musikalischen Zeitung.

I, 146. Prell, Johann Nikolaus (1773 – 1849), Cellist, besonders als Kammermusikspieler bedeutend, richtete regelmäßige Streichquartettabende in Hamburg ein.

I, 148. Schroeder, Friedrich Ludwig, Schauspieler, Dramaturg und Theaterdichter (1744 – 1816), damals schon am Ende seiner Laufbahn stehend, hatte 1811 noch einmal die Leitung der Hamburger Bühne übernommen.

I, 149. Clasing, Johann Heinrich (1779 – 1829), Komponist von Opern, Oratorien und Kirchenmusik.

I, 150. Bischoff, Georg Friedrich (1780 – 1841), Kantor in Frankenhausen, seit 1816 Musikdirektor in Hildesheim, hat durch die Veranstaltung der erwähnten Musikfeste der Musikorganisation

des 19. Jahrhunderts geschichtlich be-
deutsame Anregung gegeben. Vgl.
„Deutsche Musikkultur", Jahrg. VII,
Seite 61 ff.

I, 153. Z. 9. Spohr gehörte neben Reichardt, C. M. v. Weber, Bernhard An-
selm Weber, Spontini und anderen zu
den Vorkämpfern des erst im zweiten
Jahrzehnt des 19. Jahrhunderts sich
durchsetzenden sichtbaren, lautlosen Dirigierens. Als Werkzeug diente dazu
anfangs noch die bei der Chorleitung
auch früher übliche Papierrolle, bald
aber schon das heute gebräuchliche Tak-
tierstäbchen.

I, 153. Dotzauer, Friedrich (1783 –
1860), bahnbrechender Meister des neu-
zeitlichen Cellospiels, später Mitglied
der Dresdner Hofkapelle.

I, 154. Z. 15. Diese Äußerungen eines
immerhin mit einem gewissen Sinn für
Geschichte begabten Mannes wie Gerber
zeigen, wie ratlos man damals noch dem
Stil der Musik des 16. und 17. Jahrhunderts gegenüberstand.

I, 154. Righini, Vincenzo (1756 –
1812), Leiter der italienischen Oper am
Berliner Hof, Opern- und Kirchenkomponist.

I, 160. Z. 19. Kurprinz Friedrich, später als Friedrich III. Herzog von Gotha-
Altenburg, war ein besonderer Lieb-
haber der italienischen Musik. Er gehörte auch zum Freundeskreise Goethes
und kam oft zu künstlerischen Veranstal-
tungen nach Weimar. Goethe dichtete
für ihn die Kantate „Rinaldo", die sich
der Prinz von Peter von Winter kom-
ponieren ließ, um die Tenorpartie selbst
zu singen. Durch die Vertonung von
Brahms ist die Dichtung später in die
Musikgeschichte eingegangen. Das rätsel-
hafte Leiden des Prinzen rührte, wie
sich später herausstellte, von einem großen Kopfpolypen her. Die italienische
Arie, die Spohr für den Prinzen schrieb,
beginnt „Torni scrina l'alma" und entstand 1811.

I, 169. Marpurgs „Kunst der
Fuge", zuerst 1753/54, dann wiederholt erschienen, war ein allgemein ge-
brauchtes Lehrbuch. Die primitive Art,

in der Spohr sich mit dem Fugenstil vertraut machte, kennzeichnet den Verfall
des Kontrapunktstudiums in den Ro-
mantikerkreisen.

I, 170. André, Johann Anton (1775
– 1842), Musikverleger in Offenbach
am Main, Komponist und Musikschriftsteller.

I, 170. Arnold, Karl (1794 – 1873),
Pianist, Dirigent und Komponist.

I, 170. Schmitt, Alois (1788 – 1866),
Klavierpädagoge und vielseitiger Komponist.

I, 172. Müller, Therese (1791 – 1876),
Tochter des Wiener Komponisten Wenzel Müller (vgl. Anm. zu S. 251), seit
1813 verheiratet mit dem Bühnensänger
Johann Christoph Grünbaum, später gefeierte Primadonna der Wiener Hof-
oper.

I, 174. Clement, Franz (1780 – 1842),
Kapellmeister und Violinvirtuose in
Wien. Ihm ist Beethovens Violinkon-
zert gewidmet.

I, 176. Salieri, Antonio (1750 bis
1825), italienischer Hofkapellmeister in
Wien, Schüler Glucks, der vielberufene
Wiener Rivale Mozarts.

I, 176. Wahrscheinlich ist Michael Umlauff (1781 – 1842) gemeint, ein
Sohn des bekannten, aber schon 1796
verstorbenen Wiener Singspielkompo-
nisten Ignaz Umlauff.

I, 176. Eybler, Joseph (1765 – 1846),
Freund Mozarts, Wiener Kirchenkomponist.

I, 176. Auch die „Wiener Allg. musikal.
Zeitung" brachte in Jahrg. 1813 (Seite
64 ff.) einen Bericht über die Aufführung von Spohrs Oratorium, der sich
so ziemlich mit dem Bericht der Leipziger
Allg. Musikzeitung deckt, aber einige
Einwände enthält, auf die Spohr erwidern zu müssen glaubte. Seine Er-
widerung ist Seite 87 des genannten
Jahrgangs abgedruckt. Die „opernhafte"
Haltung mancher Sologesänge vertei-
digt er mit dem Hinweis auf ähnliche
Stücke in Haydns „Schöpfung". Durchaus Recht aber gibt Spohr dem Kritiker
hinsichtlich der Bemängelung seiner Re-

miniszenz aus der „Zauberflöte" im Duett zwischen Maria und Jesus. „Da ich an einem Orte lebe, wo kein Thea= ter ist, so hatte ich seit 6 Jahren die ‚Zauberflöte' nicht gehört. Ich konnte daher die Ideen, die sich daraus in meinem Kopf festgesetzt hatten, nicht von eigenen unterscheiden, und so ent= stand dieses Plagiat, dessen ich mich sonst nicht schuldig mache."

I, 177. A r n o l d, August (1789 – 1860), der Textdichter von Spohrs Oratorium, war abwechselnd Bibliothekar, Lehrer und Redakteur und wurde auch als Übersetzer italienischer Werke bekannt.

I, 178. Auch die Wiener Allg. musikal. Zeitung urteilt über Spohrs zweites Konzert sehr viel günstiger als über das von Rode.

I, 178. P o l l e d r o, Giovanni Battiste, (1781 – 1835), italienischer Violinvir= tuose, Konzertmeister des Dresdner Hof= opernorchesters.

I, 179. S e i d l e r, Ferdinand August (1778 – 1840), Mitglied der Berliner Hofkapelle, damals vorübergehend in Wien.

I, 179. M a y s e d e r, Joseph (1789 – 1863) hauptsächlich als Kammermusik= spieler um das Wiener Musikleben ver= dient.

I, 180. P a l f f y, Ferdinand Graf von Erdöd (1774 – 1840), einem ungarischen Adelsgeschlecht entstammend, war 1810 Leiter des Burgtheaters, 1811 auch des Theaters an der Wien geworden und erhielt später noch die Leitung beider Hoftheater.

I, 180. T r e i t s c h k e, Georg Friedrich (1776 – 1842), Dichter, Theaterleiter und Schauspieler in Wien. Er schuf die textliche Umarbeitung des „Fidelio".

I, 181. W e i g l, Joseph (1766 – 1846), fruchtbarer Wiener Opernkomponist, des= sen Idyllenoper „Die Schweizerfamilie" (1809) sich jahrzehntelang hielt.

I, 181. S e y f r i e d, Ignaz Xaver, Ritter von (1776 – 1841), Wiener Opernkapell= meister, Komponist und Musikschrift= steller.

I, 182. H a u p t m a n n, Moritz (1792 – 1868), später Leipziger Thomas= kantor, bekannt durch sein theoretisches Werk „Die Natur der Harmonik und Metrik" (1853).

I, 182. Der Vertrag Spohrs mit Herrn von Tost ist kennzeichnend für die da= malige Verworrenheit der Urheberrechts= verhältnisse. – Über die Persönlichkeit von Johann Tost vgl. C. F. Pohls Haydnbiographie (Berlin 1875, Band 2, Seite 229). Tost – das Adelsprädikat, das Spohr ihm zuerkennt, beruhte nur auf der bekannten Höflichkeit des Wie= ner Umgangstones – war ein reicher Tuchfabrikant aus Mähren. Selbst ein geschickter Violinspieler, gewann er aller= hand Einfluß im Wiener Musikleben und gehörte mit zu den Gründern der Ge= sellschaft der Musikfreunde. Haydn wid= mete ihm einige Streichquartette.

I, 184. Z. 10. Das erste dieser beiden Quartette, op. 27 g=moll, hat Spohr bei der späteren Veröffentlichung dem Gra= fen Rasumowsky zugeeignet, der als Inhaber der Widmung von Beethovens op. 59 in die Musikgeschichte eingegan= gen ist.

I, 188. Z. 21. Die in Reisebeschreibungen oft genannten Donaustromschnellen des „Strudels" und des „Wirbels" befan= den sich auf der Strecke zwischen Linz und Wien unterhalb der Stadt Grein. Die Felseninsel, von der Spohr spricht, hieß Hausstein. Da sie tatsächlich den Wirbel verursachte, wurde sie später durch Sprengungen beseitigt. Gleiches geschah mit den Riffen des Strudels, so daß Ende des 19. Jahrhunderts kei= nerlei Gefahr für die Schiffahrt mehr bestand.

I, 188. Einem Bericht der „Wiener Allg. musikal. Ztg." zufolge (Jahrgang 1813, S. 111) hat Spohr die Leitung des Or= chesters im Theater an der Wien am 10. Februar des fünften Wieder= holung der Oper „Die beiden Wirte" übernommen. Im Zwischenakt trat er mit einem seiner Potpourris als Solo= spieler auf.

I, 191. K ö r n e r, Theodor (1791 – 1813), der Dichter von „Leyer und Schwert" hatte 1812 mit seiner Tragödie „Zriny" am Burgtheater durchschlagenden Erfolg gehabt und war im Januar 1813 als Hoftheaterdichter angestellt worden. Mit Toni Adamberger hatte er sich 1812 im Beisein der Eltern verlobt. Daß Liebesenttäuschung ihn in den Krieg getrieben habe, entspricht nicht den Tatsachen.

I, 191. Bernard, J. K. B. (1780 – 1850), gab in Wien mehrere schöngeistige Zeitschriften heraus. Meyerbeers (s. Anm. zu S. 86) Interesse für Spohrs „Faust" war wohl Berechnung. Die Berliner Einstudierung des „Faust" geschah, um das gefürchtete Vordringen der Musik Richard Wagners aufzuhalten.

I, 192. Hummel, Johann Nepomuk (1778 – 1837), Schüler Mozarts, Klaviervirtuose und Komponist. Seine Klavierschule (1827) war lange berühmt.

I, 192. Forti, Anton (1790 – 1859), Baritonist, in Wien jahrzehntelang beliebt, Gast fast aller größeren Opernbühnen Deutschlands.

I, 194. Spohrs op. 33 Nr. 2 ist ein Streichquintett, nicht ein Quartett, wie der Meister hier mehrmals versehentlich schreibt. Das erste Allegro dieses Werkes ist tatsächlich unter Verzicht auf ein Gesangsthema aus einem einzigen Hauptthema entwickelt.

I, 195. Mosel, Ignaz Franz, Edler von (1772 – 1844), Vizedirektor der Hofbühne und Kustos der Hofbibliothek, als Dirigent, Musikschriftsteller und Komponist sehr fortschrittlich am Wiener Musikleben beteiligt. Er war einer der ersten, die „mit dem Stäbchen" dirigierten, und hat in seiner Schrift „Ästhetik des dramatischen Tonsatzes" (1813) auf Glucks Bahnen fortschreitend schon Gedanken Richard Wagners vorweggenommen. „Salem" gilt als ein Ausläufer des Gluckstils, der dem Mozartianer und Romantiker Spohr wohl fern lag.

I, 196. Die bis heute bestehende berühmte „Gesellschaft der Musikfreunde" wurde 1812 gegründet.

I, 196. Pichler, Karoline (1769 – 1843), Wiener Roman- und Bühnenschriftstellerin.

I, 196. Milder - Hauptmann, Anna (1785 – 1833), Wiener, später Berliner Primadonna. Beethoven schrieb für sie die Partie des Fidelio.

I, 197. Z. 20. Beethovens Kantate „Der glorreiche Augenblick" kam am 29. November 1814, gleich nach der Fertigstellung der Partitur zur Aufführung. Spohr irrt hier, wie in verschiedenen Einzelheiten seiner oft zitierten Erinnerungen an Beethoven. Mit dem veränderten Text (von Rochlitz) hieß die Kantate „Preis der Tonkunst". – Spohrs Kantate kam in Wien erst am 28. und 30. November 1819 verspätet und darum ohne sonderlichen Erfolg zur Aufführung.

I, 198. Z. 27. Ob Beethoven für Spohrs Kompositionen, falls er überhaupt etwas von ihnen kannte, viel Zuneigung aufbrachte, erscheint zweifelhaft. In Beethovens Freundeskreis scheint Spohrs Musik herb und ungerecht verurteilt worden zu sein: das ergibt sich aus einem Gespräch, das in einem der veröffentlichten Konversationshefte (Band 1, S. 97 der Schünemannschen Ausgabe) zu finden ist. Dort fallen böse Worte über die Kantate „Das befreite Deutschland" und sogar über das Nonett.

I, 199. Z. 14. Beethoven hat nie Not gelitten. Wohl aber befand sich sein Hauswesen oft sehr in Unordnung.

I, 193. Z. 23. Spohrs Nonett ist wohl tatsächlich das früheste Kammermusikwerk mit solcher Besetzung. Doch hat es in Divertimenti und ähnlichen Tonformen der Mozart-Haydn-Zeit artverwandte Vorläufer. Just in den Jahren, da Spohr an der Selbstbiographie arbeitete, trat sein Kunst- und Altersgenosse G. Onslow mit einem Nonett in der genau gleichen Besetzung (als op. 77 im Jahre 1851 bei Kistner erschienen) hervor.

I, 199. Z. 25. Das Lied des Kerkermeisters und die Leonoren-Arie gehörten bereits der Urfassung des am 20. November 1805 erstmals gegebenen „Fidelio" an.

I, 199. Z. 33. Das große Beethovenkonzert fand am 8. Dezember 1813 statt.

I, 200. Z 19. Gemeint ist wahrscheinlich die Musikveranstaltung am 22. Dezember

1808, in der das G=Dur=Konzert Beet=
hovens zur Aufführung kam. Auf dieses
Konzert, das mit ein paar solistischen
Takten des Klaviers beginnt und daran
ein längeres selbständiges Orchestertutti
schließt, paßt die Erzählung. Das ver=
hängnisvolle sforzando erscheint im
Rahmen eines Crescendos im 18. Takt
des Tuttis.

I, 201. Z. 24. Spohrs Erzählung läßt nicht
erkennen, welche Stelle im 1. Allegro
der „Siebenten" gemeint ist. Die fol=
genden Bekenntnisse Spohrs sind kenn=
zeichnend für die Schwierigkeiten, die
das Verständnis von Beethovens letzten
Werken sogar den Besten der zeitgenös=
sischen Musiker bereitete. Über Spohrs
Einstellung vergleiche das in der Ein=
führung Gesagte. Spohr hat im übrigen
trotzdem gerade die „Neunte" wiederholt
bei Musikfesten dirigiert. Mit starker
Übertreibung wird in Thayer=Riemanns
Beethovenbiographie (III, S. 80) von
der „großen Ungenauigkeit" und den
„ungewöhnlichen Gedächtnisfehlern" in
Spohrs Beethovenberichten gesprochen.
Spohrs Erzählung über den tragikomi=
schen Vorfall beim Klavierkonzert sei
reine Phantasie. Wenn das zutreffen
sollte, dann Phantasie Seyfrieds und
nicht Spohrs! Denn Seyfried hat den
Vorfall erzählt. — Wenn gar Arnold
Schmitz in seiner sonst so wertvollen
Schrift „Das romantische Beethoven=
bild" (1927, S. 38) bemerkt, Spohr habe
aus Ärger über mangelnde Anerken=
nung seiner Kompositionen durch Beet=
hoven abfällig über ihn geurteilt, ist
das völlig unbegründet und eine schwer
begreifliche Verunglimpfung des lauteren
Charakters Spohrs.

I, 203. Z. 7. Ein „neues" Trio hatte Beet=
hoven damals noch fertiggestellt. Die
Bezeichnung D=Dur ³/₄ Takt würde auf
das 1808 geschaffene Trio op. 70, Nr. 1
passen. Es könnte aber auch das Andante
des zwar schon 1811 beendeten, damals
aber noch nicht veröffentlichten großen
B=Dur=Trios op. 97 gemeint sein.

I, 208. B u c h w i e s e r, Kathinka (1789
–1828), später Frau von Lazny, war
damals eine der beliebtesten Sängerin=
nen Wiens. Die Wiener Allg. musikal.

Zeitung wird nicht müde, sie zu rühmen.
Als verheiratete Frau gehörte sie später
auch zum Freundes= und Gönnerkreis
Franz Schuberts.

I, 211. Z. 15. Tost hat sich von dieser
finanziellen Krise nicht mehr erholt. Er
verließ bald darauf Wien und suchte von
Budapest aus vergeblich, seine Verhält=
nisse zu ordnen. Sein Sohn, der als
Teilnehmer an der Firma in deren Miß=
geschick verstrickt war, starb 1829 im
Gefängnis.

I, 211. Z. 17. Es waren die Verleger Met=
chetti und Steiner (Haslinger). In
einem Brief an seinen Leipziger Ver=
leger Kühnel nennt Spohr die Wiener
Honorare als Beispiel für die Wert=
schätzung, deren sich seine Kompositionen
erfreuten.

I, 212. Z. 11. Die Aufführung von Spohrs
„Faust"=Oper unter C. M. von Weber
in Prag fand erst am 1. September
1816 statt.

I, 213. Die Nachricht von Napoleons Flucht
von Elba traf in Wien am 7. März
1815 ein.

I, 215. K a t h i n k a B u c h w i e s e r sang
im „Johann von Paris" die Partie der
Prinzessin. Es soll dies, wie die Wiener
Allg. musikal. Zeitung (Jahrg. 1813,
S. 467) schreibt, ihre vielleicht beste
Partie gewesen sein.

I, 216. Z. 12. Das Singspiel hieß „Die
Eselshaut oder die blaue Insel". Der
Klavierauszug erschien unter dem Titel
„Auswahl der beliebtesten Musikstücke
aus . . . Die Eselshaut . . . für Piano=
forte eingerichtet" op. 60 (Wien, Ar=
taria).

I, 223. K i e s e w e t t e r, Christoph Gott=
fried (1777 – 1827), reisender Violin=
virtuose.

I, 224. W e b e r, Gottfried (1779 – 1839),
Jurist, aber dilettierend als Musik=
schriftsteller und Komponist tätig, als
Theoretiker viel beachtet.

I, 225. P a ë t, Ferdinand (s. S. 78). Ein
Oratorium „La religione" ist von ihm
nicht bekannt. Im Bericht der Allgemei=
nen musikalischen Zeitung steht auch nur,
daß Strohmeyer „eine Szene mit Chor"
von Paër gesungen habe.

I, 226. Fröhlich, Joseph (1780–1862), Gründer eines akademischen Musikinstituts in Würzburg, aus dem später die dortige Kgl. Musikschule hervorging.

I, 227. Witt, Friedrich (1770–1837), als Instrumentalkomponist einer der gediegensten Kleinmeister der Klassikerzeit. Das Oratorium „Die vier Menschenalter" kam im Februar 1833 in Würzburg erfolgreich zur Aufführung.

I, 228. Molique, Bernhard (1802–1869), damals im Wunderkindalter, später namhafter Geiger, langjähriger Konzertmeister in Stuttgart.

I, 228. Z. 24. Das Überwuchern des Geschmacks für Virtuosenmusik führte damals dazu, daß in den Konzerten nur vereinzelte Sätze aus Sinfonien aufgeführt wurden.

I, 229. Rovelli, Pietro (1793–1838), Violinvirtuose aus Bergamo, damals vorübergehend in München verpflichtet. Lafont, Charles Philippe (1781–1839), reisender Violinvirtuose, zeitweise Kammervirtuos in Petersburg und Paris. Schüler von Kreutzer und Rode. – Kreutzer, Rodolphe (1766–1831), Mitglied Pariser Orchester und Professor am Pariser Konservatorium, hervorragender Geiger, auch Opernkomponist. Beethoven lernte ihn 1798 im Hause des Wiener französischen Gesandten General Bernadotte kennen und widmete ihm 1805 die Violinsonate op. 47 („Kreutzersonate").

I, 230. Peter le Grand (geb. 1778) gehörte seit 1792 der bayrischen Hofkapelle als Cellist an.

I, 230. Steibelt, Daniel (1765–1823), Klaviervirtuose. Seine Oper „Romeo und Julia" kam 1793 in Paris heraus.

I, 231. Vogler, Georg Joseph (1749–1814), Frühromantiker, Lehrer C. M. v. Webers. Die Oper „Kastor und Pollux" war 1786 in München erschienen.

I, 231. Z. 30. Die Besprechung der Spohrschen Kantate findet sich im Jahrgang 1815 der Leipziger Allgemeinen musikalischen Zeitung, Seite 767 ff. Sie ist anonym und bemängelt hauptsächlich eine vermeintliche Überladung der Klangmittel und die allzu reichliche Ausführung von Einzelheiten zum Schaden des Ganzen. Auch daß Spohr durchgehend das Accompagnato-Reccitativ mit teilweise sehr reichlicher Instrumentation beibehalten hat, erregt das Bedenken des Beurteilers: – ein Zeichen, wie wenig Sinn man damals in Deutschland noch für das einheitliche Durchkomponieren dramatischer Texte hatte.

I, 233. Über André siehe Anmerkung zu Seite 170.

I, 234. Z. 6. Schulz, Abraham Peter (1747–1800), der Klassiker des volkstümlichen deutschen Liedes im 18. Jahrhundert.

I, 234. Über Schmitt siehe Anmerkung zu Seite 170.

I, 236. Z. 13. Ludwig I. (1753–1830), Großherzog von Hessen, ein um die deutsche Kunstpflege hochverdienter Fürst, ist ernster zu nehmen, als Spohr dies tut. Die tatsächlichen Angaben Spohrs entsprechen jedoch ziemlich den Tatsachen. Der Großherzog gehört auch zu den Vorkämpfern des Dirigierens mit dem Taktstock.

I, 237. Poißl, Johann Nepomuk Freiherr von (1783–1865), langjähriger Hoftheaterintendant in München. Seine musikalischen Bühnenwerke, darunter „Athalia" (München 1814), gehören mit zu den Bausteinen der großen „durchkomponierten" deutschen Oper.

I, 238. Z. 27. „Athalia" hatte als vaterländisches, mit den Stimmungen des Tages übereinklingendes Werk damals viel Erfolg.

I, 242. Der Optische Telegraph, wie ihn Spohr hier beschreibt, war in Frankreich bis um 1830 noch in Gebrauch. Es konnten nicht nur „höchstens vierundzwanzig", sondern 196 verschiedene Zeichen gegeben werden.

I, 243. Spindler, Franz Stanislaus (1759–1819), ursprünglich Opernsänger, seit 1808 Münsterkapellmeister in Straßburg, Komponist vieler Singspiele und Schauspielmusiken.

I, 243. Berg, Konrad Matthis (1785
– 1852), Klavierlehrer in Straßburg,
Musikschriftsteller und Komponist.

I, 243. Weigls Oper „Das Waisen‑
haus" kam am 4. Oktober 1808 in
Wien, Spindlers gleichnamiges Werk
am 10. Oktober 1808 in Karlsruhe
heraus.

I, 246. Z. 14. Also eine – Werkkapelle!

I, 246. Lupot, Nikolas (1758 – 1824),
französischer Geigenbauer in Paris, er‑
folgreicher Nachahmer Stradivaris.

I, 247. Kreutzer, Rodolphe, der be‑
kannte Violinvirtuose. Vgl. die Anm. zu
S. 229.

I, 247. Durand, August Frédéric (um
1770 geb.), angeblich das Vorbild Paga‑
ninis, abenteuernder Violinvirtuose ver‑
wegenster Richtung.

I, 249. Tollmann, Johann Michael
(1777 – 1829), sehr verdient um die Or‑
ganisation des Baseler und darüber
hinaus des Schweizer Musiklebens.

I, 251. Müller, Wenzel (1767 – 1835),
einst ungemein volkstümlicher Wiener
Singspielkomponist, heute noch bekannt
durch Musik zu Raimundschen Zauber‑
spielen. (Daraus das Lied „So leb denn
wohl, du stilles Haus".)

I, 252. Nägeli, Hans Georg (1773 bis
1836), volkstümlicher Liederkomponist,
Führer der süddeutschen Männerchor‑
bewegung und volkstümlichen Musik‑
pflege.

I, 253. Liste, Anton (1774 – 1832), aus
Hildesheim gebürtig, aber seit 1804 in
Zürich. Er war Nägelis bedeutendster
Mitarbeiter in der Organisation des
dortigen Chorwesens.

I, 253. Weber, Edmund von (1766 –
1828), ein Stiefbruder Carl Maria von
Webers. Spohrs abfälliges Urteil über
ihn wird auch von anderer Seite be‑
stätigt.

I, 257. Z. 5. Die „Gesangs‑Szene",
Spohrs berühmtestes Violinkonzert,
wurde nach Angabe des Autographs,
das sich in der Musikbibliothek Peters
zu Leipzig befindet, am 4. Mai 1816
beendet. Da am 26. April, laut Spohrs

Tagebuchnotiz, die Arbeit daran offen‑
bar noch nicht begonnen hatte, ist das
Werk in der kurzen Frist von kaum einer
Woche entstanden.

I, 257. Z. 10. In Brehms „Tierleben" ist
zu lesen, daß der Kuckuck, wenn er durch
einen Nebenbuhler beunruhigt wird,
oder auch wenn ein Weibchen in seine
Nähe kommt, diesen, von Spohr be‑
obachteten, dreifachen Ruf ausstößt. Es
handelt sich also nur um eine Gepflo‑
genheit des gewöhnlichen Kuckucks, die
nicht irgendwie landschaftlich gebunden
ist.

I, 267. Bochsa, Robert Nikolas (1789
– 1856), französischer Harfenvirtuose
und bekannter Komponist.

I, 267. Kreutzer, Konradin (1780 –
1849), heute noch bekannt durch seine
Oper „Das Nachtlager in Granada"
und durch die Musik zu Raimunds „Ver‑
schwender", war auch Klaviervirtuose. Er
ging damals als fürstlicher Kapellmeister
nach Donaueschingen.

I, 269. Werner, Zacharias, eröffnete
1809 mit der Schauertragödie „Der
24. Februar" die Nachrichtung des so‑
genannten Schicksalsdramas. Spohrs
Bemerkung zeigt, wie lebendig diese
Stücke in der Phantasie der Zeitgenossen
waren.

I, 274. Z. 16. Spohrs Schilderungen von
Bauwerken, Gemälden oder Statuen
sind laienhaft, kennzeichnen aber doch
die ihm zweifellos eigene Begabung für
bildende Künste. Diese Begabung hat
er selbst schon früh an sich beobachtet.
Man vergleiche, was er darüber oben,
Seite 16, sagt. Glenewinkel (a. a. O.,
S. 122) spricht vielleicht nicht mit Un‑
recht die Vermutung aus, daß die Ein‑
drücke dieser Art, die Spohr auf der
italienischen Reise gewann, auch seinen
musikalischen Stil beeinflußten. Ähnlich
wie bei Goethe wurde bei ihm dadurch
auch eine klassizistische Seite seiner
Veranlagung geweckt, so daß er nun noch
zielbewußter als bis dahin nach Schön‑
heit und Wohlklang strebte und die
Formvollendung auf Kosten des Inhalts
bevorzugte.

I, 275. Z. 16. Die M a i l ä n d e r S c a l a ist bekanntlich noch heute die berühmteste Opernbühne Italiens.

I, 277. B e l l o l i, Luigi (1770 – 1817), Hornvirtuose und Verfasser einer weit verbreiteten Hornschule.

I, 280. R o l l a, Alessandro (1757 – 1841), der Lehrer Paganinis, selbst bedeutender Violinvirtuose und Komponist.

I, 281. G u a d a g n i n i, wie Amati und Guarneti eine berühmte Geigenbauer= familie, die vornehmlich im 18. Jahr= hundert blühte.

I, 281. S t r a d i v a r i, Antonio (1644 – 1737), der berühmteste italienische Geigenbauer.

I, 282. Z. 1. Die „Gesangsszene" erlebte also ihre Uraufführung am 27. Sep= tember 1816 in der Mailänder Scala.

I, 287. Z. 17. „Johann von Paris", da= mals noch ganz neue, 1812 in Paris uraufgeführte komische Oper von A. F. Boieldieu. – „Aline", ein mehrfach be= handelter Opernvorwurf. Spohr meint wohl die Oper von Berton (Paris 1803).

I, 293. A i b l i n g e r, Johann Kaspar (1779 – 1867), wurde später in München einer der ersten Vorkämpfer einer kirchen= musikalischen Reform im Stile Pa= lestrinas.

I, 294. B ä r m a n n, Heinrich Joseph (1784 – 1847), einer der bedeutendsten Klarinettenvirtuosen seiner Zeit, Freund C. M. von Webers.

I, 299. P a g a n i n i, Nicolo (1782 – 1840), hatte damals schon seit etwa 8 Jahren durch Konzertreisen in Italien seinen märchenhaften Virtuosenruhm er= worben. Sein Aufenthalt in Venedig galt jedoch nicht Konzertzwecken, sondern der Erholung von einer schweren Krank= heit. Die Andeutungen Spohrs sind kennzeichnend für die Legenden, die über den dämonischen Geiger umgingen, die aber jedes tatsächlichen Hintergrundes entbehren.

I, 299. S c h e l l e r, Jakob (1759 – 1803), reisender Violinvirtuose, die sonderbarste

Mischung von Genie und Scharlatan unter den Geigern seiner Zeit.

I, 300. P u g n a n i, Gaëtano (1731 – 1798), und T a r t i n i, Giuseppe (1692 – 1770), bekannte Frühklassiker ita= lienischen Geigenspiels und italienischer Violinmusik.

I, 303. Z. 13. „Don Papirio", Buffooper von Pietro Guglielmi (1774).

I, 306. R o s s i n i, Giacomo (1792 – 1868), hatte sich 1813 mit „Tancred" zum herrschenden Opernkomponisten Ita= liens aufgeschwungen. Die „Italienerin in Algier" erschien ebenfalls 1813, der „Turco" 1814.

I, 307. 1. Notenbeispiel. Es ist das Duett „Ai capricci della sorte". Der Vor= halt im Baß (g vor fis) ist auch im gedruckten Klavierauszug beseitigt. Dort haben Takt 5 und 6 den a=moll=Drei= klang als Begleitakord.

I, 307. 3. Notenbeispiel. Spohr meint offenbar die Stelle: „Nella testa ho un campanello, che suonando fa din-din. Va sossopra il mio cer= vello..." Die Harmonik ist im Ori= ginal wesentlich kunstvoller als Spohrs Notenbeispiel sie andeutet. Die Haupt= sache aber, die überraschende Terzmodu= lation nach B=dur, stimmt.

I, 308 und 309. Die Andante=Stelle ist in der von Spohr gegebenen Form im Klavierauszug nicht enthalten. Sie dürfte eine Improvisation der Sängerin gewesen sein. Das Adagio entstammt einem Es=Dur=Ensemble des ersten Fi= nales (Baßsolo auf die Worte: „Ma convien dissimular"), stimmt aber auch nicht notengetreu. Man muß be= denken, daß Spohr die Beispiele ja nur nach dem Gehör und aus der Erinnerung niedergeschrieben hat.

I, 310. Z. 15. Großherzog F e r d i = n a n d III. v o n T o s c a n a war ein Sohn des deutschen Kaisers Leopold II. Sein Bruder, Erzherzog Rudolf, von dem Spohr wohl in Wien ein Emp= fehlungsschreiben bekommen hat, war der bekannte Schüler und Gönner Beet= hovens.

I, 313. Unter dem Datum des 10. No-
vembers 1816 hat Spohr von Florenz
aus einen Bericht über italienische
Musikverhältnisse veröffentlicht ‚der sich
noch etwas eingehender mit den Schwierigkeiten befaßt, die der konzertgebende
deutsche Künstler – besonders der In-
strumental-Solist – in Italien zu überwinden hat.' (Allgemeine musikalische
Zeitung, Band 18, Seite 866 f.)

I, 314. 3. 12. Es ist die berühmte Cavatine „Di tanti palpiti".

I, 317. Seine künstlerischen Erlebnisse in
Rom und Neapel hat Spohr noch etwas
eingehender als hier in einem Bericht
für die Leipziger Allgemeine musikalische
Zeitung geschildert. Der Bericht trägt
das Datum: Neapel, den 25. März
(1817) und ist im Jahrgang 1817 erschienen (Band 19, Seite 320 ff.).

I, 320. H ä s e r , Charlotte Henriette
(1784 – 1871), Tochter des Leipziger
Universitätsmusikdirektors Johann Georg
Häser, ausgezeichnete Sängerin, Mitglied der Dresdner Oper, dann in Wien
und in Italien. 1813 verheiratete sie sich
mit dem römischen Advokaten Vera.

I, 321. M a r c e l l o , Benedetto (1686 –
1739), Komponist und Musikschriftsteller.
Seine Psalmenkompositionen im emp-
findsamen Kantatenstil gehören neben
Pergolesis „Stabat mater" zu den berühmtesten Kirchenwerken des 18. Jahrhunderts.

I, 322. P a ï s i e l l o , Giovanni (1740 –
1816), einst gefeierter italienischer Opernkomponist, damals durch Rossinis aufgehenden Stern verdunkelt.

I, 330. Die folgenden Notenbeispiele sind
als Zeugen einer uns unbegreiflich gewordenen Zierlust von großer geschicht-
licher Bedeutung. Vgl. Robert Haas,
„Aufführungspraxis der Musik", S. 255.

I, 332. 3. 28. Die Anekdote scheint auf
Wahrheit zu beruhen.

I, 333. C r e s c e n t i n i , Girolamo (1766
– 1846), einer der letzten bedeutenden
Kastraten, auch Gesangskomponist und

Herausgeber weitverbreiteter Gesangs-
übungen.

I, 334. 3. 13. Es handelt sich offenbar um
Psalmengesang in den liturgischen Ton-
formeln des gregorianischen Chorals.
Spohr kommt später (Band 2, Seite 37)
noch einmal darauf zu sprechen. Es ist
verwunderlich, daß ihm diese liturgische
Funktion so wenig Eindruck machte. Die
deutschen Romantiker hatten sonst viel
Sinn dafür. Man vergleiche etwa die
Schilderung in Hauffs „Memoiren des
Satan" (Novelle „Der Fluch", 1. Teil).

I, 334. 3. 22. Der Papst, den Spohr in
Rom sah, war der hochbedeutende
Staats- und Kirchenpolitiker Pius VII.
(1800 – 1823), weltgeschichtlich bekannt
durch seine Zwistigkeiten mit Napoleon I., dessen Gefangener er zeitweilig
war. 1742 geboren, zählte er zur Zeit
von Spohrs Aufenthalt in Rom beinahe
75 Jahre.

I, 336. 3. 5. „Il qui proquo" war ein in
Italien beliebter Opernvorwurf. Eine
Oper dieses Titels mit Musik von Fer-
nando Orlandi (1812) ist bekannt. Das
von Spohr erlebte Werk von Romano
scheint spurlos vorübergegangen zu sein.

I, 336. 3. 13. „Le nouveau seigneur
de village", eine damals bekannte
Spieloper von Boieldieu (Paris 1813).

I, 337. M a y r , Simon (1763 – 1845),
geborener Bayer, aber in Italien als
Opernkomponist vor Rossini berühmt geworden. Als solcher der Ausgangspunkt
einer weitreichenden Schule, die für
die Entwicklung einer neuen farbigen
Instrumentationstechnik bedeutungsvoll
wurde.

I, 337. 3. 32. Welche Arie Spohr meint,
ist wiederum nicht zu erkennen. Das
zweite Beispiel auf Seite 338 entstammt dem Buffoduett: „Se inclinassi à prender moglie". Der Text
heißt für den Tenor: „Sento amor,
che dentro il petto martellando il
cor mi va". Und für den Baß: „Sei
di ghiaccio, sei di stucco, una
moglie come questa, credi à me,
ti piacera."

I, 338. Z. 2 v. u. „La testa di bronzo" ist die Oper von C. E. Soliva, die Spohr in Mailand hörte. Siehe Seite 275.

I, 339. 1. Notenbeispiel. Text: „Se inclinassi à prender moglie, ci vorrebber tante cose" (wiederholt).

I, 339. 2. Notenbeispiel. Haydn, Streichquartett Es-Dur, op. 76, Nr. 6.

I, 339. Z. 3 v. u. Die Crescendi, aus dem Mannheimer Sinfoniestil stammend, wurden durch Rossini ein stets wiederholtes Wirkungsmittel und ein Eckstein seiner Ouvertürenform.

I, 346. Z. 27. Es war die Oper „La Cenerentola", die im Karneval 1817 im Teatro della Valle in Rom herauskam.

I, 347. F i o r a v a n t i, Valentio (1764 – 1837), damals päpstlicher Kapellmeister an St. Peter, daneben einer der frischesten Vertreter der italienischen Buffooper.

Verzeichnis der Bildtafeln

Adagio.   (Facsim. 2).

Aus dem Oratorium:

„Die letzten Dinge"

von LOUIS SPOHR.

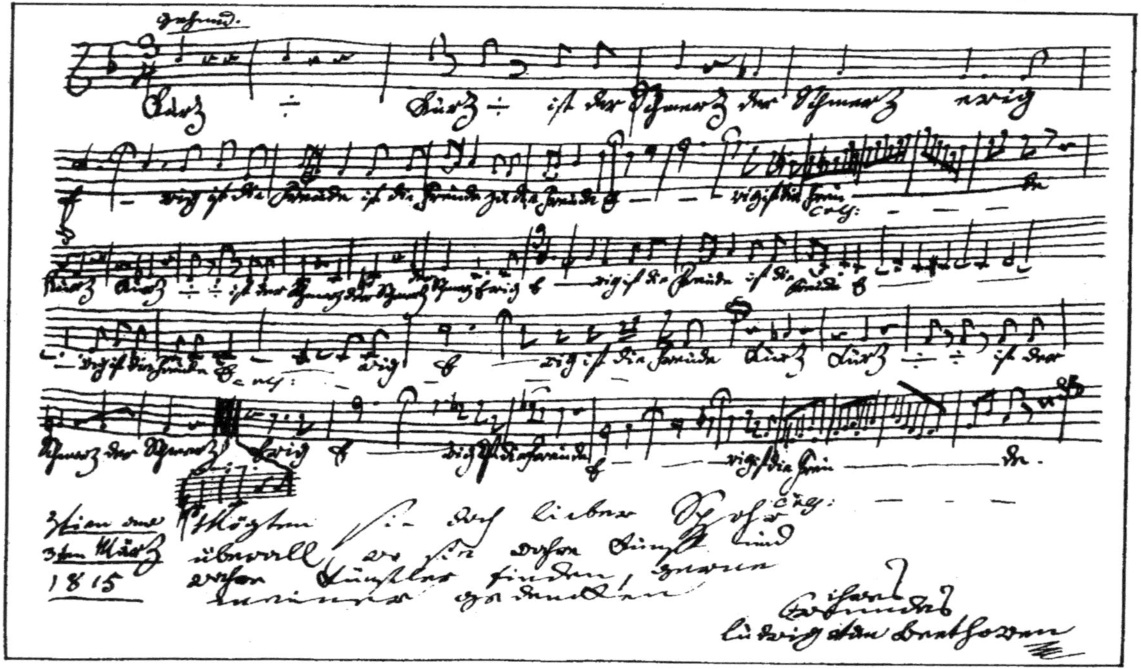
Wien am
3ten März
1815
Ludwig van Beethoven

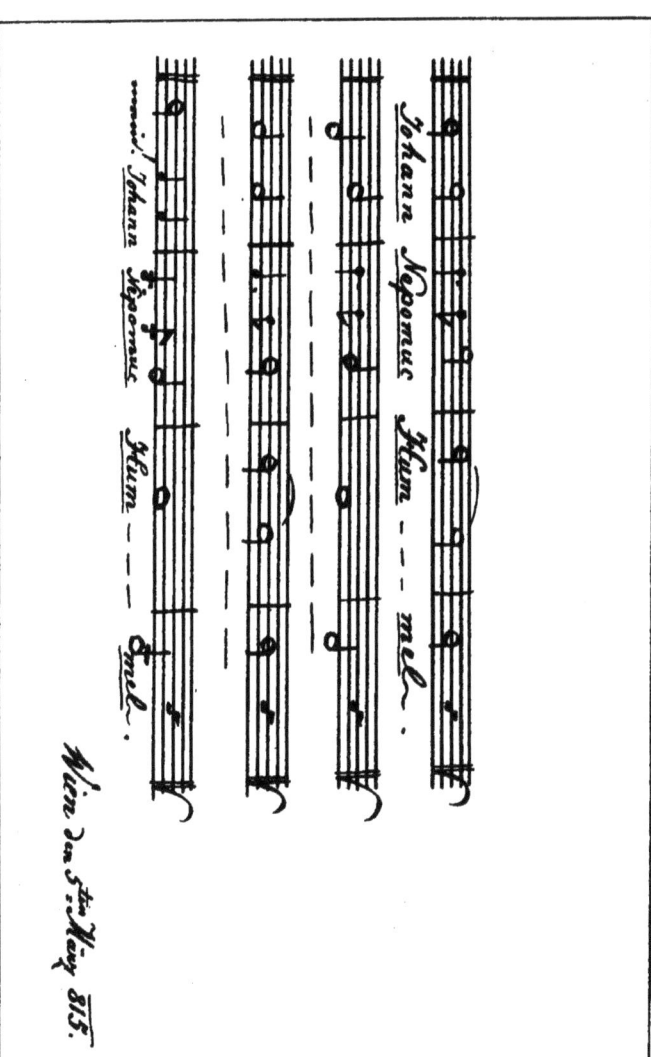

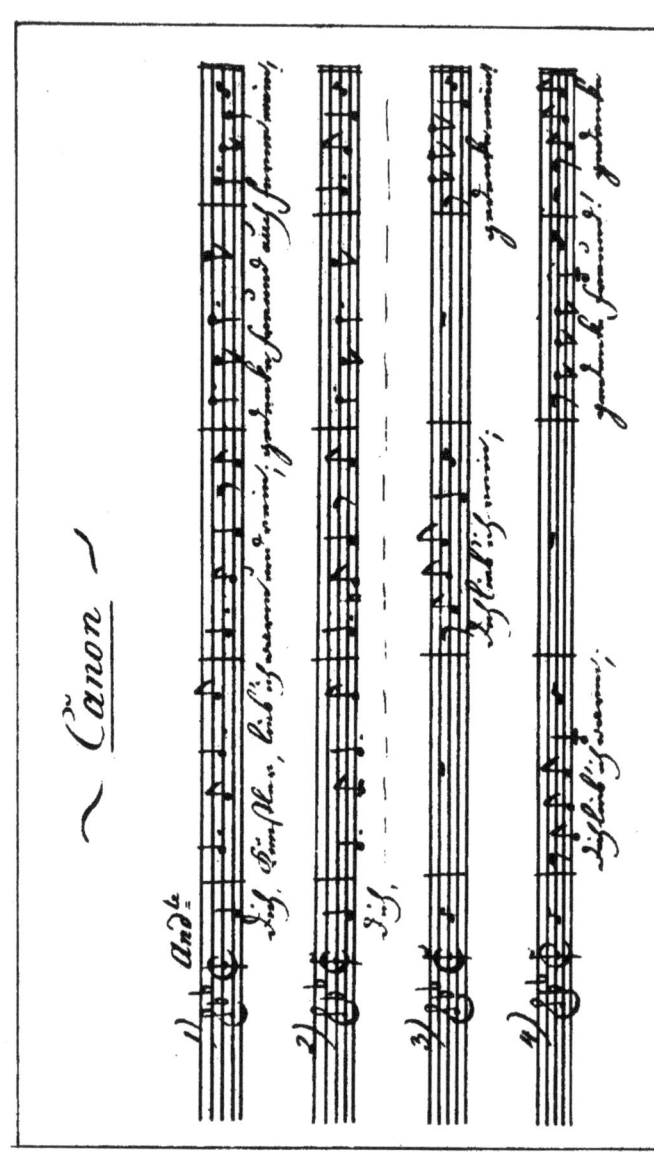

Wien am 4t. März 1815

* 2 ... für ... (Sententia poetica.)

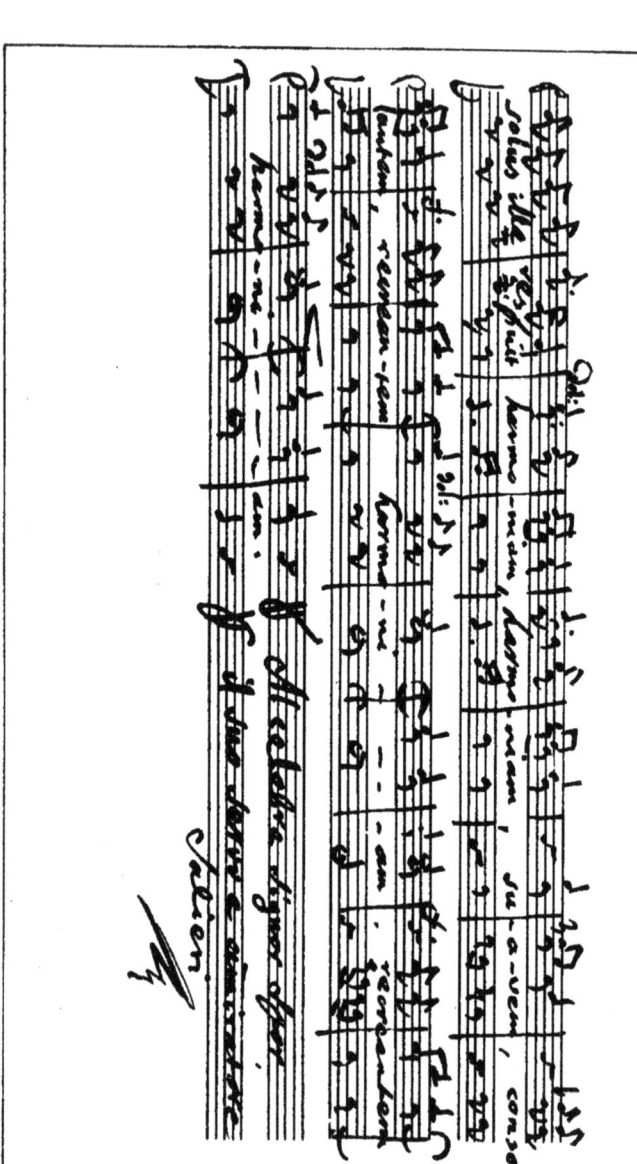

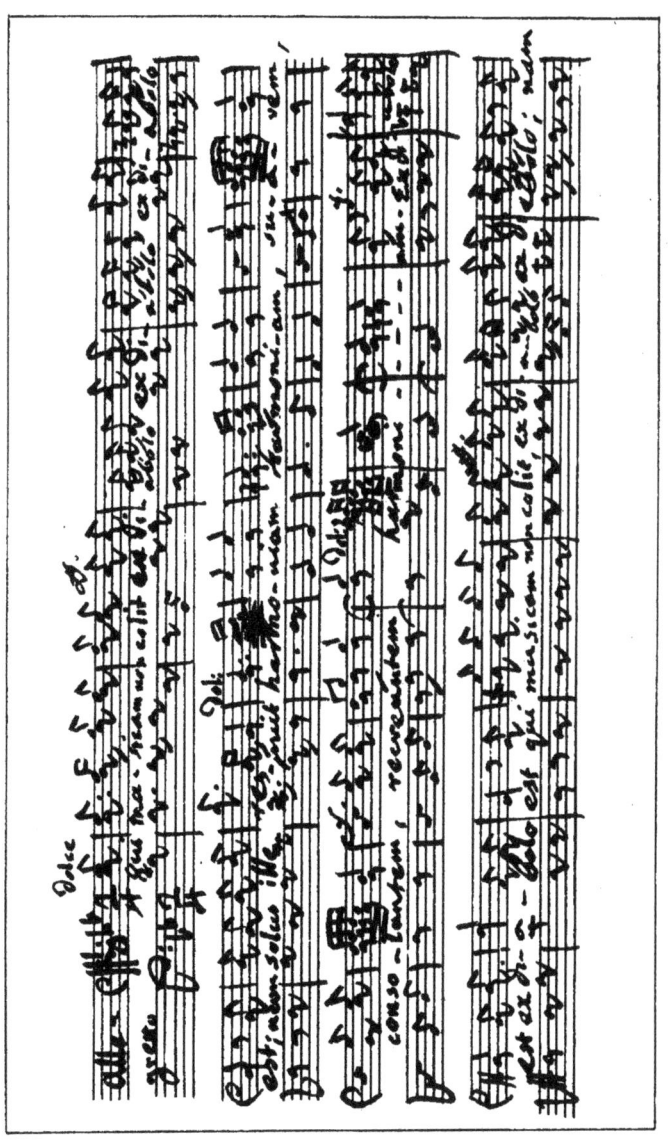

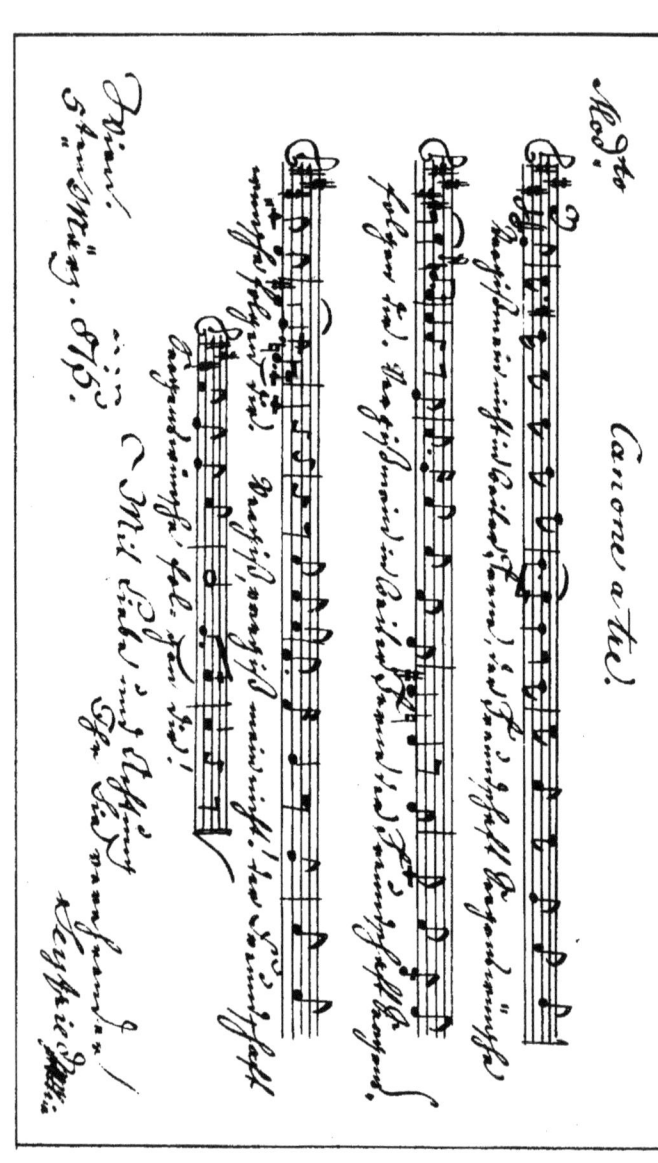

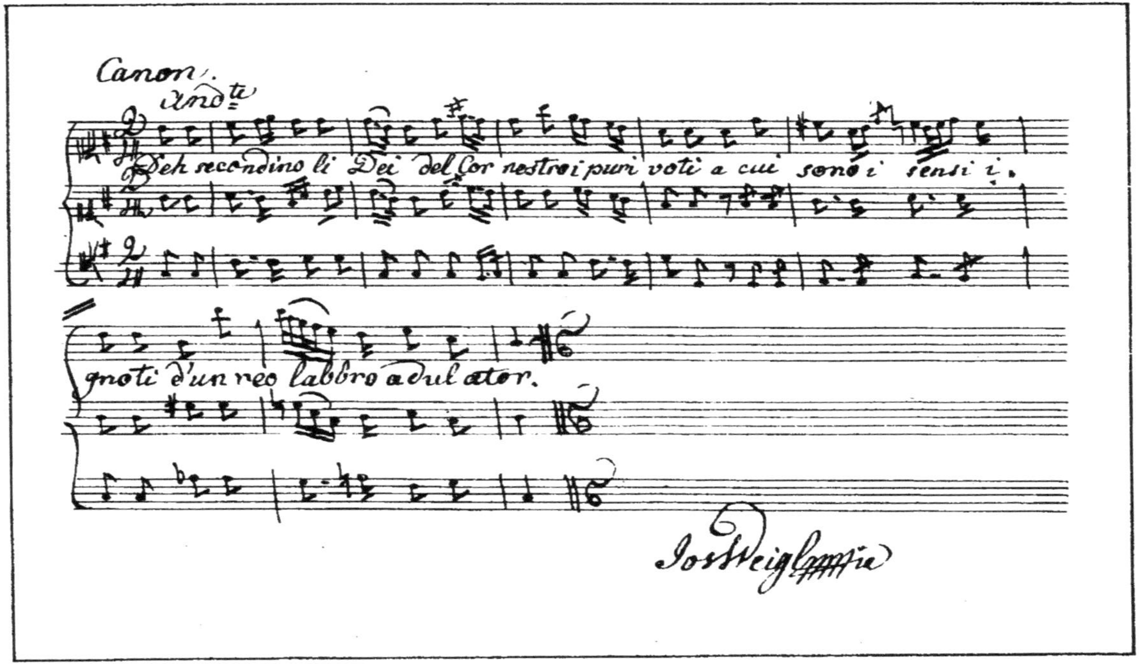
Canon.
And^te
Deh secondino li Dei del Cor nestroi puri voti a cui sono i sensi i.
noti d'un reo labbro adulator.

Canone à Tre Voci

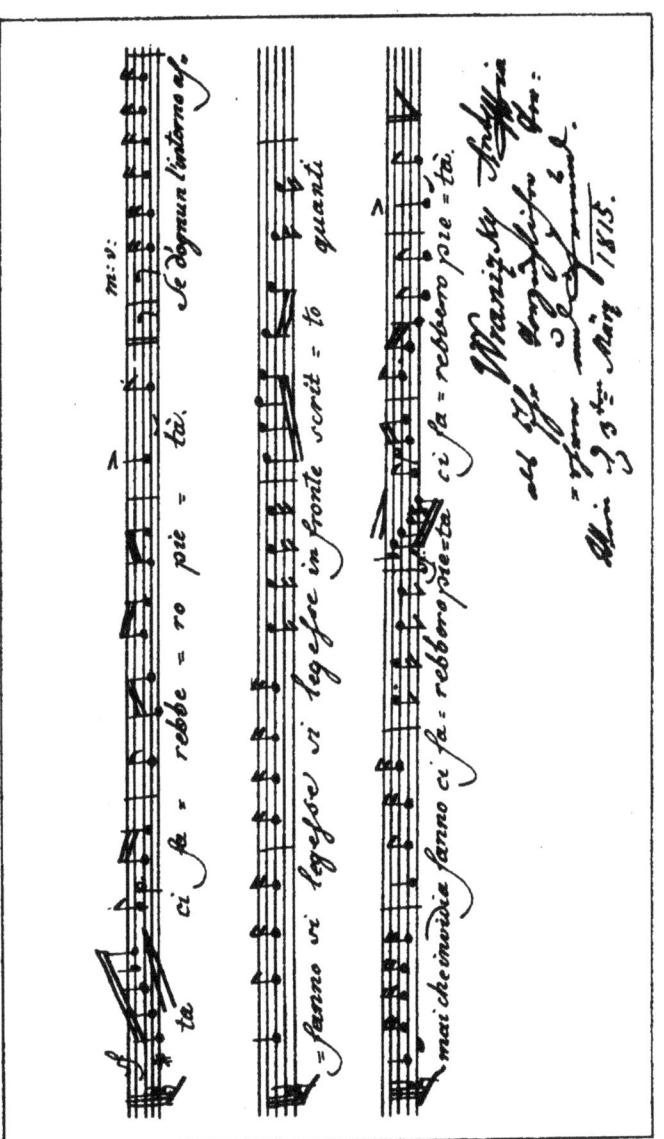

*(Erster Entwurf im **Facsimile** des von Spohr im Jahre 1807 in das Brockenbuch geschriebenen Canons.)*